THE OWNERSHIP of ENTERPRISE
企業所有論
Henry Hansmann
組織の所有アプローチ
ヘンリー・ハンズマン 著
米山高生 訳

慶應義塾大学出版会

まえがき

Preface

イェール大学で法律学と経済学を学んでいた大学院生の頃、法律および経済の2つのディシプリンに対して興味深い問題を投げかけている非営利組織に強い関心を抱くようになった。その結果、経済学の博士論文は、非営利企業に焦点を絞ったものとなったが、私が研究者の駆け出しの頃に書いた、法と経済の2つの領域にわたる専門論文も、同じく非営利企業を対象とするものであった。この仕事は、続いて、非営利企業と多くの点で共通している相互会社に対する関心を引き出し、私に相互会社に関する論文を書かせた。相互会社から消費者協同組合に向かうのは自然の流れであり、さらに生産者協同組合、そして特殊なタイプの生産者協同組合といえる従業員所有企業に研究対象が広がった。そして最終的には、もっとも親しみやすい生産者協同組合である、投資家所有の株式会社（business corporation）の機能と構造に研究の焦点をあてることになった。

以上のように、私はかなりの回り道をして、法と経済という学際的な研究においてもっとも中心的となっている、標準的な法人構造、ガバナンス、ファイナンスの諸課題にたどり着いたのである。しかしながら、この間接的な道のり自体が、興味をひくものであるばかりでなく、示唆的なものであることがわかってきた。所有が、通常の意味で、強くかつ意図的に抑制されているような組織（institutions）から出発することによって、所有という問題に関して意味のある展望を得ることができる。私の初期の作品からなる本書では順番を反対にし、株式会社で始まり、非営利企業で結びとした。にもかかわらず、元来の通例とは異なる方向の私の接近方法がもたらした影響の大きさは、本書の最初から明らかである。

一般的にいえば、従来の組織形態を研究する中で、最初に、組織形態がいかなる状況で見出せるのかを検討することに努め、その後に、観察されたパターンを説明しうる理屈を考えた。このように書くと、行うべきことが明確であるように思われるかもしれないが、組織理論における近年の研究は、大変膨大なものであるため、この方法を進めることは容易ではない。むしろ、経済学でよく使われる伝統に従って、まず理論を展開した上で、その理論を事実に当てはめてみることを試みた（この方法を時々他の領域で行ったことを告白するが、それは楽しいばかりか、ときおり実り多いものであった）。従業員所有は、この点において印象深い事例である。従業員所有企業が実際にどのような分野にみられているのかとか、その特徴が何であるのかとかいった疑問について骨を折って探求することをせずに、従業員所有の経済的な長所、あるいは短所を単に説明しようとする大量の文献が、最近数十年間に数多く書かれてきた。これらの単純な疑問に対する解答を理解すれば、ほとんどの既存文献はとるに足らないものであると結論を下してもよいということがすぐにわかるだろう。この点については、最初の2つの章ではっきり書く予定である。

充分な観察に基づいた分析をしようとする私の考えは、本書の中に色濃く反映されている。第Ⅰ部は本書全体にわたる分析のフレームワークを広く提示するものであるが、これに続く各章では、取り上げた組織形態に係わる産業や企業についての大量の詳細な事実に基づく論拠を提供する。これらの諸事実は、私が提示した理論や議論を支持するばかりか、それ自体においても興味深いものである。本書から、現代社会が通常われわれが理解しているよりもはるかに多様で複雑な組み合わせの制度から成り立っており、また長い間当たり前だと思ってきた多くの組織が、むしろ驚くべき構造を持っているということを、読者が本書から読み取って欲しいと期待している。

本書の執筆の様々な段階において、有益な手助けをしていただいた、多くの個人および諸団体に感謝の意をささげたい。ジョン・サイモン・グッゲンハイム記念基金奨学金には、本書の中心的なアイディアを作り上げる最初の機会を提供していただいた。最初の数章のドラフトは、ベッラージオのロックフェラー基金の豪華な保養所に滞在した折に書かれた。イェール大学のロースクールとその素晴らしいディーンのグイド・カラブレシ（Guido Calabresi）とアンソニー・クロンマン（Anthony Kronman）は、常に寛容な支援を与えてくださり、1年間ビジターとして滞在したハーバード大学ロースクールとディーンのロバート・クラーク（Robert Clark）にも同じく多大な支援をしていただいた。

多くの人から様々な段階において原稿に関するコメントをいただき助けてもらった。特に、Bruce Ackerman, Douglas Allen, Fabrizio Barca, Paul Donahue, Richard Geddes, Jeffrey Gordon, John Hetherington, Reinier Kraakman, Dean Lueck, Michael Montias, Mark Ramseyer, Mark Roe, Roberta Romano, Susan Rose-Ackerman, Charles Sabel, Burton Weisbrod, Oliver Williamson の全員にお世話になった。また多すぎてここに言及することができないが、数多くの他の同僚や学生にも、同様にお世話になった。すべての皆さんは、私が本書の最終稿を形にし始めるはるか以前から、本書で探求された問題に私が取り組むのを助けてくれた。

最後に、妻のマリーナが私の企画のすべての段階で、忍耐強く、誠実に、私を勇気づけてくれたことに、衷心より感謝したい。

目次

第IV部 非営利・相互企業

凡例

- 訳注は〔　〕の中に示した。
- 原著には、節以下に番号はないが、読者の便宜のため付した。
- 訳語：ownership：「所有」とした。「所有権」と訳さない主な理由は、本書において所有に基づく権利義務関係を対象としていないためである。なお経済学では、ハートの『企業　契約　金融構造』の邦訳で「所有権アプローチ」と訳しているように、「所有権」とすることがある。経済学では、所有のもたらす機能が重要であり、そもそも所有をめぐる権利義務関係については無関心であるために生じた用語法と考えられる。

  condominium：日本でも最近「コンドミニアム」と訳す場合が多くなっているが、まだ一般的といいがたいと考え、「分譲マンション」などの訳語をあてた。

  marketing coop とsupply coop：前者は共同販売のための「販売生協」とし、後者は共同購入のための「購買生協」とした（法政大学栗本教授のご教示による）。
- 本書は1996年に出版されたものである。そのためアメリカにおける最新の事情が示された場合は、1990年代のことであると理解して読んでいただきたい。
- 第II部以降の実証的な事例研究については、1990年代半ば以降の事例はない。また取り上げられた事例がその後にどのような展開をしたのかについても言及されていない。原著が刊行された後の事例研究を補完する作業は重要なものであるが、翻訳者の責任をこえることなので、訳注として補完したとしても最小限にとどめた。
- 所有形態の採用において鍵となる効率性を構成する2つの概念は、市場契約コストとガバナンスコストである。後者は、より具体的に「集団意思決定のコスト」等と表記される場合がある。両者は表記が異なるだけで、同じ意味であると考えていただきたい。

序章

Introduction

われわれは、政府の介入がない場合には、大規模企業が投資家所有企業の形態で組織されることを当然のことだと思いがちである。したがって、生産手段が資本の投資家に所有されるという意味を含む「資本主義（capitalism)」という用語は、一般的に西ヨーロッパ、北アメリカと日本でみられる経済組織のシステムに与えられた名称にも共通して用いられる。しかしながら、投資家所有は、自由市場と自由企業から論理必然的に生まれたものではない。むしろ投資家所有は、専門用語を用いればきわめて状態依存的なものであり、しばしば支配的であるが、必ずしもつねに支配的であるとはいえない所有形態である。

法人資本主義の世界的な典型であるアメリカにおいても、投資家以外の者が所有する企業は、多くの重要産業において際立って重要な役割を果たしている。従業員所有の企業は、法律、会計、投資銀行、医療などのサービス業において長い間に普及してきているが、現在さらに他の産業へ拡大しつつある。最近のユナイテッド航空会社の従業員による買収は、その顕著な例である。農民が所有する生産者協同組合は、主要な農産物の市場を支配している。消費者が所有する公益事業は、人口の10%に電力を供給している。マスターカード、AP通信やトルー・バリューハードウェアのような重要な企業も、地方企業によって所有されるサービスおよび供給に関する協同組合である。入居者所有の分譲マンションと協同組合住宅は、投資家所有の賃貸住宅に急速に取って代わりつつある。保険契約者によって所有される相互会社は、生命保険商品の総保有額の半分と損害保険商品の総契約高の4分の1を占めている。さらに、まったく所有者がいない非営利企業は、民間病院、大学、学校、保育所のほとんどを占める一方で、国の養護施設、健康保健維持機構、医療保険会社に関しても大きなシェアを占めている。

以上の点については、アメリカだけが独特であるとはいえない。他の先進市場経済において、投資家以外の者が所有する企業は、同様に大きな役割を果たしている。その役割は、発展途上国の場合と比べ、先進国の場合のほうが著しく大きく、しかも拡大を続けている。

本書では、このように多様な所有パターンが並存する理由について検討する。私は、異なる産業および異なる国民経済において、なぜ異なる所有形態が分布するのかを説明したいと考えている。この目的のために、私は所有の特徴や機能について、より広い一般的な視野を提供し、さらにしばしば見落とされることのある所有形態ばかりではなく、投資家所有そのものについても深い考察を行う。さらに、既存の所有形態に将来とってかわるべき所有形態が果たす役割について明らかにしたい。

私は、本書の分析ツールを経済学、とりわけ企業組織に関する最近の経済学研究から得た。より詳しくいえば、取引のコストと情報のコストに焦点を絞るという点が特徴である「新制度派経済学」の伝統を受け継いでいる。しかし、大いに経済学的分析に依存すると同時に、意思決定に関する様々な構造の特徴、歴史的プロセス、企業を組織化するための法的、規制的システムなどに注意深く配慮しつつ、経済学とは異なる考え方も導入している。私は、経済学に馴染みのない人でもこの本を理解できるように工夫し、専門用語の使用や文献の議論を可能なかぎり脚注に留めることにしている。

本書が焦点をあてる主な企業は、所有が数多くの人に分散して共有されているような株式会社、パートナーシップ、協同組合、相互会社などの企業である。これらの企業を強調する1つの理由は、現代経済においてこれらの企業が支配的なことである。もう1つの理由は、広く共有された所有が特殊の問題を引き起こすが、それに対して特に焦点を絞って検討したいためである。

多様な利害関係を持つ人々が所有を共有する企業が存続可能であることは難しい。また、その難しさに含まれている――企業内部の政治学、あるいはより抽象的にいえば、集合的意思決定のコスト――という問題は、われわれが観察する所有のパターン、および企業が内部的にどのように組織化されるのかという方法に重要な影響を与える。このような基本的な問題がこれまでのところほとんど注目を受けてこなかったのである。

何を学べるか?

本書は、大変厳密な水準で特定の所有形態について、様々な問題を提起している。例えば、投資家所有はとても普遍的とはいえないが、あらゆる現代市場経済において、支配的な所有形態であるのはなぜか？　従業員所有の企業は伝統的にサービス専門業において一般的であるが、なぜ他のサービスや産業において非常にまれな存在であるのか？　近年において、従業員所有の企業がなぜ急激に変化しているのか？　例えば、サービス専門業において、投資家所有の企業がパートナーシップに置き換わるのと同時に、従業員による所有が産業部門において広がっている。消費者協同組合は、卸売や供給企業において一般的に認識されているよりはるかに広まっているが、なぜ小売企業においてそれほど多くみられないのか？　また、農家所有や労働者所有の企業は一般的であるが、これら以外の生産者による協同組合がなぜ稀なのか？　アメリカにおいて、分譲マンションは1960年以前には事実上存在しなかったのに、なぜここ数十年間に不動産市場を通じて全国的に爆発的に広がっているのか？　相互会社は、19世紀の保険や銀行において、20世紀と比べてなぜ支配的な役割を演じていたのか？　そして、今日においても、それらが重要な機能を果たし続けるのはどうしてなのだろうか？　さらに、非常に小さいが、興味深い領域であるゴルフ場を例にあげると、なぜ投資家所有のゴルフ場が数多く存在しないのだろうか？

様々な組織の比較研究が示唆的であることを理解するために、選択可能な様々な所有形態に強い関心を持っている必要はない。本書の考察は、投資家所有の企業だけに興味を持つ人々に対しても、重要な教訓を示すものである。パートナーシップ、協同組合、相互会社、非営利企業の役割やパフォーマンスの分析は、従来の株式会社の経営効率性を評価するための有用な手段を提供するとともに、企業の支配権市場を含む、製品市場および資本市場が、如何なる方法でどの程度その効率性を管理しているのかについての理解を深めてくれる。ほとんどの先行研究がそうであるように、投資家所有の企業だけを独立したものとして他から切り離して検討することは、しばしば誤まりを招きかねない。他の企業形態と比較することによって、より多くを学ぶことができる。さもなければ、統計学者のように、とても少ない自由度ととても小さな変動のもとで、主要な変数の影響を評価するのと同じになってしまう。

所有の形態を選択可能であるとする研究は、一般的な社会組織に対する問題をより幅広く理解することにも役立つ。例えば、予測のつかない歴史的変動が現代社会に現れている組織の形態の特徴をどの程度決定するのかについて、1つの観点を提示してくれる。より具体的にいえば、このような観点に立つからこそ時代遅れの組織形態がより効率的なものに代替されるプロセスやスピードを認識することができる。さらに、会社法、税法、規制法などからなる法的構造が、組織進化をどのように規律づけているのかということについても探究することができる。そして、組織的転換が自律的におこるのか、あるいは法制度によって生じるのかということ、あるいはそれがどのくらい自律的でどのくらい法制度によるものなのか、ということを知るのに役立つ。

役に立つ点の最後として次のことに触れておこう。大人数の所有者を持つ企業は、何らかの集団的選択メカニズムを採用しなければならず、またそれを通じて所有者がコントロールを行使できるので、このような企業は、必然的に統治力および政治力が強いという特徴を持つ。これらの集団的選択メカニズムの形態やパフォーマンスを考察することは、一般的な政治的機関についての重要な知識を得ることを可能にする。実際のところ、集団的に所有される企業は、非常に数多くかつ多様である一方、市場選択の力に従うので、政治学の研究で一般的な焦点となっている政府機関と比べ、政治的機関に関する多様な目的の研究により良い手段を提供してくれる。私的企業の所有構造の研究を通して、社会活動に規律を与える政治と市場のそれぞれについての相対的な特徴を理解する視座を明確に知ることができる。この問題は、過去2世紀あまりの間、西洋の政治経済上の論争の中心であった。

以上の問題に関して、本書で示されている観点は、一般的な考え方の再主張ないしは、それを拡張したものにすぎないかもしれないが有用である。実際に、ここで集められた証拠は、組織形態の選択を支配する力についての通説がしばしば誤解を招くものであったり、誤ったりしていることを根本的に明らかにしている。例えば、ある産業の資本集約度とその産業に固有なリスクの程度は、その産業における企業が投資家所有であるか否かを決定することにおいて、一般に考えられているほど大きな役割を果たしていない。同様に、現在の組織の経済学の研究焦点である「所有と経営の分離」という権限の委譲によって発生するエージェンシー・コストは、どの組織形態が存続可能であるのかを決定する上で、第二次的な重要性を持つにすぎない。実際に、厳しい経営規律は、両刃の剣であって、企業が非所有者との取引コストを大幅に増加させる可能性がある。従業員所有は、一般に思われているよりもかなり優れた効率性を示している。だから、従業員所有企業の最大の利点だと考えられていた労働者のガバナンスへの参加の機会が決定的とは言えないまでもある程度のハンディキャップを与えなかったとしたら、この形態は今よりもはるかに普及していたことだろう。非営利的企業は、一般的に公的または私的補助金がない場合でも、営利的企業に対して非常に効果的な競争を行っている。さらに、政府の消費者保護の規制は、投資家所有の企業が協同組合、相互会社、非営利的企業と競い、最終的にそれらに取って代わるかどうか決定する上で、しばしば決定的な役割を果たしている。

社会科学と社会政策

本書は、実証的あるいは記述的な社会科学の応用問題であるという性格を強くもっている。そのため、本書の主要な目的は、対象とする企業の所有パターンの理由をできるだけ客観的に調査することである。しかし、それと同時に重要な政策に関しても取り扱っている。

最近、従来の投資家所有の企業ではない所有形態を促進したいという気運が高まっている。この関心は、労働者管理の企業に集中しているが、正反対の政治的信条に基づいた奇妙な経済思想の一致がみられている。左派に関していえば、近年、経済の理想とされてきた国家社会主義が崩壊した。これによって生じたイデオロギーの空白状態の中で、「職場の民主主義」が重要な制度改革として現れ、資本主義の批判者の間で広範囲な支持を集めている。労働者による企業の管理は、国家管理が権利と富の均等配分および労働者の疎外と搾取（問題）を解決できなかった領域において成功すると期待されている。他方、右派の改革支持者は、従来の形の労使関係の効率性にますます失望している。1つの選択肢として、右派の多くの者が、従業員所有に目をむけるようになっており，それが生産性の向上や労働者と資本所有者の一体感の強化に役立つことが期待されている。

労働者所有の企業に対するこれらの気運は、政策にもあらわれ始めている。従業員所有は、現在アメリカにおいて、優遇税制、年金法における例外規定および従業員所有企業のための特別会社法によって促進されている。現在、西ヨーロッパにおいて、労使共同決定は、ドイツにあるすべての大企業に義務付けられているが、EU全体にも提案されている。そして、東ヨーロッパの旧社会主義諸国においては、新たに民営化された国営企業をめぐって、労働者所有に関する広範囲に及ぶ関心が示されている。しかし、このような政策の妥当性について、依然として激しい議論が続けられている。

所有の問題は、他のいろいろな領域における政策の重要問題の中心である。例えば、賃貸から分譲マンションへの迅速な転換は、社会厚生の改善を導くのか、あるいは賃貸料をコントロールして税金補助金を引き出すことによって生じる高コストゆえに非効率性なのか？　農産物市場における販売農協による支配は、市場の不完全性と規模の経済に対する効率的な対応といえるのか、あるいは単に消費者を犠牲にするカルテル化なのか？　非営利的な病院、医療保険会社、健康保険維持機構は、それらの産業において急速に普及しつつある投資家所有の企業ができないような重要な機能を果たしているのか、あるいは単に非効率的な時代遅れの存在なのか？　最近みられる賠償責任保険相互会社の急速な成長は、保険危機を克服できる方法を提供してくれるのか？　非常に高い破綻コストを支払った住宅金融組合の対象としていた産業において、もし株式会社が相互組合にとって代わることが許されていたとしたら、破綻コストを回避することができたであろうか？　公益事業の消費者所有は、私的独占や公的料率規制による非効率性の発生を有効に防止できる手段なのか？　フランチャイズ制によるフランチャイザーの共同所有は、フランチャイズ契約がなかったとすれば起こりがちな機会主義の問題を回避できるのか？

もっと一般的にいえば、それぞれの所有形態を規律する基本的な法的枠組みは、それぞれの形態が果たす機能、あるいはそれらの相互関係に応じた体系的な配慮をせずに、その場の都合で作られたものである。協同組合、非営利的企業、相互会社を規律する組織法は、通常十分に構造化されておらず、法域によって大きく異なっている。税法は、主に従来の投資家所有の企業を考慮して設計されているので、他の所有形態に対する賛否両論の制度的偏見を引き起こす。そして、代替するいくつかの所有形態は、十分に合理化されていない特別規制や独占禁止体制のもとで運営されている。

これまでの研究では、事業に関係する所有の多様な形態がどのような役割を果たすのか、あるいは果たせるのか、さらには果たすべきなのかということについて、整合的な理解を欠いていた。そのため、以上に挙げた問題のいずれについても明確に答えることが難しかった。私は、より豊富な情報に基づいたアプローチの基礎を提供できればよいと考えている。

イデオロギー

所有の研究、特に労働者所有企業と消費者所有企業についての既存研究は、ある程度イデオロギー的なコミットメントを示すものが多い。これらの研究の著者は、ある特定の所有形態を擁護したり疑ったりするような感情をいだきながら課題に取り組むことがよくある。それと対照的に、私は本書で比較的に中立的であるように努める。イデオロギーに影響されない人はいないということは真実であるが、ある特定の所有形態が投資家所有、労働者所有、消費者所有、生産者所有、非営利、あるいは国営の所有形態のいずれであったとしても、私は、所有形態そのものに対する賛否に関するはっきりした価値判断を意図的にこの研究に持ち込むことをしない。実際に、多種多様な所有形態が現代経済において有用な役割を果たしていること、そしてそれらの役割が時間と環境の変化につれて変わることが例証により明らかになるということを私は信じている。本書の主な目的は、様々な所有形態のもつそれぞれの役割を分析することである。

比較という視点

本書の対象は、主にアメリカ合衆国の制度に焦点を絞っている。しかし、明らかにされた結論の一般性の確認、あるいは場合によってそれを検証するために、私は、他の国における制度の発展パターンにも相当の注意を払っている。実際に、本書の各章で示されているように、アメリカにおける所有のタイプの分布は、他の市場経済でみられるのと著しく類似しており、違いがあるとしたらその違いは、一般的にアメリカのパターンを解釈する際に考慮すべき要因で同じように説明できる。したがって、本書は、アメリカを理解するのと同じぐらい他の国の経済を理解する上で役に立つはずである。

非営利企業と政府系企業

本書の主な焦点は、何らかのかたちで私的に所有される企業にあてられている。しかし、本書の分析枠組みは、企業が完全に所有者を持たない、すなわち非営利的な組織として設立するのが効率的であるのはどのような場合であるのか、ということを理解するにも有用である。さらに、非営利企業は、所有と経営の分離が極限にまで到達したようなものであるため、非営利企業の研究は、所有者を持つ企業の特徴を解明する上で非常に役に立つものである。第Ⅳ部では、特に非営利企業に注目する。

公企業の役割は、従来考えられていた以上に深く検討するに値する重要な問題である。本書の分析枠組みは、その役割の解明に役立つと思う。にもかかわらず、公企業に関する議論をより広く取り扱うことはしない。むしろ、第9章で検討される公共事業と第10章で議論される専有住宅共同施設のケースの中で、私企業の役割や構造に関する重要な問題を考察するのに必要とされる限りにおいて、これを取り扱うことにする。

本書の構成

第Ⅰ部の3つの章は、企業所有の一般理論を提示する。この3つの章に続く章では、この理論的な枠組みを用いて、特定の産業における特定の所有形態が果たしている役割を検証する。特定の産業または特定の組織形態を取り扱う第Ⅱ部から第Ⅳ部に含まれる各章は、相互に補完的かつ累積的なものである。1つの産業の1つの企業形態を単に観察することよりも、異なる組織形態を比較したり、また異なる産業において同一の組織形態がいかに成り立っているのかを観察する方が、様々な組織形態のもつ強味と弱味についてより多くのことを学ぶことができる。かようにして労働者所有企業（第5章、第6章）におけるガバナンスや資本調達という課題については、農業協同組合（第8章）と住宅協同組合・分譲マンション（第11章）の研究によって、重要な客観的な視角を得ることができる。同様に投資家所有の企業における所有と経営の分離の重要性は、一方では卸売や供給協同組合（第8章）と比較し、他方では非営利企業や相互会社（第12章、第13章、第14章）と比較することによって明らかになる。

近年において、組織論が注目されているにもかかわらず、組織の比較研究は、等閑視されたままである。私は、組織の比較研究がわれわれにとって学ぶべき大切なものを秘めているということを、本書において明らかにしたいと考えている。

第 I 部

企業所有の理論

第1章 分析のフレームワーク

An Analytic Framework

従来よく使われている企業の「所有者（owners）」という用語は、ここでは2つの公式的権利を持つ人のことを意味する。その2つとは、企業のコントロールに対する権利と企業の残余財産（residual earning：企業が契約どおりに従業員の給料や利息の支払や原材料仕入れによる費用をはじめとするすべての支払いを終えた後の純利益）の請求権である。この定義の「公式的（formal）」権利という言葉に注意をむけていただきたい。公式的なコントロールは、必ずしも実質的な統制を意味するわけではない。本書で取り扱ったほとんどの企業形態、例えば株式会社、協同組合、非営利企業、相互会社などにおいて、公式的なコントロールは、一般的には、企業の取締役会の取締役を選出する権利および企業の合併や清算などのように数少ない重要な事項に対する直接投票権だけを意味している。さらに、大規模の株式会社の場合では、公式的権利を持つ株主は、ほとんどの場合、人数が多く非常に分散しているため、これらの数少ない権利でさえも充分に行使できるとは限らない。その結果として、企業の経営者が実質的な自治権を握ることになる。「所有と経営の分離（separation of ownership from control）」が古くから主張されてきているのは、経営者が実質的な自治権を持つことを反映したものである[1)]。

にもかかわらず、私は、企業のコントロールや残余財産に対して公式的かつ合法的または契約的な権利の配分を研究対象とすることに大きな関心を持っている。この後に続く各章で述べられているように、コントロールをほとんど実効的に行使できない人々であるにもかかわらず、これらの特定の人々に公式的なコントロールが与えられることについて、明確な理由がしばしば存在する。そのため、ある特定の人々に公式的権利を割り当てること、すなわち所有の配分はきわめて明確なパターンを持つ傾向がある。

理論的には、コントロールと残余財産の請求権は分離され、様々な人々によって所有されることが可能である。しかし、実際に両者は合わせて所有されるのが一般的だ。その理由は明白である。すなわち、コントロールを発揮できる人々は、残余財産の請求権を持っていなければ、コントロールを利用して企業の残余財産を最大化させるインセンティブが弱いだろう。さらに、残余財産を流出させてしまうかもしれない。もちろん、すべての重要な意思決定に関して、コントロールを発揮できる人々と残余財産の請求権を持つ人々との間に契約を定めて有効に制限することができるとすれば、このような問題は起こらない。しかし、企業政策に関する意思決定は、割高な取引コストまたは不完全な予測（の存在）によって事前に契約に完全に書きこむことが不可能なので、これらの権限が配分される人々に一定の裁量を与えることになる。このような残余裁量権を持つことは、ここで定義している「コントロール」の本質である[2)]。

すべての企業が所有者を持つというわけではない。特に非営利企業において、コントロールを発揮できる人々は残余財産を受け取ることが禁じられている。後述するように、企業が所有者を持たない方が適当であることを決める要因は、もっとも効率的な所有の配分を決める諸要因と同じである。

1.1 所有の構造

人々は、時に企業の商品の購入者として、時に労働力を含む生産要素の提供者として企業と取引を行っている。このような人々のことを1つの用語で統一的に表記すると、この後の議論も便利になる。そこで、これらの人々が個人であっても、企業であっても、一律に企業の「パトロン（patrons）」と呼ぶことにしたい。

所有者が存在する多くの大企業は、同時にパトロンでもある人に所有されている。これは、消費者協同組合および生産者協同組合の場合においても明らかである。これらの企業は、建て前上はそれぞれ企業の顧客および企業の供給者によって所有されている。さらに、このことは資本を提供する人々によって所有される標準的な株式会社においても同様である。実際に伝統的な投資家所有会社は、特殊なタイプの生産者協同組合、すなわちある種の資金提供者協同組合または資本の協同組合にすぎない。一般的には所有といえば資本の投資を連想することから、さらには投資家所有会社と他の種の協同組合との比較がこの後に続く分析の中心課題となることから、この点についてここで簡潔に述べておくことは意味があるにちがいない。

最初に典型的な生産者協同組合の基本構造を考えてみる。具体性をもたせるために、単純で典型的な例として、酪農家のチーズ協同組合を取り上げる。この例においては、生乳を供給する農家によってチーズ工場が所有される（この例は空想的なものではない。農家所有の協同組合はアメリカ合衆国で生産されるナチュラルチーズの45％を占めている）。[3] チーズ工場は、その所有者ないしは「組合員」（協同組合では所有者のことを「組合員」と呼ぶことが多い）が供給する生乳に対して、あらかじめ決められた価格を支払う。この価格は、協同組合がほぼ確実にチーズの製造や販売から正の純利益を得られるように、低く設定されている。そして、協同組合の純利益は、年末に組合員らが年間に協同組合に供給したミルクの量に比例して分割され、組合への支援に対する配当として分配される。協同組合における投票権は、各農家組合員が工場に売った生乳の量に比例して、あるいはより単純な場合には1組合員1票の原則に基づいて組合員に割り当てられる。組合員の一部あるいは全員がこの協同組合に資本を投資しているかもしれない。しかし原則的には、このことが必要とされるわけではない。組合は必要とする資本を借り入れによって調達できるからである。いずれにせよ、組合員がその組合に投資をしても、それらの投資は、債務というかたちをとるか、あるいは投票権がなく約定された最大の配当率という制約を持った優先株のかたちをとる。協同組合が清算される場合には、組合の留保利益または組合の保有資産の価値増加から生じるすべての純資産価値は、組合員が過去に積み重ねてきた組合支援の相対的な価値を評価することによって、組合員の間で比例的に配分される。

要するに、所有は組合への生乳販売によって生ずるものであり、かつその販売量に比例したものである。しかしながら、組合に生乳を販売する農家がすべて所有者になる必要はない。協同組合は組合員ではない農家から一部の生乳を購入することもある。この場合は、非組合員農家は単純に固定価格で支払いを受け（この価格は組合員農家に支払われる価格と異なる可能性がある）、組合の純利益の分配および経営への参加が認められない。

消費者協同組合の構造もこれと類似している。ただし、純利益の分配と投票権の割当は、組合員が組合に売った量ではなく組合から購入した量に比例して行われる。

ここで、酪農協同組合の構造によく似た仮想の「資本協同組合」を考えてみよう。資本協同組合の組合員は、組合に資金を貸し出し、組合はこの資金を使って設備、例えば製造備品やチーズの生産に必要な資産を購入する。協同組合は、これらの借り入れについて、組合員に固定の利息を支払う。ただし、協同組合は、これらの利息や他の支出を支払ったあとに純利益を高い確率で得られるように、利息を低く設定する。そして、得られた純利益は組合員が組合に貸した金額に比例して、当期の配当として配分されるか、または精算が行われる。同様に、投票権の配分は、組合員が組合に貸した金額に比例して行われる。組合員から集めた資本を補充する時には、協同組合は組合員ではない貸手から資金を借り入れるかもしれない。これらの非組合員の貸手は、協同組合の利益の分配や経営に参加せず、単に固定の利息（組合員に支払われる利息と異なる可能性がある）をもらう。

この想像上の資本協同組合は、明らかに酪農協同組合と同じく生産者協同組合である。だが、この資本協同組合は、まさに典型的な株式会社を基礎づけている構造を持つものである。これについて、ただちに理解することが難しい理由は、株式会社では、（通常「シェア・ホルダーズ」とか「ストック・ホルダーズ」とか呼んでいる）貸手組合員のローンに支払われる固定の利息がゼロに設定されているために、組合員が貢献した資本が事実上にローンであることが分かりにくくなっているからである。

確かに、資本協同組合（すなわち、株式会社）は、別の点においても他の種類の協同組合と少し異なる仕組みを持っている。例えば、株式会社では、組合員のローンの期間は、年毎あるいは定期的に更新されるのではなく、期限がない。また個々の組合員は、会社との利害関係については、会社が清算されなくても自由に転売できるが、資本を会社から撤収することは、会社が清算される時だけ可能である。これとは対照的に、他のタイプの協同組合の組合員は、組合と取引を行う期間中、取引高をほとんど自由に調整できるし、組合との取引を完全に打ち切ることさえもできる。しかしながら、この違いは根本的なものではない。時には投資家所有の株式会社において、株主が一定の間隔で彼らの投下資本を償還することを認めることがある。またこの償還を（標準的なパートナーシップにみられるように）株主に随意で認める場合もある。そのお馴染みの例としては、投資信託（ミューチュアルファンド）がある。逆にいえば、協同組合はしばしば組合員にパトロンとして長期的にコミットメントするように要求する。例えば、発送電協同組合は、組合員である地方の配電協同組合に対して、通常35年の契約の締結を必須要件として要求している[4)]。先に取りあげたチーズ協同組合のような農産物加工販売協同組合は、組合員に対してある数年間の間は毎年一定の量の農産物を組合に販売しなければならないという義務をしばしば課すことがある[5)]。また、保険契約者によって所有される消費者協同組合である相互生命保険会社は、本質的にいえば、保険契約者に会社から特定の保険金額を購入し続けるために、元来は残りの人生の間に保険料を支払わせるような、解約できない契約だけを販売していた[6)]。

株式会社が他のタイプの協同組合と若干異なっている点として、もう1つよく言及されるのは、投票権の配分である。株式会社では、基本的に1株1票の原則である。すなわち、投票権は、企業に貢献した資本の量に比例して配分される。これとは対照的に、多くの協同組合は、1人1票の原則であり、各個人組合員の投票権をそれぞれ企業との取引の量に比例させるような調整が行われていない。しかしながら、この相違は普遍的なものではなく、根本的なことでもない。個人株主の投票権を制限していた18世紀および19世紀のアメリカの多くの株式会社の定款は、それが個人株主の所有株式数にかかわらず行使できるものとされていた。そして1株1票という慣行が広く行われるようになったのは、ようやく20世紀になってからのことであった[7)]。また、監督法規が、協同組合に対して依然として1人1票の原則を義務付けている場合があるけれども、すべてがそうであるわけではない。企業との取引量に比例して組合員の投票権を割り当てる協同組合も多く現れている（なぜこのような変化が起こったのか、およびその存続の理由については、後に分析したい）。

要するに、株式会社はまさに特殊な協同組合のひとつである。協同組合は、所有が企業のパトロンの中の1つのグループに割り当てられる企業である。そして株式会社のパトロンとは、企業と取引を行う各種のパトロンのうち、企業に資本を貸し出す人々のことである。

逆にいえば、企業への資本提供は、せいぜい企業との取引にすぎないものであり、所有が賦与される可能性のあるいくつかの取引関係のひとつであるにすぎない。企業の所有は、資本の投資と結び付く必要があるわけではなく、必ずしも結び付かないこともある。さらにいえば、通俗的な理解ともより洗練された組織理論とも異なり、企業の所有というものは、物的資産および金融資産ばかりか、資本についても関係を持つ必要はない[8)]。

たしかに、企業の所有者である人々は、供給者であれ顧客であれ、あるいは他のものであれ、工場や設備のような資産を実質的に所有していることから、企業の所有が必然的に資本と結び付いているものと主張できるかもしれない。例えば、チーズ協同組合では、酪農家組合員がチーズ工場の工場や設備に対して集団的に所有し、これらの資本の価値の変動から利益あるいは損失を受けるという意味においては、酪農家組合員が協同組合の資本を所有しているものと主張する人もいるだろう。

しかしこの主張は必ずしも正しくない。企業は必要とされる土地、建物、設備などを所有するのではなく、借りることもできる。物的資産を所有しなくても大きくかつ成功した企業もありうる[9)]。さらに、稼得したすべての利益を組合員に分配し、支出が収入を一時的に上回る際に銀行から支払い保証をしてもらうことによって、正味の金融資産を保有しないということもありうる[10)]。協同組合の組合員は、個人資金の一部を組合に投資するか、組合の利益の一部を内部投資のために留保するという選択をするかもしれない。実際に次章ではこのことについてより詳細に検討する。そこで、生産者協同組合や消費者協同組合をはじめとするほとんどの企業形態において、企業の所有者が自らが所有する企業にある程度の金融資本をなぜ投資した以下の理由が明らかになる。しかし、企業の所有者は必ずしもその企業の投資家である必要はない。

すでに述べたように、通常の株式会社は、本質的には資金提供者による協同組合であるけれど、私はここでは通例に従って、投資家所有企業を除く、パトロン所有企業のことだけを示す言葉として「協同組合（cooperatives)」を用いることにする。

1.2 企業組織に関する法律の構造

下記のような整理を行うことによって、会社法の一般的な構造に関して、有益な概観を得ることができる。

アメリカでは、基本的な会社法は連邦法ではなく州法である。典型的な州では、一般法人法（general corporation statutes）が3つある。すなわち、会社法、協同組合法、非営利会社法である。この本で取り上げる企業組織の多くは、この3種類の法人法のうちの1つの法律のもとで設立される（とはいえ、例外もある。例えば、相互銀行、相互保険会社、分譲共同住宅は、特別に設計された法律のもとで作られている。また、サービス業において一般的である従業員所有企業は、パートナーシップあるいは専門職法人として設立されることが多い。なお、これらに対しても別々の法律が適用されている）。

協同組合法は、日用雑貨小売店の協同組合からチーズ工場のような農産物加工販売協同組合まで、様々な生産者協同組合と消費者協同組合に適用される。投資家所有会社は実質的に資本の協同組合であることを理解すれば、本質的にいえば投資家所有会社は、よくみられるような特別に立法化された株式会社法のもとで設立されるよりも、協同組合法のもとで設立される方が理解しやすいように思われる[11)]。株式会社法が存在する重要な理由はまったくなく、理論的にいえば、協同組合法の特別バージョンである。株式会社法を単独法として制定することは、資金提供者協同組合がよく広まった種類の協同組合形態であることから、この種類のために作られた組織法があれば便利だし、パトロンに彼らが取引をしている協同組合がどのような協同組合であるかを明確に発信することができるということから合理的である[12)]。これと同様な理由から、一部の農業州では、販売農協のようなよく普及したタイプの生産者協同組合に対して、単独の農業協同組合法を制定しており、また一部の州では労働者協同組合、さらに一部の州では生産者協同組合とは違う消費者協同組合について、別途に単独の協同組合法を採用している。

一般法人法とは対照的に、パートナーシップ法は、専門化されているわけではない。各々の州には一般パートナーシップ法が1つだけ制定されており、パートナーシップの持分が、様々なタイプのパトロネージと引き換えに付与されるようになっている。例えば、パートナーシップ企業に対して、労働力や資本のような生産要素の提供とか製品の購入とかいったパトロネージがある。このほかに、まったくパトロンではない人々に対して、パートナーシップの持分を賦与することもできる。

協同組合はしばしば漠然と「非営利事業（nonprofit）」だと称されているが、非営利企業は、協同組合と概念的にまったく異なるものである。非営利企業の明確な特徴は、成員、経営者、役員をはじめとする企業をコントロールする人々が、企業の純利益を受け取ることが禁じられていることである。このことは、非営利企業が利益を得てはいけないということを意味するのではない。そうではなく、得られた利益を、企業をコントロールする人々に対して配分することが禁じられているのである。ゆえに非営利企業は、その定義からいっても、所有者がいてはならないのである。周到に設計された非営利企業法は、この法律のもとで設立を図ろうとするあらゆる企業に対して、このような「利益分配制約（nondistribution constraint）」を規定している。したがって、どんな形の協同組合でも、また他の所有者を持ついかなる企業でも、非営利企業として設立されることは認められていない。

1.3 所有理論は何を説明しなければならないのか?

原理的にいえば、企業はパトロンではない人に所有されることが可能である。このような企業は資本を必要とするが、それは借入金によって満たすことができる。同様にそれ以外の生産要素も市場から購入できる。さらに、企業の製品は市場で販売することができる。このような企業の所有者は、フランク・ナイト（Frank Knight）の古典的な著書で描かれたような純粋な企業家（pure entrepreneur）である[13]。彼らは、企業をコントロールし、そして企業のすべての製品が売られ、各種の生産要素による費用が支払われた後の（正また負の）残余利益を受け取る。しかしながら、このような企業はまれである。むしろ、所有が企業のパトロンの1つあるいは他のグループによって握られるのが一般的である。すなわち、企業に対する供給者または企業の顧客として、企業と取引的関係を持つ人々によって所有されるのである[14]。

そこで所有の一般理論を展開するためには少なくとも次の2つのことを説明しなければならない。第一に、所有はなぜ企業のパトロンに与えられるのが一般的なのか。第二に、ある特定の企業において、所有が賦与される特定のグループのパトロンはどのような要素に基づき決定されるのかというものであるが、その特定のグループのパトロンは、資本の貸手かもしれないし、労働力またはそれ以外の生産要素の供給者かもしれないし、あるいは企業の製品またはサービスの購入者かもしれない。

本章では、以下にこの理論の概略を述べる。さらに、章をあらためて、その詳細を説明する。第Ⅱ～Ⅳ部では、この理論を特定の産業や特定の企業形態に対して具体的に応用することによって、理論を例証し、さらなる精緻化を試みる。

1.4 契約の束としての企業

最近の多くの経済学者は、企業を契約の束としてみなすようになっている[15]。このことは、所有理論の発展に役立つ。より正確にいえば、企業は本質的に一群の人々と契約を共同して取り交わす主体である。この契約の中には、生産要素として使用する原材料やサービスの売主との契約があるし、労働サービスを提供する個人との雇用契約もある。さらに、社債権者、銀行や他の資本提供者との融資契約および製品の購入者との販売契約も含まれている。個人企業として設立された小規模の企業においては、個人所有者がこれらの契約を取り交わす。株式会社あるいはパートナーシップでは、これらの契約に署名する当事者は法人である。実際に、会社法の最も重要な機能の1つは、法人、すなわち契約の署名者となることを許された単独の法的主体を作り出すことを許可することである。

企業の契約は一般的に、売主に対する支払の履行あるいは顧客に対する商品またはサービスの提供のような活動を行うことをその企業に約束させる。しかし、契約はたいていその企業に一定の自由裁量権を残す。例えば、雇用契約では、従業員に対する仕事の割当を決める自由が企業に与えられている。また、ローン契約では、企業が借り入れた資金の用途について、通常ある程度の自由選択が許されている。さらに、販売契約では、企業が所与の顧客に対して、商品の生産または約束したサービスの提供にあたって、どのような方法で行うかということについてある程度の自由が与えられている。このような裁量権を行使する権利は、企業に対するコントロールにおいて不可欠の構成要素であり、そもそも企業の所有者に与えられている特権である。もちろん企業自体が資産を完全に所有することもありうる。この場合、これらの資産の利用に関する裁量権の行使は、当然企業の所有者のコントロールのなかに含まれている。しかし、資産の完全所有は、われわれが企業と呼ぶものの本質的な特徴ではない[16)]。

大きくいえば、企業が行う取引は、企業と相手側のパトロンとの間に生じる2種類の関係のうちのいずれかの1つの関係で取り交わされる。一方の関係は、「市場契約取引（market contracting）」と呼び、パトロンは企業と契約という形式をとおしてのみ取引を行う。この場合、パトロンは企業の所有者ではない。第二の関係は、単純に「所有（ownership）」と呼ぶべきものであり、パトロンが企業の所有者でもある。

「市場契約取引」と呼ぶ最初の関係は、当該の製品またはサービスについて、必ずしも競争的な市場が存在することを前提とするわけではない。企業とそのパトロンとの間にある関係は、例えば、取引の当事者にとってお互いに取引できる潜在的な相手が1組しかないような双方独占的関係であるかもしれない。むしろ、ここで「市場契約取引」という表現を使う理由は、当事者のパトロンが当該企業の行動をコントロールしようとすれば、その企業との契約の拘束力を強化するか、あるいは他の市場から提示された代替的取引に変更し、当面の取引を中止すると脅すなどの方法があるということを強調したいためである。もう1つの関係である「所有」には、パトロンが企業の行動をコントロールしたいとすれば、内部のガバナンス・メカニズムを通してそれを直接的に行使できるという追加オプションが備わっている。さらに、「市場契約取引」という用語は、当該の関係が必ずしもスポット・マーケットにあるように短期的なものであることを主張しているわけではない。むしろ、この用語には、しばしば「関係的（relational）」取引と呼ばれるような長期的かつ高度の相互依存な関係も含まれている[17)]。

この用語法を用いれば、投資家所有会社では、企業とその企業に資本を提供するパトロンとの間の取引が所有という関係を持つ一方、従業員や他の供給者および顧客との間にある取引は、市場契約取引のかたちをとっていると記述することができる。従業員所有企業は、これと対照的に企業と所有関係を結んでいる従業員から労働力を調達するが、資本や他の生産要素の調達および製品の販売は市場取引を通じて行なわれる。さらに、消費者協同組合は資本、労働力、他の生産要素を市場取引で入手する一方で、生産された商品またはサービスの販売については所有という関係を通して取引される。

パトロンが所有に基づく特権のすべてではなく、その一部を持つことがあり、その場合には、あいまいな所有と市場契約取引との関係によってパトロンは企業と結び付くことになる。ドイツの労使共同決定のもとにおける企業とその従業員との関係は、その顕著な一例である。これについて、第5章と6章で分析を行う。しかしながら、一般的にいえば、これまで説明してきた市場契約取引と所有というシンプルな二分法は、本書の目的に十分に役立つものであると考えられる。

1.5 理論の概観

ある企業がパトロンではない人々に完全に所有されるとすれば、当該企業のインプットとアウトプットを含むあらゆる取引は、市場契約取引のかたちで行われることになる。原理的にはこれが可能であるかもしれないが、実際にはおそらくたいへん非効率的であろう。市場取引は、広義に「市場の失敗」と呼ばれる状況、例えば競争が十分に展開されていないとか、契約当事者の一部が情報的に不利な立場に置かれるとかいった状況にある場合に、特に高いコストが生じる可能性がある。市場契約取引のコストについては、第2章でより厳密に検討する。現時点においては、市場契約取引のコストが高い場合には、購入者が販売者を、あるいはその反対に販売者が購入者を所有することによって、それらコストが削減されることがしばしばみられるということだけを指摘しておく。購入者と販売者が共通の所有のもとにおかれると、一方の当事者が市場の不完全性を利用して、もう一方の当事者を搾取しようとするインセンティブは弱められるか、消滅する。ゆえに、あるパトロンと別のパトロンに同時に同一企業の所有を与えれば、もしそうしなかった場合に、企業またはパトロンが負担することになるコストを削減することができる。したがって、所有を企業のパトロンではない人に与えると、所有の配分を利用してこれらのコストを削減する、という機会を逃してしまうのである。

このロジックに従えば、ある企業にとって、最も低いコストをもたらす所有の配分はどのようなものであるかという疑問が生じるかもしれない。この「最も低いコストをもたらす所有配分」は、企業とそのパトロンとの間の取引をめぐるコストを最小化させるような所有の配分のことを意味する（言い換えれば、企業とそのパトロンとの間の取引による企業の総純利益、すなわち、利益からコストを引いた後の利益を最大化させるような所有の配分のことを意味する。逸失の利益をコストとみなすことができるので、この2つの定義は、同じ意味である）。これまでの分析によると、他の条件が一定であれば、市場契約取引による問題、すなわち市場の不完全性によるコストが一番大きいパトロン達に所有を与えると、コストの最小化が実現しうる。例えば、ある企業が自社の顧客に対して自然独占的であるが、自社に必要な資本、労働力、他の生産要素の調達が合理的に競争的な市場を通して行われるとすれば、当該企業の顧客に所有を配分することによって、総コストが最小化される傾向にあるといえよう。このような理解は、おそらく第9章で議論されている多くの地方電力事業会社がなぜ消費者協同組合という形態をとっているかを解釈する上で有益であろう。

所有が新たなコストを生じさせずに、市場契約取引によるあらゆるコストを削除できることから、もし所有が常に完全に効果をもたらすとすれば、所有理論は、この上もなく重要な理論であろう。しかしながら、実際には所有そのものにもコストが伴うのである。所有に伴う1つのコストに、「ガバナンス」コストと呼ぶべきものがある。このガバナンスコストには、所有者間における集団意思決定に伴うコスト、経営者に対するモニタリングコストおよび不完全な集団意思決定に起因する非効率的な意思決定によって生じるコストと、経営者に対する不完全なモニタリングに起因する過剰な経営者裁量権によるコストなどが含まれている。もう1つのコストは、残余財産の請求権に伴うリスク負担によって生じるコストである。これらのコストおよびこれ以外の所有コストについては、第3章で詳しく検討する。現時点においては、これらのコストが市場契約取引コストと同様にパトロンによって大いに異なってくる可能性があることを指摘しておきたい。例えば、あるパトロンは、別のパトロンと比べ、より効果的に企業を統治するポジションにいるかもしれない。同様に、他のパトロンと比べ、残余財産の請求権に伴うリスクをより効果的に分担できるパトロンもいる。したがって、企業をどのパトロンに所有させるかを決める際には、市場契約取引ばかりでなく、所有のコストも考慮しなければならない。例えば、第9章では、電力事業会社における消費者の所有コストが、農村部より都市部のほうがかなり高いことが指摘され、そしてこれが、なぜ都市部では電力協同組合が農村部ほど普及していないかということの1つの要因であることが事例によって明らかにされる。

したがって、最低のコストをもたらす所有の配分は、企業の取引コストの総額を最小化する。すなわち、それは、(1) 所有者ではないパトロン達との市場契約取引のコスト、および (2) 企業を所有するパトロン達の所有に伴うコストの両者の合計額を最小化するのである。

この理論の基本概念はシンプルであるが、この理論を応用して、所与のクラス〔種類〕のパトロンによる市場契約取引によって生じるコストが、他のどのパトロンが企業を所有するのかということに左右されるであろうことを理解することは、とても重要である[18]。この点は第3章でより明確になる。

1.6 残存率

長い目でみれば、コストを最小化できる企業形態あるいは組織が、ほとんどの産業において支配的になると考えることに合理性がある。次の2つのメカニズムがこの傾向を強めることになる。第一のメカニズムは、企業を組織する企業家による意識的な設計と模倣である。企業家は、その企業のパトロンになりたい人々と一緒になって、コストを削減できる組織形態を採用し、それによって節約された利益の配分を受けるというインセンティブを持つ。第二のメカニズムは、市場による淘汰である。よりコストの高い企業形態を取る組織は、別のよりコストの低い企業形態を取る競争相手によって市場から淘汰される傾向がみられる。特定の産業において、支配的となるある所有形態を観察すると、支配的となった形態はその産業にあったかもしれない他の種の所有の形態よりも、コストが低いということを示唆するものであることがわかる。

第Ⅱ部から第Ⅳ部においては、様々な所有の形態の相対的コストについての重要な論拠として、この「残存率検証（survivorship test）」を使うことにする。しかし、組織コストを比較するためという観点において、この検証が完全に正確な尺度であるとはいえない理由をあげることができる。最も明らかな理由は、公的補助金または規制によってある形態が他の形態より有利に置かれることである。さらに、新形態の普及は、意識的な模倣によって必ずしも迅速に起こるわけではない[19]。また同様に、市場による淘汰はいろいろな原因により非常にゆっくり機能することが多い[20]。特定の産業における所有のパターンを解釈する際に、以上の点に注意しなければならない。実際に、後の章で考察するいくつかの産業における所有形態の時間の経過に伴うパターンの変化を検討することにより、組織の発展プロセスについての洞察を得ることができる。

1.7 いかなるコストなのか?

コストの最小化をもたらす所有の形態は、それ以外の別の価値が見落とされているので社会的な観点から、あるいは企業内部の当事者の観点からみて最も望ましいものとはいえないと反論する人がいるに違いない。しかしながら、ここで私が使っている「コスト」という言葉には、企業とそのパトロンとの間の取引に影響を与えるはずのすべての利害と価値が含まれている。例えば、市場で労働力を調達する場合のコストには、主観的な疎外感または脱力感なども含まれているはずであるが、このコストは、労働者がその企業を所有すれば軽減されるものである。実際に、この研究の成果の1つは、所有によってもたらされる客観的および主観的価値の範囲についてより深い理解をすること、および企業と取引を行う人々にとって、これらの価値が相対的にどんな重要性を持っているのかを知ることである。

したがって、ここで「コスト最小化」と表現するものは、経済学者が広い意味で使う「効率的」であることである。すなわち、各自の主観的な評価に従えば、各々のクラスのパトロンにとって、他の種類のパトロンの効用を悪くさせないで、彼ら自身の効用を改善することができるような代替的な選択が存在しない、という状況を指している[21)]。

一般的にいえば、企業における所有の配分によって最も利害関係に影響される人だけが、その企業のパトロンとなる。さらに、長期的な観点でいえば、金銭的なコストであれ、非金銭的なコストであれ、所有の特定の配分の下でパトロンが負担すべきすべてのコストが、パトロンが企業と合意した契約条件の中に反映されているはずである。その結果として、市場に生き残る企業は、単に金銭的コストを最小化させるものではなく、より広い意味において効率的なものであるはずである。

これまで概略した理論により実質的な内容を加えるために、次の2つの章では、市場契約取引と所有に固有の重要なコストについて、それぞれ詳しく検討したい。

第2章 契約のコスト

The Costs of Contracting

市場の不完全性にはいくつかのタイプが存在しているが、そのほとんどが経済学を専攻する学生にとっておなじみのものであろう。市場の不完全性に起因するコストは、それを負担するパトロンに所有を与えることによって削減される可能性がある。本章では、非常に一般的な条件において市場契約取引に最も共通となる問題についてサーベイし、それらの問題によって所有の配分に与える可能性のある要因を簡潔に検討する。この点に関するわれわれの主な目的は、関連するコストの全体像とコストの種類の一覧表を示すことであるので、理論の詳細や精緻化することや応用に深く足を踏み入れることはしない[1)]。後のいくつかの章で、多くの例証を用いてより綿密な分析を行う[2)]。

2.1 単純な市場力

企業は規模の経済または他の要因（例えばカルテルもしくは規制）によって、パトロンのうちのいずれかのグループに対して市場力を行使できる。そこで、このことから影響を受けるパトロンは、この企業を所有することによって、価格による収奪を回避するインセンティブをもつ。企業は顧客と取引を行うときにある程度の独占力をもつが、このことは、企業が消費者協同組合として設立される際の一般的な理由のひとつである。とりわけ電気事業協同組合は顕著な例である。企業の顧客に対する市場力ではなく、供給者に対する市場力、すなわち買い手独占は、パトロンが所有を望む大きな誘因であり、このことは農産物加工販売協同組合の初期の発展段階においてはっきり表れている。

より厳密にいえば、顧客は、市場力をもつ企業を所有することによって、2種類のコストを回避できる。第一は、顧客がその企業から商品またはサービスを購入する際に独占価格を支払うコスト。第二に、極端に高い価格となることによって、企業の商品またはサービスに対する過小消費が生じてしまうコストである。

第一のコストは、顧客の観点からみれば、断然大きいものになるだろう。しかし、このコストは、顧客と企業の所有者との間に生じた分配の問題であり、一種の私的コストにすぎないものであって、社会的コストとはいえない。独占的な投資家所有企業が顧客所有企業に転換された場合、顧客が価格の値下げから得られる利益は、前の所有者である投資家が被る損失に等しいため相殺される。それゆえ、この種のコストは、顧客が既存の投資家所有者から企業を購入するインセンティブを提供しない。なぜならば、企業の既存の所有者は、将来に得られる独占的利益の割引現在価値を含む価格でなければ、その企業を売ろうとしないからである。しかしながら、このような私的コストは、顧客自身が新しい企業を設立しようとする強いインセンティブを与えることがあるし、あるいは新設会社を設立することを脅しとして、既存の独占企業の工場を合理的な価格で購入できるようにするかもしれない。

第二のコストは、独占価格に起因する消費量の歪みによって生じるコストであり、本来の意味での社会的コストであるといえる。それゆえ、このコストが削減されるという見込みがあると、既存の独占企業が顧客に企業を売却し、その結果生じた効率性の利得を顧客と分かちあおうとするインセンティブを生むかもしれない。

2.2 事後的な市場力（「ロックイン」）

企業にたくさんの競争者がいる場合においてもパトロン関係が始まり、企業と取引関係に入るや否や、独占的な収奪という問題が生じることがある[3)]。

この問題は2つの状況において起こりうる。第一に、取引関係を始めるにあたって、パトロンが相当な取引特殊的資産投資、すなわち企業との取引関係が終了すると、投入した投資価値を完全に取り戻すことができないような投資を行なわなければならない場合である。第二に、取引が長い期間にわたって行われる見込みで、非常に複雑かつ予測不可能なものであり、将来の取引に関する重要な点が事前の契約で取決めることができず、むしろ時間の経過につれて経験によって解決されるような場合である。このような状況においてパトロンは、いったん企業とパトロン関係を持ち始めると、企業が当該のパトロンを搾取しようとした場合に、低いコストで退出できるような自己防衛のオプションを失っているために、大なり小なりその企業にロックインされてしまう。

労働契約はその一例である。ある個人は、初めて労働市場に入るとき、数多くの企業から雇用機会を得られるかもしれない。その結果、労働者は、これらの企業を自分の労働サービスをめぐって、これらの企業をお互いに競争させることができる。しかし、ある特定の企業に雇用され、その企業で何年間か働くと、この労働者の技能はその企業にある程度特殊化され、再訓練の適応性が小さくなるかもしれない。そのため、この労働者は、別の企業より現在の企業にいたほうが生産的であることになる。さらに、この労働者は、雇用主が所在する地域のコミュニティに重要な個人投資、すなわちこのコミュニティから離れると取り返せないような投資を行っているかもしれない。自分の配偶者がそこで雇用されていて、子供もその地方の学校に慣れているかもしれないし、家族の全員がそのコミュニティの人々と強い個人的なつながりを築き上げているかもしれない。要するに、その労働者にとって、雇用主を変えることは、時間が経過するにつれて、職業的にも個人的にも被るコストが大きくなる可能性が大きい。こうなると、現在の雇用主は、当該労働者に対して、その賃金や他の雇用契約条項の取決めをめぐって機会主義的に行動し、現在の仕事を辞めさせない程度の最低限の雇用条件を提示することができるような立場になる。それゆえ、この労働者が行う職業に関する特殊的投資の価値は、職業的なものも個人的なものも事実上に雇用主に収奪されてしまう。

このような結果が起こりうると認識している労働者は、最初の就職活動において、後に収奪が起こりうるというリスクを補償してもらうために、より高い初任給を要求したり、将来に収奪を行わないという約束ができないならば、それ以外においては非常に魅力的な雇用主であったとしても、雇用を拒絶するかもしれない。同様に、ある企業に雇用された後も、その企業にとってだけ価値を生むような知識と技能を獲得したり、その企業を辞めて別の企業の雇用を求める場合に、売るのが難しい高価で特別な家を購入したりするといった、企業特殊的な投資は最優先の課題ではなくなる。

このような「ロックイン」の問題は、影響を受ける可能性のあるパトロンに所有を配分することによって軽減できる。このことは、ロックインが2つの個別企業を合併させた重要なインセンティブとなった垂直統合の事例によって一般に知られるようになった[4]。なお、この2つの企業のうち、一方の当事者は他方の当事者の重要な顧客であり供給者である。しかし、このロックイン問題の事例は、なぜ企業の所有が企業と取引する他の個別企業に限定されることなく、企業のすべてのクラスのパトロンにまで拡張できるのかという、われわれが最も興味を持っている関心を説明するのにも役立つ[5]。とくに、ロックインは、労働者所有だけではなく、様々なかたちの消費者所有にもインセンティブを与えているようだ。その顕著な事例としては、第8章で議論されているような、フランチャイズ店をフランチャイズ提供者との共同所有とする事例を挙げることができる。

2.3 長期契約におけるリスク

企業とそのパトロンが長期契約を結ぶ強いインセンティブをもつ状況は多様であり、かつしばしばみられることである。その1つは、取引特殊的資産投資によって取引関係者がお互いにまたは一方的に機会主義的行動にさらされるという可能性を回避することである。それとは別に、関係者の間で事業に特殊化されたリスクを配分することである。さらにもう1つは、保険および保険に関連する産業に特有な「逆選択（adverse selection）」の問題を和らげることである[6]。

長期契約はこのような問題の解決にとって比較的有用な手段であるが、それ自体が、企業とそのパトロンに対して相当なリスクを生みだすこともある。契約期間中に状況が変わった場合に、契約によって定められた価格は、一方の当事者に利益をもたらす一方で、他方の当事者に相応の損失をもたらす。そのため、長期契約は、社会的リスクがほとんどあるいはまったくない両者に対して大きなリスクを生みだすことによって非効率性を生じさせ、当事者間の純粋なギャンブルとなってしまう可能性がある（すなわち、当事者を一体のものとしてとらえれば、まったくリスクに直面しているのではないのだが、実際上は、両者の間でゼロサムゲームが行われている状況を思い浮かべていただきたい）。例えば、名目価値で書かれた長期契約に対して、気まぐれなインフレーションがこのような影響を与える。このことは信頼性の高い価格指標が発展する以前であればなおさらのことであるといえるが、多くの契約は依然として名目価値で書かれている。こうした影響をうけるパトロンを企業の所有者にすることで、このリスクを大いに除去できる。すなわち、パトロンがパトロンとしての損失を被ると同時に、所有者としてその分の利益を得る。その逆も同様である。このことは、第14章で明らかにされるように、相互生命保険会社をこれまで成功させてきた要因のひとつであり、これからも重要な要因であり続けるかもしれない。

2.4 情報の非対称性

企業が取引に重要な情報をパトロンより多く持つ場合、あるいは逆にパトロンがそれを企業より多く持つ場合には、取引の契約コストが割高になる可能性がある。

例えば、企業は、自社が販売している商品またはサービスの品質について、顧客より多くのことを知っている。このことは、取り扱う商品またはサービスが複雑であったり、試してみるのが難しいものである場合には特によく見られることである。そこで、企業は約束したより低い品質のものを提供するインセンティブが生じる。それに対して、顧客は、企業を信用しないというインセンティブをもち、起こりうる最悪な品質に相応する価格しか支払わない、あるいは購入量を絶対的に減らすかもしれない[7]。その結果、非効率的な取引につながることになる。顧客は支払った価格に見合った品質の商品を購入し、企業は提供した品質に相応したコストをカバーできるような価格を受け取ることになるのではあるが、本当は両者ともに高い品質と高い価格を望んでいたはずである。企業は、品質に関する評判の構築に投資することによって、この問題にしばしばうまく対応しているが、この戦略には時間がかかる上、せいぜい一時しのぎの手段にすぎないこともある。

以上の状況において、顧客による所有は、企業が情報的優位性を悪用するインセンティブを減らすという長所をもつ。わかりやすい事例として、農業用肥料と家畜用飼料の例を取りあげることができる。肥料と飼料が商品として初めて市場に登場したのは、20世紀の初めのことであったが、農家にとって、その成分を確認することは困難であった。その結果、市場に流通している商品の品質は低かった。第9章で議論されるように、多くの農家はこの問題を克服するために、自分で必要な肥料や飼料を製造、配給する購買協同組合を作るようになった。さらに顕著な例を、貯蓄銀行や生命保険を含むサービス産業において発見することが出来る。

しかし、企業が情報優位性をもつという可能性は、顧客との取引のみに限られることではない。同じ問題は、企業とその供給者または従業員との間でも起こるかもしれない。投資家所有企業は、労働者に対して雇用の継続性を保証するとか、安全な仕事場を維持する努力を行うなどのことを進んでしたがらないであろうし、これを見越した労働者は、企業特殊的な技能への投資を減らしたり、さもなければ高額の賃金を要求することもありうる。この点において、労働者所有は、より効率的な労働関係を約束できる可能性がある。

パトロンが自身の行動の水準に関する情報をもっているが、企業がそれを入手できない場合、反対の問題が起こりうる。アパートの管理人は、入居者が部屋のメンテナンスにどの程度の注意を払っているかを管理することができないかもしれないし、保険会社は、保険契約者によって行われる安全予防対策をモニターすることができないかもしれない（実際のところ、「モラル・ハザード」という用語は、もともと保険業で生まれたものであり、現在では情報の非対称性が生み出すある種の努力水準の低下を意味する言葉として広く使われている)。同様に、労働者も、彼らが仕事に対して行う努力の程度に関する情報については雇用主より知っているはずである。このような状況にあるパトロンが、機会主義的に行動するインセンティブをもつのに対して、企業は価格または賃金を調整することによって、埋め合わせをはかることができる。パトロンに所有を与えることによって、以上のような機会主義的行動を生じるインセンティブを軽減し、パトロンが企業との取引条件を改善する可能性がある。しかしながら、パトロンの数がきわめて多い場合には、パトロン所有であってさえ個別のパトロンが各自の情報的優位性を利用して、他のパトロンの利益を犠牲に自己利益を追求するというインセンティブが依然として強く残るかもしれない。この点に関しては、相互会社と労働者所有企業を考察するときに、より慎重に検討したい。

2.5 戦略的交渉

情報の非対称性は、高コストの戦略的交渉を引き起こす可能性がある。企業の経営には、一般的にそのパトロンが入手できないような事業計画や業績見通しなどに関する情報があるのに対して、企業のパトロンは、しばしば企業の経営側では入手できないような、彼ら自身の選好や機会などに関する情報をもっている。このようなパトロンはその企業を所有していなければ、自身の個人情報を企業に知らせるインセンティブが少ないだろう。なぜならば、それを知らせてしまえば、企業との将来の交渉において、企業を優位に立たせることになってしまうからである。同様に、企業の経営側は彼らの私的情報をパトロンと共有するインセンティブをもたないことが多い。パトロンに対する情報の開示から企業が利益を得られたり、逆にパトロンからの情報提供によりパトロンが利益を得られたりする場合があったとしても、信頼できる情報開示を行うということはほとんど不可能に近い。

この種の私的情報が存在することから、契約の交渉にあたって相当な時間と努力が無駄になる。当事者は、お互いに相手の真意を確認してから妥協し、自らの決定を下すことを考えているために、合意の達成を遅らせるインセンティブをもつ。労働契約に伴うストライキと（資本家側による）工場閉鎖は、よく知られた実例である[8]。パトロン所有は、企業の経営者またはそのパトロンがお互いに相手のもたない情報を隠したり、利用したりするというインセンティブを取り除くことによって、以上のような戦略的行動を軽減したり除去したりすることができる。

2.6 パトロンの選好に関するコミュニケーション

パトロンが自身の選好を企業の経営側に確実に伝えることができない場合、戦略的交渉のコストという範囲を超えたコストによって非効率性が生じる可能性がある。とくに、経営側は、最低コストですべてのパトロンを満足させるような契約条件の組み合わせを見つけることは困難であろう。

従業員を対象とする賃金、非金銭的給付、職場環境の改善について、企業が最適な組み合わせを選択する努力を払うケースを考えてみよう。労働者は金銭的補償と職場環境とのトレードオフに対して、どのような選好をもっているのか？　また、即時払いの給与と繰延給与あるいは仕事の安全性と高賃金をどのようなバランスにすることを好むのか？　さらに、仕事の安全性、職場の美しさ、生産のスピード、仕事の多様性との間に好ましいトレードオフがあるとしたらどのようなものであるのか？　経営側が以上のような情報をもっていないとすれば、企業が従業員のために支払う1ドル当たり最大の満足感を得られるようなパッケージを見つけることができないであろう。しかし、労働者が企業を所有しないかぎり、彼ら自身の交渉力を強化するために、自身の選好を正確に企業に伝えないというインセンティブが残る。そこで、経営側は、労働者がごまかすインセンティブをもつことを承知しているので、実際に彼らが正直に伝えているか否かに関係なく、彼らを信用できないという理由が生じる。したがって、労働者の選好を確実に企業に伝えることができれば、企業も労働者もともにより良くなるという状況にあったとしても、労働者は、真実の自分の選好を企業に伝達することができない可能性がある。

あるパトロンに所有を与えることは、パトロンと所有者の利害関係の衝突を取り除くことによって、以上のようなコミュニケーション上の障害を減らすことになる。

2.7 多様なパトロン選好における妥協

ある一群の企業のパトロンが、それぞれ個人が異なる選好をもっていたとしても、企業は同じ条件で彼らと取引を行わなければならない。企業は、従業員全員に対して同じ労働条件、また顧客全員に対して同じ品質の商品またはサービスを提供するという制約のもとに存在しているかもしれない。このような場合には、市場契約取引は、企業がパトロンの様々な選好に対して非効率的な妥協を選択するように導いてしまう可能性がある。この問題は、企業が市場を通じて取引を行うときに、限界的なパトロンの選好に合わせてしまうというインセンティブをもつことから問題が生じるのである。しかし、効率性は、一般に限界的なパトロンの選好ではなく、その選好とはまったく異なるかもしれない平均的なパトロンの選好に合わせた条件を選ぶことで達成される[9)]。

職場の労働者に提供する安全水準に関する選択事例を考えてみよう。企業は、割高な賃金とより強化された職場安全との間のトレードオフに対応して、限界的な労働者を満足させるような職場の安全水準を決定するインセンティブをもつ。すなわち、決定の対象となるのは、現在の賃金と労働条件のもとでこの企業にとどまるか、あるいは他のところで仕事を探すかという2つの意思決定について無差別な労働者である。しかし、限界的な労働者の選好は、平均的な労働者のそれと必ずしも同じではない。例えば、限界的な労働者は、喜んで大きなリスクを負う代わりに割高な賃金を求める若者であるかもしれないのに対して、平均的な労働者は、家族を持つより年配の人々で、彼らはよりリスク回避的であるかもしれない。その結果、企業に選択された職場の安全水準は、全体としての企業の労働者のニーズを最も効率的に満たすものであるとは限らないのである。

パトロンが上記のような企業を所有すると、投票という方法を利用して集団的に意思決定を行う傾向がある。そして、特に伝統的な多数決ルールの投票では、限界的なメンバーの選好よりも中間層メンバーの選好が有利に扱われる傾向がある。中間層パトロンの選好は、平均的なパトロンの選好と必ず同じとは限らないが、一般的にいえば市場において限界的であるパトロンの選好と比べ、平均的なパトロンのそれに近いことは間違いない。それゆえ、パトロン所有は、パトロンの選好が分散しているとき、適切な妥協案を選択する上で、優位性を提供することができる。

2.8 疎外

労働者所有企業、消費者協同組合、非営利企業のような「非資本主義的な」形態の所有を熱心に主張する人々は、しばしば明示的に、あるいは暗黙のうちに資本家（投資家所有）企業に対するイデオロギー的な反対を表明する。その表現方法は漠然としており、資本家企業の特徴として指摘される「疎外」または「搾取」を非難することが多い。このような投資家所有企業に対する反対を根本から考えれば、これまで概観した各種の市場の失敗という問題に原因があるように思われる。例えば、投資家所有企業は、顧客または労働者と取引を行う際に、市場力、ロックイン、情報の非対称性を利用する可能性がある。しかし、資本主義への反対は、時には市場での交換における「取引の雰囲気」とでも呼ぶべきものに対する懸念に根付いているもののように思われる。この問題に対する明確な分析を見いだすのは困難である。しかし、市場契約取引を主体的に経験すること自体に対する反感も関係しているのかもしれない。

市場契約取引は、本質的な意味において、敵対者相互間のプロセスである。すなわち、購入者は、できるかぎり最低の価格で最高品質の商品またはサービスを購入したいし、売り手は、できるかぎり最高の価格で最低コストの商品またはサービスを提供しようとする。この対抗関係を楽しむ人はいるが、大部分の市場経済の参加者は、少なくとも慣習的な商業的関係において、かなり無関心のままこの対抗関係に組みこまれている。しかし、このような敵対的な関係によって商品またはサービスを獲得したり、提供したりすることが不愉快であると認識する人々が一部には存在するのである。

この不愉快さの原因のひとつとして、市場で取引を行う際に、搾取から身を守るための警戒心が要求されることが思いうかぶ。この警戒心については、前述の市場の失敗によるコストの中に適切に含めることができる。なぜならば、市場の失敗が生じなければ、このような警戒心は必要ではなくなるからである。しかしながら、他の人々と取り持つある種の関係を選好する人も若干存在する。彼らの選好は、人々の関係あるいはその関係が要求する警戒心をとおして究極的に受け取る財やサービスの品質と価格とは異なる種類の価値である。彼らは、より協力的で、より信頼のできるより利他的な関係を結ぶことを本能的に好むため、敵対的な関係を体験すること自体を嫌悪しているのかもしれない。このような人にとって、取引の相手である企業を所有すること（具体的にいえば、消費者協同組合から購入するとか、生産者協同組合を通して売るとかいうこと）、あるいは非営利企業と取引することによって、商業的連鎖における最も明確な敵対的連関を断ち切ることは、大きな価値をもつ可能性がある。

選択可能な経済的取決めの効率性を相対的に評価する際に、一般の経済理論は価格や品質のような取引の結果に対する選好を重視するが、取引のプロセスに対する選好が無視されることが普通である。もちろん、このことは、必ずしも取引のプロセスに対する選好が重要でないということを意味するわけではない。そして、それらがまさしく重要となった場合には、市場契約取引がそれらに反してまでも行われることから、コストが発生することになる。

疎外のもう1つの解釈は、人々が自分の取引相手である企業をコントロールすること、あるいは他のパトロンと一緒にその企業を管理することから得られる大切な満足感が、市場関係のみを通して企業と取引を行う場合に失われるかもしれないということである。これについては、次章でより詳しく検討する。

2.9 誰がコストを負うのか?

ある種類のパトロンとの取引コストが割高である場合、企業のすべてのパトロンは、しばしばそのコストを負うことになる。例えば、企業が生産物市場で独占的である場合に生じるコストの大部分は、顧客が負担する傾向にある。しかし、多くの場合では、他の種類のパトロンも最終的にそのコストを負担することになる。ある企業が競争的な市場から労働者を雇うとすれば、その労働者は、一般的に企業との契約で生じる特別なコストを一切負担しない。むしろ、そのようなコストは、その企業が取引を行う別の市場の性質によって決まるが、企業の所有者、顧客、労働以外の生産要素の供給者が負担することになる。しかし、誰がそのコストを負担するのかに関係なく、できるかぎりより効率的な形で所有を配分することによって企業を再編して、それらのコストを削減しようとするインセンティブが存在する。

2.10 誰が誰を所有するのか?

これまでパトロンに企業を所有させることによって、市場契約取引のコストを引き下げることができると述べてきた。原理的にいえば、同様のコストは、企業にそのパトロンを所有させることによって引き下げることもできる。関係するパトロンが1人しかいない場合には、この2種類の垂直的な統合の間に重要な区別が存在しない。しかし、ここで最も関心のあるケースのように、関係するパトロンが複数人いる場合には、相違があるのが普通である。複数人のパトロンによる単一企業の所有は、単一企業による複数人のパトロンの所有と同様のインセンティブを生みださない。

企業の経営側が入手できない情報をもつパトロンが、企業に対して機会主義的に行動できることが問題ならば、当該パトロンにその企業を所有させることだけでは解決できない。あるパトロンが所有者となっても、パトロン同士でお互いに機会主義的に行動するインセンティブは依然として残っている。なぜならば、彼は自分の行動によるコストのわずかな部分しか負わなくなり、残りを他のパトロン所有者に負担させてしまうからである。したがって、企業よりパトロンのほうが情報優位性をもつ場合、パトロンに企業を所有させるよりも、企業にパトロンを所有させるほうがより効率的であろう。

しかし、いくつかの状況では、企業にパトロンを所有させることは、実行不可能である。特に、そのパトロンが労働者や顧客のような個人である場合、様々な実務的な契約の問題だけでなく、個人を奴隷状態にすることが法的に禁じられているので、明らかに企業によるパトロンの所有の実現は妨げられる。企業とそのパトロンを所有で結びつけるとするならば、パトロンが企業を所有しなければならない。

企業によるパトロンの所有は、そのパトロンが個人ではなく別の企業である場合さえも、しばしば同じような理由によって、実行不可能なものとなりうる。第8章で十分に検討される協同組合の形で小売店が所有する卸売業者というよく知られている事例を考えてみよう。このような所有の取決めによって対応しようとした市場の失敗という問題は、(典型的には、卸売業者の市場力によって) 卸売業者に小売業者を所有させることによって解決されるに違いない。そして、当然のことではあるが、このようなタイプの完全に統合されたチェーンストア事業は、よく見られることである。しかし、この方法は、個人の小売店舗がそれぞれの管理者に独立に所有されている時に存在する店舗の効率的な経営へのインセンティブが失われることから、規模の不経済を生じさせる可能性がある。このように考えるとしたら、小売業者が集団で供給者である卸売業者を所有するほうが、その逆よりもすぐれた取決めなのかもしれない。要するにここで言いたいのは、所有のコストは、企業とパトロンの間でしばしば非対称的なものであるということである。このことは、次章でより明確になるポイントである。

第3章

所有のコスト

The Costs of Ownership

われわれは、所有がコントロールの行使と残余資産の請求権という2つの本質的な特質を持つことを理解している。これらの特質に固有なコストがそれぞれ存在する。これらのコストは、便宜上3つの広いカテゴリーに分類することができる。すなわち、経営者をコントロールするコスト、集団意思決定のコスト、リスク負担のコストである。最初の2つのカテゴリーは、コントロールの行使に伴って生じるものである。第3のカテゴリーは、残余資産の請求に伴って生じるものである。これらのコストの大きさは、どのような種類のパトロンであるかによって相当異なってくる可能性がある。

ここでは、一般的な条件の下で、これらの3種類のコストを概観する。前章で概説した市場契約取引のコストと同様に、より深い分析およびより多様かつ詳細な例証については、第4章以降の各章で行う。

3.1 経営者をコントロールするコスト

大規模な企業、特に所有者の人数が多い企業において、一般的に所有者は雇用する経営者に相当の権限を委譲しなければならない[1)]。所有が広く分散するような企業において、大規模の協同組合と同様に、意思決定の権限のほとんどは、企業の取締役会に委譲され、取締役会は、現業に関する意思決定の権限の多くを、執行取締役に委譲している。このような権限委譲は、一般に「エージェンシー・コスト」と呼ばれているようなコストをもたらす。本書の目的に合わせていえば、これらのコストを経営者のモニタリング・コスト、および効果的なモニタリングが完全に失敗したときに生じる経営者の機会主義によって生じるコストという2種類に分けるのが便利であろう[2)]。

3.1.1 モニタリング

企業のパトロン所有者が企業経営を効果的にコントロールしようとすれば、彼らは、(1) 企業の経営に関する情報収集、(2) パトロン間で情報交換して意思決定を行うためのコミュニケーションをはかること、(3) パトロンの意思決定を企業の経営者に実行させるなどのコストを負わなければならない。これらのコストをまとめて「モニタリング・コスト」と呼ぶことにする。これらのコストは、どのクラスのパトロンであるかによってかなり異なる可能性がある。パトロンは企業に関する情報を単にその企業との取引の副産物として蓄積するだけなので、ある種類のパトロンにとってのモニタリング・コストは、一般にいえば、彼らと企業との間の取引の重要性、頻度、継続期間に反比例するものである[3)]。モニタリング・コストは、また集団的な行動をおこすために、パトロンを組織化するための容易さにも依存する。この容易さは、パトロンとその他のパトロンとの物理的近接性または企業との物理的近接性のような要素にも依存するかもしれない。

例えば、一般的にいえば、アパートの入居者のモニタリング・コストは相対的に低い。彼らは、大抵数年間にわたって、その建物の経営者と繰り返し取引を行い、しかもこの取引は、入居者の予算の中で少なからぬ大きさを占めるものである。そのため、彼らは、その建物がいかに管理されているのかの知識を多くもち、かつそれを知る機会やインセンティブをもつ。近接性が大きいことも集団行動のための組織化を容易にさせる。これらは、第12章で議論されることになる協同組合住宅や分譲マンションの形式による入居者所有アパートが実現化する上で重要な要素である。

最後に指摘しておきたいことは、所有を共有するパトロンの数が、モニタリング・コストに影響することである。すべてのパトロンが実質的に意思決定に参加しようとするならば、所有者が多数存在するときには、すべての所有者に情報を与えるために数倍の努力が必要となる。さらに、個々の所有者のモニタリングの努力は、グループとしての所有者にとって公共財という性質をもつため、個々のモニタリングによる便益は、他の所有者が自力でモニタリングを行っていたか否かに関係なく、グループとしての所有者にあまねくゆきわたる。したがって、所有者の数が増えるにつれて、個々の所有者が行う効果的なモニタリングから生じる潜在的な利益に対する個々の所有者の割合が減少するために、個々の所有者がモニタリングを行うインセンティブを弱めてしまう。

所有者の人数が多い場合、大雑把でなく精緻なモニタリングをさせようとすると、莫大なコストがかかることになる可能性がある。このことは、所有者の人数を最小化すること、つまりただ1人にすることが望ましいという主張を導きだす。にもかかわらず、実際には大規模の企業はしばしば数多くの所有者をもっている。この事実は、次の2つの指摘のうちのどちらか、あるいは両方とも正しいということを示唆している。第一に、いかなる代替的な所有配分であっても、それをはるかに超える市場契約取引コストがかかってしまうこと。第二に、企業の所有者が経営者を積極的に監視できないとしても、経営者の機会主義によるコストがそれほど大きいものではないこと。まず後者の可能性を探ることにする。そして、本章の終りに前者の議論に戻る。

3.1.2 経営者の機会主義

所有者が企業の経営者を効果的にコントロールできないとすれば、経営者は仕事を怠けたり、利益相反自己取引を行ったりする機会を得る。このことはしばしば高いコストを生じさせる[4]。しかし、経営者の行動は、企業の所有者による直接の制裁または報酬以外にも、様々な制約やインセンティブによって条件づけられている。名目上の所有者が、企業の経営に有効なモニタリングを行う上で完全に弱い立場にいるような企業でさえも、経営者の機会主義コストに対する重要な制限が存在する。

まず、利益相反自己取引について考えてみよう。経営者が企業の残余資産のかなりの部分を自分に流用するための取引を隠蔽することは、大規模企業においてほとんど困難なことである。さらに、これらの取引は、ほとんどの場合、契約あるいは法律によって禁じられているので、企業所有者による集団的な行動がなくても、経営者は、道徳上、契約上、不法行為上、あるいは刑法上の様な制裁を受けることになっている。特に、利益相反自己取引を行った経営者は、自分の同僚、友人、あるいは家族に恥ずかしい思いにさせたり、個人株主または企業法務弁護士らが主導する株主代表訴訟で訴えられたり、国家（特に税務当局が含まれる）による民事または刑事起訴の危険にさらされる。

確かに、法律上、契約上、道徳上の制約は、通常、経営者が企業の金を流用したりしないようにするためには十分であるかもしれないが、経営者が一生懸命働いたり、効果的な意思決定を行ったりすることを必ずしも保証できない。しかし、そうはいっても、自尊心や道徳的説得が、特に自分の努力で経営階層のトップに昇進するタイプの人々にとっては、重要なモチベーションを提供する。経営者がきちんと仕事をこなし、さらに仕事に励むことが、企業を繁栄に導くために必要であるということは、経営者にとって大変重要なインセンティブを提供するものである[5)]。典型的な株式会社の上級経営者に必要とされる努力と創意の大きさが誇張されることは誤りかもしれず、したがって経営者へのモニタリングを改善することによって、企業所有者が利益を得ることを誇張するのも誤りかもしれない。多くの企業にとって、標準的な経営慣行を模倣することが、企業のパフォーマンスを上げるために十分なことかもしれない。

要するに、企業の名目上の所有者が直接的にコントロールをうまく行うことができないとしても、少なくとも現実的に別の企業と比べてみたとき、組織上の緩みはそれほど大きいものとはいえない[6)]。実際に、後の章に登場するたくさんの一群の企業（相互保険会社や非営利病院を含む）は、競争的な環境において所有者によるコントロールが効果的でなく、あるいはしばしば所有者さえいないにもかかわらず、長い間失敗せずに存続している。

しかしながら、高いコストを生じる過剰な内部留保という経営者に対する給与外給付が存在している。これについては、簡単に見抜いたり、抑制したりすることが難しいものであり、企業の内部および外部の同僚や仲間から批難されるよりも賛同を得られやすいものである。また経営者が自分の帝国を築き、維持したいという希望によって、過剰な内部留保は阻止されることなく促進されるのが普通である。内部留保は、逆境を耐え抜くためのバッファーを提供することや経営者がコントロールする企業の規模を大きくみせることによって、経営者に利益をもたらす。しかし、内部留保によって企業の利益率が、企業以外の投資によって得られる利益率より低くなれば、あるいは利益率は別にして、現在の所有者が（一部の相互会社や協同組合に起こっているように）留保された資金を永遠に取り戻すことができないならば、内部留保の存在は、企業の所有者にとって高いコストをもたらすことになる。この問題は、非営利企業と相互会社においてみいだすことが容易だが[7]、投資家所有企業においても、おそらく同様に生じている非効率性の原因である[8]。過剰な内部留保は、企業の生存力を低下させるのではなく、それを高めるので、内部留保を多く積む傾向にある会社は——所有を分散させている企業と同様に——市場の見えざる手によって圧迫を受けるのではなく、むしろ優遇されるはずである。

経営者の機会主義の性質がいかなるものであったとしても、それによる損失がそれを防ぐためのモニタリング・コストより小さい場合には、企業の所有者にとって、機会主義を許容するほうが効率的なのは当然である。したがって、エージェンシー・コストは、モニタリングによるコストおよびモニタリングが充分に機能しなかったり、失敗したりすることによって生じる経営者の機会主義のコストを総合的に計算したコストである。

3.2 集団意思決定

多数の人が企業の所有を共有するとき、企業の政策やプログラムに関する意見の違いが存在しうる。彼らの意見の相違は、共通の目標を達成するためには最も有効な方法は何かに関して異なる判断が存在しているにすぎないことが多い。しかし、意思決定による結果が所有者に対して異なる影響を与える場合には、深刻な対立が生じる。大まかにいえば、この対立は次の2つの理由のうちのいずれかによって引き起こされるものと思われる。

第一に、個人のレベルでいえば、パトロンとして企業と取引を行う方法を異にするかもしれない。すなわち、彼らが企業に販売したり購入する商品やサービスの性質が異なるかもしれない。単純な例を挙げれば、4階建ての協同組合方式アパートのエレベーターを修理するという意思決定は、4階の入居者より1階の入居者に少ない利益しかもたらさない。それゆえ、住んでいる階によって、入居者は、エレベーターを早く直すために高い修理代を支払う意欲の程度において相違が生じる可能性がある。同様に、労働者所有企業において、2つの工場のうちの1つを閉鎖しなければならないとき、この2つの工場の労働者は、どの工場が選ばれるのかについてまったく異なる選択をするであろう。

第二に、所有者は、企業との取引における相違より、むしろ彼らの個人的な状況に起因する嗜好の違いを持っていることもあろう。協同組合方式アパートの建物のローンの元本返済を早めるという意思決定は、その組合員が同じ部屋に住み、同じ条件の利用契約をしているとしても、組合員それぞれの個人流動資産や納税状況によって異なる影響を及ぼす可能性がある。あるいは、労働者所有企業が、よりリスクの大きな事業に転換しようとする意思決定は、企業の倒産可能性を高めるので、地域のコミュニティとの繋がりがうすく、より簡単に再訓練を受けられる若い労働者と比べ、年配の労働者にとってはあまり魅力的ではない可能性がある。

企業の所有者の利害が異なる場合、彼らは適切な意思決定を行うために、ある種の集団的選択メカニズムを採用しなければならない。普遍的ともいえるアプローチは、投票権をパトロン関係の程度に比例するか、1人1票の原則に基づいて割り当てるような投票制度を採用することである。個人所有者の利害が多様である場合、このような集団的選択のためのメカニズムは、コストを発生させる。これらのコストに今後言及するときには「集団意思決定のコスト」と呼ぶことにするが、このコストは、エージェンシー・コストとは論理的に異なるものである。これらのコストは、経営者を雇用しないことで大きなエージェンシー・コストを回避している、ある程度規模の大きいパートナーシップのような企業において、大きくなる可能性がある。逆に、所有が広く分散していることにより、エージェンシー・コストが大きい大規模企業において、所有者達が同質な利害関係をもつとすれば、集団意思決定のコストは無視できるかもしれない。

この区別を明確にするために、すべての所有者の利害が同じであったとしても企業が負担すべきモニタリング・コストと経営者の機会主義によるコストを「エージェンシー・コスト」として定義する。そうすれば「集団意思決定のコスト」は、所有者間の利害の相違によって生じる追加的なコストということになる。集団意思決定のコストは、エージェンシー・コストと異なり、企業管理の研究や組織形態の経済学の研究において、ほとんど無視されている[9]。にもかかわらず、このコストは、所有の代替的な配分によって生じる効率性を決定する要因として、重要な役割を果たしている。

企業内で利用される集団的選択のメカニズムは、本質的に政治的なメカニズムであるといえる。それゆえ、そのコストは、政治的なメカニズムのコスト一般と同じような特徴をもっている。ここ数十年間に、「公共選択（public choice)」の研究は、これらのコストをより体系的に理解するようになってきているが、市場メカニズムに影響を与える「市場の失敗（market failure)」によるコストからの類推で「政治の失敗（political failure)」と呼ばれている。これらの研究は、このコストについてまだ充分な理解に到達していないけれど、それなりの一般的な特徴を導くことは可能である。

集団的選択メカニズムに関連するコストには、大きく2種類がある。1つは、非効率的な意思決定によるコストである。すなわち、その意思決定から生じる結果が所有者全体の厚生または剰余の総計を最大化ができないことにより引き起こされる非効率性である。もう1つは、意思決定のプロセス自体にかかるコストである。

3.2.1 高いコストを生じる意思決定

非効率的な意思決定は、いくつかのかたちで起こりうる。まず、すでに言及したように、多数決はグループの中央値にあるメンバーが好むような結果を選択する傾向があるが、一般に平均的メンバーに好まれるような結果を選択することが効率性にかなうことが多い。中央値にあるメンバーと平均的メンバーとの間に、かなり異なった嗜好が存在する場合には、投票という方式は深刻な非効率的意思決定を生じさせる[10]。エレベーターが壊れてしまった4階建ての協同組合方式アパートのたとえ話をもう一度考えてみよう。エレベーターを使わない下層の2階の入居者が、それを使う上層の2階の入居者より人数的に多いならば、修理が遅れることによって節約できる金銭が、それによって上階の入居者が負わせられる金銭的および非金銭的なコストよりかなり少なかったとしても、全体としての入居者は、修理を急がせるための修理代を支払わないという決定に賛成の投票をするかもしれない。

以上とは別に、政治的プロセスのコントロールが代表的ではない少数派の手に落ちることがあり、少数派は意図するとしないとにかかわらず、そのコントロールを利用して、少数派に有利な意思決定を行わせて、多数派を喰いものにすることによって非効率を生み出すことがある。一部のパトロンが他のパトロンと比べて、時間的により余裕をもつとか、特別の経営知識をもつとか、あるいは情報に関して特別な入手経路をもつとかによって、集団意思決定に他のパトロンより効果的に参加できる立場にいるような場合には、以上のことは頻繁に見られることである。例えば、協同組合方式アパートのガバナンスは、退職した入居者によって支配されるかもしれない。なぜならば、彼らは少数派であったとしても、会議に参加するための時間をより多くもっているからである。その結果、エレベーターの修理のように退職者のためになるような改良工事が重要視される一方、子供の遊び場の補修のように退職者のためにならないような支出は、犠牲にされることとなる。実際には全体としての入居者にとって、これらの優先順位を逆にしたほうが有益であったとしても、そうはならないのである。

多数派が少数派を喰いものにして非効率を生み出すにしても、あるいはその反対で非効率を生み出すにしても、主流となったグループは、コストがかなり大きくなってもそれほど金銭に気遣いする必要がない。当然のことではあるが、意思決定者自身の利益は、とにかく他人の利益よりも優先して追及される、ということを知れば十分であろう。

3.2.2 高コストのプロセス

集団的選択プロセスのコストを生み出すいくつかの要因があるかもしれない。たとえ個人所有者が機会主義を取り除くために彼らのコントロールを行使し、全体としての所有者にとって最も効率的な意思決定を達成しようと努めたとしても、彼らは、企業情報や他の所有者の嗜好の情報の収集そして効果的な集団意思決定を達成し実行するために必要な会議等の活動に参加することに、相当な時間と努力を費やす必要がある。公共選択理論によれば、有権者の嗜好がより均質でなくなれば、代案をめぐって繰り返し投票する方式[11]の可能性が大きくなるということがわかっている[12]。この方式は、企業の政策が繰り返し修正されることによる取引コストが存在するときには、高いコストを生じさせるかもしれない。もっと重要なのは、この方式に内在する不安定性が投票による協議事項をコントロールする人に対して、彼らにとって望ましい結果であれば、どんなに非効率的であっても、それを手に入れられるという特別な権利を与えてしまうことである[13]。最後に、所有者が戦略的に行動するならば、情報を隠したり、暴露したりすること、または提携を結んだり解消したりすることからより大きなコストが生じることになる。

これらのプロセスに関するコストを制限する方法はある。例えば、委員会に権限委譲をすることは、参加コストを減らし、繰り返し方式を抑えることができ、中央値にある有権者の問題を緩和するような投票集団の形成を促進することもできる。しかし、権限委譲は、委員会のメンバーに彼ら自身の個人的嗜好を全体としてのグループに押し付ける権限を与えてしまうために、大きな非効率的な結果を生じさせる可能性がある[14]。

3.2.3 コンフリクトの解決

企業の所有者が、利害において不均質であったとしても、彼らの利害を調整する単純で明確な基準があるなら、集団意思決定のコストは低くなる可能性がある。企業の純利益を所有者間で分配する場合を考えてみよう。個人所有者がその企業との間の取引の特徴や取引量が大きく異なる場合において、純利益の分配法は大いに議論の余地が残されている。同様の重要な事例は、従業員が異なる仕事に従事するという従業員所有企業と関連するものであり、これについては第6章でより詳しく分析する。個人所有者が取引を通してその企業に与えた純利益を個別に勘定し、その勘定に応じて企業の利益を割り当てることが簡単にできるならば、利益の分配に関する同意を達成するためのコストを抑制し、同意によってもたらされた分配が非効率なインセンティブを引き出す可能性を制御できるかもしれない。あるいは、各個人所有者がその企業との取引の価値を測定することが困難なときには、平等配分を中心にルールを定めれば[15]、若干の非効率的なインセンティブを生じさせるけれど、同意が簡単に達成されるために、意思決定のプロセスコストを最小化させることができるかもしれない。弁護士事務所は、しばしばこれらのアプローチのうちのいずれかを利用している。その一部は、多くの要素によって生産性を計算する明確な算式を利用してパートナーの寄与分を決めるが、その他の事務所は、パートナーの年齢を一定とすれば、全員に利益を平等分配するという単純なルールを採用している。しかし、このような明白かつ慣習的な意思決定基準がなければ、所有者の間で実行可能な同意を達成するためには長い時間がかかるかもしれないし、実際には永遠に達成できないかもしれない[16]。

3.2.4 参加

ある場合においては、集団意思決定のプロセスが、関係するパトロンに対してコストだけではなく、利益をもたらすこともあるかもしれない。実際に、労働者所有を熱心に信奉する人々は、民主主義的な手続きに基づいて企業を統制することに参加すること自体に価値があって、それは実質的な意思決定の現実的な重要性とはまったく別のものである[17]と主張する。これとよく似た主張は、しばしば消費者協同組合やその他の非資本家的企業形態をめぐって行われている[18]。このように参加を評価する理由が明確に説明されることはめったにないが、少なくとも以下の3つの点を確認することができる。

第一に、個人というものは、社会的活動それ自体に満足する存在であり、単に会議に参加したり、代替案を議論したり、事務室を分配したりするような集団意思決定に参加するという体験を楽しんでいる可能性があるということである。すなわち、政治的活動は実際には消費財であるかもしれないというのである。第二に、しばしば労働者所有において議論されているように、個人は、コントロールすることから心理的満足感を得る可能性があるので、企業の意思決定に直接に参加することを許されることによって、企業のパトロンの満足度が高まる可能性がある[19]。第三に、これについても労働者所有の主張にあるように、企業内の集団意思決定への参加は、より大きな社会における民主主義的な政治プロセスに参加するための有益な訓練となりうる。だからこの理由が正しいとすれば、集団意思決定への参加は、企業に関係する個人だけではなく、その他の人々にも評価されるべきものであるかもしれない[20]。

しかし、これらの利益の可能性が妥当なものであったとしても、依然としてトレード・オフが存在することに注意する必要がある。特定の一群のパトロンに企業に特殊された価値とそれに関連する利益に参加することを許すことは、他のすべてのグループのパトロンにそれを許さないとすることである。選択可能な所有形態を主張する人は、しばしばこの点を見落としている。例えば、労働者所有を主張する側は、民主主義が国のレベルにあって企業レベルにないことが矛盾していると考えている[21]。しかし、実際には典型的な投資家所有企業において民主主義がある。それは労働者ではなく、資本の投資家が投票をするだけのことである。労働者所有への転換は、労働者に権利を与えることだけでなく、企業の消費者に権利を与えないのと同時に、企業の投資家から権利を剝奪することも意味する。したがって、問題の核心は、一般的にいえば企業において投票があるか否かということより、むしろ誰が投票するかである。企業のあるグループのパトロンが、彼ら自身のある種の財をもって企業に参加することの便益が、他のパトロンよりも大きいならば、所有を配分する上で大きな考慮すべき要因となる。

参加すること自体が個人にとってもっている価値は、本書の後の章で既存の所有パターンを分析することを通して、具体的に明らかにされる実証的な課題である。興味深いことに、とりわけ従業員をはじめとする、あらゆる種類のパトロンにとって、参加によって得られる便益が集団意思決定のコストを上回ることは、通常においてはほとんどないという証拠が強く支持されている。

3.2.5 なぜ全員を所有者にしないのか

あらゆる種類のパトロンを集団意思決定に参加させて、その結果、完全に誰からも権利を剝奪しないことは、理論的には可能である。これは、本質的に企業の意思決定から影響を受けるすべてのグループ、すなわち労働者、顧客、供給者、地方コミュニティおよび環境団体のメンバーなどのような企業の「ステークホルダー」が企業の取締役会に代表権を持つべきだと考える人々によって主張される見解である[22)]。さらに、単に一群のパトロンではなく、企業のすべてのパトロンの市場契約取引コストを削減することが重要な利点であると考える人がいるかもしれない。

しかし、参加者にはおそらく根本的に異なる利害関係が存在するので、全員を所有者にすることは、集団意思決定のコストを著しく増加させる恐れがある。集団的意思決定のコストが高いものであるということを最も強く示すものの1つとして、顧客とサプライヤー、あるいは投資家と労働者というように、異なった2つあるいはそれ以上のタイプのパトロンによって、所有を共有している大企業は、ほとんどまったくといっていいほど存在しないことが挙げられる。

3.3 リスクの負担

以上の検討は、所有の第一要素、すなわちコントロールの行使に伴うコストに集中した。しかし、所有の第二要素、すなわち残余財産の請求権にもコストが伴うことを忘れてはならない。これらのコストのうちでは、企業に関連する重要なリスクを引き受けるコストが、企業の残余財産に反映されるために、最も顕著なものである[23)]。このリスクの引き受けにおいては、あるクラスの企業のパトロンが例えばリスク分散を行うことなどにおいて、その他のクラスと比べ、よりよい立場にいるかもしれない。その種類のパトロンに所有を配分することは、大きな経済性をもたらすことができる。

以上の理屈は、投資家所有企業が一般に広く普及している理由に対するお馴染みの解釈である。しかし、資本の貸手が低コストでリスクを引き受けることができる唯一の存在であると想定することは正しくない。例えば、顧客が企業のリスクを引き受ける上で好都合な立場にある可能性もある。特に顧客の予算において、商品またはサービスがほとんど無視できるほど少ない場合、あるいは顧客が企業であって、リスクを自身の所有者または顧客に転嫁できる場合が考えられる。さらに、既存の研究は、しばしば企業の非投資家パトロン、特に従業員に、彼らの実際の回避度を上回るリスクを負担させている実例を示している。実際に、既存研究で示された証拠は、所有の解釈にあたって、リスクの負担の重要性が一般に強調されすぎていることを示唆する。

3.4 起業家活動

これまで、すでに設立されている企業についての所有コストに焦点を絞って検討した。しかし、起業するとき、あるいは企業の所有形態を変更するときにもコストが生じる。これらのコストを起業家活動のコストと把握することにしよう。

新企業の将来の所有者が企業設立の前に、全員集合して組織作りを行わなければならないとすれば、数多くかつ広く分散したパトロン達が所有を引き受けることなど不可能だろう。しかし、実際に企業の設立は通常の場合に仲介者を通して行われる。起業家がまず自分で企業を作り、最終的には企業を所有するパトロンに売却する。このプロセスにおいて、起業家はパトロンを1つのグループに取りまとめるのである。

例えば、一般的には公開株式会社は、最初は非公開会社として設立される。その後、その株式は、投資銀行の仲介によって提供される株式に投資する一般投資家に売却される。同様に、新しい共同分譲住宅は、通常最初に全建物を所有する1人の開発者によって建てられ、最終的に共同でその建物の所有者になる個人に個別のユニットを売却する。さらに、第5章と第6章で議論されるように、アメリカの北西部にある数多くの労働者所有のベニヤ合板製造協同組合は、多くの場合には会社を作ってからそれを買ってくれる労働者を見つけるという個人の発起人によって設立されている。

さらに、設立後の企業であっても、しばしば比較的に簡単に所有の形態を変更することもある。例えば、過去の世紀にわたって、いくつかの投資家所有の保険会社が、相互会社（保険契約者所有）に転換したし、その逆の事例も見られた。数多くのアパートは、1970年代頃から投資家所有（すなわち、レンタル）から協同組合または分譲マンションに転換しはじめた。さらにより最近の例としては、いくつかの投資家所有の事業会社が、その労働者に売却された。このような取引は、仲介によって行うことができるから、取引に要するコストは、取引される企業の価値と比べて相対的に少額である。その結果、所有の形態を変更するためのコストは、最終的に存続する企業の形態が負担しなければならない重要なコストではない。しかし、組織変更のコストが深刻な障害になりうる2つの要素がある。

第一に、所有取引を専門とする定評のあるブローカーの存在、およびそれらの取引を取扱うための標準化された手続きの存在から重大な経済性が生まれる。このような制度が十分に発達していない場合には、ある特定の形態の所有を採用したり、それを転換するコストが、高くなる可能性がある。

第二に、企業の所有者が現職の経営者を有効にコントロールできない場合、その経営者は、実質的に企業の所有形態の変更のコストを引き上げることによって、彼らの自治権または職を維持しようとする可能性がある。この点に関しては、多くの協同組合と相互会社のように、所有の持分が自由に売買できない場合において、経営者がとくに成功を収める傾向が強い。

以上2つの要素は、組織形態の選択を不活発にさせる。このことは、特定の所有形態においてより顕著に表れている。後に理解するように、時代遅れの所有形態が、他の形態と比べて、すでに当初に示していた効率性を失っているにもかかわらず、長い間にそのまましっかりと根付いている産業もみられる。

3.5 理論成果の応用

以上で述べられた特定のカテゴリーのコストは、所有に関連する効率性の問題のすべてを説明するわけではないが、ほとんどの重要に思われるものをまとめ上げている。他のいくつかの問題、例えば「既存の知識は地平線という限界があるという問題」、「思い通りにならない供給者の対応」の問題および協同組合が投資家所有企業に「退化する」のような問題は、本書では無視されている。これらの問題は、研究論文では時々強調されるが、所有のパターンを決定することにおいては、重要な役割を果たしていないように思われる。これらの問題は、後に特定産業の状況の中で議論することになろう[24]。

次章以下では、本章で説明された多様なコストの間にあるトレード・オフがどのように特定産業における所有構造を決定するかを明らかにする。その分析に先立って、これらのトレード・オフに関して、全体的なコメントを整理して述べておこう。

第1章で示されている効率的な所有配分とは、企業のすべてのパトロンに関して、市場契約取引のコストと所有のコストとの合計を最小化することである。市場契約取引のコストの最も高い種類のパトロンが同時に所有コストの最も低い種類のパトロンであるならば、そのパトロンこそが、明らかに最も効率的な所有者たりうる。このことは中小企業によくみられることである。

小麦やトウモロコシなどの主要穀物の農場は、わかりやすい事例である。土地、設備、穀物を担保に入れることができるから、農業資本には資本市場から借り入れるような高いコストがかからない。農産物が単純かつ標準化されていることや、その購入者によって簡単に評価できること（実は購入者が市場支配力を持っているのだが、それに対しては農場主所有の販売農協によってある程度対応できる）から、市場で農場の製品を販売するにも高いコストがかからない。ほとんどの生産要素も、十分に単純かつ標準化されており、低いコストで市場を通じて購入することが可能であるため、購買農協が他の方法ではうまくいかないところで良い解決の手段となる。反対に、農場が必要な労働力をすべて市場で雇うことは、農作業をモニタリングすることが一般的にいって難しいために、深刻な非効率性を引き起こす。これは、本質的に非対称的情報の問題であるので、労働者に農場を所有させることによって解決できない。しかし、これらの労働契約のコストは、その農場の労働力のほとんどを提供する家族に農場を所有させることによってほぼ回避できる。所有のコストに関して、3種類の重要なコストのうちの2種類、すなわち経営者のモニタリング・コストと集団意思決定のコストは、家族による農場にとって明らかに小さい。家族所有の主要なコストは、リスクの負担である。しかし、それは、リスクを（先物契約によって）市場にまたは（農作物保険によって）保険業者に、あるいは（価格維持政策によって）政府に、（債権放棄によって）

債権者に移転することで削減できる。

だが、とりわけ関連するパトロンの規模が大きい大企業の場合には、効率的な所有の配分が何であるのかについては、それほど明白なものではない。その原因は、ある種類のパトロンにとって、市場契約取引コストが高いときには、たいてい所有のコストも高いことである。またほぼ同じ原因で、企業がどれほどよく自分たちに奉仕しているかの情報を当該パトロンが得るのに高いコストがかかることである。19世紀初期の生命保険の契約者は、このことに関して1つの例を提供してくれる。この事例に立ち戻って考えてみよう。保険契約者に対して、保険会社が彼らの保険契約に関して最終的に支払うことができることを保証するには契約だけでは不十分であった。しかし、保険契約者があまり人数が多くて分散していたため、保険会社を集団的に所有したとしても、会社を効果的にコントロールできなかった。

所有のコストが高いにもかかわらず、このようなパトロンはしばしば効率的な所有者となる。たとえ彼らが企業の経営を効果的にモニターすることができず、そのため企業との市場取引を通して単に得られる以上のコントロールを行使できないとしても、彼らのようなパトロンが企業を所有することから大きな利得を受けられないという結論を導くことはできない。アルバート・ハーシュマン（Albert Hirschman）の巧みな用語法[25]に従えば、このようなパトロンにとって、たとえ「発言（voice）」が「退出（exit）」ほど企業をコントロールする効果がないとしても、そのパトロンに所有を配分することが効果的であることはありうる。なぜこのようなことがいえるのかという主な理由は、保険契約者が企業を所有するおかげで、経営者が責任を負うべき所有者が他には存在しないということを確証できたことである。経営者は保険契約者がコントロールすることがほとんどできない名目的なエージェントとして仕事を行ったが、このことは契約者の利害と明らかに異なる所有者に経営者が奉仕することとはまったく別のことであったのである[26]。

要約すれば、ある特定の種類のパトロンの市場契約コストは、たとえきわめて受動的な所有者であったとしても、彼らに所有を与えることによって、大幅に削減させることがありうるのである。それゆえ、19世紀初めの生命保険会社は、契約者による所有が典型的であった。20世紀に出現したアメリカの巨大事業会社については、すぐに検討を加えたいと思うが、まったく別の事例である。

極端にいえば、ある種類のパトロンにとって、市場契約取引のコストと所有のコストがともに高いとき、効率的な解決法は、所有を企業のパトロンのいずれにも割り当てることなく、所有者のいない、あるいは非営利的な企業として設立することである。高コストのパトロン以外のだれかを所有者にすることは、高コストのパトロンの利益を脅かして非効率を生み出す。しかし、高コストのパトロンを所有者にしても、マネジメントを委譲することに伴うエージェンシー・コストを大きく削減しない一方、役に立たない経営負担（例えば名目上の所有者との接触やコミュニケーションを保つこと）を生じさせたり、一部のパトロンが所有者としての権利を利用して比較的不利な立場にいる仲間のパトロン所有者に不利益を与えることに成功するというリスクを生み出したりする。

いずれにしても、第13から第15章にかけて示されるように、非営利的企業とモニタリングが得意でないパトロンによって所有される企業との違いは、ほとんど無視できるほど小さいものである。実際に、その違いの微妙な特徴は、次章で取り扱う投資家所有においても重要なテーマである。

第 II 部

生産者所有企業

第4章

投資家所有企業

Invester-Owned Firms

大規模企業における支配的な企業形態（form of organization）は投資家所有であるとする見解は支配的といってもいい。本章ではこの諸見解を第1章から第3章までに概説した分析的なフレームワークの中で再検討することによって、投資家所有の優位性と限界について追加的な洞察を加え、続く各章で扱う他の所有形態と投資家所有形態を比較するための十分な基礎を確立する。続く各章のいずれにおいても、投資家所有の相対的な長所をそれとなく、あるいははっきりと探求するが、それは各章において、投資家所有が基本的な参照点として考えられていること、より本質的にいえば、なぜ投資家所有以外の所有形態が当該の産業において顕著な役割を果たしているのだろうかということを考えるためである。本章では、投資家にとっての資本のコストと便益および同じく所有に対する市場契約のコストと便益に関する準備的な考察を行うことによって比較考察のために必要ないくつかの基本用語を理解していただく。

4.1 市場契約のコスト

第1章で述べたように、企業の所有者が、顧客や労働者といったいかなる種類のパトロンであったとしても、またさもなくば企業と取引をしないような第三者であったとしても、所有者となった人の資本に頼ることなく、理論的には、必要となる資本のすべてを借りることができる。しかしながら、企業の資本の全額をそのようなかたちによって市場で獲得するには大きなコストがかかる。

4.1.1 市場力

今日の資本市場は、個々の企業規模に対して相対的に大きいので、各企業は資本の借り手としての市場力を持っていない。その結果生じうる貸し手独占に対する搾取を回避することは、資金の提供者を企業の所有にする理由にはならない。市場契約によって資本を調達するためのコストとしては、むしろ情報の非対称性とロックインの問題がもっとも重要な要素であり、これらの問題こそが、投資家に所有を付与しようとするもっとも大きいインセンティブを提供するのである。

4.1.2 情報の非対称性

ある企業が資本の全部あるいは大部分を負債金融によって調達した場合、その企業の所有者はしばしば借入金額のシェアを大きく増大したいというインセンティブを持ち、場合によってはそれを実施する機会を得るだろう。もっとも直接的な方法は、過大な配当や役員報酬を実施したり、企業と自らが儲かるような自己取引を行ったりすることなどであるが、これらは借金の返金を確実なものとするために留保されるべきファンドから支出される。もしその企業がこのような自己取引の結果、あるいは外部的な理由によって支払不能の状態になり借金を返せなくなっても、所有者は資金の貸し手を犠牲にして利益を享受する。同じ目的のためのより間接的な方法として、成功すれば大きな利益があるが、失敗する確率もはなはだ大きい投機的なプロジェクトに借り入れた資金を投資することが考えられる。もしそのプロジェクトが成功すれば、所有者は貸し手に対して一定の支払いを行った残りを獲得するが、反対に失敗した場合にはその企業は破綻し、それに伴う損失は主に資金の貸し手が被ることになるのである[1)]。

このような行動をとりたいという所有者のインセンティブは、借入金の安全性について借金の貸し手に対して情報を提供することによって、抑制することができるはずである。もし負債残高が転売可能な実物資産に投資されているならば、貸し手はこれら資産を自由にでき、またとにかく資産を所有することになるので（いいかえれば、その結果、借金が現金ではなく実物となるため、企業は資金の貸し手の資産に対してレントを払っていることになる）調整することは簡単である。しかし、よくあることであるが、借入金が企業に特殊化した投資が行われている場合には、安全性に関する情報提供は解決策とはならない。その代替案として、企業の所有者が彼らの個人資産をその見返りとして提供することである[2)]。実際に、このことは小規模企業では、よく行われている手続きである。しかしながら、大規模企業であり、その所有階層が多様である場合には、この方法は厄介で扱いにくいため実務的に実現することは難しい。その他の困難として考えられることは、貸し手がおびただしい数の安全性への保証について絶えず注意を向け続けることは難しいことであり、企業がデフォルトした場合に多数の少額の保証人の債権放棄の処理を行うことも大変コストがかかることである[3)]。法人は、一般的に有限責任という特徴を有しており、所有者は（資本の投資家、消費者、従業員、またその他のなんであっても）企業の債権者に対してその企業が直接投資している資金額を超える責任を負わない[4)]。

企業の所有者による機会主義的行動を回避するためのもう1つのメカニズムは、借入金協定（loan agreement）や社債契約（bond indenture）のように、企業が著しく投機的な投資を行う能力を制限したり、所有者にも責任を配分させたりするような、負債に関する明示的な取り決めを示すことである。このような契約による制約は、企業が大規模な資本調達をする際によく行われていることである。しかし効率的に経営するために必要な柔軟性を企業から奪うことなく貸し手に対して適切な安全性の保証をする実行可能な契約を作成することは難しい。またこの難しさは、企業の負債対資本比率が高まった時にひどく増大する[5)]。

4.1.3 ロックイン

情報の非対称性をめぐるこれらの問題は、ロックインによって強化されることになる。資金の貸し手が企業から自分の意思で投資を撤収することができるとしたら、企業所有者による機会主義に対する（なお不十分ではあるものの）実質的な保護が得られることになるだろう。しかし企業は通常においては組織に特殊化した長期的な投資を行わねばならず、貸し手がいつでもその投資を撤収することはできない。短期的な借り入れはたえず金繰りを行うために取引コストが増大するばかりか、より重要なこととして債権者が企業の資産を脅かして非効率に利用するようにしむけることが考えられる。少数の貸し手がその企業の将来の予測される収入が負債に対して不十分であると疑うや否や、彼らは自分が貸し付けた資金を撤収しようという（あるいは同じことであるが、この事態に対応するより高い利子を主張する）インセンティブをもつにちがいない。しかし、このことは同時に、資金を撤収していないすべての貸し手の借入金の安全性を損なうことになるだろう。それゆえ、企業がデフォルトに陥る可能性があらわれるや否や、すべての企業の貸し手は、資金撤収をわれ先に行いたいという強いインセンティブを持つことになるだろう。言い換えれば、資金の貸し手は、多人数の「囚人のディレンマ」に囚われることになる。

この問題に対する単純な解決方法は、企業による借入金の借入期限を企業に特殊化した資産の寿命が終わると同時に終了させることである。しかしこの手段は、資金の貸し手をロックインし、企業の所有者による機会主義的行動に曝す状況を増大させる。

結論的にいえば、貸し手に対する機会主義による収奪のコストが著しく軽減されるのは、貸し手自身、あるいは代替的な資産をもってカバーされていない投資をしているような貸し手に企業を所有させることである。いいかえるならば、企業に特殊化した資産を購入するために必要な資本の大部分を企業の所有者に提供させることによって実現するのである[6)]。

4.1.4 硬直性およびリスクの発生

機会主義的な行動の脅威は、企業が市場でほとんどあるいはすべての投資のための資本を調達する際の唯一のコストではない。通常あまり着目されていないが、リスクの発生ということがもう1つのコストである。ある企業がその企業に特殊化した資産をファイナンスするのに必要な資金を借りるとするならば、それは長期的な借り入れになるに違いないということについてはすでに述べたことである。実際に、社債の償還期間は、しばしば20年とか30年というように、伝統的に長いものとなっている。しかし、長期的に固定された社債は、貸し手と借り手との間において将来のインフレーションをめぐる賭けを含んでおり、それによって社会全体のリスクを超える個別リスクが発生することになる。資金の貸し手がその企業を所有するならば、両者の間に発生する取引コストに関していえば、超過的な個別リスクは消滅する。

4.1.5 戦略的な行動

企業の所有者による機会主義を回避するという点で、負債金融に関して確固たる対応を行うことが典型的であり、期日が来れば充分なキャッシュフローが利用可能であるかどうかにかかわらず、利子や元本の支払いが要求される。このことは、重い負債を負った企業が利払いをすることができなくなった場合に、企業が依然として継続企業体として存続する価値があれば、既存負債は、破産手続きや個別の働きかけなどによって負債回収のための条件改定が行われることになる。負債保有者と企業の所有者は、これらの費用のかかる交渉において戦略的な行動をとるインセンティブを持っている[7)]。このコストについては、貸し手を所有者にするエクイティ・ファイナンスによってほぼ回避される。

4.2 所有のコスト

われわれは市場契約をとおして資本を獲得する時に諸コストがそれなりに大きくなることを理解した。所有のコストに目を転じるとき、資本を投資する者はより多義的な事態に出くわすことになる。

4.2.1 リスク負担

投資家所有の明白な優位性は、リスク負担のコストを軽減することである。資本の貸し手は、次の2つの理由から他の関係者よりもリスクを引き受ける上で有利なポジションにある。第一に、彼らが富裕層に属し、そのため限界的なリスク回避度がより小さいと考えられていることである。第二により重要なこととして、彼ら自身の投資を分散化することによって企業に固有のリスクを消滅させることのできるような立場にあることである。資本を分割することができることは当然であるが、それによる分散化を大いに促進することができる。他のパトロン、特に従業員は、様々な産業における沢山の企業との取引が拡大するにつれて、このコストがすごく大きくなってしまうという問題に直面するのである。

4.2.2 マネージャーのモニタリング

しかしながら、投資家所有企業のよく知られている不利な点は、投資家がしばしばマネジメントを規律する上で不利な位置にあるということである。アメリカの株式会社（business corporation）は、典型的な公開事業会社においては、個別の株主が会社を実質的にコントロールするのに十分なだけ大きな株式シェアを所有することはほとんどない。このことは、個別の株主ばかりではなく、集団的に企業活動に影響を与えようと望んでいる一群の株主にとっても同様である。例えば、非常に広く分散した個人の利害関係を代表する機関であるゼネラル・モーターズ（GM）の最大株主は、全部合わせても会社の全株式の6%にも満たない保有しかしていない[8]。その結果、多くの大企業のマネージャーは、自分たちの間で選任され、自分たちで相互監視し、会社の所有者に対して直接的なアカウンタビリティを果たす必要がなかった[9]。

アメリカにおけるこのような株式保有の分散は、単に市場の力が制約なしに働いた結果生まれたものではなかった。むしろ政府の規制の産物であった[10]。1世紀にわたって蓄積された州法や連邦法は、当初はポピュリストの政治的信条の勢いをえて、（経営者などの）鎧に身を固めた利害関係者を守り、適切な財務資源を備えている銀行、保険会社、年金基金、あるいはミューチュアル・ファンドなどの機関に対して、単一の企業が実質的にコントロールできるほどの大きな株式シェアを占めることを禁止したり、これらの金融機関が保有している株式についてはたとえそれが何であろうと購入する権限を行使したりすることを禁止した。同時に、連邦証券関係諸法は、株主集団、特に特定の機関株主が、会社のマネジメントに対してコントロールしようとする行為をとることを長い間難しいものとしてきた[11)]。

これらの諸規制が取り除かれていたならば、より集中した株式保有や、より行動的な機関株主が一般的なものとなっていただろうか？　だがそうだと言い切ることはできない。ドイツや日本を含む先進諸国の経済では、株式保有はより集中しており、その集中がより効率的であることの証拠であると受けとめられている[12)]。しかし、すぐ後に述べる理由から、この比較は、有効なものとは言えない。ここでは、アメリカで株式が広く分散していることをもって、それが投資家所有にとって必ずしももっとも効率の悪い構造の証拠とはいえないということだけを述べておこう。

株式保有の分散が、ある程度人為的に導かれたものかどうかにかかわらず、一般的に巨大企業の支配的な組織形態は投資家所有であり続けている。ほとんどの産業においては、バラバラに細分化された株式保有によるエージェンシー・コストは、顧客や労働者やサプライヤーなどの他のパトロンの所有に任せることによって、投資家所有と比較してより効率的にすることは難しい。

これについて考えられる1つの理由は、分散化した株式保有を合理的な範囲内に維持するメカニズムが存在しているということである[13)]。これらのメカニズムの中で重要なのは、敵対的買収である。経営を規律づけるインセンティブ、力、知識をもった投資家によって買収されるという脅威が、現行の会社株主が直接的に経営の監視やコントロールを行って経営に巧みに影響を与えるという機能を発揮させるかもしれない[14)]。実際に1980年代の買収の流行が、一般的に著しい効率をもたらしたという明確な証拠が存在する[15)]。なかでも、標的となる会社に対して、通常の場合、買収以前の株価の30％増しの巨額なプレミアムが支払われたことは、重要な証拠である[16)]。このような敵対的買収が、企業を集中的にコントロールすることから得られる潜在的な効率性が巨額なプレミアムを超える場合だけ効果的な手段であった、ということは明らかである。とはいっても、エージェンシー・コストの大きさは、依然として改善しているとはいえない。

敵対的買収は時には効果的であったが、広く所有が分散している株式会社の長期的な成功という点では、決定的な要因であるとはいえないことを確信させるいくつかの理由が存在する。第一に、1980年代の大きな合併運動からの効率性の改善は、主要な部分においては、一時的なリストラクチャリングから得られたものであり、またとりわけ合併時代に先立つ数十年間に作られたコングロマリットを分解することから得られたものである[17]。買収は、普通の企業の経営的スラックをコントロールすることについては、ほとんど効果的なものとはいえないのである。第二に、より重要なこととして、近代的でより効果的な敵対的買収は、企業の公開株式の大部分の買い取りを希望するという公開買い付け宣言を用いたものであるが、比較的最近生じたイノベーションである。敵対的買収は1956年に初めて行われたが、1960年代になるまでほとんど使われなかった。1950年代とそれ以前においては、委任状争奪戦、つまり分散する株主による直接的な議決が、企業の支配権を敵対的に変更するために利用された主要なメカニズムであった。しかし株主が広く分散した株式会社は、アメリカでは1世紀以上にわたってずっと普通のことであった[18]。

分散化した株式保有に関するエージェンシー・コストが何であれ、集中した株式保有でもそれなりのコストが生じているということを認識することは重要である。手始めにいえば、高度に分散した株式保有はマネジメントが過度に守りを固めるというリスクを持つが、集中した株式保有にあっても同じことがいえる。ドイツがよい例かもしれない。ドイツの産業企業の株式の大部分は、一部は銀行が直接保有するかたちで、また一部は銀行の法人顧客に代わって銀行が保有するかたちで、少数の銀行グループによって保有されているのが普通である。銀行が経営を監視する力とインセンティブを兼ね備えているので、集中した株式保有というパターンは、エージェンシー・コストをコントロールするのに役立つものであると、よく主張されている[19]。銀行自体は、コントロールする産業企業と相互株式持ち合いを行うという複雑なパターンでつながっているようだが、相互持ち合いは、敵対的な買収を効果的に阻止することによって、経営者相互の自己保身が強化されるという疑いも生じる[20]。経営者のターンオーバーに関する入手可能な証拠は、企業業績が悪い時にはマネージャーを規律する点でドイツとアメリカの間に相違がないということを示しており、このことはドイツの株式保有の集中がもたらす経営者の自己保身が、モニタリングの改善の可能性によってバランスを保持されているということを示すように思われる[21]。

さらに、マネージャーの保身を形成する株式持ち合いがない場合においてさえ、集中は諸刃の剣である。すなわち、株式保有の集中は、コストを最小化するインセンティブをマネージャーに提供することができるが、株主が他の株主を収奪するようなインセンティブと機会を与える。アメリカ企業において株式保有の集中が5%を超えた場合に、企業成績の改善とはっきりと関連しているという実証結果を示すことができないのは、おそらく後者の理由のためであると思われる[22]。

最後に、株式が分散する投資家所有の法人が成功している重要な理由は、株式を保有することから生じる経営者への委託に伴うエージェンシー・コストがどうあれ、またたとえ所有者として経営者を効果的にコントロールできなかったとしても、投資家を名目的な所有者とすることが、市場契約によって資本を調達する際に生じるコストのうち多くの部分を回避できることである。株式が広範に分散している株式会社において、投資家が単に資金の提供者として市場契約を通して企業と取引するよりも所有者となることが有利である理由は、自らが所有者となることで投資家の利益とは反する別の所有者に経営陣がつかえるのではなく、自分たちのために働いてくれてることを確かなものとするということに尽きるといってよいかもしれない。にもかかわらず、第3章で述べたように、このことこそが、脆弱な所有者のコントロールの結果生じる経営者の機会主義のコストを上回る価値をもった実効性のある保護である[23]。株主の実効性のあるコントロールに従わないマネージャーは、コストを最小化することができないかもしれないが、法律あるいは諸規制によって、マネージャーが会社の純収入の大部分を流用しないようにしている限りにおいては、マネージャーは所有者が資金の貸し手を収奪するほど大きなインセンティブを持つわけではない。分散化した株主保有をめぐるエージェンシー・コストを合理的な水準にとどめるための役割は、アメリカにおいて株主に対してマネージャーの信任義務を強化するために生まれた、公的または私的の、公式的または非公式的な、様々な制度によってもっぱら演じられている。例えば、厳格な会計基準、広範囲にわたる強制開示、インサイダー取引の禁止規定、株主訴訟を促進する手続きのためのルール、および十分に発展した金融専門誌などは、これらの制度の代表的なものといえる。他の国々において、これらの諸制度の一部が欠如したり、脆弱であったりすることが、それらの国々において広範な公開株式が欠如していることの理由であるということが、主張されている[24)]。

所有者のマネージャーに対する直接的なコントロールが、エージェンシー・コストの削減にとってどれだけ重要であるかということについて、より明確に焦点をしぼって検討する方法として、次のようなことが考えられる。すなわち、効果的な株主によるコントロールが、エージェンシー・コストをどれだけ軽減したかということばかりでなく、反対に、もしコントロールがどのようなものであるかを問わず、株主からその権限を公式的に奪った場合、エージェンシー・コストがどの程度高くなるのかということを問うのは意味がある。より正確に考えてみよう。GEやGMのように広範に株式が公開で売買されている大企業の株式が、取締役の選任や会社の他の決定権限を奪われたものであるような企業を想定する。その企業の取締役会は、株主によって選任されるのではなく、公式的には自薦で決まることになる。すなわち、取締役は単にその後継者を決めるだけに投票するのである。株主は、取締役会で宣言された配当を受け取り、株式は引き続き売買が可能であり、また証券取引所に上場される。取締役は、現在と同様に、株主に代わって企業を管理するための信認義務を負っているが、この信認義務は、依然として公式的かつ非公式的な一連の懲罰によって維持される。この場合における実務的な相違点は、委任状争奪戦である。いいかえればすべての株式が無議決権であるために株式取得による敵対的な買収ができないことであろう。

その結果として、この企業は、公式的には非営利の企業となるはずである。この企業の株主は、企業の基金拠出者となるが、企業の所有者ではない。すなわち彼らは残余財産に対して形式的な権利を持っているものの、それをコントロールする権限をもっていないのである。株式会社が非営利企業として組織されるに違いないと考えることは奇妙に響くかもしれないけれど、概念的には少しも非論理的でなく矛盾するものでもない。非営利組織の明白な特徴は、利潤を生むことを禁止されていることではなく、むしろ組織を支配している人々にその利潤を配分することが禁じられていることである。もしこの企業の株主が議決権を持っていなかったのなら、彼らは支配している人々であるとはいえない。むしろ、彼らは単なる基金拠出者であり、その企業は取締役と支配人によって、信託というかたちで委ねられ、経営されているものといえる。

（著しく異なる企業成果を残している2つの企業である）GMとGE、あるいは他の多くの公開株式会社の行動は、もしこれらの企業が、これまでに記述したような非営利企業として設立されていたとしたら、この数十年間のあいだに現在ある姿とは著しく異なるものになっていただろうか？　そのような企業の事例がないので、断定的なことをいうのは難しい[25)]。もちろん、公式的には投資家が所有せずに、受益者として所有しているという企業が見当たらないということ自体、株主の形式的なコントロールが効率性の1つの源泉であるということの証拠であるかもしれない。しかしながら、株主の議決権は企業形態としての近代株式会社の支配力にとって決定的なものではなく、少なくとも形式的な株主コントロールにとって若干の利益の可能性があるだけだということの唯一の証拠かもしれない。他方において、別のパトロンにコントロール権を付与するコストについて同じことはいえないが、株主に対してコントロールを付与するコストは慎ましいものである。以下の章で検討される様々な所有形態の経験から、株主の議決権に関するこのような解釈が決して納得のいかないものではないということが明らかになる。

4.2.3 集団意思決定

投資家所有企業は、所有者が明確に規定された目的を共有していることが普通である。その目的とは、企業収益の純現在価値を最大化するということである。そのため、集団意思決定に関するコストは、投資家所有企業においては比較的小さい。このことは、企業所有者間にコンフリクトが存在する余地がないということではない。例えば、投資家による納税申告額の違い、リスク選好度の違い、あるいは資産流動性などが、それぞれの投資家にとっての最適な企業財務政策の相違につながるかもしれない。しかしながら、これらの種類の投資家間のコンフリクトは、異なる政策を採用している企業に投資家達がその投資を振り分けることによって、大幅に消滅させることが可能である[26]。従業員や顧客のような他のクラスのパトロンを分裂させるような相違と比較すれば、残存する相違がどんなものであったとしても、たいして大きくないものであるだろう。

投資家間に生じうるより深刻なコンフリクトは、次のような場合に発生する。すなわちすべてではないが一部の投資家が、例えばサプライヤー、俸給経営者、顧客として、企業と取引関係がある場合に、株主としての議決権を利用してその企業との利害関係を有利に導こうとする場合である。まさに会社法の規定の多くは、このようなコンフリクトへの対応に関連するものである。会社法の残りの規定のほとんどは、経営者が企業の所有者に機会主義的な行動を起こさないようにするもの、すなわち基本的なエージェンシー問題に関連したものである。しかし、ここでもまた、企業の投資家にとっての投資家としての合理的で明白かつシンプルで、計測可能でさえある目的の存在が、効率を促進する要素となるが、これは強力な株主グループによる自己取引を制限する信認義務を法的に課すという比較的明白な基準が提供されることによって達成される（このようなシンプルで計測可能な目的の存在は、同時に、企業を監視するという株主全体が負担するエージェンシー・コストを軽減するが、それは1つには経営者の成果を株主が評価することを簡単にすることで、2つ目としてプロフェッショナリズム、専門家間の社会的圧力、株主代表訴訟などの議決権行使によらない間接的な方法の効果を強化することで達成する）。

株式会社の所有者間の利害関係の相違が非常に均質的であることは必然的でも偶発的でもなく、意図的に設計されて生み出されたものであることを認識することは重要である。会社は、しばしば、普通株、優先株、および社債をはじめとする様々な種類の有価証券を資本の投資家に発行するが、様々なタイプの投資家が企業の所有を共有することは稀であり、彼らの間の利害関係のコンフリクトを解決するために議決権というメカニズムがコンフリクトを解決するために役立っている。投票による企業のコントロールは、一般的にはむしろ一種類の有価証券に任されており、かような議決権のある証券は、一定の条件で、その証券の保有者全員が、企業のあらゆる決定に影響を与えることを許している。その他の証券の保有者の利害関係は、直接コントロールによる参加ではなく、契約そして法的に課せられた信認義務によって主に保護されているのである[27]。

様々に区分された証券保有者が会社の議決権を共有する状態にあるという例外がないわけではない。しかし、これらの例外的事例の経験は、コントロールを共有することによる問題を強調するものである。顕著な最近の事例は、事業連動配当株式（targeted stock）を発行している会社である。この株式は、配当および残余財産の支払いが会社の一部の事業活動の成果に連動するようなある種の普通株式である。GMは、この方法を採用した最初の著名な企業である。同社は、1984年にElectric Data Systems社の買収に際して“Class E”という種類の特別な普通株を発行した。さらにその翌年、Hughes Aircraft社を合併した際に“Class H”という特別な普通株を発行した。これに続く10年の間、他の公開会社も同様に事業連動配当株式を発行した[28]。

（かつてはUS Steelという社名であった）USX社の取締役会は、事業連動配当株式の構造に関する典型的な事例である。1991年にUSX社は普通株を、「鉄鋼株」と「石油株」という2つの種類の普通株に分割したが、それぞれは同社の主要な製品系列である鉄鋼と石油に個々に関連づけられたものであった。USX社の取締役会は、この2つの異った種類の株式に対して異なる配当を支払うことを公式的に決定し、同社は鉄鋼株と石油株の配当をそれぞれの系列の事業から生じた所得とキャッシュフローをもとに決めるということを公表した。この2つの系列の事業の所得と資産は個別に計上されるが、両事業は同一の法人の一部として存続し、この2つの種類の株式の議決権によって、単一の取締役会が選出されることになった。当初は石油株が議決権において明らかに優勢な地位にあったが、この2つの異なる種類の株式の議決権の相対的な力関係は、マーケットにおける株式の時価に影響されて、たえず変更を繰り返すことになった[29]。

事業連動配当株式の支持者は、株式発行時に評価する際に、より細かい事業活動に焦点をあてることによって、アナリストが会社の証券をより正確に評価することができ、その結果事業連動配当株式の発行が、全体の株価を高めることに貢献すると主張している。このことは、子会社を分離して設立することによっても実行できることであるが、事業連動配当株式は、子会社戦略にともなう税負担を回避し、また分離した会社では担保を分けなければならないのに対して、分離しない方が担保力が大きいために資金調達コストが軽減されるということが主張されている。

しかし事業連動配当株式は、会社の異なる普通株所有者の間の大きな利害関係のコンフリクトを生み出す。例えば、USX社は取締役会が資産を石油事業から製鉄事業に転用したり、またその逆を行ったりすることを制限すること、そしてある事業の所得を別の事業の配当に支払うことを抑制することを株式発行時の条件として定めているけれど、取締役会はある事業から別の事業に留保所得を転用する裁量を持っており、したがって、ある種類の株主が他の種類の株主を犠牲にして財務収益と議決権を増大させていたのである。さらに同社は、ある事業を別の事業のための担保として提供しそれを負債化することで、ある事業から別の事業に価値を流用した。

主要な投資銀行家から積極的に推奨されているにもかかわらず、事業連動配当株式という考え方が喜んで広く迎え入れられなかったことの主要な理由は、このような利害関係のコンフリクトであったのは明らかである。一握りの会社の取締役会だけがこのプランを採用して、事業連動配当株式を発行したが、そのうちいくつかは株主の抵抗にあって撤退を余儀なくされた。事業連動配当株式を発行するのに成功したUSX社でさえも、その後2つの種類の普通株の保有者間の利害関係に生じたコンフリクトを調整するために、最大の機関株主から会社に社外取締役（independent director）を選任させる提案をつきつけられることになった[31)]。

4.3 資本のための市場契約コストの低下傾向

1980年代にアメリカで目立った敵対的な買収とマネジメント・バイアウト（経営陣による自社買収）は、大部分は負債によってファイナンスされるものが典型的であったが、その結果少なくともしばらくの間は、標的となった企業の自己資本負債比率は著しく増大する結果となった。当時のある観察者は、これらの高い負債水準は成熟した産業における大企業の資本構造において恒久的な特徴となるものと考えたが[32)]、この見解は最近の経験から疑問視されている[33)]。だが一時的なものであれ、恒久的なものであれ、これらの新しい資本構造は、前述した資本の市場契約コストをもたらすことになった。すなわち株主が社債権者を収奪するインセンティブ、固定利率で長期借り入れすることから生じる大きなリスク、および破綻をめぐる潜在的な取引コストなどのコストである。

会社買収やレバレッジド・バイアウト（買収先の資産を担保とする資金調達を活用した買収）において非常に大きなプレミアムが支払われたことは、レバリッジ比率の高い新しい所有構造の便益が、そのコストを上回っていたことを示すものであるか、少なくとも金融市場がそのように考えていたことを示すものである。しかし、もしそうであったとしたら、このことがどうして20年あるいは40年前にも実践されていなかったのだろうか。考えられる説明は、金融市場のイノベーションが、市場契約をとおして企業の資本の大部分を調達するコストを大いに削減したことである。これらのイノベーションのうちの主要なものは、高利回りの「ジャンク」債である。いくつかの要素も含まれているようだ。1つには単なるデモンストレーション効果である。すなわち以前の伝統的な知恵とは反対に、低いグレードの社債に伴うデフォルト・リスクが管理可能な利率を正当化できるくらい十分低いということが知られてきている[34]。もう1つの要素は、そのような負債に特化した投資銀行が、売り出された社債の品質に関する評判を保証し、市場にあるこれらの負債が関係する会社の行動を積極的にモニタリングするという役割が期待されて、その評判を維持することである[35]。

その結果、会社をコントロールするための取引および再編成が促進されるようになって生じた、借入資本のコストの軽減は、巨大な投資家所有の巨大株式会社の効率を高めたものと思われる。しかし、同様の発展が、投資家以外のパトロンによる大企業所有を実現可能とした。とりわけ企業の投資資本の大部分を負債によって市場で調達できるようになったことにより、巨大な事業会社においても従業員所有が財務的に実現可能になった。これは、今日において、従業員所有が特に興味を集めるひとつの理由である。われわれは次の2つの章でこのことに目を転じたい。

第5章 従業員所有の便益とコスト

The Benefits and Costs of Employee Ownership

従業員所有は広く注目を受けているにもかかわらず、十分に理解されていない。近代経済において実際に行われている従業員所有のパターンを調査することから分析を始めることにする。そしてこのパターンの調査を手掛かりとして、従業員所有の形態の強みと弱みについて体系的に検討を加える。ガバナンスの問題が決定的な要因であることを指摘し、従来行われてきた分析とは到底一致しないような結論が導かれる。

5.1 従業員所有企業の分布

5.1.1 アメリカ

従業員所有企業は、アメリカ経済では、産業セクターにおいては稀な存在である。近年の従業員株主所有プラン（この形態についてはすぐ後に論じるが）を除けば、従業員所有の製造業企業が長期にわたって採算が取れる事例はめったにない。現代的な産業の中で、ユニークな例外というべき存在はベニヤ板生産業であるが、この産業では、1920年代に最初の協同組合が設立されて以来、北西太平洋地区において協同組合が大きな市場シェアを維持してきた[1)]。1984年には、80名から350名の構成員をもった14社が存在したが、そのうちの大部分は20年以上続いた企業であった。これらの企業は合計すると全ベニヤ板の10%あまりを生産していた[2)]。19世紀には、数百の労働者協同組合があったが、その構成員は、樽の製造、靴製造、および屋根板などの産業における熟練した職人であるのが普通であった。しかし、これらの企業は20世紀前半にはほとんど消滅していた[3]。

きわめて対照的なことに、従業員所有企業がよくみられたのはサービス部門であった。とりわけ従業員所有は、法律、会計、投資銀行、経営コンサルタント、広告、建設、エンジニアリング、および内科などのサービス産業の専門職による組織として、長く行き渡ったものとなっている。従業員所有に関する議論は、産業企業に焦点が絞られており、サービス産業の専門職においてしばしばみることができるパートナーシップや専門職法人に対してはあまり言及されないことが普通だが、これらのパートナーシップや専門職法人は、従業員所有に関する世界で最も純粋な事例に属する存在である。その上、専門的サービス産業は、従業員所有企業が支配的なほとんど唯一といっていい産業である。だがこの支配力は終局に近づいているのかもしれない。広告業、投資銀行業、初期医療の分野においては、最近、投資家企業が市場の大部分を占めるようになってきている。

また従業員所有のサービス企業のうちには、場合によっては、そこに属する従業員が必ずしも専門職でないこともある。例えば、大都市のタクシー会社は、かなりの確率で従業員所有であり[4]、またサンフランシスコのベイエリアに所在する一群の従業員所有の廃棄物収集会社は長いあいだ存続している[5]。

5.1.2 各国の従業員所有

アメリカでみられた従業員所有のパターンは、大雑把にいえば、他国の市場経済においても再現されているようだ。つまり、従業員企業がみられる産業のタイプは、どこにおいても、企業の構造が著しく類似しているのである[6]。

成功した労働者協同組合が数多く存在すると考えられている2つのヨーロッパ諸国といえば、イタリアとフランスであることが知られている[7]。(法律家のような専門的サービス業のパートナーシップを除外しての推計であるが)利用可能な推計によれば、1983年においてフランスには数百の労働者協同組合が設立されており、その雇用者総数は大雑把に見積って40,000人であり、組合の構成員はその61%であった[8]。またイタリアについては、1980年において、数千の労働者協同組合があり、トータルで約215,000人を雇用していた[9]。これらの企業の平均的な規模は、（両国とも労働者数が55名程度であり）小規模であったが、分布の中位数は、平均よりもずっと小さく12名を超えない程度であった[10]。フランスでは、これらの協同組合のうち、数および売上高ともに約半数は建設会社であったが、建設に関する部分はイタリアでもフランスと同様に高い比率を占めている[11]。建設会社以外の協同組合の多くは、印刷業者、錠前職人などのような職人からなる企業である[12]。両国ともに、労働者協同組合として組織された大きな規模の製造企業は一握りの数しか存在しない[13]。イタリアでは、協同組合による製造企業の多くは、業績が不振となった投資家所有企業から転換した企業である[14]。

製造業において市場経済の中で成功した労働者協同組合の目立った成功事例は、フランスやイタリアでは見当たらないが、スペインのバスク地方にある町のモンドラゴンに存在する密接に連携した労働者協同組合からなる、よく整備されたグループの中に見出すことできる。近年とみに注目を集めているMondragonグループの成功は、従業員協同組合が投資家所有に対する有望な代替物であるという証拠として、労働者協同組合の擁護者により頻繁に引き合いにだされている[15]。このグループの業績は、まさに印象的である。1956年に設立された単一の小さな協同組合から始まったMondragonシステムは、その後およそ2万人の従業員メンバーからなる約100もの連携企業で構成されるようになった[16]。これらの企業は、家庭用電化製品、家具、重機、農業製品をはじめとする幅広い製品を生産している。これらの企業は特に注目に値するものであるので、第6章においてより詳細に検討を加えることにする。

世界全体を見わたすと、輸送会社は労働者協同組合として組織されることがもっとも多いタイプの会社であるが、これらの会社では、運転手が所有者であることが普通である。例えば、スウェーデンではタクシー会社のサービスのすべてと、トラック輸送会社のサービスの50％が、労働者協同組合によって提供されている[17]。このことは、スウェーデンの製造業部門においては、労働者協同組合の企業数が全企業数の1％しかなく、その生産高は1％より小さいものであることと比べると著しく対象的である[18]。同様に、イスラエルでは、運転手による協同組合は、バス輸送ではほとんどすべて[19]、トラック輸送については50%を占めているが[20]、協同組合主義（cooperativism）に対する文化的かつ制度的な強力な支援にもかかわらず、製造業においては、労働者協同組合がうまく設立できていない。実際に、1972年には、イスラエルのバスおよびトラック輸送の協同組合の雇用だけで、製造業の協同組合が雇用する全従業員の4倍以上であった[21]。最近では、運転者所有による輸送協同組合というパターンは、航空会社にまで拡大されている。世界最大の航空会社であったUnited Airlinesの7,000名のパイロットが、1994年に7年間の努力の末、同社の株式の過半数を取得した。しかしながら、典型的な輸送協同組合と違って、Unitedは純粋な運転者所有企業であるとは言えない。すなわち、Unitedのパイロットは、株式獲得のために、同航空会社の整備工ユニオンのメンバーを招き入れて、76,000名の従業員のうち54,000名が共同して所有することになったためである[22]。この重要な事実については、第6章において言及する。

5.1.3 部分的従業員所有

これまで対象としてきた企業は、一般的に、企業の従業員かその一部が企業をコントロールし、また純利益の割り当てを受ける権利を共有しているという意味で、完全な従業員所有企業である。完全な従業員所有の事例に加えて、従業員がコントロールと利益の一部をシェアするということで組織される多くの企業が存在する。例えば、ドイツの共同経営決定方式においては、従業員は会社の取締役会（監査役会）の半数を選出し、彼らはコントロールに関して、重要だが一部について、少なくとも形式的にシェアしている。しかし、彼らは雇われた従業員であるので、純利益に対して直接的に参加することはない。反対に、多くのアメリカ企業の従業員持ち株制度（ESOPs）においては、従業員は（ESOPsをとおして）企業の残余利益と資産の一部あるいは全部に対する請求権を持っているが、企業に対するコントロールは行使できない状況に置かれている。議論の焦点を絞るために、この章では、従業員によって完全に所有されている企業に主として集中する。第6章において、（共同経営決定方式や従業員持ち株制度を含めて）従業員の部分的な参加についての様々なパターンについて検討を行う。同章で明らかにされるように、完全な従業員所有の強みと弱みを理解するためは、従業員参加による部分所有の効率性との対照で検討することから得ることができるし、その逆もまた然りである。

5.2 市場契約のコスト

市場で労働者を雇うコストを調べることによって、2つの大きな結論が導かれる。第一に、これらのコストは、実質的に大きなものであり、また従業員所有の重要なインセンティブとなっていること。第二に、逆説的であるが、これらのコストは、われわれが観察する従業員所有のパターンとあまり相関しておらず、したがって、これらのコストが従業員所有の全体的な効果を決定する重要な要因ではないということが強く示唆される。

5.2.1 情報の非対称性

個々の従業員をモニターすることは難しいので、モラルハザードは、単純労働を除くすべての労働の市場契約に必然的に影響を与える。従業員所有の大きな魅力のひとつは、この問題を和らげるのではないかと思われること、そしてそれによって企業の生産性が改善することが予想されることである。確かに、多くの従業員が存在する場合には、個々の従業員は、従業員所有であったとしても生じるような仕事の怠慢にともなうコストについて、非常に小さな部分を負担するだけである。しかし従業員所有は、個々の従業員に対して自分の同僚をモニターするインセンティブを与え、彼らが仕事の怠慢をなくすような圧力を持つが、このようなインセンティブは投資家企業にはほとんど欠如しているものである。

このロジックは、従業員をモニタリングすることがたいへん難しい時に従業員所有企業が特に生まれる傾向にあるという、よく知られたアルチャンとデムゼッツの論文[23)]にもっとも顕著にあらわれている議論を多くの人に想起させるものである。例えば、この論文では、「労働投入活動がはっきりとした方法で算出に高度に関連しているような波止場における労働者のチームによる積み荷の運搬を管理したり指示したりすることに対して、裁判の準備や訴訟を行う弁護士を管理したり指示したりすることはより困難である」[24]と述べている。このことは、パートナーシップ形態が弁護士をはじめ芸術や専門職的スキルをもったその他の個人グループの間になぜ普及しているのかを説明するものであると、彼らは主張している[25]。

しかしながら、実際には、この論文の著者たちは、サービス部門の専門職のモニタリングの難しさについて誤解しており、また現実の従業員所有のパターンは、従業員のモニタリングが困難であることに対応していることから生じる予測とは逆の現実となっている。従業員所有が標準であるサービス部門の専門職においては、個々人のインプットとアウトプットの量と質を比較的容易に観察することができるため、一般的にいえば、個々の従業員の生産性をはっきりとモニターすることができる。例えば、法律事務所の弁護士は、どの顧客のために時間を使い、その時間で顧客に対してどんな仕事をしたのかを示すために、6分から10分刻みで時間の使い方を記録している[26]。この記録は、個々の弁護士が年間に行った仕事の種類と量にかんする、およびその仕事が企業に対して顧客から得た利益に関する、正確な測定基準を提供する。その上、弁護士の仕事の質を評価することは、ある意味では仕事の成果がその弁護士が1人で作成した文書から成り立っているので、比較的簡単である。

対照的に、投資家所有は、従業員が通常大きな集団で仕事をしたり、広範な監督や管理作業を伴っているような、いわば個人の生産性の計測が難しいような状況における企業で主要な企業形態となっている。特定の個別弁護士による法律事務所の毎年の純利益に対する限界的な貢献を正確に計算することは比較的簡単であり、また実際にそのような計算が一般的となっているのに対して、GMの副社長補佐が、また職場の職工長でさえも、同じような計算をすることはおよそありえない。

以上のことは、法律事務所や他のサービス部門の専門職会社において、モニタリングが完璧になされると述べているわけではない。また同時に、従業員所有がモニタリング問題に対処することに役立つことによって、企業の生産性を改善しているということを否定するわけでもない。従業員所有と生産性の改善の間の相関を実証しようとする努力にもかかわらず、その結論は今のところ依然として曖昧である[27]。生産性改善のためのインセンティブは、実際的には、従業員所有がこれらの企業の間で一般的に採用されていることの重要な理由であると思われる。従業員所有がもっとも普及している企業の種類が、従業員のモニタリングが比較的容易であるものであるということから、問題は、従業員所有の採用を決定する上でもっと他の重要な要素が存在するに違いないということになる。

5.2.2 ロックイン

労働市場において企業が買い手独占となることは滅多にない。そのため市場の力だけでは、従業員所有企業の形成のための重要な動機を提供しない。第2章で考察したように、しかしながら、多くの従業員に対して、事後的な市場の力、ないしはロックインが重大な問題として存在している。特定の会社で数年間働いた後に、従業員のスキルは、その企業に特殊化したものとなり、また彼自身はその地区のコミュニティにしっかりと根を張っているかもしれない。ある見解では、従業員所有はこのようなロックインが特に厳しいところで生じるに違いないという。

しかし従業員所有企業は、従業員のロックインの大きさの程度とは相関していないようである。明確なデータはないが、大規模な産業企業やサービス企業において、中間および上級レベルの管理者（おそらく同じくブルーカラーの従業員）が、長い間同じ雇用者のもとで特殊化され、そのために彼らが他の会社に雇用された場合と比べて、著しく高い生産的を示すようになるということを推論することは妥当であろう[28]。これらの企業は、将来の従業員に関してはすることのできない、現在の従業員の生産性についての情報を蓄積するが、このことは、どこかにおいて確保しうる従業員の賃金を減らすことにつながる。にもかかわらず、そのような企業が、従業員所有であることは滅多にない。むしろ従業員が所有するタイプの企業では、従業員は異常に流動的であるようだ。このことは、タクシードライバー[29]や廃棄物処理のような協同組合を設立しているブルーカラー労働者にも、またベニヤ板協同組合の半熟練労働者にもあきらかにあてはまる。また弁護士や会計士などのサービス部門の専門職についても同じことがいえる。

弁護士のような専門職は、他の弁護士事務所よりもその事務所にとって著しく価値のあるような、人事、手続き、および顧客について特別な知識を蓄積していることは確かである。しかしサービス部門の専門職は、企業に対して仲介サービスを提供するのではなく、企業の顧客に対してサービスを直接的に提供することが典型的なので、彼らは他のタイプの従業員が持っていない労働移動に関する優位性を保持している。彼らのスキルは、高度に移動可能なのが一般的である。そのため他の熟練労働者が利用することができないような、オプションを持っている。そのオプションには、他の既存会社に転職するということばかりでなく、自分自身で新しい会社を設立するということも含まれている。また彼らが現在の雇用者の下を離れる際に、しばしば顧客の一部を自分と一緒に連れていってしまうこともある[30)]。

したがって、従業員所有企業にみられるこのタイプの従業員は、どちらかといえば、典型的な投資家所有企業における従業員よりもロックインに左右されることが少ないように思われる。ただし、だからといって、ロックインが従業員所有の重要なインセンティブを提供しないということではない。しかし、従業員所有がどのようなところでより実現可能であるかということを決定するにあたっては、より重要な別の考慮すべき事項があるに違いないと考える。

5.2.3 戦略的な交渉行動

投資家所有では、経営陣は、労働者が持っていない、収益率、雇用ニーズ、工場の改廃を始めとする企業の将来予測についての情報をしばしば持っている。同様に、従業員は、受け入れることが許容できる最低賃金額、生産性を上昇させるのに必要な休養、より少人数の労働者で行われるか、または従業員のより大きな努力が必要とされるような生産性を改善する現場組織の変更などのように、経営陣は承知していない知識をもっている。その結果生じる情報の非対称性は、交渉結果に至るまで大きな取引コストを生み出すようなストライキとかロックアウトのような交渉戦略を採用させるようなインセンティブを、労働者にも経営者にも与える[31)]。従業員所有の強力な優位性の一つは、これらのコストを削減、または消滅させることである。

しかしながら、従業員所有が一般的であるような種類の企業において、経営陣と労働者の間の潜在的な情報の非対称性は比較的小さいようである。例えば、弁護士事務所のような専門職のパートナーシップを考えてみよう。これらの企業は比較的小さく、専門職と経営陣の間の階層性も浅いものであり(実際に上級の弁護士は企業の経営者であることが多い)、そのためこれらの企業の専門職は、たとえパートナーとなっていなくても、経営陣が利用できる情報の多くを利用することができ、またその反対の場合も同様である。経営陣と残りの労働者等の間に分離があり、大きな階層組織構造をもっている大企業においては、情報の非対称性はかなり大きなものとなるだろう。しかしそのような大企業では、従業員所有であることは稀なことだ。

5.2.4 従業員の選好に関するコミュニケーション

第2章で考察したように、投資家所有企業の従業員は、自分たちの選好に関する情報を、経営との間で信頼して話し合うことができないために、投資家所有企業は、金銭的な補償や労働条件に関してもっとも効率的なパッケージを形成するという点で、従業員所有企業よりもハンディキャップをもっているかもしれない。だが、すでに述べたように、従業員所有は経営陣が比較的被用者の選好を理解することが難しくない傾向のある状況において登場すがちであるということから、従業員所有の現在の産業分布を説明するのに、この優位性は役にたたない。

5.2.5 平均的な従業員の選好と限界的な従業員の選好に対する鋭敏な反応

限界的な従業員の選好と平均的従業員の選好が相違する傾向にあるということは、様々な状況においておこりうる。第2章で労働現場の安全性について検討した。職業の安定ということも別の論点であるが、安全性の議論と同様な理由が考えられる。すなわち、限界的な従業員は、家族をもっていなかったり、再訓練することが可能だったりする若者であると考えられるが、彼らは古参の従業員よりもレイオフの可能性に対する回避度が小さい。また仕事組織、労働現場の清潔さ、従業員の福利は、限界的従業員と平均的従業員の利害が乖離する分野である。したがって、平均的従業員の選好に重きを置く従業員所有は、限界的な従業員の選好に重きを置く市場契約を利用した雇用よりも、従業員の選好の総和においてより効率的であることが多いかもしれない。

投資家所有企業においてこの問題が、現実的に重要なものであると考えることは難しい。団体交渉は、労働組合の存在如何にかかわらず、この影響を和らげるものである。ともかく、このことが、従業員所有企業の産業分布を説明するのに重要な要素であるとは思われない。後においてもっと深く検討を加えるが、従業員所有企業の所有は、異常に均質な利害関係、すなわち従業員所有の主体の限界的な選好と平均的な選好が極めて小さいという意味の均質性をもった従業員の間でのみ共有されるのが一般的である。

5.2.6 疎外

最後に、労働を市場契約で扱うことが、労働者の疎外につながるという、よく知られた議論に言及しておこう。まさに、労働契約は、どこにおいてであれ、第2章で同じ「疎外」という見出しで述べられた諸問題を検討することが期待される典型的な条件かもしれない。

しかしながら、ここでもまた、間違いなくいえることは、従業員所有の産業分布は、もし労働疎外の問題が重要であったならば予想されるようなものとは正反対であるということだ。従業員所有企業は、存在する企業が資本家的なものであっても、従業員所有的なものであっても、小規模で経営階層構造が浅く、均質な労働力からなる産業に生じる傾向がある。つまりこれらの企業では比較的労働者の疎外が少ないと予想される状況の企業で従業員企業が生まれる傾向にある。さらにいえば、労働者の疎外に関する心配は、ブルーカラーの従業員に焦点が絞られるのが一般的であるが、従業員所有は、サービス部門の専門職においてもっとも共通に見られることである。たしかに、ブルーカラーの従業員に焦点をあてることは、多くの関連文献において社会階層に強い関心がおかれていることを反映しているようである。ブルーカラーの従業員が、市場関係をとおして彼らのサービスを販売することに対して、専門職の人々と比べて多かれ少なかれ腹立たしく感じているのかどうかは、アプリオリには明白ではない。

5.2.7 小括

市場で労働の契約をおこなうケースと比較する時、従業員所有は、従業員の生産性の改善、ロックインに関連した従業員の機会主義の回避、交渉における戦略的行動の減少、従業員の選好をめぐる良好なコミュニケーション、および労働者の疎外の軽減など、意味のある効率上の優位性を保証するものである。これらの優位性は、従業員企業がみられる産業における従業員所有の成功を説明するものであると思われる。しかし以上の要因から得られる潜在的な効率性の大きさは、従業員所有の現実のパターンとほとんど関連していない。一般的にいえば、これらの潜在的な効率性促進要素は、大規模で経営階層性が構築されている企業において効果が最大であるように思われるが、これらの企業は、投資家所有企業が典型的である。またこの促進要素は、従業員所有がより普及している小規模のサービス部門の専門職企業に対して、より小さな影響を与えるかもしれない。われわれは従業員所有企業の現在の産業における位置を説明する要因を、どこか別のところに見出さねばならない。

5.3 資本調達

従業員所有は、資本集約的な産業にうまく適合しないというのが、世間一般の通念である。この見解には一定の真実があるけれど、資本集約的であることの重要性がしばしば誇張されていることも確かである。

従業員所有企業の資本へのニーズが、もっぱら企業特殊的なものではない資産を購入するということならば、その企業はその資本を手ごろな条件で借りることができる。その結果生じるレバレッジは、従業員所有者によるリスクの実質的な負担となる。しかし、従業員は、しばしば比較的大きなリスクを負担するようになっている。事実、従業員所有企業は、転売可能な資産を使用する比較的資本集約的な産業でも驚くべきことに普及している。資本の大部分を転売可能な自動車などの輸送機器に投資している輸送会社は、従業員所有がもっともよく誕生している産業である。投資銀行も従業員に対して大きな資本を必要とするが、ここでもまたその資産の多くは転売可能なものである。

アメリカの農業で支配的な家族農家は、もう1つの事例を提供する。家族農家は、個人または家族によって所有される従業員所有企業である。彼らはほとんどの場合、かなり資本集約的である。しかし、土地と農業設備は企業特殊的なものではないので、良質な担保となり、個人農場主は所有者であるために必要な資本を十分に借りることができる。

反対に、もし資本が企業特殊的な資産の購入に必要な場合には、市場で資本を契約で調達するコストは第4章で述べているように、大きなものになるはずである。従業員1人当たりの企業特殊的資本の金額が慎ましいものである場合、あるいは従業員が裕福な場合、これらのコストは、従業員自身に資本を供給させることによって回避することができる。例えば、従業員所有へのアプローチである従業員持ち株制度の下で、従業員は彼らの年金貯蓄を従業員株式に投資している。そこで、労働と資本はともに所有者によって提供され、それぞれに生じる市場契約コストが回避されるのである。しかし、この解決方法はそれ自体2つの問題を生み出す。

最初のものはよく知られた問題であるが、従業員が自ら雇われている企業に自分の財産の大部分を投資する時、彼らが負担するリスクが著しく増大するという問題である。彼らは、自らの投資ポートフォリオの分散化の程度を小さくするばかりではなく、投資ポートフォリオと所得を稼ぐための根源、すなわち彼ら自身の人的資本との間の分散化の程度も低下させてしまうのである。もし自分の企業が破綻すれば、彼らは仕事を失うばかりでなく、同時に自分の貯蓄までも失ってしまうのである。

第二の問題は、企業の所有者が労働の提供者であり、かつ資本の提供者であるときに、彼らの間における利害関係の乖離する状況が増大する傾向にあることである。一般的にいって、ある従業員、しばしば古参の従業員は、他の従業員よりも比率的により多くの資本を投資しており、その結果、投資家としての利害と従業員としての利害の間のバランスが異なってくることがある。この不均衡は、ひるがえって集団意思決定のコストを増大させるような脅威を与える。

簡単にいえば、従業員所有企業が、従業員1人当たりで巨額な企業特殊的資本を必要とするならば、その企業は資本を借りるにしても従業員に提供させるにしても実質的に大きなコストを負担するかもしれないということである。このことは、従業員所有が、補助金なしには、産業部門においてほとんど誕生しないのはなぜかということを説明するのに役立つ。これらの産業において、資本の貸し手による所有が強力な優位性を持っているということは、第4章においても述べたことである[32]。

この点は、誇張されるべきではない。以前に考察したように、高い負債資本比率による近年のレバレッジド・バイアウトの成功は、充分に大きな負債がしばしば企業の資本ニーズの大部分をカバーするために利用されることを示しているだけである。製造業部門における従業員株主制度の増大は、企業の従業員が法外なコストを要することなく、大きな普通資本を提供できることを示すものである。Mondragonのような従業員所有企業は、比較的慎ましい資本集約産業であるけれども資本を獲得するうえで困難に直面することはなかった。1990年代初め頃には、関連銀行とともに、このグループに属する諸企業の財務は、関連銀行に対して正味では貸し越しとなっていた[33]。別のタイプの非投資家所有企業が、資本集約産業において意義深い成功をしていることを最後に付け加えておこう。結果的にいえば、従業員所有にとって資本蓄積は、ほとんどの産業において克服することのできない障害ではないことを信じるに足る理由が存在するのである。

反対に、従業員当たりの企業特殊的資本が比較的低い水準であることは従業員所有を実現するために役立つものであるけれど、このことだけでは充分だとは思われない。企業特殊的資本の額が小さいサービス部門の産業は数多くあるが、そのうちホテル、レストラン、小売業、また（少なくともアメリカでは）建設業のような産業では、従業員所有は稀にしか存在していない。

したがって資本の獲得のコストだけで、従業員所有の産業内あるいは産業部門での普及パターンを説明することはできないと思われる[34]。

5.4 所有のコスト

従業員所有企業の現在の産業分布は、市場契約をめぐるコストでは明確に説明することができない。特にいえば、従業員所有企業は、人々が最初に想起するように、とにかく市場で労働を雇用するコストが異常に高く、資本を調達するコストが低い場合に生まれるものではない。より説明するためには、所有のコストに目を転じなければならない。

5.4.1 マネジメントに権限を委譲するためのエージェンシー・コスト

所有とコントロールの分離から生じる問題、すなわち、経営を監視する際のエージェンシー・コストは、投資家所有企業よりも従業員所有企業においてずっと深刻さの程度が潜在的に小さい。資本の投資家はしばしば分散しているものであり、彼らはディスクローズされている以上の企業情報を持っているわけではなく、たくさんの投資物件のひとつとして、企業の株券を保有しているだけである。その結果、企業の経営を監視することにおいては投資家は憐れな立場に置かれている。対照的に、従業員は、雇用の副産物として企業にかんする諸取引について知っており、より多くのことを知ることのできる立場に置かれている。また彼らは、企業からほとんどの収入を得ているので、企業の運命に自分の利害が大いに絡んでおり、団体行動のために結集することが容易である。彼らは、経営の効率性についての情報を獲得する機会とインセンティブをもち、あるいは彼らのために役に立つ責任ある代表者を選任し、維持する機会とインセンティブを持っており、そのため彼らの意思に対して納得のいく経営陣を確保するために集団的に活動する機会とインセンティブがある。

投資家企業は、経営を監視する助けとして、確かに、企業支配権市場（market for corporate control）による恩恵を受けている。だが、企業が従業員所有である場合には、この市場の恩恵を享受することができないわけではない。従業員は、外部の投資家に対して、彼らが希望する時点で企業を売却することができる[35]。事実、そのような取引は、頻繁に生じている（例えば、ベニヤ板協同組合[36]、広告企業、および投資銀行などで起こっている）。

したがって、投資家が企業の経営をモニターするのにとりわけ不利な立場にあるような状況において、従業員所有が見られるに違いないということになる。だが成功した従業員所有企業は、多くの場合、投資家所有であったとしても、企業をしっかりと保有できる程度の小規模な企業であった。それらの企業は、所有とコントロールの分離といえるほどのものを経験しておらず、またその分離に関連するエージェンシー・コストも生じていなかった[37)]。そのため、投資家所有企業のエージェンシー・コストが潜在的に高いということをもって、従業員所有が、そのようなところに誕生したということを説明する理由とすることはできないのである。

5.4.2 リスク負担

リスク負担が十分にできないことは、従業員所有の不利な点としてよく引き合いに出される。労働者は、たくさんの企業で同時に仕事をすることよってリスクを分散できないため、残余収入が変動するというリスクを負担する投資家よりも不利な立場に置かれている。

このことからリスク負担は、あらゆる形態の企業において、とりわけ従業員所有が負担するリスクが増幅されるような資本集約的な企業において、従業員所有の主要な障害であるという結論を下すことは合理的であるように思われる。しかしながら、興味深いことに、従業員所有の観察しうる分布は、この結論に対して全面的な支持を与えているわけではない。ベニヤ板産業は、適度に資本集約的で、かつ比較的変動性が高い産業である[38)]。投資銀行は、高度に資本集約的で、かつ高い変動性をもつ産業である。また農業は、前述のように、しばしば高度に資本集約的であり、かつ高い変動性をもっている。投資家所有企業が、多くの主要な穀物市場でそれなりの市場シェアを得ることができないことは、所有の割り当てにおいて、リスク負担が相対的に重要ではないことを示す、まさに劇的な証拠である。個人が結果的に非常に大きなリスクを負担しなければならないにもかかわらず、農家は、自ら働く個人によって圧倒的に所有され続けているのである。他の効率性と引き換えにして、大きなリスクを喜んで負担しようとする大きな労働人口が農村に存在することは明白である。

さらに投資家所有企業の中においてさえ、従業員が負担するリスクの大きさを過小評価してはならない。もしある企業が単にリスク負担という観点だけでみられたとしたならば、産業企業の投資家所有者は企業のリスクのほとんどすべてを負担し、大きな雇用保障を提供するために従業員を市場の変動から守る上で効率的であるということになる。だがアメリカでは、伝統的に産業企業の労働者は、企業の経営状況が悪化した場合には、即日レイオフされるという条件で雇用されている。このことは、労働組合がある企業であっても同じことである[39]。この異常にみられる事象に対して、いくつかの説明ができるように思われる。例えば、普及している団体交渉制度によって生み出されたインセンティブ[40]や十分な雇用保障を行うことに伴って生じる生産性の低下[41]、失業保険、社会福祉、再雇用の見通しなどの結果、従業員が損失の下落の見通しに対する認識に限界があることなどによって説明させる。しかしその理由が何であれ、多くの産業において雇用保障は、伝統的に弱い状態であり続けており、そのため従業員企業へのシフトは、自分たちがすでに被っているリスクよりも実質的に大きな負担を生み出すものではなかったように思われる。

要約すれば、リスク負担がそれ自体では従業員所有への主要な障害ではなく、またわれわれが観察する従業員所有の産業分布を説明する際に、それはせいぜい小さな役割を果たすにすぎないものであるということだ。

5.4.3 集団意思決定

以上の考察により、残されているのは、第三および第四の主要な所有コストである集団意思決定のコストの評価である。事実、この要素は、従業員所有が行われるところを決定する上で、驚くほど強力な役割を果たしている。この問題を検討するために、次の章ではほとんどの紙幅を費やしている。しかしながら、その前に、第2章と第3章で検討した基本となる契約コストおよび所有コストには含まれなかったが、従業員所有企業の成功にとって主要な妨げであるといわれている、いくつかの他の留意点に目を向けておこう。

5.5 地平線問題

従業員所有企業は、長期間経過してから支払いが生じるようなプロジェクトに投資をするインセンティブが大変小さいと論じられている（いわゆる「地平線問題」）[42]。この問題の原因は、従業員が譲渡可能な残余財産請求権を持っていないからであるといわれている。従業員所有者は、自分たちの所有権を資本市場で自由に売ることができないために、彼らは、投資がもたらすだろう将来リターンの価値を現在価値に割り戻すという投資家所有者がもっている能力を欠いている。

数十年の間、共産党の支配下にあったユーゴスラビアの企業においては、従業員は企業をコントロールするが、正味の残余財産と資産に対する権利は制約されており、言い換えれば、従業員管理ではあっても、従業員所有ではなかったのであるが、そのような企業では、地平線問題が十分に存在しうるであろう。しかしながら、自由企業経済において、大きな資本をもったほとんどの従業員所有企業は、従業員に対して譲渡可能な残余財産請求権を提供するものとして設立されている。ある企業においては、その請求権は、いつでも行使することが可能であり、他の企業においては、従業員が企業から離れる場合に限って可能となっている。例えば、ベニヤ板協同組合の持ち分は、企業による優先的な拒否権に従うという条件のもとで、組合を離れる人が新しい従業員に随意に転売することができる[43]。

従業員は、企業から資本を回収することはできないとしても、比較的長期間の見通し（地平線）を持つに違いない。企業に雇用される従業員の雇用期間の中央値は、15年から20年ほどであり、もし年金支払い期間がそれに含まれるとしたら、それ以上の長い期間となる[44]。この15年という見通しの投資は、現代の産業企業の水準からみるととても長い。

したがって、地平線問題が従業員所有にとって主要な障害であるということを信じるべき理由はほとんどない。

5.6 投資家所有への転換

成功をおさめた従業員所有企業は、しばしば投資家所有に転換（従業員所有の信奉者によれば「堕落」）する。例えば、アメリカのベニヤ板協同組合の一群が次第に減少しているのは、協同組合のメンバーが企業を投資家に売却しているからである。同様に、従業員に売り払われた脆弱な投資家所有企業は、その後（倒産するよりもむしろ）投資家所有に転換して承継されることがある[45]。広告や投資銀行のようなサービス部門のいくつかの専門職において、当初はパートナーシップとして設立された多くの会社が外部の投資家によって買収されることが、近年、目立っている。このような傾向に着目して、ある研究者は、投資家所有への組織転換の傾向は従業員所有企業が本来持つ特質に由来するものであり、このことは、従業員所有企業が産業部門において取るに足らない市場シェアしか占めていないことを説明する重要な点であると主張している[46]。そして、この傾向を説明するために、少なくとも、2つの異なったメカニズムが提示されている。

5.6.1 追加的な労働雇用の傾向

最初の主張は、成功した従業員所有企業が追加的な従業員を採用する場合に、彼らを所有者にするよりも、むしろ俸給ベースで彼らを雇用したいという強いインセンティブを持つというものだ。なぜなら、もし企業の従業員1人当たりの純収益が市場の労賃よりも高かったとすれば（この分析においてこのことが「成功」の意味するところであるが)、既存の従業員所有者は、新規労働者を、企業利益を案分比例で共有する共同所有者としてではなく、市場賃金を受け取る雇われ労働者として採用するほうが利益のあがるものであると考えるだろう。その結果、雇われ労働者に対する従業員所有者の比率は、長い間に低下を続け、企業の所有は一握りの個人に集中されることになり、そうなるとこの企業は本質的に投資家所有企業の特徴をもつものであると考えられる[47]。

しかしながら、この議論は、労働者所有企業の労働者の生産性が、その人が雇われた労働者であっても所有者となった場合でも変化がないという仮定に依存するかどうかで説得力が変わってしまう。この仮定が妥当ならば、労働者所有は、投資家所有に対して効率的に優位性を持たないことになり、労働者が企業を所有すべき理由がなくなってしまう。この分析において仮説とされた従業員所有企業の成功は、それが単に従業員所有という事実によるものではなく、市場力、蓄積された評判による無形資産、重要な特権の所有等、その他の要因によって正当化される必要がある。その企業が成功しているものであり、かつその企業が投資家所有であった場合でもその成功に近い状態になるならば、投資家所有への転換傾向は、驚くべきことでも、不適切なものでもない。

雇われ従業員を採用する従業員所有という事例は、従業員を所有者とした場合に生産性が向上するという観点からいえば、従業員所有の成功事例とはいえない。なお従業員が所有者である場合に生産性が向上するのは、所有によって有形あるいは無形の報償を得ることで、彼らが低い金銭的な補償でも喜んで働くなどの理由によって生じると思われる。従業員所有の成功のケースにおいては、新規の従業員を雇われ従業員ではなく、所有を分与することによって参加してもらうことが[48]、企業の既存のメンバーにとって、より利益が高まるものであるべきであり、したがってこの場合では、投資家所有に転換する傾向がみられることはない。

従業員所有が支配的な組織様式であるいくつかの産業においては、従業員所有を雇用労働者に置き換えようとする目立った傾向はみられていない。例えば、大規模な法律事務所では、６年から８年間働くうちにパートナーに昇進できなかった場合は、従業員はその企業を退社するという昇進か解雇というシステム（up-and-out system）が、数十年の間に普通なものとなっている。この慣行は、新参者の弁護士のすべてが、必ずしも事務所の所有者になるわけではないということを確認するものである。このシステムを持続的に保持し続けているということは、従業員所有がこれらの企業にとってもっとも効率的なシステムの組織であり、それから逸脱することが長期的にはコストがかさむものだろうということを、企業に属する人々が認識していることを反映したものであることは明らかだ。確かに、近年、法律事務所において「正規職員（permanent associates)」と呼ばれる上級弁護士の雇用形態の事例が多くなっており、昇進か解雇かというシステムの保持が厳格に行われなくなってきている。しかし、次章で検討するように、この現象は、前述のような必然的な堕落理論よりも、他の論点によって説明した方がよりふさわしいものと思われる。

5.6.2 資本の蓄積

成功した従業員所有企業が投資家所有への転換につながるとされる第二のメカニズムは、企業が非常に成功すると、従業員に対する企業価値が長い間にきわめて大きいものとなり、その結果、若い従業員は退職する古参の従業員からシェアを購入することができなくなるというものである。結果として、古参の従業員は、そのシェアを外部の投資家に転売するという強いインセンティブをもち、そのため企業が投資家所有に転換するというのである。

この種の議論の問題点は、なぜ従業員1人当たりの企業の純価値がたえず増加するのかということの正確な理由を明確にできていないことである。大雑把にいえば、2つの理由が存在する。1つには、企業が純価値を長い間かけて留保し、蓄積してきたことである。このようなケースでは、企業は退職する従業員に対して（持ち分の買い戻しのようなかたちで）蓄積された留保利益を再分配することを行うことができるし、またそれを負債に置き換えることによって、従業員1人当たりの純資産を当初の水準に近いところまで低下させ、新規の若い従業員が企業の持ち分を購入しやすいようにすることができる。

もう1つは、従業員が最初に所有したときに必要とされた技術と比べてより大きな企業特殊的な資本を必要とする新技術を採用したことによって、従業員1人当たりの純資産が増加することもありうるし、また企業は必要とされる新技術を獲得するために長年にわたって収入を留保することが多い。無形資産である暖簾は、企業特殊的な資本のうちでもっとも普通に見られるものであるが、企業は長期にわたってそれを保有しているということに注目されたい。従業員1人当たりの普通株の必要額は、新規従業員が貢献しうる、また貢献しようとするものよりもずっと高額になっている可能性が高い。従業員所有は、それゆえ適切なものとはいえず、また投資家所有への転換により効率化をもたらすこともありうる。

要約すれば、財務的な成功は、そのこと自体では、以前の従業員世代よりも、新しい従業員世代が企業の所有者となることをより難しくするものであるとは限らないということである。効率性が低位に抑えられた従業員所有からなる産業に変化が生じないとすれば、企業のレバレッジを高めるなどによって企業のファイナンスを再構築することができるし、またその結果、新しい従業員は持ち分を購入でき、退職する従業員は所有者として在職中に蓄積した利益を手に入れることが可能なのである。

5.6.3 なぜ投資家所有への転換が存在するのか？

前述したように、成功した従業員所有企業が、単にその成功の結果として、投資家所有に転換するようになるというようなつむじまがりのメカニズムは存在しない。では、なぜ従業員所有が投資家所有にしばしば転換するようなことが起こっているのだろうか？　もっともありうる説明は、その企業にとって、従業員所有がとにかく効率的な組織の様式ではないということである。

従業員から投資家所有に転換したいくつかの企業をみると、従業員所有は企業を組織する方法としてはおそらく最初から非効率であったように思われる。例えば、いくつかの事例だと、計算違いや過度な理想主義によって従業員所有企業が設立されており、投資家所有への転換は、単にその事実の遅れた追認にすぎないものであった。他のケースでは、長期的に見れば従業員企業は非効率であるように思われるにもかかわらず、それ以外にはありえないような、ただ1回だけの高い効率的な取引を行うがために、従業員所有が採用されている。後者のタイプの企業は、深刻な財務困難に陥っている投資家所有企業にも共通して生じるものである。そのような企業の全部あるいは一部を従業員に売ることは、様々な優位性を潜在的にもつものである。それは、従業員、特に労働組合に対してレイオフ、賃金の大幅カット、労働規則の変更などのような企業が存続するのに必要な大きな譲歩を、面子を潰すことも、他の成功している企業の労働組合の手前、労働組合が戦略的な妥協をしたという先例を残すこともなく受け入れてもらう方法である。このような提案は、従業員の賃金や便益の一定の削減に対して、価値の不確実な便益（再組織した企業の株式）で補償を行うものであるが、従業員の大きな純損失の具体化が抑えられることで、従業員は心理的に受け入れやすいものとなっている。これは、企業が深刻な財務的困難に陥っており、従業員の譲歩が必要であり、そのためコストのかかる労使交渉を避けたいという経営的な見解を労働者に対して確実に伝えるためのシグナリングとして、投資家所有者と企業経営者にとっても信頼のおける方法である。最終的には、従業員に対して、企業が生き残って繁栄したとしたら、従業員が譲歩した結果生じた果実が、現行の投資家所有者に対して不当に持ち去られることがないことを保証するための信頼できる方法である[49]。企業が成功した場合には、従業員が投資家所有に売り戻すことができるというオプションもありうる。従業員所有をこのようにある種の取引的な方法として利用することは、次章で記述するWeirton Steel社の従業員バイアウトの顕著な事例と同様に、United Air Lines社を含む航空産業に生じている近年の従業員持ち株制度を特徴付けるものである。

最後に、従業員所有がかつて効率的であったような状況が存在したが、今やそのような状況はなくなっているといってもよいだろう。その理由はおそらく産業の性格が変化したためであろうと思われる。投資銀行の状況を例にとっていえば、従業員1人当たりの資本、そしてより重要なこととして、個々の企業の規模と内部的複雑性が、近年大幅に増大し、大抵の銀行にとって、投資家所有がもっとも効率的な組織の様式であるような点に到達してしまっているということが明らかである。

5.7 つむじまがりの供給反応

従業員所有に関する経済学文献を一覧すると、Ward論文が1950年代に独自に展開した、労働者協同組合が直面した行動的インセンティブを描写する単純な理論モデルに取り憑かれているように思われる[50]。このモデルの魅力は、「つむじまがりの供給反応（perversion supply response）」というモデルの予測によるところが大きい。この予測とは、労働者協同組合は、製品に対する需要の増大、または生産費の削減を経験した場合に、生産高を削減しまた労動力規模を縮小するというインセンティブを持つというものである。これとは反対に、販売する製品価格が低下したり、労働によらないインプットのコストが上昇したりした場合は、より多くの労働者を投入し、生産を増加させるインセンティブを持つ。このモデルは、同様に、労働者協同組合は、投資家所有企業と比べて小規模であり、また労働過小な状態であるという結論を導いている。このような奇妙な行動は、企業が、総利益の最大化ではなく、従業員1人当たりの平均利益を最大化するものとしてモデル化されていることから基本的には説明することができる。

このモデルは、注目されているにもかかわらず従業員所有企業の観察された産業分布についてほとんど何も説明することができない。そもそも、モデルによって予測された非効率的な行動は、企業は単一生産物のみを生産するとか、労働者1人当たりの労働時間数が固定されているとか、会員ではない従業員が存在しないとか、新規の従業員はつねに既存従業員と同一の条件で雇用されるとかいった（特に参加の権利を取得するために既存の従業員に何も代償を払わないといった）、様々な非現実的な仮定に基づいたものである。さらに、たとえこれらの制限的な仮定が認められるものであったとしても、長く認識されてきているように、新しい協同組合の参入は、個別企業に対しても、産業に対しても、生産と雇用を究極的には効率的な水準に導くはずである。これらの理由により、Wardモデルによって予測された現象について明確な証拠をみいだそうとする実証研究は誤ったものである[51)]。

5.8 法的制約

法的構造が従業員所有にうまく適合していないことが、市場経済において従業員所有企業が一般的に少ないことに大きく関係しているとしばしば指摘されている。しかしアメリカにおいては、少なくとも、法律が従業員所有の成功にとって深刻な障害であると主張することは難しい。

いかなる産業においても、企業の従業員所有を禁止するような明示的な法的な禁止条項は存在しない。反対に、法律実務のようなビジネスにおいては、明示的に法律によって従業員所有への要請が、全米においてみられている。

専門職の責任に関するコードや専門職倫理のための規律のような、アメリカ弁護士会による専門職の行動に関するモデル規則は、伝統的な法律パートナーシップや専門職サービス会社等に席をおく弁護士によって100%所有されている組織に所属しているのでなければ、いかなる弁護士も、対価を得て法的サービスの提供をするような利益追求型組織の従業員として働くという契約をしてはいけないと、はっきりと定めている[52)]。このモデル規則、もしくはこの規則によく似た規則は、実際には法律的な拘束力を持つものであるため[53)]、従業員所有企業は法律実務に関するビジネスを組織する上で唯一の利用可能な形態となっている[54)]。多くの州でこれによく似た制約があり、医療機関は医師所有でなければならず、投資家所有による設立は認めないとされていたが、これらの法律は、連邦法の健康保険維持機構法（Health Maintenance Organization Act）が1972年に施行されると同法によって肩代わりされた。

より一般的にいえば、既存の組織法（existing organizational law）、すなわち会社法およびパートナーシップ法（corporation law and partnership law）は十分に柔軟なものであり、ほとんどあらゆる種類の労働者協同組合を設立することを許している。いくつかの州では、協同組合法人法（cooperative corporation statues）が、この目的を達成させるために存在しており、理論的にこれらの法律は明快かつ直接的なアプローチを提供している[55)]。しかしながら、協同組合法（cooperative statutes）が未発達でしばしば狭く規定されるという性格をもっている多くの法域では、株式会社法（business corporation statutes）が利用されているようである[56)]。しかし株式会社法を援用するには、仕事の貢献度に比例して利益を分配することを確実なものとするために、ある種の操作が必要なことは確かである。それゆえ、標準的な企業形態を具体化する諸法律において、投資家所有企業に利用できて、従業員所有企業には利用できないように、後者は前者と比べて不利な状態にあると主張することもできるかもしれない。

近年、いくつかの州において施行されている、新しい労働者協同組合法人法は、この欠如していた標準的な法的企業形態を提供するように意図されたものである。しかしながら、これらの諸法律は、それ以上のものではない。

すなわち、企業設立発起人は、既存の株式会社法の下で設立されうる会社を超えて、適用範囲を拡大することを要求できないのである。にもかかわらず、標準企業形態が法的に示されたことは、大きな利点をもたらした。それは、従業員所有企業を設立するための取引費用を軽減するばかりでなく（例えば広い意味での法的な代理人にこの企業形態をわかりやすいものとすることによる取引費用の削減）、これらの法律がなかったら得られなかったはずの、従業員所有企業に対する注目度、認知度、正当性の程度を高めたことである。例えば、銀行は貸し付けに際して、複雑な会社設立のための定款、付属規則および株主との取り決めなどによって株式会社立法のもとで形成された従業員所有企業よりも、労働者協同組合特別法に規定された標準パターンに従って設立された労働者協同組合に対する方が、より大きな担保力があると受け止めるであろう。

このことは、同時に次のようなことも物語っている。すなわち、標準的な法律による企業形態を欠くという不便さ自体が、従業員所有企業の発展に対して重要な障害となるわけではないということである。株式会社法が標準的な企業形態を提供するのは、一般的にいえば、株式が公開されている会社に対してだけである。株式を公開せずに所有されている会社は、会社全体をみれば圧倒的な多数なのであるが、これらの会社はしばしば特別な定款や内規などが必要とされる。さらに、ベニヤ板協同組合のような従業員協同組合の顕著な事例においては、標準的な法律形式の便宜を受けておらず、彼らの定款や会社規則が他の従業員所有企業の組織モデルとして活用されていたという事実がある（ベニヤ板協同組合のうちあるものは、協同組合法人法のもとで設立され、また別のものは株式会社法のもとで設立されている）[57]。新しい労働者協同組合諸法の適用が従業員所有の普及を著しく促すとしたら驚くべきことである。

さらに、どの組織形態がよく利用されるのかを決める上で、組織法よりも税法がより重要であるように思われるが、税法は、長い間従業員所有に対して不利であるというよりもむしろ有利であった。少なくとも1931年以来、労働者協同組合のメンバーに分配される純利益は、投資家所有企業の投資家に分配される純利益に対して課せられている法人税を（少なくともかなりの程度）免れることが許されている[58]。その上、1964年以来、労働者協同組合は、あらゆる種類の協同組合にむけて作られた特別な制度である内国歳入法の条項T（これについては第7章で詳細を記述）のもとで適格とされているが、同法の下では、労働者協同組合の純利益は分配したとしても留保したとしても、法人税を免除された[59]。最後に付け加えたいのは、1970年代初頭以降は、従業員持ち株制度に対して寛容な税的補助が行われるようになったことである[60]。

5.9 敵対的なイデオロギー

公式的な法的な規則や制度がどうあったとしても、アメリカの社会、あるいは特に経済において主要な役割を担う銀行家のような人々が、イデオロギー的な考え方から従業員所有に対して敵対的であり、そのことが従業員所有の発展を阻害し、文化的な正当性をはく奪するような力を発揮させていると主張されることがある[61]。だが、アメリカ人の一部が、従業員所有を社会主義的であるとみなし、したがって害悪だと考えていることは間違いないとしても、イデオロギーによる抵抗にもかかわらず、従業員所有が強力かつ普及していると主張する証拠を見出すことは難しい。序章で言及したように、従業員所有は、アメリカでは左派ばかりでなく、右派に対しても広い意味でのイデオロギー的な訴求力を持っており、従業員持ち株制度（ESOP）を支持する人々はこの訴求力をきわめてうまく利用して成功しているのである。

その上、企業組織のデザインに社会のなかで責任を負っている主役といえる、弁護士、会計士、投資銀行、経営コンサルタントなどは、長い間従業員所有企業という企業形態で設立されてきている。彼らは、従業員所有の便益に気づいていないわけではないし、また原理的にそれに反対するわけでもないはずである。彼らは、彼ら自身従業員所有の便益を享受していることを胸におさめたままにしていることや、――悪意によるものか、想像力の欠如によるものかはわからないが――他の産業の企業でこのような便益を否定していることを、いったい非難されるべきなのだろうか。

従業員所有が普及するパターンを理解するためには、次の章の主要な課題であるガバナンスのコストに目を転じなければならない。

第6章

従業員所有企業のガバナンス

Governing Employee-Owned Firms

従業員所有（あるいは、より広義にいえば、「経済民主主義」、「労働者参加」、または「労働者管理」）を支持する数多くの文献に共通するテーマは、民主的なプロセスを経た企業のコントロールは、そのプロセスによって達成された実質的な諸決定の質的な問題は別として、それ自体に価値があるものであるというものでだ。第3章において、なぜそうなのかということについて次のような3つの理由を洞察した。ガバナンスにおいて参加は消費財であり参加することがコントロールに意味のある価値をもたらすこと、第二に参加が企業という境界を越えて政治的生活を知ることになること、そして最後に参加を促進することである。これらの理由のうち最後のものは、間違いなく、従業員所有が民主主義社会の中で労働者をより責任のある市民とするものとして、公的補助を支出することに正当化の根拠を与えるものである。しかし残念ながら、以上のことを支持する実証的な証拠はほとんど存在しない[1)]。従業員自身は従業員参加の潜在的な便益として、以上にあげた3つのうち最後の2つの便益を享受する。この2つの便益が実際に従業員にとって重要ならば、従業員が働こうとする企業の種類の選択に影響を与えるに違いない。つまり彼らは従業員所有企業を選択し、その結果、従業員所有企業は、他の企業形態と比較して生き残る上での優位性を獲得するに違いない。

しかしながら、参加は無料というわけではない。それは集団意思決定のコストをともなう。これらのコストが大きいというたくさんの証拠が存在する。

6.1 集団意思決定のコスト

第5章で検討したように、企業の従業員は投資家に比べて、あらゆる面においてマネジメントを効果的に監視するのに適した状況に置かれていることが多い。しかしそれを相殺する不利益も存在する。例えば、従業員の間には、企業の政策に関して投資家と比べてはるかに大きな見解の相違がある。

従業員は、まずもって相対賃金について意見の相違をみるかもしれない。さらに工場の操業や、どの工場に自動化を導入するかということや、どの工場の安全性を改善するかなどの企業の投資決定に関して、従業員はしばしば異なる利害関与を持っている。以上のような従業員の利害関係の大きさは、企業内の分業が大きくなればなるほど拡大する傾向にある。すべての従業員が本質的に同一の職務であるところにおいては、支払いについての意見の不一致が生じる理由はほとんどない。さらにほとんどの意思決定が、従業員に対して同じような効果をもたらすため、彼らの間に合意が生まれることは普通である。

従業員は職務の違い以外の要因によって利害関係のコンフリクトを生じることもある。例えば、従業員は、企業に投資した自己資本（equity capital）の金額において実質的に異なっているということもありうる。このことは、とりわけ企業の年金基金が従業員投資にとって主要な制度である場合にしばしば生じる。企業に対して比率的に大きな投資をしている長期に雇用されている従業員は、資本投資額に応じた利益の配分を好み（すなわち年金基金に投資した金額に応じた利益分配を好み）、若い従業員よりも労働に応じた配分（すなわち賃金での支払い）が小さいことを選好する。

このようなコンフリクトは、意思決定が必要とされる際にその目的基準が明白である場合においては、実務上厄介なものとなるに違いない。例えば、もし労働の限界生産性と資本の限界生産性が容易に計測できるとしたら、利益は両者の比率に応じて割り当てるというのが当然である。しかしながら、そのような目的基準を、合理的なコストで得ることは普通はできない。ほとんどの会社においては、労働および資本の限界生産性は実際に計測することはできない。そのため、重要な意思決定において、判断と裁量に委ねられる余地が大きく存在し、したがって実務上の不一致が生じるのである。第3章で検討したように、不一致は、企業のガバナンスコストを高いものにする。

第4章でみてきたように、投資家所有企業の様々な株主集団は、ときどきコンフリクトを生じるが、会社の意思決定において最悪な状態を緩和し、またそれを解決するための手段を会社法が提供している。そこで、会社法が従業員による集団意思決定に対して同じような制約をおいているかどうかを問うことは当然である。アメリカ労働法は労働組合においては多数派によって少数派を搾取することを妨げる「公正な代表者の義務」の下で行われるものとされている。しかし、会社法における対応する法理とは対照的に、労働法においては、多数派による機会主義的行動を制限することに成功しているとはいえないことは明らかである。一般的にいえば、公正な代表者の義務は、従来から存在している人種とか性のような個人的属性にもとづいた、あからさまな差別を禁じるためにのみ効果的に行使されてきた[2]。この理由は、法律が適切に発展しなかったことではなく、むしろ投資家間の状況とはちがって、従業員の特定の集団が他の従業員を不当に扱っているのかどうかを決めるための単純な目的基準が存在しないことである。

従業員所有が成功している企業の種類を調査すると、集団意思決定に関連するコストが、従業員所有を実現可能なものとし、またそれを設立することを決定する上で驚くほど重要であるように思われる。実際に、これらのコストは、第5章で検討した他の要因では説明することができなかった、従業員所有が現実に残存しているパターンの理由を説明する上で大いに役立つものである。

6.2 どのような企業が成功したのか?

集団意思決定のコストが高いということを示すもっとも明白な証拠は、所有に参加する従業員間に大きな利害の相違があるような産業には、従業員所有企業がほとんど存在していないことである。典型的な例をあげれば、従業員所有者のすべてが極端なまでに同様な仕事を行い、かつ本質的に企業内において同等な地位を占めている場合において従業員所有が生まれる。従業員のスキルの種類や水準が大きく異なるところでは従業員所有は稀であり、また階層制組織による職場の権限の相違が存在するところでも従業員所有が生まれることはほどんどない。このことは、従業員所有によって首尾よく設立されているサービス部門における専門職企業の事例からも明らかである。例えば、法律事務所のパートナーは、おおよそ同等のスキルと生産性をもった、多かれ少なかれそれぞれ独立している弁護士である。またあるパートナーが他のパートナーを実質的に監督管理するということはほとんどない。同様に、アメリカのベニヤ板協同組合の従業員は、専門化されておらず、半熟練であり、工場の中で様々な職務をローテーションしながら仕事をしている。彼らは、企業が行う政策について意見を異にする理由をほとんど持っていない。特定化されたスキルとタスクをもった唯一の人間はマネージャーであるが、彼は生産過程を監督する責任を持っているが、一般には協同組合のメンバーには属さず、俸給で雇用されるのが普通である[3)]。世界において普及している運転手が所有する運送協同組合も、以上のような類型にあてはまる。運転手は、企業の意思決定に対して、極めて同質的な利害を共有している。

このパターンが優勢であることは、従業員所有者の間で利害のコンフリクトの生じる状況が少ないところにおいて、従業員所有がもっともよく機能するということを強く示唆している。従業員所有の実現可能性は、明らかに共同で所有している従業員が企業内で様々な役割を果たし[4)]、その結果、重要な企業の意思決定に影響を受ける場合に著しく損なわれるものであり、このことは様々なタイプの従業員所有企業にもとづいた多くのエピソードという決定的とはいえないが確かな証拠によって支持される結論である[5)]。

反対に、従業員所有は、仮に従業員所有から得られる純利益が、投資家所有の標準であるような状況と比べて著しく強いものではなかったとしても、従業員が企業内部で互いに似たような役割を担っている時にはっきりと実現する余地のあるものである。前章でみてきたように、従業員所有は、労働の市場での契約コストが異常に高いところで生じるということは一般的ではなく、事実はまったく逆である。従業員所有は、集団意思決定が潜在的な問題ではないかぎり、他の種類の産業や従業員と比べて労働の契約コストが低い場合においてさえも、それを削減する手段として有効なものである。このことは、さらに従業員所有に関連するリスク負担コストが比較的高いところであっても変わらない。

このパターンから当然の結果として得られることは、もし集団的な自律ガバナンスに関連するコストが問題ではないならば、従業員所有は今よりもはるかに普及していただろうということである。

6.3 コストを回避するための構造

集団的なガバナンスのコストが高くつき、そのコストが従業員所有が成功するか、失敗するかということにおいて決定的な役割を演じるということを指し示すもう1つの重要なことは、従業員所有企業が、従業員所有者の利害関係の均質化を促進するような規則や慣例を採用する傾向を強く持っているということである。

例えば、ベニヤ板協同組合は、ほとんど例外なく、職務や先任権にも関わらず、すべてのメンバーが同一の支払いを受けるというスキームを厳格に守っている。これらの協同組合は、この慣行はメンバー間の過度な軋轢を避けるために必要なものであるとして、はっきりと正当化している[6)]。

より顕著なものとしてあげられるのは、アメリカの成功した大手の法律事務所の多くが、利益を分与するのに、個々のパートナーの生産性によるのではなく、一定の年齢に達したすべてのパートナーに対して均等に分けるという慣習を長いあいだ守っていることだ。このことは、事実として驚くべきことである。すでに検討したように、法律事務所は所属する個々の弁護士の生産性を細かくモニターすることができるばかりか、実際にモニターをしている。したがって、その生産性に従って利益分与を調整し、効率的な成果を達成するための強い金銭的インセンティブを提供することが当たり前であるように思われる。にもかかわらず、均等な利益分与を行う企業は、このような金銭的インセンティブの実施を放棄しているのである。このことから、利益の分配を均等することによって金銭へのインセンティブ効果を相殺するような大きな価値が得られるのではないかということが明らかになる。

この慣行が行われてきているのは、それがリスクシェアリングのための機構であるからだという説明がされることがある[7)]。だがリスクシェアリングが主要な動機であるということを信じることは難しい。利益を均等に配分するスキームに参加する時点において、既存の弁護士たちは、すでに大きな成功と安定性を達成している。彼らは、専門的な能力を証明し、実質的な終身雇用により既存の法律事務所のパートナーとなっている。彼らの期待所得は、年間数十万ドルであることが普通である。そのような人々であるパートナーたちが、生産性に対する金銭的インセンティブをパートナーに課すことを軽減してまで、彼ら自身の所得を同じ年齢のパートナーと同一にしようとするほど、リスク回避的なのだろうか。

このようなことはとても信じがたい[8)]。むしろ大いにありうることは、これらの利益の均等分与スキームが集団意思決定のコストを軽減することにもっぱら役に立っているということである。利益の均等分与というルールは、パイをどのように切り分けるのかを決めるために焦点を絞った単純な方法である。分割に関してより複雑で詳細なスキームによって決めるという政治的なプロセスを踏むことは、時間がかかることであり、また所属する全員に対して不和を生み出すことであるので、安定した結論に達するのは容易ではないだろう。

利益均等分与のルールを採用していない法律事務所は、報酬対象となる時間、新顧客の数や顧客が事務所にもたらす価値などのように生産性に関する特定の指標を用いた計算式を使って分配を決めることが通例である。このような計算方式は、厳格な計算方式に縛られることなくマネージャーや経営委員会が比較的適切と思われる配分比率で決定を下す裁量権を付与されるという非公式的なアプローチとは反対に、これにかわる方法として、より客観的であり、また均等な利益分与を正当化が難しい場合において、論争の余地の少ないパイの切り分けのための指標を生み出そうとする努力から生まれたものである。そうであったとしても、これら計算方式の構造をめぐって法律事務所の内部で大きな不一致があり、その結果生じる合意が得られない状態は法律パートナーシップの不安定性や解散の重要な理由となる。

従業員所有は、仮に利益均等分与が行われないとしても、従業員個人の生産性を計ることが容易であり、比較的客観的で論争の少ない尺度に基づいた支払方法を利用できる場合において盛んになると一般的には考えることができる。例えば、タクシー運転手や廃品回収業者に従業員協同組合を見出しているが、そこでは、協同組合のメンバーは、顧客に請求書を渡し、またこれらの請求書の一部に対応する代償を得るだけである。従業員所有は、今日の圧倒的多数の大企業において非常にまれな存在である。その理由は、それらの企業においては、異なるスキルを持って様々な作業を行う従業員による集団作業が必要とされており、したがって従業員の生産性について個別に正確な評価を行うことが困難であるためである。

従業員所有企業は、支払いばかりでなく、仕事の量や種類においてさえも、企業内部のメンバー間の均等性を確保する努力を行うのが通例である。ベニヤ板協同組合の従業員所有は、すでに述べたように、常に異なる職務をローテーションしており、その結果、彼らの仕事が長期的に特定化したものになっていない。法律事務所は、他のパートナーと能力や生産性がおよそ同等でない弁護士をパートナーとして招き入れることをしない。パートナーとしての同等の能力をもっていないが、企業にとっては価値があると判断した場合には、小さな割合を分与するパートナーとしてよりも、むしろ永続的な俸給の嘱託として雇うであろう[9]。

同様に、法律事務所では、より小さい分与を受けることと引き換えに、平均よりも短い時間で働くという人を認めることには強い抵抗がある。例えば、最近急激に数が増えている女性弁護士の存在は、育児の時間のためにパートタイムの仕事を調整することに対する著しい圧力を生み出している。多くの法律事務所は、近年においてはそのような圧力に対して（すぐさまパートナーシップに昇進しない若手弁護士のような）俸給雇いの「嘱託」という扱いを進んで用意するが、女性をパートタイムのパートナーとして受け入れることは拒絶している[10]。この拒絶は、弁護士にフルタイムで対応してもらいたいという顧客の要求、あるいは弁護士がそのスキルを維持するためにはフルタイムで活動しなければならないということを根拠にしばしば説明されている[11]。しかしこれらの説明は、こじつけのように思われる。むしろ企業のメンバー内部におけるそのような不均等が、少なくとも部分的には協同組合的ガバナンス構造を不安定にする傾向があるために妨害されているというのが妥当ではなかろうか。誰もが基本的に同じ量で同じ種類の仕事を行い、同じ支払いを受けるという単純なルールは、合意をしたりルールを実施したりする上で、圧倒的に簡単な方法であり[12]、その優位性は、この単純なルールが、硬直性、脆弱なインセンティブ、労働力の分散化の欠如から生じるコストを、しばしば上回ることがあることは明らかである（以上のことは、もちろん、単純な性差別が女性をパートナーシップとなることを否定する役割を演じることもあるということを否定するものではない）。

たしかに、従業員所有企業において、平等主義的な慣行が異常なほど共通して行われていることについては、少なくとも他の理由がありうることである。とりわけ、ここで示されたものとは異なる原因もありうる。すなわち従業員所有企業は、単にそれが従業員所有であるという理由から平等主義的慣行を特に採用したがるかもしれないのであり、ガバナンスコストを軽減する必要があって採用するわけではないかもしれない。例えば、従業員は、同じ企業の他の従業員に支払われた金額との関連で自分の報酬の適切さを判断するという兆候がある。その結果、従業員はもし彼が企業でもっとも多く支払われるべきであったとしても、より低い賃金を受け入れるだろうし、またもし彼が企業でもっとも低い賃金が支払われるべきであったとしても、より高い賃金を要求するだろう。その結果、ある企業の賃金構造は、予想される従業員の生産性の相違よりも分散が小さいものとなろう。すなわち、賃金体系の上位の従業員はトップであることの特権により、平均以下の従業員を補償しているのである[13]。おそらくこのような効果は、従業員が単に俸給雇用者であるよりもむしろ共同所有者であるときに強化される。というのは、共同所有者であるときの方が、個人の厚生を判断する目的のための集団的なレファレンスグループとして彼ら自身を見るようになるからである。もしそうであるとしたら、このことは、従業員所有企業に、類似の投資家所有企業よりもよりバラツキの小さい賃金構造をもつようにさせる[14]。しかし、この現象は、企業に所属する従業員が当初からきわめて均一である場合にのみ、従業員所有が誕生する傾向にあることの理由を説明してはいない。

近年、法人形態による法律事務所の規模が、劇的に増大している。これらの企業はいまや高度な部門別組織となり、主要プロジェクトで働く弁護士チームの規模もまた大きくなっている。その結果、企業内部において、水平的にも垂直的にも実質的な分業が生まれている。そのような環境の下で、すべての上級弁護士からの均等な貢献を要求する基準を維持することが難しくなってきており、収入の均等分与は正当化することがますます難しくなっている。こうした展開は、法律事務所がパートナーではなく、むしろ俸給雇用者として会社に無期限で残り続ける「終身嘱託」を雇用する傾向が大きくなっていることを説明するものであろう。この方法によって、企業の成長や多角化を停滞させることなしに、相対的に均質な弁護士階層に限る企業の所有を可能にしている。同様の理由から、法律事務所は、パートタイムでの就業を望む上級の女性弁護士をパートナーとしてではなく、終身嘱託として受け入れようとすることが予想される。ただし、性差別に関する法律と規範が、企業に対してこのようなアプローチを妨げるかもしれないということがいえる。

しかしながら、サービス部門の企業が従業員所有に関連するガバナンスコストを回避するための究極の手段は、投資家所有に組織転換することである。事実、このことは多くのサービス部門の専門職企業が追求している道である。広告会社は1960年代初めにパートナーシップという企業形態から投資家所有企業へ組織転換をし始め、ほとんどの広告業の大企業は投資家所有企業となっている[15)]。同様に、投資銀行が1970年代においてパートナーシップ形態を放棄し始めており、投資銀行における大規模なもののほとんどは投資家所有企業となっている[16)]。医療についても同じような傾向であり、会員制健康保険団体（HMO）の間で急激に投資家所有が普及している[17)]。

投資家所有に転換する1つの理由が、組織内の人々によって余裕をもって供給できる資本よりも巨額な資本を調達することができるということであることは明らかである。しかし、組織転換がガバナンス問題を緩和するのに役立つという証拠もある。これらの産業の企業は、より広いサービスを提供したり、より専門的な部門に内部組織的に特化したりすることによって、巨大化しかつ複雑化している。企業内部の専門職の間で、企業の政策および利益分配のコンセンサスを得ることがますます難しくなっているように思われる。この点に関する印象的な事例は、アメリカで最古の投資銀行パートナーシップのひとつであったLehman Brothers社が、1984年にAmerican Express社へ売却されたことであるが、これについて多くの文書が残っている。資本の必要性が理由のようにみえるが、この売却は、旧来の銀行家と新規の強力な商人の間のコンフリクトに根差した内部ガバナンスの分裂によって突然引き起こされたものであった[18]。

最近、数多く誕生している「ブティック型」投資銀行がパートナーシップとして設立されているということも、証拠に付け加えることができる[19]。これらの企業は、少人数のパートナーから成り立ち、（例えばM&A業務のような）投資銀行がおこなう一部の業務をもっぱら専門とするので、意思決定において深刻なコンフリクトが生じる状況が大きくならない。同時に、これらの企業は、例外的なほど十分な資本をもっていることが多い[20]。このような事実は、資本の必要性は投資銀行が所有を選択する上で決定的な要因ではなく、ガバナンスが重要な役割を持つのだということを明らかにするものである。

6.4 何が利害の均質性なのか？

これまでにあげた証拠は、従業員の所有が均質なものであるため企業の意思決定がほぼ一致する場合や、たとえ意思決定が彼らに異なった影響を与えるにしても、意思決定が客観的なものであり、かつ広く受けいれられるような場合において、従業員所有がもっともうまく機能するということを明らかにしている。すなわち、従業員所有者間に大きな利害のコンフリクトがないとき、あるいは、発生したコンフリクトを解決するための単純かつ議論をはさむ余地のない手段が利用可能なときに、従業員所有がもっとも利用されやすいということである。

相違とみなされるものは何か、あるいは相違を解決する客観的かつ正当的な方法とみなされるものは何か、ということはもちろん相対的なものである。公式的な公共選択理論は、常識的に起こりうることを明らかにしている。すなわち、利害関係の強力な均質性は、集団的選択メカニズムに生じる弊害を取り除くために充分なものではないということである。選択して得られる結果の影響が極めて大きい場合には、多数決ルールは、選好に関する違いがわずかであるときでさえも、安定した結果を生み出さないかもしれない[21]。ありふれた例をあげれば、パイロット所有の航空会社のパイロットの過半数が茶色の眼であったら、彼らは茶色の眼のパイロットには青色の眼のパイロットよりも賃金を20%上乗せするという決議に賛成票をいれるかもしれない。しかしまた5フィート10インチ以上の身長のパイロットが過半数を占めていたならば、彼らは眼の色をベースとした給与体系から、5フィート3インチよりも身長の低いパイロットよりも30%の賃金上乗せをはかる提案に対して賛成するにちがいない。以下同様なことが繰り返しおこるはずである。

したがって、投票がなぜ機能するのかということを問わなければならない。どんな些細なことであっても所有者間の区別に関する何らかの基準が企業の従業員の間に常に事実上存在しているときには、所有者のグループの間で共有された意思決定は、混沌や独裁主義によって、必ずしも分裂するとは限らないのはなぜなのだろうか？　証拠が示しているように、もし実質的な利害の一致が、集団意思決定のコストを著しく軽減するとすれば、なぜそうであるのかという理由が必ず存在するはずである。

文化と制度が正当な決議結果の範囲に重要な制限を定めるということが、ある種の正解だと思われる。すべての労働者が企業内で本質的に同じ役割をしているというように、利害に関して大きな均質性が存在する場合、裁判所によって強制される忠実義務ばかりでなく、社会的に共有された公正という基準が、限度を超えた結果が生じないように働くのである。そのため、伝統的な道徳感も裁判所も、茶色の眼のパイロットが青い眼のパイロットよりも多くの収入を得るというシステムに対して罰則を置かないというのが通例である。

このことから利害の均質性は、かなり重要な社会構成概念であるといえる。その結果、ある背景においては均質性として通用するものが、別の場合にはそうでないということも起こりうる。合衆国においては、白人パイロットが黒人パイロットよりも高い賃金を受け取るということが、道徳的にも法的にも長い間受け入れられてきていた。第7章でみるように、農家所有の作物流通に関する販売農協が、他の穀物と比べてタバコの場合はきわめて数が少なかった大きな理由は、他の作物の農民と比べてタバコ農民の人種的多様性がはるかに大きかったので、タバコ農民の間でのガバナンスの共有が十分に機能しなかったということである。

多様な支援者による所有は、選択の範囲を制限する制度、例えば、規範の共有、公式的かつ合法的な定款による決議手続きおよび決議結果の制約などの制限を作り出して維持することによって、より実現可能なものとなる[22)]。われわれは、すでに多くの事例を検討してきている。これらの制度を作って維持するためのコストは、所有者間の違いが大きくなればなるほど大きくなるものであるが、集団意思決定のコストを構成する重要なひとつの要素である。

6.5 実務における代表者の民主主義：Mondragonの事例

従業員所有がみられる企業は、法律事務所のように、直接民主主義を実行するのに十分なほど小さな会社である。このような企業が、実質的に参加可能なものであるというわけではない。法律事務所のような専門職によるパートナーシップにおいては、形式上はすべてのパートナーが集団意思決定に参加する名目的な権利をもっているけれど、そのガバナンスはしばしば少数の自薦されたシニアパートナーに実質的に制限されている。この慣行は、従業員の間での集団意思決定のコストが高くつくということを示している。

いずれにせよ、大規模な従業員所有企業においては、意思決定に関する高度な参加形式を扱うことは難しく、直接民主制から代表者によるガバナンスへの移行がしばしば生じている。もっとも明確なモデルは、投資家所有企業や大規模な協同組合に広く採用されているものによく似ているが、従業員所有者が取締役会の代表者を選任するという方法である。取締役会は、企業のマネージャーを任命し監督する責任を持つ。所有者による直接投票は、合併や買収のような、企業の主要な「基本規則」の変更に限られるものとされる。労働力が均質でない場合にあっては、この種の間接代表制は、専門職の管理を確保し、また決定プロセスに生じるコストやバイアスのある非効率な意思決定を回避するという意味では、直接民主主義により重きをおいたものに比べて優位性を持っている。だが、このような間接代表システムは、マネジメントを孤立させ、また従業員管理の有する潜在的な優位性をある程度犠牲にしてしまうに違いない。

多様な労働力からなる大規模な従業員所有企業について、十分な文書資料をもって説明できる事例はほとんど存在しない。またそのような状況において、従業員のガバナンスにおける代表制度というシステムが、いかに十分に機能しうるのかということを直接評価することは困難である。もっとも広範に研究されている事例は、スペインのMondragonという労働者協同組合の連合会である。これらの企業が様々な尺度からみて、彼らの平均的な生産力はスペイン産業の平均を常に凌駕する[23]、という大きな成功を達成しており、また従業員所有を支持する人々から異常なほど注目されていることから、このグループをとくに検討する必要がある。残念ながら、Mondragonに関する文献ですらガバナンスに関する事項を丹念にフォーカスして記述していない。したがって、はっきりした結論を導き出すことはできず、ここではむしろ意思決定に関するコストについての証拠となるようなMondragonの経験のいくつかを指摘しうるのみである。

Mondragonグループ内部の個々の企業にあっては、4年任期で2年ごとに約半数が選出される9人から構成される取締役の監督委員会の選任のための年次総会への参加がほぼ制限されている。この監督委員会は、最低で4年間雇用し、また相当の理由がない限りは解雇できない各企業の支配人を任命する責任を負っている[24]（これとは対照的に、アメリカの株式会社の取締役会のメンバーは1年間更新という契約であり、マネージャーは取締役会の裁量下で仕事に従事する）。それぞれの企業は、取締役会とは別個の選挙によってって従業員が選任する「社会評議会（social council）」という委員会をもっており、この委員会は、従業員の利害をマネジメントに伝えるための主要な経路として存在している。全体一括して選出する取締役会のメンバーとは対照的に、企業内部で分割された小選挙区にごとに委員が選出される。しかしながらこの社会評議会は、マネジメントに対するアドバイスを提供しているわけではなく、公式的な権限をもった存在ではない[25]。

マネジメントをコントロールする直接的な手段である選挙メカニズムの役

割を稀薄化させてしまうような、これらの手続き上の規則に加えて、従業員が行う独立した意思決定にもある種の制約が課せられている。Mondragonグループの個々の企業の従業員が、企業の純収益の分与について、金額の面でも、配当方法の面でも制約が課せられていることは、とりわけ着目すべきことである。従業員は、彼らが望む水準に賃金を勝手に決められない。個々の企業は、Mondragonの中核銀行によって作成された基準に対して一定幅の相違のみを許容された賃金体系を受け入れなければならないのである[26]。その上、賃金を支払った後の純収益から賃金支払いを控除した金額の10%を教育的、文化的、あるいは慈善的な目的に使わなければならず[27]、またその残額は、資本勘定に留保したり、投資したりしなければならないことになっている。純収益の少なくとも20%は、企業の従業員に対して配分できない協同勘定に振り向けなければならない。この勘定は、たとえ従業員が退職する際であっても配分することができないものであり、事業が利益を上げれば上げるほど、このような従業員に配分できない勘定の比率はますます大きなものとなる。残りの利益は、総利益の70%を超えない金額という条件で個々の従業員のための勘定に振り向けられる。この勘定に積み立てられた金額は退職前に引き出すことはできないが、6%の利子が支払われる（毎年現金で利子相当額が従業員に支払われる）。これらの金銭的な諸制限は、協同組合の設立時にMondragonシステムの中核銀行との間で取り結ばれた「組合規約」によって、個々の協同組合に課せられたものである。よってこれらの制限は、協同組合の従業員や経営陣によって容易に変更できるものではないことは明らかである[28]。この他、雇用やレイオフなどに関する優先順位などのような争いとなる可能性のある事項については、システム全体の規則が定められており、それに従うことになっている[29]。

個別の協同組合の収益やコントロールに関する従業員の権利の脆弱化の傾向は、このシステムの別の特徴によってよりいっそう強化される。例えば、消費財生産や家具生産などのような、ある種の製造にかかわる個別の協同組合は、連合することによってより大規模な組織になることになっており、その組織の指導者が連合に所属する協同組合のマネージャーを実質的に任命することになっている。これらの上部レベルの組織は、加盟している企業に対してしばしば大きな権限を持っている。とりわけ、収益性の高い企業が低い企業の損失を補てんするために、当該グループ内の企業間で巨額な利益をプールしている。またグループ内の労働者は、ある企業から別の企業に再配置させられることもある。

さらに加えて、個別協同組合は、グループの中核銀行の加盟団体とならなければならない。同銀行の取締役会の大部分は、会員である協同組合のマネージャーで構成されているが、個々の企業に対して大きな権限を行使する。銀行による賃金設定の権限については、すでに述べた通りである。それぞれの企業は、銀行からそれが必要とされた場合にはなんであっても追加資本を獲得しなくてはならず、また資本余剰が生じたときには、いつでもそれを同銀行に投資しなければならないとされている[30]。同銀行は、企業の業績が悪化した時に、その企業の経営者を交代させたり、経営を引き受けたりするような権限を持ち、またそれを実際に実行することがある[31]。

経営陣の任命に強い権限をもち、また個別企業の意思決定にもっぱら制約を課すというこのシステムは、個別企業の従業員による政治力の行使を弱め、費用がかかるコンフリクトをあらかじめ防止するために自覚的に設計されたものであることは明らかである。Mondragonが経営管理的な性格をある程度帯びているものであることは、この構造を前提として考えれば驚くべきことではない。リーダーシップの多くは、トップから生まれるものであり、選挙メカニズムは、経営陣による提案が追認されることにおおむね利用されているだけのように思われる[32]。このシステムの中心部に位置する強力な銀行が、とりわけ経営管理支配の中心であるようだ。1987年において、同銀行の取締役会の会長として長く務めている人物と、同銀行の専務執行役を長く務めている人物は、ともに30年以上も前にMondragonグループを創設した5人のうちの2人であり、取締役会の会長の方は、Mondragonシステムでもっとも古く最大である個別企業の取締役会の会長であるとともに、同企業が属している連合会グループの会長でもある[33]。1974年にその個別企業において経営陣に反対する労働者の8日間にわたるストライキがあったが、このことは経営者が労働者とは独立する存在であるということを示している[34]。

要約すれば、収益の分配に参加したり、コントロールしたりする労働者の権利は、Mondragonシステムにおいては脆弱化される傾向にあり、また所属する個別企業が、労働者によって完全に所有されているものであるということはできない。このシステムは、むしろ子会社の従業員に対して、子会社の経営陣の選出権限を委譲している巨大な非営利持ち株会社という性格をもつものであるといってよいだろう。より特定化していえば、Mondragonは、ハーバード大学のような分権化したアメリカの大学とたくさんの類似点をもっている。ハーバード大学を構成する学部や学群は、予算的にはほぼ自立しており、個別のガバナンスを独立して行っているが、それが必要と思われる場合には介入する権利を持っている、大学の中央執行機関に従っている。

このことは、Mondragonで従業員が意味のあるコントロールに関与することを否定するということではない。このコントロールを示すものは、（おそらくガバナンスに若干の不安定性があることを指し示すものであるが）少なくとも4つの協同組合が投資家所有への転換をとおしてグループから離脱したことであり、これら以外に少なくとも12の企業が、独立した協同組合として離脱したことである。これらの離脱は、いずれも中央管理部門が反対したにもかかわらず、遂行されたものである[35)]。

賃金構造は、Mondragonにおいてもっとも論争が生じやすい問題である。当初におけるシステム全体のトップに対する支払いインデックスは、最高額と最低額の支払いについて許容すべき最大限度の差で示されていたが、3対1という比率であった。この比率は、時間を経るにつれて、才能豊かな執行役を引きつけてつなぎ留めるために上昇した。1988年には、トップの支払いインデックスは、4.5倍から6倍の範囲内というものであった。新しいトップのインデックスは、比率ではなく最低との上限倍率として課せられることになった。個々の協同組合は、もし望むならばインデックスより低い率を自由に採用してもよいことになった。この変更は、現場の労働者には人気のないものであり、彼らは個別企業がより高いトップへのインデックスの受け入れに継続して反対票を入れていた。その5年後の1993年に125社の連合会所属企業のうち6倍という上限を採用したのは8社だけであり、ほぼ4分の3にあたる企業が4.5倍あるいはそれ以下の倍率を採用した（後者の企業でさえ、協同組合のやり方としては、自由なものであるように思われる。おおむねもっと小規模なものであるが、スペインの他の協同組合の4分の3は、アメリカのベニヤ板協同組合と同じようにすべてのメンバーが同一の賃金であった）[36]。

要するに、Mondragonは、多様な労働力からなる大規模企業に対して従業員所有を採用する実現可能性を紛れもなく証明する存在であるとはいえない。しかし、それは、希薄化した従業員所有形態が、従業員に完全な所有を行使させないけれども、従業員を代表しながら、産業企業として成功することがあるということを明らかに示すものである。

Mondragonの経験がどの程度代表的なものであるかということについては、未だに明らかではない。模倣することが容易であると結論づけることに対しては、注意すべき理由がある。バスク地方の民族的な均質性、孤立性、およびMondragonが労働供給を依存しているバスク人口の低い流動性などを、これらの理由としてあげることができる[37]。活動を始めて40年が経過し、大きな注目を浴びているにもかかわらず、Mondragonは、スペインあるいは他のどこでも、同じ規模の成功した模倣企業を見るに至っていない[38]。

ともあれ、Mondragonの事例は、共同の意思決定のコストが従業員所有企業では著しく大きいものであり、これらのコストを制限する構造は、従業員所有企業の組織デザインにおいて戦略的な要素であるという推論をより強化するものである。

6.6 ヨーロッパの他の経験

Mondragonは別としても、ヨーロッパの従業員協同組合の特徴は、重要な詳細がほとんど記述されていない文献から説明できないにもかかわらず、従業員所有の効率性に関する上述の観察を強調する一定のパターンに従っているようだ。

すでに記述したように、ヨーロッパ諸国では、イタリアとフランスに成功した労働者協同組合がかなり集中して存在する[39]。イタリアの場合、その理由として、（スペインと同様に）税金の控除と特別な優遇によって労働者協同組合に対して一般的な補助が行われていることを、少なくとも1つの要因としてあげることができる[40]。さらに、フランスでもイタリアでも、政府の入札において建築業協同組合が特別に優遇されており、この事実が、建築産業に協同組合が数多く集中していることを説明する重要な要因となっているようである[41]。これらの国々で建設会社や職人企業が労働者協同組合としてたくさん存在していることは、相対的に内部的階層制が発達していないような産業において従業員所有企業が比較的実際に誕生しやすいということを明らかにしているように思われる。ただし、イタリアでは、大変複雑な内部階層を持っている労働者協同組合が、建設会社および製造会社に含まれていることは事実である[42]。

イタリアの労働者協同組合は、3つの連合会のうちの1つに加盟しているのが一般的であり、連合会のそれぞれは、伝統的に国民政党のうちの1つとつながりをもっている。とりわけ、最大級かつ成功した企業の多くが所属し、協同組合の過半数を率いている最大級のものが、歴史的に旧イタリア共産党（現在の民主党左派）と連携している「連合会（Lega）」である。これらの協同組合を利用可能な文献資料から明確に描ききることは困難であるが、協同組合の自立的な意思決定が、この「連合会」からトップダウンで下りてくるコントロールによって大きく制約を受けているということを信じるに足るいくつかの理由が存在する[43]。さらに、協同組合のメンバーは、かつての共産党と連携していた国民労働組合の代表とされており、協同組合の賃金は、類似する産業の投資家所有企業と同様に、産業全体の労使交渉によって決定される。またその際に「連合会」は、集団交渉において協同組合の従業員の代表者としての役割を果たすことになっている。そのうえ、イタリア（そしてフランス）では、労働者協同組合を規律づける諸法律は、準非営利構造（quasi-nonprofit structure）であるものとして規定しており、純収入のかなりの部分は会員の労働者に配分してはならず、組合内に内部留保するように求めており、さらに解散の際に純資産を会員に分配することも禁止している[44]。

利益が生じた場合のボーナスは、法律で賃金の20%を限度として制約されている。実際にこのようなボーナスは、協同組合の会員だけではなく、非会員に対しても支払われるが、その額は、（賃金同様に）投資家企業のそれを上回ることはなく、少額であるか、あるいはまったく支払われないこともある[45]。要するに、イタリアの労働者協同組合が成功するにあたって、実際の従業員のガバナンスの程度が重要であることを示唆する証拠があるけれど、これらの協同組合は協同組合運動への偏愛や諸制約という環境の中で経営を行なっているのであり、そのため完全な労働者所有企業の行動や実現可能性について一般的な結論を導き出すことは難しい。

イギリスは、フランスやイタリアよりも従業員所有企業がはるかに少ない。例えば弁護士のようなサービス専門職によるパートナーシップを除けば、長期間存続に成功している企業は、2つのグループに分けることができる。最初のグループは、19世紀末の労働運動および協同組合運動に端を発する企業である。これらの企業の数は、20世紀を通して減少を続け、ある人によれば1973年にはわずか16社が存続しているだけであるということになっている。このグループに属する企業は、職人による零細な協同組合であり、その半数以上が、印刷業ないしは製本業である[46)]。第二のグループは、産業共同所有運動（the Industrial Common Ownership Movement, ICOM）と関連して近年設立された企業からなっている。1977年現在で11社が存在した。これらの会社には、すばらしい成功をおさめている比較的中規模の産業企業が含まれている。しかしながら、ICOM企業は本当の意味での従業員所有とはいえない。従業員は、企業の純資産に対して請求権を持たず、純収入の分与に対する参加も制限されており、さらに企業の重要な事案に関する究極的な決定権も従業員によって選出するのではない受託権者の手に委ねられている[47)]。これらの企業は、労働者協同組合と呼ばれている他の企業と同様に、本質的にいえば、労働者によって所有されないが、労働者のために経営される非営利企業である。これらの企業は気前のよい補助金から便益を受けている。例えば、11社のICOM協同組合のうち4社は、組織転換以前の所有者から従業員に対して実際には寄付が行われているのである[48)]。

これらの諸国の経験は、以上のように、多様な労働者を抱えた巨大企業において完全な従業員所有が可能となることをはっきりと証明するような証拠であるとはいえない。

6.7 従業員の部分参加の試み

従業員所有のコストと便益において、ガバナンスコストが重要であるということは、完全な従業員所有を貫くのではなく、企業の収益やコントロールに様々な方法で従業員が部分的に参加するということが広く行われていることによって、より強く支持されるものとなる[49]。

6.7.1 従業員持ち株制度

1970年代以降、多くのアメリカ企業は従業員持ち株制度を採用し、それら企業のほとんどの従業員あるいはすべての従業員が、自社の株式というかたちで俸給の一部を受け取っている。従業員持ち株制度（ESOP）では、従業員は従業員株主のために設立された信託基金に株式を預託するというかたちで、後払いの報酬制度として設計されており、それはしばしば従業員年金の積立金に組み入れられている。1986年にはおよそ4,700社がこのような制度を採用していた。これらの制度のうちおよそ25%の企業は、自社株の25%以上を所有しており、全株式のうち2%を少し超える程度の株式が同制度によるものであった[50]。1990年には、従業員持ち株制度を有する企業数がおおよそ1万社に増加し[51]、そしてうち千社において従業員持ち株が、自社の大多数を占めると推計されている[52]。

従業員持ち株制度の急速な増大は、それが効率的であるということをバイアスなく示すものではない。従業員持ち株制度という概念は1950年代以来積極的に推奨されてきていたが、それが流行するようになったのは、1974年にこの制度に対して大きな連邦税制による補助、すなわち税的補助の範囲が拡大されかつより大きなものとなってからであり[54]、また従業員持ち株制度を作ることが、企業買収に対して経営を防衛する有益な手段でありうるということが認識されるようになってからのことであった[55]。これらの特別な優遇がなかったなら従業員持ち株制度はほとんど目立つような存在になってなかったはずである。税的補助を考慮すれば、日を重ねて行われてきた膨大な従業員持ち株制度の研究からは、従業員生産性についても、企業収益性についても明確な証拠を見つけ出すことができない[56]。

従業員持ち株制度を採用する動機が何であれ、もっとも印象的な1つの事実は、この制度が一般的に収益に対する参加のみを提供し、コントロールに対する参加はないということである。非常に稀に従業員に対して企業のガバナンスに対して意味のある発言権を認めている制度もある。従業員持ち株制度によって保有されているほとんどは、議決権のない株式である[57]。その上、従業員持ち株制度に保有されている議決株式の投票権は、この制度の受益者である従業員によって行使されることはない。後者の観点からいうと、税法は大きな役割を果たしている。従業員持ち株制度による税的恩恵を受ける非公開の株式会社については、従業員持ち株制度の議決権の投票権は従業員が行使するのではなく、制度の受託者によって行使される[58]。その受託者は、受益者である従業員と相談なく、当該企業の経営陣が任命することができる。これとは対照的に、公開株式会社においては、配分されるすべての従業員持ち株制度の株式について、従業員に対して実際に議決株式が譲渡されなければならない。すなわち、「レバリッジを効かせたESOP」といわれるような、借り入れによって購入した株式ではいけないのである[59]。

これらの税法の諸規定は、従業員持ち株制度の展開パターンを理解する上で明らかに重要なことである。（現在は廃止されている）特別法の規定によって100%の法的補助を受けることができている、いわゆる税的認定を受けた従業員持ち株制度（tax credit ESOP）を除いたとしても、従業員持ち株制度のおよそ90%が、株式非公開会社に設置されている。そのうえ、公開株式会社においては自社株の20%以上を保有している従業員持ち株制度は稀であり、50%をこえるものはほとんどないといってよいと思われる[60]。自社株の過半数を占める従業員持ち株制度のほとんどは、もっぱら株式非公開企業であると考えてもよい。また、法律は非公開会社の従業員に従業員持ち株制度の自社株の議決権を渡すことが許されている（しかしそれが必要とされているわけではない）が、これは持ち株制度が明らかに少数株主である場合に限られている[61]。以上のように、従業員持ち株制度においては、株式非公開会社であっても公開会社であっても、従業員が企業のコントロールに大きく参加することが許されるものではないことがわかる。実際に、1986年に拡大して行われた調査によれば、従業員持ち株制度を設置している会社から抽出したサンプルのうち4%の会社が、取締役会に対して非経営者の立場から従業員代表を派遣しているだけであり、従業員代表が取締役会の大多数を占めている会社はみられなかった[62]。

とりわけ興味深いことは、自社株を100%所有している従業員持ち株制度の会社でさえ従業員に投票権を譲渡していないことである。このような会社の中には、設立当初において従業員所有企業であった、よく知られているWeirton Steel 社のような会社が含まれているにもかかわらず、である[63]。議決権は、その代わりに、地位に居座ることのできる委員会によって任命される従業員持ち株制度の受託者が引き受けることになっている。これらの企業は、コントロール権をもった取締役が従業員の便益のための信託責任を負って経営する非営利組織のようなものである。

一般的な見解は、企業統治の上からいえば従業員参加は大変望ましいものであるが、従業員が参加することによって直面するリスクと高い資本コストが深刻な負債であるということである。このことから、従業員所有に対して期待されることは、従業員参加によるコントロールを最大限にし、資本への貢献を最小限にするように仕組むことであろうが、実際には従業員所有はまったく反対の性質をもっているのである。従業員持ち株制度は、株式の購入をとおして残余収益に対する参加（例えば、単純な利益分配プランと比べてはるかに大きな参加）を提供するものであるので、従業員の会社清算にたいする問題やリスク負担を増大させる。しかしこの制度は、それと同時に、従業員に対して企業経営に関する発言権をほとんど与えていない[64]。

従業員がコントロールに参加することのメリットがコストを上回るならば、従業員持ち株制度をもっている企業、とりわけ同制度が企業の株式の過半数を保有するような数多くの企業においては、従業員にもっと大きなコントロールを与えるはずであると考えられるだろう。これらの企業とその従業員には、すでに大きなリスクが課せられているが、とりわけ分散不能なリスクの負担という高いリスクが従業員に負わされている。従業員が企業のガバナンスに参加しないことが一般的であるという事実は、同制度の設計を任された人々が、企業の従業員に直接的な経営に関与させないことから生まれる結果が、従業員を含むアカウンタビリティのために必要とされる政治プロセスによって醸成されるコストを上回らないと信じていたことを強く支持するものである。なおそのコストは、従業員がすでに企業の受益者的な所有者になっていたとしても、非効率な意思決定とか決定プロセスに伴う高いコストといったかたちであらわれるものである[65]。

たしかに、議決権が従業員に付与されないという従業員持ち株制度の創設は、企業経営者が自分たちの自立性を守り、それを拡大しようとする行動、すなわち経営者を敵対的な買収と従業員に対する直接的なアカウンタビリティから防御する手段をつくるという行動から、ある程度説明することができる。しかし、経営に関する機会主義だけでは、従業員持ち株制度が企業の株式の過半数を占めている会社でさえも従業員コントロールが完全に欠如しているということを十分に説明することができないと思われる。もし従業員に議決権を与える持ち株制度の企業が、従業員持ち株制度がない企業や議決権を付与していない従業員持ち株制度の企業よりも効率的であるとしたら、敵対的買収では議決権を与える従業員持ち株制度を率先して導入したはずであり、また少なくとも他の理由で行われた敵対的買収が成功した際にはそのような従業員持ち株制度が導入されてしかるべきである。事実、そのような敵対的買収に参加したのは、労働組合をとおしてであるが、従業員自身であることが多かった。

6.7.2 受益者的所有

上述のように、自社株の大部分を保有している従業員持ち株制度を持っている会社は、従業員によってコントロールされるのではなく、従業員の受認者として企業が手配している受託基金によってコントロールされるのが典型的である。したがってこれらの会社は、完全な従業員所有ではなく、むしろある意味では、従業員を代表して活動する非営利企業である。「従業員所有」として頻繁に言及されている自動車レンタルのAvis社、出版社のNewton社、今はなくなってしまっている航空会社のPeople Express社などのアメリカ企業などは[66]、従業員の手に議決権行使の権利が与えられていない。反対に、議決権は少数の経営者に与えられており、従業員は収益に関してのみ影響を及ぼすことができるが、ガバナンスに関しては影響を及ぼすことはできないのである。

同様に、イギリスの従業員所有の産業企業でもっとも成功した大企業の事例とされているICOM協同組合もまた受益者的従業員所有によって組織化されたものである。同じことは、フランスやイタリアの労働者協同組合についても、相当程度当てはまるものと思われ、Mondragonに対してもこのような性格のいくつかが当てはまるものであると主張することも可能であろう。要するに、産業企業において成功した従業員所有の事例には、労働者が企業を直接コントロールするような企業ではなく、労働者によって信託されているような企業が含まれているのであり、それらの企業は、受認によってコントロールを行使する信託基金が備わっている。

このパターンから導かれる可能性の高い推論は、完全な従業員コントロールは、産業企業にみられる多様な労働力が存在する際に、深刻な非効率性をもたらす傾向があるということである。しかしながら、この点を認めたとしても、従業員が受益者的に所有する企業が投資家所有企業よりも好ましいものなのかという議論の余地が残っている。従業員による自主ガバナンスを主張する人々の多くは、従業員に対して企業の収益と資産に関して希薄化した所有権のみを与えることを要求している[67]。

従業員所有のもっとも重要な便益のいくつかについては第5章で検討したが、従業員所有は完全なかたちではなく、受益者的所有によって初めて実現しているように思われる。従業員のモニタリング、従業員のロックイン、交渉に関する戦略的な行動、および従業員の選好の情報不足などが、投資家所有企業の特徴である従業員と所有者との間に存在する利害のコンフリクトゆえに大きな問題となる。たとえ受益者的なものであっても従業員所有ならば、これらのコンフリクトをかなり弱めることになるはずだ。

しかし、もし従業員が受益者として所有するが完全な所有のための要素を欠くような非営利企業として組織化されたならば、受託した当事者がトップマネジメントの首をすげ替えたり、収益や資産の配分に口を出したりすることにより、上記の便益を相殺するものによって深刻な非効率が生み出される可能性がある。非営利企業については第12章でより詳細に検討する。ここでは、そのような組織化が、効率的な成果をもたらすような直接的インセンティブを、企業経営から切り離すということだけを指摘しておきたい。さらにいえば、このような企業は、資本を調整する上で特別な問題の影響を受けやすい。迅速な資本の注入が必要な時には、非営利企業は普通株式を発行できないということから困難を生じやすい。反対に、市場の情勢が許せば、非営利企業は留保利益によって、効率的な事業のために必要な金額を十分に超えるような資本を積み立てるかもしれない。

以上の理由により、従業員によってではなく従業員のために経営されるような非営利企業として組織することが意味のあるものであるためには、次のような2つの条件が重要であるものと思われる。すなわち、(1)投資家所有企業である場合に、労働の市場契約において深刻な非効率が生まれる場合、また(2)従業員による集団的なガバナンスのコストが極端に高い場合、である。このような場合においては、非営利企業の非効率性は、投資家所有にともなって生じる労働の市場契約コストと比べても、また完全な従業員所有にともなって生じる集団意思決定コストと比べても、小さいものであるに違いない。

産業部門における従業員所有が、完全な従業員所有ではなく従業員によって受益者的に所有されている企業にほとんど限られているという事実は、(2)の条件が妥当であるということを示すものである。また受益者的従業員所有でさえも大きな補助金がなければ複雑な産業企業に存在することは稀であるという事実は、条件(1)が妥当ではないということを示すものである。全体として考えてみると、2つの結論を見出すことができる。第一に、従業員が、産業企業において所有に関する権益を与えられた場合には、その企業を従業員が完全にコントロールするのではなく、従業員のために管理してくれる受託者をもつように組織化するのがもっとも効率的であるということ。第二に、市場における労働契約コスト、すなわち投資家所有の非効率とされているコストは、非営利形態を採用してそのコストを回避することに比べれば、十分に大きなものとはいえない。一般的にいえば、従業員が受益者的に所有している産業企業は、完全に従業員所有の産業企業よりも効率的であるが、投資家所有企業と比べると非効率である。

ここでは「産業企業」と呼んでいる企業のみを対象として議論していると

いうことについて留意していただきたい。ここで考えている「産業企業」とは、階層制組織（hierarchies）を備えており、かつ異なる職務の労働を分業体制で行う企業のことである。第5章でも明らかにしたが、従業員所有は、集団的意思決定のコストゆえに、所有者としての従業員が比較的均質なグループである時に成功するはずであるし実際に成功しているという指摘は、たいして重要な問題ではない。

6.7.3 共同意思決定

企業統治において労働者に大きな参加権を与えるが、純収益への直接的な参加を認めないというドイツ流の共同決定は、大雑把に言えば、アメリカの従業員持ち株制度と反対の特徴をもっているものと考えられる[68)]。より詳しくいえば、1951年に石炭および鉄鋼産業に対して採用された法律と1952年および1976年に段階的にドイツの一般産業にまで拡張された法律の下で、ドイツの労働者は自社の株式を与えられることなく雇われ従業員のままでありながら、ドイツのすべての大企業の監査役会の半数を選出する権利を法的に保障された[69)]。

すべての労働者が均質であれば、また労働者が会社の監査役会において同格であるならば、共同決定は、2人の同等の人間が企業が実際に対応すべき課題に対して継続的に交渉をするという、2人からなるパートナーシップのような構造を生み出すはずである。それは、情報が十分に共有され、取り決めの条件がより容易に行き渡るというメリットを除けば、一般の労使団体交渉の特徴を色濃く持っているものであるといえる[70)]。

このような構造は、ドイツの石炭および鉄鋼産業でみられたものとおおよそ同じものであろう。そこでは労働側の代表者は、取締役会において実質的に同等の立場を認められていた。その上、労働側の代表者はブルーカラーの労働者の見解、おそらくより重要なことには、代表に選出した労働組合の見解として一致した意見を発言した。ドイツの高度に集権化された労働組合は、投資家代表がそうであるのと同じように、労働者代表として当たり障りのない政策を主張する傾向にあったようだ。

1976年の共同決定法が対象とした産業（つまり、石炭・鉄鋼産業を除く2,000

人以上を雇用するすべての企業）は、いささか異なった状況を呈している。これらの企業は、典型的な近代産業が直面しているあらゆる労働力の多様性をはっきり体現している。労働組合は、上部の役員会の代表者を選任するプロセスにおいて中心的な役割を果たしていなかった。その結果、役員会の労働者代表は、様々な利害関係を持った選出地盤からの代表という性格をもっていた。労働者代表の選任という合法的なシステムが、このことを強制した。というのは、法律が、賃金労働者、俸給従業員、管理的従業員の3種類の階層からそれぞれ少なくとも1名の代表者を選任しなければならないとしていたからである。以上のことをすべて考慮すると、代表者のシステムが企業を統治する手段としてとても有効に働くものとは言い難いと考えられる。多様な労働力を雇用している企業が従業員だけで集団的な自律的ガバナンスを実施することが困難であることが明らかであるとしても、取締役を選任したり、取締役内部で決議したりすることをはじめとする企業の選挙メカニズムが、異なる従業員集団間のコンフリクトの解決ばかりでなく、労働と資本の間のより深刻な利害のコンフリクトへの対応にも効果的なものではないということは驚くべきことであろう。

ドイツの経験が、明らかに期待に背くものであるかどうかについては検討の余地がある。そもそも、共同決定は、法律によってドイツ企業に強制的に課せられたものである。ドイツの内外において比較を可能とするほど多くの企業がこのようなシステムを採用しているわけではないのである。

さらにドイツの共同決定システムの様々な要素は、不安定性を生じさせ、非効率な決定を生み出すことを防ぐために、労働者間にでも、労働者と株主の間でも役会レベルにおいて政治交渉を行うことを禁じている。第一に、石炭・鉄鋼産業以外の産業では、労働は役会において完全に対等の立場ではない。労働者と株主代表の間に両者とも譲歩できないような問題が生じた場合には、株主代表の主張が認められるということになっていた。第二に、ドイツ企業は、二重の役会構造をもっており、労働者代表が参加する「監査」役会（“supervisory” board）は、大きな政策決定以外のあらゆる意思決定からは遠ざけられていた。第三に、従業員代表者のうち管理的な従業員を別に選出するという規定は、労働者代表のうち1人あるいはそれ以上が株主代表者の側に賛成する可能性を生み出していた。第四に、従業員にとってもっとも重要な事項については、監査役会のレベルで決定されるものではなかった。労働者の労働条件などを向上させる事項については、産業レベルで労働組合と経営者連合の間の団体交渉によって決められることであり、またそれらが引き下げられる事項については、経営側と法的に強制された労働協議会の間の話し合いによって決められた。その結果として、監査役会は労働者と株主がもっとも強い利害対立を持っていること、労働者が労働者間で大きな利害対立があることなどにより、特定の種類の意思決定を行なわなかった。

まさに共同決定は、役会レベルでの企業意思決定に実質的な影響力を持っておらず、石炭・鉄鋼産業を除く企業においては株主の利害によって支配されていた。監査役会に参加する労働者代表者は、労働協議会の決定や労働組合による団体交渉を支持する労働者に対して、企業から得た信頼できる情報源を提供することによって、まちがいなく重要な情報交換的な役割を演じているが、労働組合の団体交渉や労働協議会の決定においては、そのようなかたちで共有した情報は、戦略的交渉のインセンティブを小さくし、その結果、そのコストも軽減するのである。このことは、ひるがえっていえば、1976年法のもとで企業に課せられた制度と、取締役の3分の1が労働者代表でなければならないとしている1952年法による小規模企業の制度との間にほとんど違いはないかもしれないということを示唆するものである。そしてまさに両制度ともに、スカンジナビア諸国やその他の国で行われている、労働者が取締役の4分の1を占めていなければならないという権利とほとんど異なるものではない。この権利は、意味のあるコントロールを行うには十分ではないが、情報の伝達という意味では十分に機能するものである。

6.7.4 労働組合化

労働者が労働組合によって団体交渉を行っている企業では、労働者はすでに個々の利害関係を統合するためにその政治プロセスを利用している。そのようなタイプの取り決めと従業員所有による集団の代表者の相違は、当然のことながら、労働組合による政治プロセスは、企業の経営陣を選任するのではなく、企業の株主によって選任された経営陣と交渉するための代表を選ぶということである。

労働組合は、従業員所有の便益をほとんどもたず、コストばかりが大きいようにみえるにちがいない。一方において、労働組合は完全な従業員所有ではないことから、企業の経営陣が労働者に対して機会主義的に行動する可能性を取り除くことはできないし、また反対に労働組合が経営陣に対して機会主義的な行動をとる可能性もなくすことはできない。だが、他方において、労働組合は、従業員間で行う集団的な意思決定のコストのすべてを負担する可能性がある。

たしかにこの見解には一面の真理がある。このことは、1930年代にアメリカ法で導入された二者対立的な団体交渉モデルが、現代のアメリカではほとんど採用されていないということを説明しているように思われる[71]。しかしながら、従業員代表のモデルのトータルの効率性がどうあれ、われわれが着目する集団の代表者によって生じる問題に対処するための多様な方法があることは事実である。

一例をあげれば、経営的責任あるいは監査的責任をもった従業員が労働組合に加入しないことが一般的である。企業の労働組合に属する従業員が、現場の労働者出身の従業員によってより水平的な階層で形成していることが多い（上級従業員が労組を組織する場合には、教員組合とかパイロット組合のように、組合員がより均質である傾向にある）。労働組合を結成した従業員の職務にとくに多様性がみられるところでは、しばしば交渉単位が分裂することがある。その結果、特定の労働組合に所属する従業員間の利害関係にはある程度の均質性が存在するのが普通である[72]。

さらに労働組合は、従業員が直接関心をもつ賃金、労働時間、仕事の割り当てなどのような比較的狭い範囲の問題を経営側と交渉するのが普通である[73]。財務政策のような問題、さらにはレイオフ政策のような他の問題については、従業員がそれらの決定により積極的に参加する方が理論的にいえば効率を生み出すとされているような問題であっても、めったに交渉の俎上にのることはなかった[74]。労働組合は、意図的に交渉範囲を狭めることによって、この種の幅広い問題に巻き込まれることを避けていたようである[75]。このことを説明する理由は様々である。しかし、その原因や帰結はともかく、このような戦略をとりながら、労働組合はコストが高くつくような内部的なコンフリクトを嫌っている。賃金、労働時間、労働割り当てのような問題に自らを縛ることによって、労働組合は組合員の利害が対立するような様々な難しい選択を行う必要を回避しているのである。労働組合は、マネジメントに対する彼ら仕事を行うが、交渉する課題については論争の余地の少なくなるように、より共通のものに焦点を絞るのが一般的であった。

最後に触れておきたいことは、労働組合が民主主義的であることは滅多にないとしばしば言及されていることである[76]。このことは、株式公開会社の純粋な株主民主主義が一般的に欠如していると数十年も前から強く批判されているのと同じぐらい、社会科学および政治学の文献において嘆かわしいこととされている。しかし民主主義は、組合員の選好を正確に反映させる方法に大きな改善がみられないとすれば、ガバナンス上のコストをもたらすことになるだろう。ミヒェルスの寡頭制の鉄則は[77]、少なくとも労働組合に関する限りでは、事実上経済法則だったかもしれない。

同様の考え方は、労働組合と企業のバーゲニングにおいて、大部分が地域の労働組合の役員ではなく、労働組合の全国組織代表によって先導されるということを説明するのに役立つ。さらにこのことは、地域における政治の問題を和らげることにも役に立つ。

以上のように、団体交渉の経験は、民主主義的プロセスが、一般的な会社の意思決定において、多様な従業員の利害関係を効果的に反映させるのに役立つという明白な証拠を提供しないことがわかる。

6.8 従業員のガバナンスに関するその他の問題

従業員のガバナンスのコストが大きいことが、従業員所有を妨げる重要な要因となっているという結論を導かざるをえない。しかし、それにもかかわらず、ガバナンスのコストが従業員の間の利害対立以外の原因によって生まれていると考えることは可能であり、またガバナンスコストを生む原因が何であったとしても、経験および組織革新を実行することによってそれを管理できると考える者がいるにちがいない。

6.8.1 従業員のマネジメントスキル欠如について

従業員所有は、サービス部門の専門職で普及しているが、産業企業の従業員の間にめったに存在しないのは、後者が企業のガバナンスのためのスキルを欠いているからであると、しばしば主張される[78)]。例えば、ブルーカラーの従業員は、マネジメントやファイナンスについて十分な知識がなく、また企業のマネージャーを選任したり、監視したりするだけの適切な能力もないだろう。またこのような従業員は計画において短期的な視野をもつ傾向にある。彼らは賃金や労働条件に重きを置きすぎるあまり、新しい投資決定よりもこれらの関連事項に焦点を絞ってしまうことになる可能性がある。

おそらくこの見解には若干の妥当性がある。しかしながら、所有の分布パターンをみると、従業員のスキルの水準の高さは、従業員の利害関係の均質性と比較すれば、従業員所有が実現する上で重要性が大きくないことが明らかである。従業員所有は、運送協同組合のドライバーやベニヤ板製造協同組合の半熟練従業員のように、組合員間の利害関係がほとんど異ならないようなブルーカラー従業員の間で顕著に出現している。これとは対照的に、小売業、ホテル・レストラン、外科医を除いた医療サービス、あるいはコンピュータプログラミングなどのような、均質的とはいいがたい、ホワイトカラー従業員の間で従業員所有がみられることはほとんどない。

自分自身の声を所有者として効果的に発するために、個々の従業員が管理的な決定に関する専門家となる必要はない。その従業員は、会社の取締役を選任するときに賢く投票することができさえすればよいのだ。例えば、ジェネラル・モータース（GM）のような企業を想定してみよう。GMの組み立てラインの労働者でさえも公開株式会社のほとんどの株主と比べてより思慮深く取締役を選任できる立場に置かれていると信じることができる。というのは、彼らは候補者についての重要な情報を積極的に入手することができるし、またそれに基づいて行動することができるからである。さらにGMの従業員の多くは現場の労働者ではなく、財務企画、技術企画、マーケット部門の専門家であり、彼らは企業経営を評価する上で重要な情報をたくさんもっており、また取締役を選任する上で情報の少ないブルーカラー労働者に影響を与えることができるかもしれない。結局のところ、もしこのような従業員がGMを所有したならば、彼らは公開株式会社の株主よりも効率的な取締役会を選出し、また説明責任をより十分に遂行させることは、大いにありうるだろう。あるいは、事実と反することではあるが、企業の従業員の利害に大きなコンフリクトがない場合には、少なくとも、従業員を所有者とすることが正しいと強く思わせるのである。

6.8.2 従業員のガバナンス経験の欠如について

従業員所有の普及に対する主要な障害は、従業員のガバナンスを効果的なものとするような習慣や慣行、および標準的な手続きがともかく欠けているためであると主張されることがある。この理論に従えば、従業員は、彼らが仕事に必要な経験や手法を身につけ、発展させる場所である自分の企業について管理するという概念に習熟するようになる。これは、おそらく累積的なプロセスを踏むものであり、ある会社の従業員は、他の会社の事例から利益を享受することができる。いったん適切な組織や手続きが十分に確立し、かなりその経験が累積されると、従業員所有は、従業員間の利害の大きな相違をはじめとして、幅広い状況の中で投資家所有に対して効果的に対抗できるはずだというのである。

この議論を簡単に片付けることはできない。組織革新とその普及は、別の状況のなかではときおりゆっくりと進展する。しかし、疑問となるもっと重要な理由が存在する。

集団的なガバナンスのための制度は、アメリカ文化において中心的な役割を果たしてきており、また大統領選挙から学校の生徒会、地方の自然環境宿泊施設であるMoose Lodgeに至るまで幅広い状況のなかで多くの市民に親しまれている。とくに従業員は、労働組合において集団的ガバナンスに長い間親しんできている。このような文化的環境の中において、集団意思決定の欠如が、従業員所有の実現可能性のための主要な障害物であるということを主張することは難しい。 せいぜい言えることは、その障害とは、従業員が産業企業を経営するうえで集団的に行動することを許すような、特殊なタイプのガバナンス・メカニズムに対する知識や経験を欠いているということである。

ESOPやMondragonでの経験は、大規模企業における従業員の自主ガバナンスにとって最も適合的な形態は、代表権と信認メカニズムの複雑な結合にあることを示唆するものである。したがって、これらの組織形態を展開する上で実験や経験をさらに重ねることは、これら企業のコストを減らすのに役立つかもしれない。この観点において、従業員所有を実現可能とするような重要な改善を生み出しうるのに十分な利益があるように思われる。しかし、このようなことはありそうもない。アメリカにおいてさえ、専門的サービス企業や小規模産業において従業員自主ガバナンスという形に関するおびただしい経験を蓄積されている。その上、本書の後のいくつかの章で検討を加えるつもりだが、消費者協同組合やそれ以外の（農民所有の農産物加工・販売協同組合のような）タイプの生産者協同組合が数十年の間実質的な経験を蓄積してきているが、これらの協同組合のうちのいくつかは、全米で最大級の産業企業にランクされるような大規模なものであった。これらの企業は労働者協同組合のガバナンスに関する明確なモデルとなった。この成功は、集団的所有から得られる利得がたいへん大きい場合には、集団的なガバナンスに関する制度的経験がないからといって、ながらく抑制されることはないということをはっきりと示している。

第11章において詳細に検討を加える予定の住宅協同組合や分譲マンションの経験は、この観点において大変示唆的である。1961年以前に、分譲住宅という形式は、アメリカでよく知られていないものであり、それによく似た形式として住宅協同組合というものがあったが、それは富裕者層に極めて限定されたものであった。しかしながら、財産法の変更がされた年以来、分譲住宅という形式を実現可能なものにし、また税制の拡大が、分譲住宅をより幅広い層の人々にとって金銭的に魅力あるものとした。その結果として、核となる部分において所有者である居住者の集団的な自主ガバナンスのメカニズムが必要とされるとしても、分譲住宅という形式は、住宅市場において今や急速に普及している。住宅分譲における集団的ガバナンスのコストが大きいということを信じるにたる理由がある。また部分的にはこのために、税金による実質的な補助金がなかったとしたら、分譲住宅は、現在のようには一般的なものにはなりえなかったはずである。分譲住宅の集団的ガバナンスのメカニズムは、例えば雇用した経営陣により大きな権限を委譲するというように、コストを軽減するための努力が重ねられているようである。それでも、分譲住宅を投資家所有の建物（いわゆる賃貸住宅）と比較してより実現可能なものとするのに必要な基本的なガバナンス・メカニズムはきわめて急速に発展している。そうだとすれば、たくさんの人々が、集合住宅の居住者による集団的ガバナンスに短期間のうちに慣れてしまったことになるが、従業員が自分の働いている企業の集団的ガバナンスにすぐさま慣れることができないのはなぜなのだろうか？　したがって従業員の自主ガバナンスを実現するためには、単に集団的ガバナンスに慣れるための時間ということでなく、それを超えた理由が必要であることは明らかであろう。

6.9 試験的事例：United Airlines

1994年のUnited Airlinesの従業員によるバイアウトは、ガバナンス問題の重要性を明らかにするとともに、この問題に対処するために可能なメカニズムを解明する検証事例となる見込みがある。もともと7,000名にのぼる同社のパイロットは、彼ら自身で会社を購入しようとしており、実際に1989年に同社の株主との間でそのような内容の合意案を作成するに至っていた。もしこの合意が成功していたとすれば、その結果は、非常に均質な従業員グループによって所有されるという、いろいろなところで成功しているタイプの従業員所有企業になっていたはずである。しかしながら、1989年のパイロットによるバイアウトは、部分的な理由としては、23,000名からなる整備工労働組合の強力な反対によって最終的には失敗したが、この失敗は、まったく異なる2つのグループの従業員間の深刻な利害のコンフリクトによるものであったといえる。

1994年のバイアウトでは、パイロットは、整備工を参加者（participants）として招き入れている。参加従業員は、ESOPをとおしてUnitedの株式の53％を獲得し、残りの47％は一般株主が所有した。その結果、所有者の異質性は特に顕著なものとなり、従業員と一般株主の間ばかりか、パイロットと整備工という従業員間においても利害関係が対立する可能性が生じた。さらに、整備工は、パイロットと比べると、きわめて多様な成員からなる集団であった。これらの潜在的なコンフリクトに対処するために明確な対応が行われ、Unitedのガバナンス・メカニズムが修正された。バイアウトの際に、パイロットも機械工も取締役会のメンバーを直接投票で決めることのできない高度に複雑な取締役選任方法が採用されたのである。取締役会の主要なコントロールは、所有者のすべてに対して同時に信認を負う存在として機能することを期待されている、半ば自薦の外部取締役の手中にあったといってよい[79]（さらに付け加えれば、パイロット労働組合も整備工労働組合も、バイアウトの条件の1つとして、7年間はストライキを行わないという約束にコミットしていた）。

ユナイテッドの新しいガバナンス構造は、他のところでみてきた一般的なパターンを反映しているが、それは選挙における民主主義を大きく抑制するとともに、信認によるコントロールに大きく依存するということである。この試みは、同航空会社の規模、経済的重要性、潜在的な収益性により、重要な実験といえるものとなった。このような複雑な所有構造が、所有への参加が経済全般にわたり労働関係をリストラクチャリングする確実な道筋であるということを示しながら、長期的に実施可能なものなのかどうか、あるいはこの件が、単に古い時代の敵対的な団体交渉のもとで帰着した袋小路を解決するための一時的な便宜策にとどまり、結局のところ究極的にはより均質なパトロン所有者による形態となるのかどうか、ということを知ることは、本節の文脈から考えても大変興味深い。

6.10 結論

公式的なコントロールが資本の提供者に限定され、市場契約によって雇用が購入されるという事業会社の古典的なモデルは、所有者と経営者の間にエージェンシー・コストという形で大きな非効率性を生み出す余地があり、また企業と企業の従業員の間に機会主義的あるいは戦略的な行動を生む可能性がある。理論的にいえば、従業員所有は、これらの点において大きな効率性を約束する。事実、企業の従業員がきわめて均質である場合には、従業員所有は、しばしば投資家所有よりも効率的であるという事例が存在する。しかしながら、このエビデンスは、多様な労働力を含む場合にあっては、従業員による直接的なコントロールが大きなコストをもたらし、このコストは一般的に従業員所有がもたらすであろう便益を上回るほど大きなものであるということを示唆している。同様の理由で、労働と資本によってコントロールを適正に共有することも効率化への道筋としては妥当でないと考えられる。皮肉なことに、しばしば従業員所有の重要な利点であると称えられてきている、民主的制度をとおして企業のガバナンスに積極的に参加するという側面が、現実的にはもっとも信頼できる。

結論的には、完全な所有とはいえない従業員参加という形式が企業形態の古典モデルの効率性を改善するための提案を行っている。例えば、品質改善サークル、現場委員会、労働協議会、労使協議会、取締役会への労働者の参加などは、経営と従業員の間の情報の交流を改善するために効率的な手段である一方、単純な利益共有プランは、生産性を向上させるためのインセンティブを向上させるための優れた方法である。

結論の多くは、確かに仮定的なものに留まってる。従来は従業員所有が進展できなかった環境が、組織的なイノベーションによってそれを実現可能になるように変化するということがあるかもれない。しかし現時点では、従業員所有の成功例は、従業員所有者が均質な階層から構成されている企業に限定されているとすることが最も理にかなっていると思われる。

本章に続いて、生産者所有および消費者所有という別の形態について検討を加え、集団意思決定の問題が、所有のパターンの決定において主な役割を果たしているという本章の結論を補強したい。集団意思決定の果たす役割は、従業員所有で明らかにするよりも、他の所有形態で明らかにする方がはるかにわかりやすく、また議論の余地が少ないものと思われる。

第7章

農業協同組合および その他の生産者協同組合

Agricultural and Other Producer Cooperatives

生産者協同組合には3つの主要なタイプが存在する。投資家所有、労働者所有、農業者所有である。本章では、このうち農産物を加工したり流通させたりする3番目の農業者所有協同組合に目を向ける。本章の最後には、その他の生産者協同組合について検討を加え、それらがなぜ稀少な存在なのか、すなわち、主要な生産者所有企業がなぜ上記の3つだけにとどまっているのかということを考える。

7.1 販売農協

農業者所有協同組合は、農産物の流通において著しく重要である。アメリカでは、1991年において、2,400の協同組合が会員の農産物の流通販売に従事しており、その取扱高総額は560億ドルにのぼり、トータルで184万人の農業従事者が加入している[1)]。これらの協同組合は、農業生産物流通の28%を占め、酪農製品では81%、穀物およびオイルシードでは38%、綿花では36%という高い市場シェアを示している[2)]。農業生産物市場全体に占める協同組合のシェアは、1913年には6%であったが1929年には15%、1950年には20%、そして1982年には30%というように、20世紀をとおして大きく増大する傾向を示している[3)]。

販売農協は、その活動範囲に著しい多様性がある。ある組合は、会員農家に代わって、商品作物の購買者と交渉を行うバーゲニングのための協同組合にすぎない。バーゲニングのための協同組合は、会員の生産物を買い取って所有することはほとんどない。これらの協同組合は、商品作物に対する共通価格を交渉するだけで、購買者は個別の農業者に直接、その価格で配送を依頼する。アメリカにおいては、このようなバーゲニングのための協同組合は、腐敗しやすいミルクのような生産者の間で特に顕著に見られ、また太平洋沿岸諸州では果物やトマトの生産者やレーズン製造者に顕著にみられる[4]。

純粋なバーゲニングのための協同組合に比べて多く存在し、またより重要なものは、会員の作物を実際に取り扱うような協同組合である。農産物加工量は協同組合によってはそれほど大きなものではない。例えば、小麦、とうもろこし、あるいは大豆などの特定の穀物産地の農場主は、しばしば地域で共同所有する穀物倉庫、あるいは乾燥し、分別し、出荷に先立って保存する昇降機を備え付けた会社を持っている。こうした協同組合は、会員のために穀物を保存し、会員の指示によってそれを販売し、関連するサービスを行う場合と、会員から穀物を買い取って、その転売を行う場合がある。こうした産地の穀物協同組合は、より大量の穀物を処理できるような大規模な昇降機設備を稼働している地域協同組合の連合に加盟していることが多い[5]。

第1章で記述したチーズ工場のように、会員の生産物を所有するばかりでなく、それを最終製品に加工し、多くの場合それを消費者に販売するような、農業協同組合も数多く存在する。これらの協同組合が使用するいくつかのブランド名は、アメリカの消費者にとってよく知られたものである。例えば、(カリフォルニア・オレンジ生産者による) Sunkist社、(カリフォルニア・レーズン製造業者による) Sun Maid社、(中西部の酪農業者による) Land O'Lake社、(ニューイングランド、中西部および太平洋北西部のクランベリー生産者による) Ocean Spray社、(コンコード・グレープおよびナイアガラ・グレープの全国的な生産者による) Welch's社、(カリフォルニアのクルミ生産者による) Diamond社、(南部の家禽生産者による) Gold Kist社などが代表的なものである。これらの企業の多くは、きわめて大規模である。1992年の時点で、Land O'Lake社、Gold Kist社、Ocean Spray社は、食品関連産業の上位50社に属しており[6]、またフォーチュン誌によるアメリカ産業企業の上位500社にも挙がっている[7]。

加工協同組合は、ときどき製造、マーケティング、流通の垂直統合を行い、そのうちのいくつかはきわめて革新的なものである。例えば、Ocean Spray社は、クランベリーとその他の果物による新しいフルーツ製品を開発し、パッケージングにおいて主要企業となっている[8)]。

協同組合の市場シェアが着実に増加するにつれて、多くの個別の組合の企業規模も相対的に大きくなった。例えば、1962年に、フォーチュン誌による産業企業上位500社には、5つの農業協同組合が挙がっただけだったが[9)]、30年後の1992年に14社が挙がっている[10)]。協同組合の垂直統合の程度は、長い期間継続して大きくなっているようだ。例えば、地域の穀物協同組合は、大きな輸出用設備を備えるようになり、その結果、以前は巨大な投資家所有企業によって支配されていた穀物輸出のシェアを1965年の5%から1985年には15%へと増大させた[11)]。

販売農協は、アメリカ以外の先進市場経済においても同様に大きな役割を演じている。例えば、1970年代の初めには、フランスでは農産物市場の45%、ドイツでは48%、オランダでは60%、デンマークでは70%以上、そしてスウェーデンでは80%であったが、いずれの国々にあってもこの10年間において大きく増大している。その上、これらの国々および他のEC諸国において、アメリカの傾向とおおよそ共通するようなある部門への集中がみられることである。それは、酪農製品および穀物および出荷額はやや劣るが重要な食肉と野菜に関する協同組合に集中していることである[12)]。発達途上国においては、農業生産者協同組合は、一般的に重要性が低いが、急激に役割が拡大しつつある[13)]。

以上のように、農業生産者協同組合については旧式で風変わりな存在であるとか、地域的であるという印象は当たらない。農業生産者組合は、農業部門においてもっとも洗練され、かつ競争の激しい経済の渦中にあって大きな発展を示しており、また協同組合自体が巨大で複合的でダイナミックな企業となっているのである。その結果、農業協同組合は、われわれの所有理論を検証する有益な応用問題である。

7.2 市場契約コスト

7.2.1 買い手独占

きわめて均質性の高い産物を生産し、かつきわめて多くの生産者が存在する農業は、あらゆる産業のなかでもっとも競争の激しい産業のひとつである。対照的に、取扱商人や加工業者のように農産物を購入する仲介業者は、しばしば高度に集中化しており、そのため取引先の農業者に対してある程度の買い手独占力を行使する可能性を持っている。

農産物の季節性や腐敗しやすさのために、この買い手独占力が強化される傾向がしばしば見られる。個々の農業生産者は、作物を収穫し、その作物を非常に低い価格で、おそらく生産コストよりも安い価格で、見込み購入者に提供せざるをえないというリスクにさらされている。このようなことは、作物を市場に販売するのは年に何回もないことであり、そのため作物をすぐ売らないで保存するといって対抗することができず、また彼の要求を満たすような別の購入者について十分な調査をすることができないという現実ゆえに生じることである。これとは反対に、購入者は、彼の要求が満たされなければ、他の売り手を見つけるという現実主義的な対応で農業生産者を脅かすことができる。

その結果、農業生産者は、仲介業者と団体交渉を行うために、あるいは仲介業者をまったく除去するために、協同組合を設立するという動機をもつことになる。このインセンティブは、販売農協の設立に関して、明らかに重要な役割を演じるものである[14)]。

アメリカにおいて広く成功した農業協同組合の初期の事例のうちで、共同所有された穀物昇降機は、顕著な事例を提供するものである。特定の産地の農業者が生産する穀物を収穫し、貯蔵し、鉄道に積載するために必要な昇降機の数は、規模の経済性を考慮すると1つか2つであるのが一般的であった。1890年代において、昇降機はほとんどすべてが私有企業によって経営されており、これらの会社は場合によっては数百という昇降機を所有していた。主要な穀物生産諸州においては、これらの企業は効果的なカルテルを形成するのに成功しており、カルテルによって農民に支払う価格を決定していた。

これに対する直接的な反応は、農民達が、協同組合を組織して自分たちの所有する地域の穀物昇降機を建設することであった。20世紀のはじめ10年の経済福祉時代の後には、協同組合が大きなシェアを占めるようになり、企業によるカルテルを打ち破ったのである。その結果、農業生産者が穀物生産で受け取る価格が6%から12%の範囲で大きく上昇し、同時に農地価格も大きく上がることになった[15)]。

穀物昇降機協同組合が、買い手独占という刺激なくしては拡大し得なかったことを信じるに足る理由が存在する。実は、1890年代以前にも協同組合による昇降機設置への試みが数多くあった。これらの協同組合は、数年で失敗したが、その理由は穀物に関する地方市場が競争的であったためである。存続可能な協同組合が農民によって設立されたのは、まさにカルテルが競争を抑制するのに成功した後のことであったが[16)]、その存続可能な協同組合を設立したのは、20年前に協同組合を試みて失敗したのと同じ農民たちであった[17)]。

主要穀物以外においては、あからさまなカルテルに反応して形成されたと思われるアメリカの販売農協はほとんどない。しかしながら、協同組合が行うビジネスにおいて、特に優勢であるように思われるものは、本来的にある程度、買い手独占力が存在しているような分野である。例えば、規模の経済性と結びついている高い輸送費用は、酪農製品について高い地域集中をもたらすものとなっているが、このようなことは、穀物昇降機と同じように、酪農製品加工で、なぜ協同組合が一般的であるのかを説明するのに役立つ[18)]。

また、買い手独占は、個人所有の加工業者が衰退産業において農業協同組合に転換する傾向がある1つの重要な理由であることは明らかである。例えば、1950年代以来、生鮮食品や冷凍食品の流通の改善によって企業数が減っているカリフォルニアの果物と野菜の缶詰産業においては、廃業した個人所有の加工業者のいくつかは、農業協同組合として再編されている[19)]。このような再編を促す重要なインセンティブは、生産物の購入者として製缶業者が1つしかなくなるやいなや、地域の農業者は価格搾取の可能性に直面するように思われる。この可能性は、（とりわけ果樹園はもっともわかりやすい事例であるが）栽培業者が作物に特殊的な大きな投資を自分の農場や人的資本に行なっているという事実によって悪化するが、その理由は買い手独占の地位にある者は特殊的な投資による価値を搾取することができるからである。この意味では、衰退産業において需要が減少する労働者の状況とよく似ているものと思われる。

しかしながら、缶詰産業の集中の増大は、農業全体の傾向に対する例外であるように思われる。一般的にいえば、農業生産物のための市場がそれなりに集中し続けているけれど、仲介業者によって行使される市場力は、過去100年にわたって減少しているように思われる。19世紀末に穀物昇降機協同組合の成立を促進した民間企業のカルテルのように農業産品の購入者の間にみられたあからさまなカルテルは、消滅して久しく、また近代的なアンチトラストのもとで再び生じたものと同じようなものではなかった。同時に、農業産品のために20世紀をとおして発達した先物市場は、農業者が仲介業者との取引に直面する戦略的な不利益を軽減している。農業者は、先物市場によって、収穫以前、あるいは植え付け前にさえも、都合の良い時に作物を販売することができるのである。

にもかかわらず、すでに述べたように、販売農協は繁栄を続けているばかりでなく、20世紀をとおして市場シェアを大きく拡張している。したがって、買い手独占以外の農業協同組合の成功を促す要因が存在しているように思われる。

7.2.2 カルテル化

農業者が、農業生産物の買い手独占的な購入者を排除するために協同組合を設立する、つまり、そうしなければ買い手独占に直面するような取引や加工仲介業者を実質的に所有し経営する場合に、その結果は、消費者の厚生を損なうことなく、農業者の厚生を高めて、社会的厚生を改善するという曖昧ではあるが一定の効果をもつはずである[20]。そうでないとすれば、農業者が独占的な購入者を排除するのではなく、むしろ買い手独占者と共謀することによって市場力と独占力を相殺しようとする場合に、その結果生じる社会的厚生はより曖昧なものとなってしまう。「拮抗力（countervailing power）」の行使が、販売農協の設立を促進する重要な公共政策的な観点からの正当な理由であると主張されてきているけれど[21]、この問題については議論のあるところである。もし農業者が、買い手独占的な購買者に対して効果的なカルテルを形成することができれば彼らの厚生は疑いなく改善するはずである。また、なんらかの市場の条件のもとでは、消費者もまた便益を享受するだろう。しかし流通チェーンは、拮抗的というよりも累積的であるので消費者に対して別の市場力を行使するというような、農業者の集団的行為によって消費者の厚生を悪化させるという可能性も大いに起こりうる[22]。

ともかく、もし販売農協が拮抗力を行使するならば、それは間違いなく農業者の効果的なカルテルとして機能するものである。すなわち、それは生産物の供給量をコントロールし、その結果、価格をコントロールすることができるに違いない。対照的に、協同組合の目的は、買い手独占者に対するバーゲニングを行使することではなく、穀物昇降機の事例のように、それに取って代わることであり、そうなると、協同組合が効果的なカルテルとして機能することは必ずしも必要なことではない。そして、アメリカの販売農協は、良かれ悪かれ販売協同組合にアンチトラストの一部規定を免除とした1922年のカッパー・ボルステッド法（Capper-Volstead Act）によってこの力を行使することが許されてきていた。

カッパー・ボルステッド法は、文字面では、農業協同組合が集団的に決めた価格は、それ自体では独禁法違反ではないとするが、もし協同組合が独占力を行使した場合には、彼らが起訴されるのは免れ得ないということには議論の余地がない。しかしこの除外規定は、寛容に解釈されることもありうる。選択的ボイコットのような「略奪的な戦術」を使って他の農業者や購入者を強制するようなことをしない限り、また協同組合でない他の組織と反競争的な取り決めを行ったりしない限りにおいて、農業者はバーゲニングのための協同組合も加工のための協同組合も設立することが許されており、これらの協同組合をとおして共通価格を設定することは一般的に行われていることである。協同組合の設立や既存の協同組合の合併は、自由に認められている[23]。個別の協同組合間による固定価格維持の取り決めは、これらの協同組合が合併して1つの組合となれば許容されていることを行っているにすぎないということになる[24]。

このような長く続いた独禁法除外の慣行は、販売農協が、買い手独占に対する拮抗力ではなく、市場力を生み出すために用いられたという見解を生むが、さらに農業者が最終消費者から独占利益を引き出しているのではないかという疑いも生じる。したがって、われわれは、販売農協をある意味ではカルテルであると考え、それが投資家企業よりも効率的であるという理由によって設立されたわけではなく、価格を固定化する手段を提供するものであったということをよくわきまえておく必要がある。

実際に、農業者がカルテルの機構として販売協同組合を成功裏に活用しているいくつかの事例がある。1つの事例としてミルク産業があげられる。1930年代以降生じている連邦規制と州規制の洗練されたシステムによって、Aグレードの液状ミルクの強制的な最低価格が合法的に定められており、アメリカのほとんどで実施されている。これらの価格は、競争的市場で生じるはずの価格を十分に上回るものであり、その結果、消費者から酪農業者に対しての実質的な富の移転が生まれている[25]。にもかかわらず、ミルク販売農協は、多くの州において、合法的な強制的最低価格以上に価格をつり上げることにしばしば成功している[26]。

しかしながら、ミルク販売農協の価格設定における成功は、ある地方で生産されたミルクをより高い価格の地方に販売することを厳しく禁止するような、ミルク産業規制に依拠したものである[27]。他の多くの農業生産物の生産者は、そのような広範な規制制度の恩恵を受けていたわけではない。またその結果、他の分野の協同組合はカルテルとしてきちんと機能していたようには思われない。

これは、それを試みなかったからというわけではなかった。生産量や流通量を制限することによって価格の上昇をはかることは、とりわけ1920年代および1930年代において、様々な農産物を取り扱う協同組合のはっきりした目的であった[28]。しかし、その産物の多くは、個別に生産量を大きく変えることができるような大規模な農業者によって生産されるものであった。さらに、たいていの農産物への新規参入は比較的容易であり、このことはとくにかつてそれを生産した経験のある農業者にとっていえることであった。以上のことから、生産総額をコントロールすることが難しく、協同組合が独占力を行使することは簡単なことではなかった[29]。もし協同組合がコストを上回る価格を達成することに成功したならば、生産を増大させるインセンティブが大きくなり、その結果価格を引き下げる圧力が生まれることになる。1920年代と30年代に協同組合がカルテルとして機能するように努めたときにこのようなことが生じた。当時の協同組合は、市場に供給する産物を抑制するという独占をとおして価格を上昇させようとした。しかしその結果生じた余剰生産物が、市場に出た結果、価格を押し下げてしまい、協同組合のメンバーは、彼らが競争的に行動したよりもひどい状態に陥ることがしばしばあった。

販売農協は、会員規約によって独占的な価格を設定することについてもしばしば成功しなかったという有力な証拠がある。いくつかの協同組合は、閉鎖的な会員制度を採用している。すなわち、新規会員は、既存会員との明示的な取り決めを行った場合のみ入会が認められるのである。しかし、大半の協同組合は、当該の農産物を生産する生産者なら誰でも自由に協同組合に入会できるというようなオープンな協同組合である。いずれの規約の場合においても、市場に出回る農産物の量をコントロールすることは困難である。閉鎖的な会員制度の下では、協同組合に入れなかった農業者が協同組合が調整に成功した価格で自由に生産を増大させるという強いインセンティブを持つことになる。オープンな規約の協同組合では、より高い価格が会員を増加させ、そのため廃棄すべき生産物もそれにつれて大量になる。エビデンスに照らし合わせれば、もし可能であるとしたら、閉鎖的な会員制度においてのみ市場力が維持できるというのが一般的である。したがって、たいていの販売農協は価格をコントロールすることができないという証拠がたくさんあるというのが実情である。1964年に行われた入念な研究は、実質的な市場力を行使したように思われるのはたった4つの販売農協に過ぎないことを示している[30]。

以上の観察は、加工に従事する協同組合にも関連する。純粋にバーゲニングのためだけに設立された協同組合は、取引交渉をするということ以外の理由で存在するわけではないので、強い市場力を示すものと思われるだろう。そして、成功したいくつかのバーゲニング協同組合は市場において大きな位置を占めている。だが、これらの協同組合がそれほど大きな市場力を行使しているわけではないということを信じるに足る理由が存在する。例えば、カリフォルニアのトマトのバーゲニング協同組合は、全米での流通量の大部分を取り扱っている。しかしこの協同組合が大きな市場力を持っているかどうかについて、はっきりしたことは言えない。トマト生産への参入は簡単であり、協同組合との契約は生産者を2年間しばるだけのものである。もし市場力があるとしたら、それは集団的バーゲニングをこの産業に課しているカルフォルニア州の規制に由来するように思われる[31]。全体的にみれば、様々に存在するカリフォルニアのバーゲニング協同組合の中で独占的な力を持っているという事例はほとんどない[32]。

市場力が弱いことのさらなる構造的な証拠は、たいていの販売農協において会員契約の期間が比較的短かいことから生じている。販売農協は、組合員の産物を組合を通して市場に流通させるということを、契約によって取り決めるのが通例である。これらの契約は、強制実行力があり、違反することができないほど高い罰則規定を備えたものである。大きな市場力を持つようにみえる販売農協のひとつである、ナッツ生産者の協同組合であるDiamond社は、このような契約によって生産者を5年間、協同組合と結び付けている[33]。しかしこのような長い期間の契約はまれである。たいていの販売農協は、バーゲニング協同組合をはじめとして、1年ごとの契約である[34]。よって、農業者は、協同組合を通して生産物を出荷するかどうかを毎年決定することができ、そのため協同組合は長期の供給をコントロールする余地を持っていないのである[35]。

この点においてOcean Spray社は興味深い事例である。この協同組合は、アメリカのクランベリーの収穫の約85%を占めているが、その収益性は独占からでなく、マーケティングから生まれていることは明らかである。何年もの間、同協同組合は一時的な供給過剰の状態にあった。最終的には、このような状態から組合員を救済したが、それは生産を減少させるのではなく、新しいクランベリー製品の開発とマーケティングによるものであった[36]。

これまでの例証は、アメリカにおける経験から得たものである。しかし、同様の結論が他国でも得られると信じるに値する十分な理由が存在する。例えば、イギリスにおいては、農業資材購買のための購買農協よりも、販売農協の方が集中度が低いが、このことは販売農協が独占の形成にあまり努力を払っていないことを示している。またイギリスにおける販売農協の集中度のレベルは、農業生産物を販売する相手である加工業者のそれと比べても低位である[37]。

協同組合が、とにかく独占禁止法の免除規定によって生まれたものではなく、また競争価格以上に価格をつり上げることを妨げられても大量に存続するということを如実に示す証拠がある。

7.2.3 高いコストを伴う情報

収穫の性質や価格についての非対称情報は、ときおり販売農協形成の刺激となる。19世紀末の穀物昇降機や穀物倉庫は、ここでも好例となる。地方農民よりも最終市場での格付け方法についてより深く理解している民間事業者は、農業者から例えば2等級の北部小麦を3等級として買い付けるなど、不当に低い格付けの価格で購入し、転売する時は高い等級の小麦として売っていた。あるいは、同様に、農民から穀物を受け入れた時にそれを低すぎる等級で保管しておき、その後、実際に低い等級の穀物に入れ替えるというようなことをした[38]。

より一般的にいえば、販売農協は、農業組合員のために様々な情報コストを節約した。一定の地域の個々の農業者が、その収穫物を、いつ、どのくらいの価格で販売するのかをバラバラに決定するとしたら、その収穫物の市場条件、見込み購入者、輸送、およびその他の重要な情報を収集する努力が著しく重複するだろう。協同組合は、農業者にこれらのコストを共有させる働きをする[39]。

7.2.4 リスク負担

農業はリスクの大きなビジネスである。収穫物の市場価格が、毎年変動を繰り返すものであり、このことが、必要となる巨額な資本を調達するのに、借入資本を利用した農業者の多くが借入資本を利用していることをきわだたせる理由である。協同組合の重要な役割は、農業者がこのリスクに対処するのを支援することであると、しばしば述べられている[40]。様々な収穫物の収益をプールするものとして組織された協同組合であるとしたら、協同組合はまさにそのような役割を果たしている。しかしながら、協同組合は、単一の作物を取り扱うものとして組織されるのが一般的である。さらに一種類以上の作物を扱う協同組合においても、様々な作物から生じる収益は別々に管理されている。したがってリスクが分散されているとはいいがたいし、典型的な販売農協は、組合員が負うべきリスク額を軽減しない。資本コストの検討を後述する際に詳しく述べるつもりであるが、協同組合の組合員資格は、農業者のリスクに対するエクスポージャを大きく増加させているかもしれないのである。

7.2.5 マーケティング外部性

農産物加工は比較的競争的であるが、農業生産への参入に対して障壁があるとすれば、協同組合は利用できるが、投資家所有の機関では利用できない、商品性を訴求する宣伝の機会であろう。このことは、果実や野菜の協同組合が成功している理由かもしれない。多くの果実生産への参入および退出は、樹木が成長し、作物への大きな投資見込みが現れるのにある程度時間がかかるため、短期的に考えると相対的に硬直的であり、同じことはある程度、野菜にも該当するものと思われる。Sunkist社というオレンジ生産業者の協同組合は、新鮮なオレンジの消費を20世紀初めに全米に促すのに成功した組織であるが、このことに関する1つの好事例である[41]。

7.3 税金または信用による補助金

販売農協が、これまで論じてきたように、契約から生じるコストの削減（あるいは販売価格の上昇）を農業者にもたらすことによって生まれる優位性に加えて、販売農協に対して与えられてきた、税金および信用に関する補助金が存在することも重要な事実である。この事実は、多くの、あるいはほとんどの販売農協が、単にこれらの補助金に反応した結果として存在しているのか、ないしは、補助金がなかったら存在ができないようなものなのかという疑問を生じさせる。

7.3.1 税金による優遇

合衆国連邦法人税のもとで、販売農協は、投資家所有の競争者には利用することのできない2つの優遇制度の恩恵を受けている。第一に、ほとんどすべての販売農協が、内国歳入法の補則Tに含まれている課税対象となる協同組合のための特別規則に該当する資格を有している。第二に、若干ではあるが、より厳格な要件を備えている限りにおいては、販売農協は、521条に規定された特別な課税「免除」の資格を得ることができることである。

端的にいえば、補則Tは、協同組合が、株式会社などの法人企業に課されている二重課税から免れることを許すというものである。補則Tによる特別な権利は、販売農協に限られているものではない。むしろ、この権利は、資金貸付者による協同組合（つまり通常の株式会社などの法人企業）を除いて、生産者や消費者が組織する協同組合の事業者に許されたものである。例えば、第5章に述べたように、補則Tは、労働者協同組合も利用可能である。このような幅広い重要性があるため、補則Tがどのような仕組みであるのかということを簡単に説明することは意味がある。

補則Tのもとでは、収入のうち協同組合が当該年度に組合員配当として現金で支払う部分は、法人税の課税対象とならない。そのかわり、配当を受け取る組合員が所得税を支払うことになる。内部留保される収入は、次の2通りの中から、協同組合および組合員が選択することができる。第一の方法は、協同組合が法人税を支払うというものである。この時、もし後に組合員配当として現金で支払われるとすると、協同組合は課税対応によりその金額を控除することができる。つまり早期に支払った課税額の払い戻しを受けることになる。また配当を受けた組合員は、それぞれの税額に応じて所得税を課せられる。第二の方法は、当該年度の収入をそれぞれの組合員が案分比例で留保収入に算入し、あたかも現金で配当を受け取ったかのように、それぞれの所得税率で税金を納める方法である。後にこの収入が現金で組合員に配当される場合には、組合員はこの部分を無税で受け取ることができる。

以上のように、補則Tは、法人企業に課せられる二重課税ではなく、協同組合の正味収入に対しては一度だけの課税を行うようにするものである。また収入を配分するよりもむしろ留保することにより、協同組合は法人税の対象とするのか、あるいは所得税の対象とするのかを実質的に選択することができる。

より正確にいえば、このことは組合員への払戻しとして支払われる収入についても該当する。協同組合は、投票権のない資本証券を発行することができ、また配当率が8%を超えない限り、補則Tによる取り扱いの資格を引きつづき有することになっている。しかし補則Tのもとであっても、かような資本に支払われる配当は、一般の法人企業と同様な二重課税に従うことになっている。すなわち、配当に回される金額は収入として認識されたときに法人税が、そして配当として支払われた時には重ねて所得税が課せられるのである。

補則Tに従えば、協同組合が必要とするものに対しては、一般事業法人よりも大きな税額が課せられることはなく、また税額もより小さいものであるといえる。補則Tは、いうまでもなく、例外的なものでも、無原則なものでもない。この税制は、補則Sがカバーしている、個人企業形態、パートナーシップ、零細企業に適用されているのと、おおまかにいって同様の原則である。さらに経済効率性の点からいっても、この税制は、標準的な法人税制度よりもかなり合理的なものであるといえる。事実、補則Tの最大の矛盾は、あるひとつの種類の協同組合を恣意的に除外していることであるが、その協同組合とは資金提供者による協同組合、すなわち株式会社である。したがって、補則Tは、一般的な意味としての協同組合に補助を与える規則ではなく、法人税を支払う投資家所有の企業に関連する規則であると考えることができる。

他の協同組合と同じく補則Tの一般的便益を享受する資格を持っていることに加えて、販売農協は、連邦課税法第521条のもとで「除外」協同組合としての資格を得るという特別な機会を有している。この機会は、販売（購買）農業協同組合にのみ与えられている機会であり、第8章で検討を加える。第521条の下で資格を付与された協同組合は、補則Tの便益をすべて享受する。それに加えて、協同組合が支払ういかなる資本証券の配当についても法人レベルの課税から免除され、また非農業者との取引から生じた所得に対しても法人税から免除される。じつは、補則Tによる他の協同組合は、そのような所得については、通常の法人企業と同様な課税的取り扱いが行われているのである。

補則Tが通常協同組合に与えている取り扱いを上回って提供される、第521条による追加的な「免除」は、しかしながらしばしば限界的なものである。農業協同組合の資本証券（capital stock）は、すべてがそうではないが、一般的には組合員の貢献度に応じてほぼ比例的に保有されている。その結果、非免除の協同組合は、資本証券を無配当にし、組合員に対するより大きな額の払い戻しを行うことによって、組合員に対する法人税の課税を回避することができる。とにかく、個々に配分される金額は同額であるだろうから、このような対応を行うことに対して誘引を欠くとは考えられない。また事実、このようなことはたいていの農業協同組合が行っていることである。第521条の資格を得るためには、農業以外のビジネスからの所得が15%を超えてはならないことになっている。したがって、第521条による非農業収入の免除規定は大きな便益であるとはいえない。

資本証券の配当を支払っていない協同組合や非農業ビジネスを行っていない協同組合は、第521条による資格を得ても得なくても、課税に関してはとくに変化することはない。また第521条が与える便益が大変つつましいものであり、またその制限が制約的なものであるために、多くの農業協同組合は第521条を活用しようと考えていない[42]。

要約すれば、販売農協は、他の多くの産業における生産者協同組合や消費者協同組合が利用できるのとおおむね同等の税的優遇を受けているといえる。この税的優遇は、もしそれがなかった場合と比べたら、農業者協同組合がより大きな市場シェアを占める要因となっているけれど、他の産業と比較して農業において生産者協同組合がより一般的であるという現象の理由を説明することは難かしい。

7.3.2 信用による補助金

税的優遇の他、連邦政府は、販売農協を信用による補助金により支援している。これらの補助金は、早くも1916年に始まっていたが、連邦政府がスポンサーとなって1933年に設立された現在でも存続している協同組合向け銀行（Banks for Cooperatives）のシステムが形成されるとともに、その適用範囲を大きく拡大した。長年の間、これらの銀行は、連邦政府が投資する無利子の資本という便益を受けており、免税の債券を発行する権限を有している。1944年以前には、これらの銀行は、直接的な利子補給も受けていた。しかしながら、協同組合向け銀行への補助金は、1968年までには打ち切られている[43)]。その結果、協同組合向け銀行は依然として農協に対する資金調達減として重要であり続けているが、唯一の調達源ではなく[44)]、事実上、1960年代末以降の協同組合に対して提供される貸し付けの条件は、商業銀行が提供するそれと著しい違いがあるものではなくなっている[45)]。

7.3.3 補助金は重要だったのか？

協同組合を促進する上で、以上に論じた税金や信用による優遇策が、全体としてどのくらい重要なものであったのだろうか？　何人かの著者は、継続的に重要な補助金を提供してきた税制上の優遇が、協同組合形態の採用を促した要因として重要であり、またこれらの補助金なしには、協同組合は投資家所有企業との競争が難しかっただろうと論じている[46)]。しかし既存の実証的なエビデンスでは明確な結論に至っていない[47)]。税制は、協同組合に対し税制が投資家所有企業に対する限界的な程度の優位性を与えているようであり[48)]、その結果、たしかに協同組合が市場に占めるシェアはより大きなものとなっているかもしれない。

だが、税金および信用に関する補助金がなかったとしても、協同組合がアメリカの農業産品の販売と流通において重要な役割を持っていたことを信じるに足る理由が存在する。協同組合がこれらの補助金が生まれる前においてさえ十分に設立されていたことは、もっともよい証拠であろう。例えば、穀物農協と酪農品農協は、1912年に連邦法人税が発足し、1916年に連邦農業信用システムの最初の部分が始まる時までには十分に発展を遂げていた。特に、1936年に存在している2,614の穀物農協のうち、約60％が第一次世界大戦以前に設立されたものであった[49)]。カリフォルニアの柑橘類の作物の半分以上は、すでに1906年には、農協をとおして売買されていた[50)]。

7.4 所有のコスト

これまでの議論は、農産物をめぐる市場契約が農業者の所有を促す何らかのコストを生じる一方で、これらのコストは目立って高いものでないということを示している。さらに、独占禁止法からの免除も税金や信用に関する補助金も、農協がこの部門で非常に重要な役割を果たしていることを説明することができない。その説明は、むしろ明らかに異常に低い所有コストの中に見出すことができる。

7.4.1 モニタリング

販売農協の農業者組合員は、この事業を効果的にコントロールするために取り立てて都合の良いポジションにいる。その結果、あらゆるエビデンスで明らかなように、これらの組織のエージェンシー・コストは異常に小さい。

農業者は販売農協を能動的かつ情報に基づいてモニターするインセンティブと機会を持ち合わせている。農協が売買する作物は、農業者の所得にとって、主要な、しばしば唯一ともいえる源泉である。農業者は、長年、場合によっては世代を超えて、同一の産物を生産し、同一の農協に出荷している。ある産物の農業者は、地理的に集中しており、そのためガバナンスへの参加は比較的容易である。広い地域をカバーしている農協の場合でも、能動的かつ情報をもった組合員にコントロールを任せるという方法で農協を構成することが、可能かつ一般的な慣例となっている。例えば、小麦のような基本的な穀物を取り扱う農協をはじめとして、アメリカにおける多くの大規模協同組合は、連合組織構造を採用しており、連合には、零細で大変反応のよい数多くの地域の農協が属しており、これらの組合は、地域または全国協同組合の会員として連合に参加している。同様に、多くの協同組合においては、取締役は全体で選出されるのではなく、地区によって選出される。

組合員が販売農協に行使できるコントロールの大きさは、取締役会の構成に反映されている。協同組合の理事会に選出された組合員は、典型的な巨大法人企業とは異なって、企業のマネージャーを含まず、能動的な生産者である組合員だけからなっている。選出された理事は、ボードのメンバーとして数名を任命することが許されている。協同組合のCEOが、これらの任命された理事の中に含まれることもある。しかしながら、この慣例は一般的であるとはいえず、ある場合にはCEOを置かないこともある。任命された理事の中には「公共的」理事として勤務する学者や有識者のような人々が含まれることが多い。協同組合の経営陣は、理事を指名する役割を行わず、ときどき理事会自体が指名委員会に参加しないこともある[51)]。

以上の理事会の構造が示すように、販売農協の農業者組合員は、農協の業務について十分に知ることができ、それに能動的な興味をもっている。組合員は、1人あるいはそれ以上の理事と個人的に知り合いであることが普通である。理事は、経営に会員の見解を伝えるばかりでなく、経営の情報を会員に伝える上で重要な役割を担っている。専務理事は、重要かつ論議を深めるべき議題を理事会に意思決定してもらうために提案する。理事会は、経営の成果を精査し、十分な成果をあげられなかった専務理事を更迭することは稀なことではない。このように、協同組合のマネジメントは、組合員の利害に対して敏感に対応するものである[52)]。

このことは、農協の経営が素人臭く、かつ偏狭なものであることを意味しているわけではない。Ocean Spray社のような大規模かつ広範に統合化された協同組合は、専門的な経営者である専務理事を雇用し、彼らに経営の裁量権を委譲している[53)]。

結果として生じている低いエージェンシー・コストが、投資家所有企業と比較して協同組合が成功を収める上で大きな役割を演じていると信じるに足る証拠がある。この重要な証拠としてあげられることは、1種類あるいは極めて少ない種類の農産物だけを生産している農業者による販売農協が、もっとも普及したものであるという事実である[54)]。これらの農業者は、焦点が絞られたインセンティブと協同組合に対して発言するだけの知識を持ち合わせている人々である。農協の地理的分布も、この結論を支持する。例えば、酪農品農協の市場シェアは、酪農業がもっとも高度に集中している地域においてもっとも高い[55)]。このことは以下のことを示すものである。すなわち、酪農業においては地理的に集中するとより大きくなるミルク購入者の買い手独占力よりも、組合員が近隣に住んでいる場合に生まれるモニタリングの効果の大きさの方が、協同組合形態を実現させるうえでより重要なものであったということである。同様に、穀物販売農協は、1種類または2種類の作物を生産する地域において強力であり[56)]、フルーツおよびナッツの販売農協は、1つあるいは2つの州、または3つの州に限られた単一地域において展開している[57)]。

もちろんお互いに近接して住んでいる農業者は、地域的に分散している農業者よりも共通した利害関係を持つ傾向にある。地域的に集中した協同組合の農業者組合員の傾向は、ガバナンスコストというもう1つの重要な要素にも影響を与えるものであるが、この点について引き続き考えてみよう。

7.4.2 集団意思決定

販売農協の決定的な優位性は、協同組合の典型的なメンバー間に存在する利害関係の極端なほどの均一性であるように思われる。これらの協同組合のほとんどは、たった1つの農産物を取り扱っているだけである。商品自体が、誰の生産物であっても容易に置き換えることができるという意味で、例外なく均質的なものである。これは、協同組合の組合員すべてが、その産品の価値を最大化するという単純な目標を共有するということを意味している。その結果として、集団意思決定のコストは、最小限にとどまることになる。

1種類以上の産品を取り扱う協同組合が少ないことは、このような利害関係の均質化が重要であることの強力な証拠である。多数の産品を扱う協同組合は、リスク分散や共同取引から大きな利得を得ることができる。にもかかわらず、このような協同組合の数は極めて少ない。これは、コストと収入を配分するための客観的な基準を見出すことが難しいためであろう。複数の農産物を生産する農業者は、議論のあるコストの配分や、商品間の利益の移転をするというような非効率に陥ることを避けるための、重要な局面でそれらに反対する傾向にある。

単一産物をこえて多くの農産物を取り扱う数少ない協同組合について、このような問題を生じているというエビデンスが提供されている。例えば、カリフォルニアの缶詰工場は、規模と範囲の経済性を発揮するために、様々な作物を缶詰に加工している。協同組合として経営されている缶詰工場においては、様々な農産物の費用と収益を配分する際にコンフリクトが生まれている。これらの協同組合は、当初は、個々の作物ごとに分類してコストと収益を計算するかわりに、「単一」プール制度によって運営されており、この制度のもとで、それぞれの協同組合は、農家が出荷したときの価格を尺度として、年間利益の合計額を分割して、様々な農産物を提供する農業者に配分していた。採用された尺度は、缶詰業者が支払った市場価格である、いわゆる産物の出荷価格であった。この尺度を採用した理由は客観性であった。しかし、出荷価格は、ときどき曖昧なものであり、またしばしば協同組合の産物ごとの収益性を正確に表す指標ではなかったため、個別の生産者から自分の作物の出荷価格が「非現実的」であるとか「不公平」であるという議論が生まれた。その結果生じたのは、異なる産物の生産者を代表する役員会メンバー間の大きなコンフリクトであった。このコンフリクトは、特定の産物の出荷額を尺度とした価値に大きな逸脱があるのかどうかということ、あるいは特定の生産物の配分（すなわち、協同組合が購入する産物の総量）を、産物ごとの協同組合の収益性のために、増加させるべきか減少させるべきかなどということに関わるものであった。その上、いくつかの作物にあっては、協同組合が唯一の購入者であるので事実上出荷額が存在していなかった。これらの場合、他の作物の生産者によって支配されている協同組合の役員会は民間缶詰事業者が行うやり方で作物生産者に対応し、価格は供給に対するインセンティブを損ねない程度の価格であったものと思われる[58]。

以上のコンフリクトは、理事会のメンバーとマネージャーの労力を疲弊させることになり，最終的には、協同組合に単一プール制度を廃止させ、協同組合の収入とコストが作物ごとに分離して計算される「複数プール」制度が好まれて選択されることになった[59]。だが、異なる産物の総費用やそれ以外のコストの割り当てが、必然的に主観的なプロセスとなってしまった。加えて、複数プール制度においては、特定の作物の生産者に対する報酬が、その作物を加工したり売買したりするための協同組合の資源の配分に大いに依存するものであった。その結果、この方法は、単一プール制度と同じく、多くの経営決定を政治化させ、理事会メンバーとマネージャーに大きなコンフリクトを生みだし、理事会による後知恵的経営につながることになった。多くの作物の缶詰工場を協同組合として統治することの困難さは、この産業が1960年代に衰退する前に、資本家所有の缶詰工場の支配が強力であったことを十分に説明する。

複数プール制度を採用したのは、缶詰工場だけではなかった。1種類以上の作物を取り扱っている他のタイプの協同組合は比較的稀な存在であるが、それらはそれぞれの作物について別々に利益計算を行っていた[60)]。例えば、Land O'Lake社は、元来ミルク生産物を売買するものであったが、七面鳥も取り扱ったが、七面鳥については独立したプロフィットセンターで管理し、その結果、七面鳥生産者は、自身のコストと便益を内部化した[61)]。同様に、マーケティングにおいて重要な範囲の経済性を獲得するために、Ocean Spray社は、クランベリーという伝統的なビジネスに加えて、グレープフルーツとグアバを扱うようになった。しかしグレープフルーツ生産者は、独立した単一プールによって形成され、グアバは協同組合の生産者とならずに、むしろ商業ベースで産物が購入されることになった[62)]。

単一作物の協同組合でさえも、異なる生産者の利害をめぐるコンフリクトが大きくなることがありうる。例えば、Ocean Spray社はクランベリー生産者が支配的な協同組合であるが、「役員会レベルでは、多くの駆け引きが存在」し、とりわけ地域を異にするグランベリー生産者間の共通性のない利害関係をめぐる問題が目立つものである[63)]。カリフォルニアのフルーツの交渉および販売農協においては、組合員のフルーツの品質および条件に関する格付けは敏感な問題であり、協同組合のマネージャーが巻き込まれることを恐れる問題であるので、一般的には格付け評価については独立した第三者と外部契約することが多い[64)]。単一作物の生産者の間においても、集団的ガバナンスによって利害関係のコンフリクトを調整する作業が生じ、しばしば効率化を妨げる重大なコストをもたらすことがある。

例えば、ヘザリントンは、1976年の桃の缶詰作業の最盛期に11日間カリフォルニアのフルーツおよび野菜の缶詰工場を閉鎖したストライキの状況を記述している。投資家所有缶詰工場は、桃の缶詰の在庫がすでに大きい上に、その需要が少ないことを知って、もし彼らが受け入れない場合には、桃は生産者の犠牲により桃が処分されることを承知で、契約上の不可抗力条項を発動して桃を受け入れようとしなかった。これとは対照的に、協同組合は、この時期に買い付けられる桃を倉庫に入れ、ストライキが終わると、残業して急いで缶詰を作った。この手段によって、彼らはストライキの期間に成熟したほぼすべての桃の果実をなんとか守ることができた。しかし、協同組合は大きな追加的コストを負担することになり、また需要が少なかった桃の缶詰を過剰に生産してしまった。

協同組合は、何人かの組合員が異常なコスト負担をすることのないように、このような非効率な方法を選択したのである。処遇の平等という規範は、第5章でも触れたように、集団意思決定におけるコンフリクトのコストを回避する手段として共通するものである。この規範は、当該の生産者に対して、あたかも缶詰にしたかのようにプールから利益を分与する一方で、当該のフルーツを廃棄することを許して、コストを大きく削減することによっても達成できるかもしれない。しかし、ストライキ前にすでに缶詰にしてしまっている生産者は、このような解決方法を喜んで受け入れないであろう。なぜならばある意味ではプールにおけるシェアを決定するための判断が困難であり、また収穫されなかった果実の量と質を決定することが難しいためである[65]。公平規範は、非効率的なほど少量を供給する生産者や、経済的といえなくなった地域に所在する生産者の協同組合に、継続的に利用されている[66]。

利害関係の均一性が究極的に重要な意味をもつことは、穀物やミルクのように格付けがとりわけ単純である生産物において協同組合が大きなシェアを占め、野菜や家畜のようなそうでない生産物においてはそれほど大きなシェアを占めていないという事実からある程度説明することができる[67]。フルーツや野菜においては、同じような理由で、協同組合の成功例が少なく、腐りにくい作物に集中している[68]。このことは、缶詰協同組合と同様に、鮮度の重要性が、作物の格付けを難しくし、かつ作物の成熟に応じてかわる価値は一般的にはシーズンの最盛期の作物の価値がそれ以外の時期より高いのであるが、ともかくその価値を評価することが難しいために生じたものである。所有者間の利害関係の相違を容易に解決できることは、投資家所有の購入者が生鮮品の生産者が直面する販売圧力を巧妙に利用する時に生じる契約コストよりも、所有の配分を決める上では重要な考慮要因である。

最後に、様々な試みが行われているにもかかわらず、全米に展開する成功したバーゲニングのための協同組合はほとんどない。これは、そこに所属するすべての農業者の多様でコンフリクトを含んだ考え方を調整することがあまりに難しいことが主な理由であると指摘されている[69]。このことは、このような組織のガバナンスコストが、組合員に提供できる市場力の増大や情報とバーゲニング・コストの節約から得られる潜在的な利得に十分勝るほど大きいということを示唆している。

利害関係の均質性は、明らかに決定的な役割を演じる。潜在的な組合員の利害関係が大きなコンフリクトを生まない場合においても、販売農協が大きな成功を経験できるわけではない。反対に、所属する農業者がほぼ同一の利害関係を持っている場合にあっては、投資家所有企業による市場契約コストが相対的に小さい場合であってさえ、販売農協は繁栄を遂げている。

本書の他のところでも強調しているが、ここでいうところの利害関係の均質性は、組合員が協同組合と取り交わしている取引の種類の同質性、あるいはより正確にいえば、協同組合と様々な組合員との間に取り交わされた取引に関して生じた決定の効果の同質性も含むものである。しかし、組合員間の個人的な領域に関連する均質性が、かなり重要となりうるという証拠が存在する。例えば、地方農業者がスカンジナビアにルーツをもつ者が大半であるところでは、協同組合がとくに成功しやすいということがある。また南部においてはタバコ協同組合を設立するための強力なインセンティブ、具体的にいえば、独占及び情報の非対称性から生じるインセンティブが存在しているにもかかわらず、タバコ協同組合の設立と成長はゆっくりしたものであったが、これは明らかに農業者の間に黒人と白人の亀裂があったことが大きな役割を演じていたものと思われる[70]。

7.4.3 資本供給

第4章で検討した理由により、販売農協が必要とする自己資本は、農協を構成する農業者から生じざるを得ない[71]。農業者に資本を提供させるのは明らかにコストが必要である。主に家族所有企業であったとしても、近代企業は相対的に資本集約的である。したがって農業者は、どこにでも投資できるような大量の流動資本を持ちたがらない。加えて、販売農協への投資から農業者に与えられる報酬は、彼の農場に対するリターンと正の相関関係を持つ傾向にある。農業はそれ自体でも変動の大きなビジネスであるので、このことは、農業者にとって、販売農協がリスクの高い投資であることを意味している。

にもかかわらず、資本調達の難しさが、農業者による協同組合の設立や成長を阻害していたかどうかははっきりしたことがいえない。多くの販売農協が、相対的に大きな資本を持っている。この資本の一部は、借り入れによって得られている。しかしながら、その多くは組合員から生じた自己資本である[72]。例えば、1992年に全国ブドウ協同組合（Welch's社）の組合員は、協同組合に対して平均で54,000ドル、協同組合と契約されている農地1エーカー当たり1,900ドル以上の投資をしており、この投資は、組合員の生産資産の総額に近いものであった[73]。より印象的なことに、1989年にOcean Spray Cranberries社の自己資産の簿価は、――明らかに時価を比べると低い評価がおこなわれているが――組合員1人当たり242,000ドルであった[74]。またカリフォルニアの缶詰工場協同組合は、組合員が年間作物の平均産出額の100%を超える金額の投資を協同組合に対して維持することを要求していた[75]。

事実、農業協同組合のマネージャーたちとのインタビューでは、彼らの組織が深刻な資本制約を被っているとか、投資家所有企業よりも協同組合の資本調達が難しいことを自覚したなどといったことを、一般的に痛感していることを反映するような内容は読み取れなかった[76]。労働者所有企業と同様に、農業者所有企業にとってもリスク負担と流動化の制約の重要性は、暗黙の前提としていたものと比べて、その重要性ははるかに小さい。

販売農協によって資本調達のために用いられる方法は、しばしば高度に洗練され、注意深くデザインされている。同じ方法は、しばしば巨額な資本が必要となる購買農協によっても採用されている。この手法については第8章で注意深く検討することにしたい。

7.5 なぜ垂直統合がないのか?

販売農協に対する明白な代替手段は、マーケティング企業が供給企業を所有するというような、単純な垂直統合である。例えば、なぜOcean Spray社は、同社のクランベリー採取地を所有しないのであろうか？　あるいは、Land O'Lake社は、なぜ自社の酪農地を所有しないだろうか？　垂直統合は農協と同じような役割を果たすだろうし、また市場契約コストをより上手に削減するかもしれない。さらに垂直統合は、資本へのアクセスを容易にし、農業者組合員の潜在的な利害の対立が協同組合に課す厄介な制約やコストを回避させるだろう。

その理由は、たいていの作物を生産するにあたって、もっとも効率的な生産単位が、家族所有の農家であるということのようだ。規模の経済性は重要ではなく[77]、個人所有こそが、いつ、どのように働くのが効率的であるかということに関する強力なインセンティブを提供するものである。General Mills社が、子会社として巨大な農場を経営したり、所有したりすることによって小麦の需要を満たすことをしないのは、同社に構想力が欠如しているためではない。大規模な法人農場は、19世紀末に早くも大々的に試みられているが、たいていの作物において家族農場との競争に勝つことができなかった[78]。

販売農協は、個別のインセンティブ効果がもっとも重要であるところでは個人所有を維持する一方で、農業者に対して意義のある、いわゆる販売という意味での規模の経済性を達成させ、垂直統合による若干の経済性を達成させるものである。かように協同組合形式が提供する柔軟性は、第8章でよりはっきりと論じることになるが、そこではわれわれは、農業者が大量の農業資材をそこから入手するような購買農協を検討する。零細な家族農場は消費者協同組合と生産者協同組合の両方を適切に利用することによって、農業生産の基本単位として存続しており、同時に、これらの農場は、生産の流れの中で川上も川下も非常に巨大な企業と垂直的に統合化されているのである。このように巧妙に分節化された所有のシステムは、市場契約コストをうまく節約する一方で、同時に範囲の経済性が大きいが、規模の経済性が小さいところで、農業者の所有者的企業家精神の強いインセンティブを維持しながら、マネージャーに対する効果的なモニタリングを提供するものである。

7.6 他のタイプの生産者協同組合の希少性

第Ⅱ部の始めにおいて、供給者によって集団的に所有される企業には3つの種類しかないとした。それは投資家所有企業、労働者所有企業、農業者所有企業である。ときおりそれ以外のタイプを見ることができる。例えば、ある油田地帯に所在する独立した油井の所有者たちは、原油を販売するために石油パイプラインを集団的に所有することがある[79)]。ビジネスが所有するサービス協同組合は、次章では消費者協同組合に分類されているが、むしろ生産者協同組合に属するものと考えることができる。例えば、アメリカの世帯向け遠距離引っ越しサービス会社としては最大規模のAllied Van Lines社は、1928年から1968年までは、実際に引っ越しサービスを提供する多くの地方引っ越し会社によって所有されている協同組合であった。

以上の事例が示すように、供給者所有企業と消費者所有企業の境目はしばしば明確なものではない。Allied Van Lines社は協同組合として組織されたとき、引っ越しサービスを行うために使われるトラックや人員を同社に提供する地方企業によって所有された生産者企業だったのだろうか？　それとも中央組織からマーケティング・サービスや配送サービスを購入する地方引っ越し会社によって所有される消費者協同組合だったのだろうか？　同様に、労働者所有企業は、労働者が集団で彼らの仕事が効果的に機能するために必要な資本と調整サービスを備えた会社を所有するという意味で、しばしば生産者協同組合でなく消費者協同組合と特徴づけられることがある。第Ⅰ部で述べられた情報の非対称性というフレームワークが示唆しているように、当該企業を所有するパトロンを供給者と名付けても、消費者と名付けても、ほとんど大きな違いはない。第Ⅱ部およびⅢ部において生産者所有企業と消費者所有企業を別々に分類しているのは、主として説明のために単純化しているからである。

にもかかわらず、ボーダーライン上にある事例の分類をどのように行うのかという方法を別にして、所有者が投資家や労働者や農業者ではない、生産者による集団的所有の企業の事例はほとんどみられない。対照的に、消費者所有企業には様々な種類の企業が存在する。では、なぜ生産者所有企業には基本的にはたった3つの種類しか存在しないのだろうか？

その答えは、金融的な資本、労働、および農産物を除いては、次のような基本的な性格を満たす投入要素がほとんど存在しないということである。すなわち、(1)その投入要素が高度に均質的であること。(2)その投入要素がたくさんの供給者から提供されており、購入者のニーズを単独で満たすのに十分な供給をできるものがいないこと。(3)供給者同士が合併し、購入企業がすべての供給者を買収したとしたら生じるのと同じような統一的なコントロールのもとで発揮される効率性よりも、それぞれが自立して生産を行う方が、圧倒的に効率的であるという強い理由が存在すること。(4)その投入要素を企業が購入する際に、それが市場契約という手段のみで行われた場合に、ある程度の市場の失敗が伴うこと。

販売農協に関する検討結果は、これまでの労働者所有企業の検討で示した結論を改めて肯定するものである。次のような点からその結論をさらに強調したい。すなわち、条件(1)は、条件(4)よりも重要である。投入要素が高度に均質性に欠ける場合には、集団的な供給者所有は、重大な市場の失敗が存在する場合であっても成功しないのが普通である。反対に、投入要素が高度に均質的な場合には、集団的な供給者所有は、独立的に所有されている購入者との契約コストが相対的にわずかなものであったとしても、実現可能性が高い。

しかしながら、条件(3)も注目に値する。労働という事例の場合、この条件は、人間の特徴である意思決定の自律性の程度ゆえに、また奴隷に対する社会的禁止がこの自律性を強制するならば、満たされることになる。農業生産物については、家族所有農場がたいていの農産物において最も効率的な生産単位であるという理由によって、この条件が満たされる。

条件(3)が、特定の油田地帯における独立した原油生産者によって満たされるのはなぜだろうか？　その理由は、異なった土地から生産された原油は（ほとんど同一の油脈から掘削されたものと考えられるため）本質的には同一であるけれど、一区画の土地自体は埋蔵石油量や掘削に要する費用などの点において必ずしも均質ではないことだ。この多様性は、個別に油井の区画を持っている所有者が、油田全体における産油企業が単一の協同組合的所有の企業を形成することを妨げる要因となっている。それを形成することによって、効率的な優位性が達成されると期待されていたとしても設立されなかった[80]。この種の協同組合的生産においては、パイプラインの集団的所有はとくに好都合ではなかったかもしれない。これらの観察は、利害関係の均質性の重要性をさらに強調するものである。すなわち油井の区画所有者は、パイプラインで原油を出荷する協同組合的所有企業のために集合することが可能である。この事業において、彼らの利害関係の均質性は高いが、効率性を達成する可能性は小さい。しかし利害の均質性が小さく、効率性から得られる可能性が大きい場合には、協同して所有する生産企業を組織することができない。

7.7 結論

販売農協は、潜在的な市場契約コストが相対的に低いように思われる場合においてさえ繁栄している。協同組合の成功は、それ自身の独占力の発揮、または政府の税的優遇や補助金への依存が重要な理由であるとは思われない。またリスク負担や資本の蓄積も重要な阻害要因とも思われない。

本章での観察は、本書の投資家所有企業および従業員所有企業の研究から導かれた一般的結論を補強するものである。すなわち、所有のコストが低い場合、とりわけ生産者所有者が高度に均質的な利害関係を持っている場合には、生産者に対して高い市場契約コストを生じさせるような深刻な市場の不完全性という事象がない場合においてさえも、生産者協同組合が成功する可能性がある。アメリカおよび他の諸国において20世紀を通じて販売農協の市場シェアが印象的なほど増大していることは、このことによって説明することができるように思われる。農産物の購入者の買い手独占力がこの時期を通じて明らかに減少しているが、農民の協同組合の所有コストは、それ以上に急激に減少しているのは明らかである。

たしかに以上の一般的結論は、アメリカや他の国々において、効率性に関する考慮要因を曖昧にするような、比較的複雑で特殊な法的、制度的な環境の中で、第Ⅱ部で検討したそれぞれの生産者所有企業が、存在しているという事実によって、いささかわかりにくくなっている。消費者所有企業に目を転ずると、このようなバイアスが小さくなり、少なくともより明確なものとなって相対的な効率性に関する結論を導くことを容易にしてくれるはずである。

第 III 部

消費者所有企業

第8章

小売・卸売・供給企業

Retail, Wholesale, and Supply Firms

一般の人々の間では、消費者所有企業の典型的なイメージといえば、協同組合食料雑貨部のような小売企業である。しかし消費者協同組合は、アメリカばかりでなく若干の例外を除くほとんどすべての先進国の市場において大きなシェアを占めている。このことは、消費者所有企業が、けっして稀有なものではないということを意味するものである。稀有なものどころか、小売商品市場以外に目を向けると、消費者によって集団的に所有されている企業が驚くほど一般的な存在であり、多種多様な産業において明らかに重要な役割を演じているということを発見する。

標準的な生産財および消費財を売買する企業を検討することによって、消費者所有に関する本章の考察を開始する。続く3つの章においては、特殊な性質を持っている特定のサービス、すなわち、ユーティリティ（電気・ガス・水道などの公益事業）、クラブその他のアソシエーション（クラブなどのメンバー組織）、住宅に焦点をしぼって検討を行う。

8.1 農業資材

アメリカでは、1990年には、農業資材を主要なビジネスとする1,700の消費者協同組合が存在している。これら協同組合の取扱総額は、総販売額2,600億ドルの27%を占めているが、この比率は1973年の23%から増大している。協同組合は、肥料（1990年に43%）、石油生産物（38%）、殺虫剤のような農業化学品（30%）、飼料（19%）、種子（16%）などの農業市場において特に重要である[1)]。

たいていの購買農協は、1つあるいはいくらかの郡部からなる地方においてのみ活動するものであり、農業者の組合員によってきっちりとコントロールされている。これらの地方農協はしばしばより大きな地域農協のもとに連合しているが、このような地域農協は、地方農協が組合員となっており、また地方農協が販売する商品の多くはこの地域農協から供給されている。地域農協は、主要な農業資材を生産、または卸売を行う全国的な農協と連合することがしばしば見られる。地域農協も全国農協もきわめて大規模なものが少なくなく、うち6団体が1992年の合衆国産業企業上位500社に挙がっている[2)]。

8.1.1　契約のコスト

農業資材ビジネスにおける消費者所有の重要なインセンティブは、市場によるものであるように思われる。協同組合が初めて農業資材において大きな市場シェアを占めた時代、すなわち第一次世界大戦直後の20年間に、その市場はそれほど競争的なものではなかった。例えば、肥料産業における投資家所有企業は、価格および販売地域に関する取り決めを繰り返し画策していた[3)]。石油供給協同組合が大きな成長を果たしたのは、原油生産地域からはるかに離れた中西部のような地域においてのことであった。これらの地域における石油供給は、低価格の輸送費で独占力を獲得し、サービス競争や広告競争に頼って価格競争を回避したいくつかの巨大会社によって支配されていた。これとは対照的に、原油の余剰生産により原油業者と精製業者の間に厳しい競争が生じていた南西部のような地域においては、市場において協同組合がほとんど大きなシェアを占めていなかった[4)]。

さらに加えて、情報の非対称性の問題も農業資材に関する購買農協の成長に対して一定の役割を果たした。例えば、20世紀に初めに業務用飼料が初めて利用されるようになった時、飼料の成分が買い手に理解されず、またその結果、飼料の品質も全般的に低かった。同様のことが、化学肥料についてもあてはまった。農協は、そのため組合の製品に対する組合員の信頼を得るという優位性をもったのである。

このような情報に基づく優位性は、しかしながら、農協が形成された後においては、大きく消滅したものと思われる。家畜飼料も肥料もともに、当初から、ラベルによって成分を開示することを勧める「作製法の自由開示」キャンペーンの対象となり、また農協もこのキャンペーンに参加していた。例えば、1916年頃には、大量の肥料を消費するすべての州において、販売するためには、有効成分をパーセント表示するラベルが必要とされた[5)]。

われわれは、銀行や保険などの産業を検討する後の章で、ふたたび出会うことになる重要な現象とここで遭遇することになる。それは、政府の消費者保護規制が、もしそれがなかったならば消費者協同組合と競争することが難しかった投資家所有企業の存在可能性を大きく改善したのである。要するに、購買農協が市場の失敗から農業者を保護する役割を規制が代替しうるのである。あるいは、別の言い方をすれば、消費者（農業者）所有は、市場の失敗という問題に対処する政府規制の代替策として機能するのであり、効果的な規制が実施されれば、その競争上の優位性を失うことになる。

8.1.2 所有のコスト

所有のコストは、第7章で論じたように販売農協にとって好ましかったのと同様に、購買農協にとっても非常に好ましいものである。購買農協が重要な市場シェアを占めているそれぞれの商品は、農民の予算において大きな部分を構成するものである。農家は営業を継続する傾向をもっており、そのため数十年間あるいは世代を超えて、同じ供給者と継続して取引関係を続ける立場をとる傾向にある。特定の作物の農業生産者は、農業資材について同じような需要を持っており、気候と土壌の関係で地理的に集中しがちである。そのため彼らは効果的なガバナンスを行使できる地方農協を簡単に組織することができる。活動がほぼ流通に限られている地方農協の連合会は、消費者の実効的なコントロールを維持する一方で、大規模な卸売や生産活動を効率的に行わせることを可能としている。

購買農協の取扱資材を、原則として、石油、飼料、種苗、肥料のように単純で均質な商品に限ることによって、組合員の間の利害の対立は、最小限に維持される。範囲の経済性を活かすために、いくつかの購買農協はしばしば複数の商品を取り扱うことがある。しかしながら、そのようなケースでは、それぞれの製品ラインに対して組合員へのリファンド（償還）が別々に計算されているのが通例である。例えば、販売農協でもあり、かつ購買農協でもある中西部の酪農業者の巨大な農業協同組合であるLand O'Lakeは、組合員へのリファンドを販売事業と購買事業に分離するばかりでなく、購買事業では、例えば肥料の種類のそれぞれに対して別々の率の組合員配当を計算するなどして、組合員へのリファンドについてきめ細かく行なっている[6)]。これは、計算のためにかかる費用やリスク分散の効果の損失などを伴いながらも、異なる製品ラインへの投資額や異なる製品のために負担される相対的な価格に関連して、組合員間にコンフリクトが生まれる可能性を減らすために、正確に執り行われている。

8.1.3 資本に関連する諸問題

多くの購買農協は、製造に対して川上への統合を行い、その経営のためにときどき大きな資本が必要となる。例えば、石油製品の購買農協は、農協が必要とする半分の石油を供給する精油所、精油所が必要とする90%近くの原油を生産する油井、および油井と精油所を結ぶパイプラインを、単独または合弁で所有している。同様に、購買農協は、飼料、種苗、肥料およびその他の農薬の生産へ後方統合をしている[7)]。これらの川上への垂直統合のための投資の進展は、労働者所有企業や販売農協の文脈で確認してきたことに増して、資本供給および流動性やリスク負担に伴う諸問題が、非投資家所有企業にとって決定的な障害とならないという大きな証拠となる。

購買農協が自己資本を確保する方法については、第7章の注で触れたが、販売農協によるそれも同様であり、よく展開され、広く採用され、また協同組合企業のいかなる形態においてもみられる、時間という試練を経た資本勘定へのアプローチである。ここでは、これらの手法を農業協同組合に関するものとしてではなく、集団的に所有された企業に一般的にみられる資本形成の問題および見通しについて検討を加えたい。

8.1.4 自己資本の調達と自己資本勘定

農民による協同組合は、組合員から資本を調達する方法として、以下の3つのうち1つもしくは複数の方法を用いるのが典型的である。最初の方法は、協同組合の資本の証券を発行し[8)]、組合員に対してそれを販売することである。第二の方法は、純収入の一部を、組合員に対する配当を支払わずに協同組合に留保することである。この内部留保は、「割り当てされる」ものと、「割り当てされない」ものがある。割り当てされた内部留保は、個々の組合員の資本勘定に明示されるが、割り当てされない内部留保は、協同組合全体の剰余に単に付け加えられるのみである。第三の方法は、「単位ごとの資本留保（per-unit capital retains）」を採用するものであるが、それは組合員が農協から農業資材の購入のために支払う価格に付加された金額を留保したものであり、農協が組合員のために維持する資本勘定に個人の名前で明示されるものである。この留保勘定は、農協の純収入に関係なく計算され、特定の組合員との取引量または取引額だけに基づいたものである。販売農協においては、この「単位ごとの資本留保」は、提供された作物に対して農協が支払う金額から控除したファンドによる。実際には、ここで述べられた第二と第三の方法は、協同組合の自己資本を調達する上で断然重要な方法である[9)]。

もし組合員の農協に対する資本投資が、組合員が対応する取引量に対して比例的でないとすれば、すでに労働者企業で述べたが、組合員の間に利害の対立が生じる可能性がある。とりわけ、資本投資に対する報酬（出資配当）と組合員配当として支払う報酬（利用高配当、あるいは割り戻し）とに、企業の純収入を配分することは、判断の問題を包含するものであり、資本投資が組合員としての貢献より大きい人と、逆にその反対の人との間で論争が生じるかもしれない。資本集約的な協同組合は、このようなコンフリクトを回避する工夫を講じながら、ファイナンスを行うように組織されていることから、農業協同組合においてこの利害対立が重要な問題であることは明らかである。

協同組合は株式資本を比較的多くは発行せず、それによって組合員とは利害関係を異にする一群の資本所有者を誕生させることを、象徴的にも現実的にも回避している。

さらに農協は、自己資本に投資した組合員に対して配当や利子は支払わず、その資本は簿価か時価のいずれか低い方で償還するのが普通である[10]。組合員がその自己資本から得られる唯一のリターンは、農協から購入する農業資材の価格が正味価格（つまり組合員割引価格）よりも安く入手できること、（あるいは、販売農協の場合には、協同組合に販売する作物を正味価格よりも高い価格で受け取ってもらえること）である[11]。ある意味では、課税規則の補則Tが協同組合に対して資本に対する配当としてよりも、むしろ組合員に対する配当としてできるだけ多くの収入の配分を認めているが、資本への配当は組合員への配当と異なり、法人税にも所得税が課税されるので、このことはそのようなインセンティブを反映しているものとも考えられる。だが、多くの販売農協と購買農協は、内国歳入法の第521条により資本配当の課税を免除されているにもかかわらず、これらの企業は資本に対する配当を払わないのが普通である。

資本投資に対して配当を支払わないことに対する説得的な理由は、おそらくこの慣習が、組合員を農協に結び付けるのに役立っていることである。すでに見たように、組合員は農協を離脱してから投資資本の全額を回収するまでに長い年月を待たなければならない。もし組合員が資本に対して有利な利率で受け取ることとしたならば、この遅延は、組合脱退に対するインセンティブを阻害する要因としての重要性を失うだろう。ただし資本に対するリターンは組合員配当が含まれているため、ただちに脱退すると組合員配当はゼロとなってしまうので、急な脱退は高いコストを伴うものである。

最後に、資本に対するプラスの配当を与えることは、恣意的かつ議論を呼ぶ問題を必然的に生じることになる。配当率をゼロとして現行の組合員水準と釣り合いのとれた投資資本を維持しようとすることは比較的容易なことである。この比率の均衡が維持されるかぎり、資本配当と組合員配当に対する収入の分割は、無差別な問題となり、すべての収入はコンフリクトを生じないで組合員配当として単に支払われるだけである。

農協は、このような釣り合いのとれた均衡を維持するために、様々な洗練された方法による多様な手法を利用している[12]。もっとも洗練され精密に調整されたアプローチが、大規模で資本集約的な協同組合においてみられるということは、驚くに値することではない。資本集約的な大規模企業は、維持しようと希望する自己資本の総額を決定することから始めるのが普通である。これに続いて、投資資本と現行の組合員数との間の必要な比率を計算する。その上で、新しい組合員が協同組合に参加した時、あるいは既存組合員が組合員数の水準を増加した時に、農協は、それら会員がその組合員数に対して望ましい比率に達するまで資本投資を行うことによって、新たな資本投資が達成できるように要求する（なお望ましい比率は過去の数年にわたって計算された平均値である）。これらの投資は、組合員の単位当たり資本留保を数年間にわたって増加するという方法で払い込まれるというのが一般的である。また組合員が引退する時（あるいは、そうでないとすれば彼の組合員権の水準を減少させる時）、そのプロセスは、これまでと正反対となり、組合員の資本投資の一部が毎年償還され、最終的には全額償還されるまで続くのである。

このようなシステムは明らかにトレードオフを包含している。もし新しい組合員の資本投資の払い込みが行われる年数と離脱する組合員が払い戻しを受ける年数が比較的長いものであるならば、新組合員と協同組合との間の流動化問題は最小化される。すなわち、引退する組合員は、必要な資本への貢献の一部をその一定の年数のあいだ、新しい組合員に対して事実上貸していることになっており、引退が異常に集中する時には、協同組合は思いがけなく突然の資本の枯渇に直面することになる。しかしながら、払込期間と払出期間が必ずしも一致する必要はないが資本払い込みと払い出しの期間が長ければ長いほど、旧組合員と新組合員の間の利害の不一致は大きくなる。引退が近づいた組合員は、農協が投資資本総額を最小化し、組合員配当を最大化して欲しいと願うだろうが、新組合員はその反対を好むだろう。さらに加えて、資本の払込期間の長さ、とりわけ資本の払出期間の長さは、若い組合員と古い組合員の間の不一致のもとになるだろう。協同組合は、引退した組合員の資本の償還をしばしばとてもゆっくりと行っているという事実があるが、これに対しては、業界誌で広く議論が行われ、またこのような資本部分が償還されるべき期間を法律で定めるべきであるという提案もなされている。さらにこの問題は、協同組合の事業に関する他のいかなる事項よりも訴訟件数が多いものである[13]。

これらの点については農業協同組合も例外ではない。ある種の協同組合の組合員から資本を調達する計画を設計する時、3つの競合する考慮すべき事項の間の緊張関係が必然的に存在する。すなわち、組合員1人当たりが蓄積すべき資本総額、資本が蓄積される速さ、および投資資本に対する組合員のシェアの程度がその組合員資格に比例的なものを維持しているかということの3つである。これらの要素間の緊張関係は、組合員が長い期間資格を継続している場合、あるいは会員資格の水準が、公正に一定のままであり続ける場合においては最小限にとどまる。したがって、資本集約的な協同組合が、これらの条件を満たしているところにもっともよくみられるということは驚くべきことではない。このような条件を満たしているものとして、多くの農業資材の購買農協、農産物を販売するたいていの販売農協のようなものがあるが、さらに協同組合の組合員が安定し合理的に長期の事業が行われるような、その他の条件による協同組合もある。後者については以下で検討の対象としたい。

農家の予算で農業機械が大きな比率を占めているけれど[14]、販売農協は、農業機械のマーケティングや製造にはそれほど重要な役割を演じているわけではない。この事実は、単に契約のコストだけでみたとすると、説明することは難しい。農業機械は、非常に集中度の高い産業である。1989年において、たった2社（Deere社とCase社）でアメリカ市場の82％を占めており、Deere社だけでも50％以上のシェアであった[15]。これほどの市場力は、協同組合が参入する強力なインセンティブを生み出すように思われる。その上、農業機械の複雑性、および農民がある種の農業機械を購入する頻度の低さは、購入者を情報上の不利な立場に置くものと考えられる。協同組合が他の農業資材と比べて農業機械においてそれほど大きな存在感をみせていない理由は、市場契約コストが異常に低いためではなく、農業機械における消費者所有のコストが異常に高いためであるのは明らかである。

このような高い所有のコストを生み出す原因は何だろうか？　農業機械事業の資本集約性がその原因のうちのひとつであろう。だが、石油製品もまた資本集約的な事業であるが、石油事業については、協同組合が農村市場の3分の1を供給している。購買農協は、石油事業が行ったのと同様な方法で農業機械事業に対して、参入できたはずである。石油事業では、最初に組織特殊的な資本をそれほど必要としない小売流通で始め、流通レベルでの足元を固めた後に、内部成長や既存企業の買収、あるいはその両方を使って製造に後方統合した。事実、1940年代中頃から1950年代中頃まで、Cockshutt Farm Equipment社は、地域購買農協をとおして農業機械の一部を農家に販売した。この設備には、目立つような色でペンキで、"Co-op"という名称が書かれていた。しかし協同組合は同社を購入し、この事業を拡大せずに、1950年代に同社から手を引き、同社はその後White Motor社に買収されて、農業機械の製造を続けたのである[16]。

決定的な要因は、消費者によるコントロールのコストが農業機械においては他の農業供給品と比べてかなり高いことだと考えられる。機械装備の購入は散発的なことであり、このことが、農業者が販売者を定期的にモニタリングするインセンティブと機会とを奪ってしまっているのである。多様な農民のニーズに対して様々なタイプや特別仕様を備えることが利害関係の不均質性を生じさせ、協同組合的に販売者を所有した組合員の間に大きな不一致を持ち込む可能性がある。この不一致とは具体的には、どんなタイプの機械を在庫するのか、どんなタイプのサービスを提供するのか、あるいは売買に関するどんなタイプの金融を提供するのかということに関する不一致である[17]。

反対に、農業資材でもっとも均質的である石油製品において、協同組合がもっとも大きな市場シェアを保っているということは注目すべきである。この事実は、所有パターンを決定するうえで市場契約のコストよりも、所有のコストの方が重要であるということを強調するものである。今日の石油市場は、肥料や飼料のような他の標準化された農業供給品のための市場と同様に、市場の失敗を生じることがほとんどみられないように思われる。したがって、これらの事業において農協が投資家所有企業と競争するための能力は、市場契約に生じる大きなコストを回避することに基づいていると説明することはできない。むしろ、協同組合は、所有コストが投資家所有企業よりも低いために、維持存続しているに違いない。より特定していえば、石油のような著しく均質な製品における農協の成功は、農民所有の協同組合の組合員間の利害の大きな対立が起こらないため、所有に関する総コストについて、協同組合の方が投資家所有企業よりも高くないのである。協同組合が資本とリスク負担に関して被るいかなる相対的に不利な条件も、マネジメントへの指令に関するエージェンシー・コストをより低く抑えることによって克服されるばかりか、お釣りがくる状況なのである。

8.2 卸売および供給品企業

消費者協同組合をとおして資材を購入する零細事業が存在するのは農業に限らない。消費者が所有する卸売企業や供給品企業はアメリカ経済において普通に存在している。例えば、小売業者が所有する卸売協同組合は、金物雑貨市場の80%を占めており[18]、食料品市場では14%を占めている。この数字は、卸売と小売業務を統合したチェーンストアを除外すると約3分の1となる[19]。またドラッグストアに対して薬品を供給するものや、百貨店に生地や衣類を供給する事業においても、重要な役割を果たしている[20]。同様に、全国のベーカリーのうち相当多くのベーカリーは、彼らが協同組合として所有する企業からパンや菓子の材料の供給を受けている[21]。

企業が所有している消費者協同組合もまた重要なサービス供給者である。国際的なニュースサービスで最大のAssociated Press社は、何千もの新聞社と放送局によって、長いあいだ協同組合的に所有され続けている。Railway Expressは、1929年から1967年にかけて、全国的な急行貨物便の鉄道会社を組合員とする、鉄道会社所有の協同組合であった。前章で言及したように、Allied Van Lines社は、多くの地方引っ越し会社によって所有される協同組合として設立され、40年以上存続した[22]。MasterCardとVisaは、数百の地方銀行によって所有される協同組合であるが、これらの地方銀行は、協同組合の名称のクレジットカードのサービスを提供し、協同組合自体は、商標の利用を許可する他、宣伝及び清算取引業務を提供するだけである。

8.2.1 契約のコスト

消費者所有にとって、市場力は、多くの場合、インセンティブを提供するようである。例えば、食料品事業は小売レベルで高度に競争的である。もし独立系のストアが、自前の卸売システムを持っている巨大なチェーンと競争しようとする場合、卸売業者に高い価格を支払うことになり非効率的にならざるを得ない。だが、卸売レベルの規模の経済性は、少数の企業が特定の地域の独立系の小売商に商品を提供する余地を残すことになり、この状況において卸売企業は一定の市場力を残すことになる。そこで小売商は、商品を提供する卸売企業を所有することによって、価格搾取を逃れたいというインセンティブを持つことになる。Associated Press社はもう1つの事例である。規模の経済性が、アメリカでは、たった2つの重要なニュースサービスが長く支配するような市場を生み出すことになった。それらは、United Press International社とAssociated Press社であり、前者は投資家所有であり、後者は協同組合である。

しかしながら、消費者所有に関して同じく重要なインセンティブは、おそらく卸売企業および供給企業が顧客に与えるブランド名にロックインされることであろう。例えば、同一の卸売協同組合に属する独立の金物雑貨商は、共通の店の名称としるしを一般的に用いており、同じブランド名の製品を販売している。True Value、Ace、およびServistarなどは、何千という独立した地方金物雑貨店による協同組合であり、アメリカの消費者にはよく知られているブランドである[23]。最大のベーカリー購買協同組合の組合員の大半は、“Sunbeam”という共通のブランド名でパンを販売している[24]。これらのブランド名によって、卸売販売業者は、顧客に対して広告したり、包装することにおいて経済性を発揮することができる。同様に、MasterCardとVisaというブランド名の重要な点は、この2つの協同組合が会員である銀行に提供するものにある。これらの取り決めのすべては本質的にはフランチャイズ契約である。ファストフード・チェーンのような、よく知られた他のフランチャイズ契約との相違は、フランチャイズ加盟店が集団的にフランチャイザーを所有しているということだけであろう。

フランチャイズ加盟店は、通常深刻なロックイン問題に直面する。もし加盟店がフランチャイズを離脱するならば、フランチャイズのブランド名で築き上げてきた地方での暖簾価値（無形資産）とフランチャイズに特殊化した建物や設備の両方を失うというリスクを負うことになる。このようにフランチャイザーは、しばしば加盟店に対して機会主義的に行動し、加盟店による埋没費用の価値の一部あるいはすべてを収用してしまえるような地位に立つことがある[25]。契約も規制も、この種の機会主義の脅威を緩和するのに役に立たない[26] フランチャイザーの評判に対する心配は、新しい加盟店を依然として求めている状況ならば、機会主義的に行動することを抑止するけれど、もはやシステムを拡張することがなくなったり、フランチャイズとしての経営よりも別の新店舗を直接獲得することを選択するようになったりした場合には、同様の抑制は効かないだろう。フランチャイザーを小売業者により集団的に所有することは、このような問題を事実上消滅させる上で大きな優位性をもつ。

8.2.2 所有のコスト

所有のコストは、農民が所有する購買農協と同様に、これらの小売所有者の協同組合にとって非常に有利に作用する。例えば、食料品小売業者や金物雑貨店は、単一の卸売業者から、長年継続的に、たくさんの種類の商品を購入する。そのため店舗は、市場契約に含まれるコストを超えるような大きなコストを負担することなしに、卸売業者の仕事を監督するような立場にある。さらに、供給事業に含まれる倉庫やトラックなどの資本装備は、組織特殊性が高いものとはいえない。その結果、たとえ卸売業を協同組合として組織することが、資本の必要性を増大させ、また小売業が直面するリスクを必然的に増大させるとしても、これらの負担は相対的にいえば小さなものである[27]。さらに、ある卸売業のパトロンとなっている金物雑貨の小売店や食料品店は、同一の商品性のものを取り揃えており、その結果、卸売業に関する彼らの利害関係は、合理的な範囲で均質性をもったものである。

8.2.3 なぜ特定のフランチャイズ・システムは、協同組合とならないのか？

集団的にフランチャイザーを所有するフランチャイズ加盟店に対して目立った優位性があるとしたら、なぜある種のフランチャイザーが協同組合に組織されていないのかに答えることは興味深い。例えば、ファスト・フードのチェーンのフランチャイズは投資家所有企業として組織されるという特徴があり、加盟店所有による協同組合ではないのはなぜだろうか？　たしかにロックインは、金物雑貨や食料品よりもファスト・フードのほうがはるかに大きい。というのは、ファスト・フードでは、各地の加盟店の設備や暖簾が、特定のフランチャイザーの製品と密接に関連したものであるからである。

ありうる説明としては、投資家所有のフランチャイザーは、加盟店所有のそれよりも、逸脱した加盟店に対して、契約の打ち切りを簡単にできることである。生産者協同組合の研究で検討したように、集団所有によって共通に生じることは、所有者の間の利害の対立を避ける手段としてすべての組合員を平等に取り扱うか、そうでないならば、扱いの相違があらかじめ事前にルールとして定めるのかという強い規範が必要となる。そのような規範は、言うことを聞かない行動をとる個別の組合員を迅速かつ厳格に罰する裁量を許すような協同組合の中央管理を認めることを困難にしている。

したがって加盟店の協同組合は投資家所有のフランチャイザーよりもフランチャイザーの機会主義をコントロールすることにおいてより成功しやすい一方で、加盟店による機会主義をコントロールする場合には、はるかに失敗しやすいものである。その結果、加盟店がブランド名にフリーライドし、機会主義的に質的なものを劣化させせて大きな損害を与えるような事業においては、協同組合は、投資家所有フランチャイザーに比べてハンディキャップをおっている。ファスト・フードは、次の2つの意味でこれに当てはまる事業である。第一に、事業の主要な要素は、セールスマンに対する標準的なサービスの提供であるので、全加盟店は詳細にシステム化された標準にきちんと従う必要がある。第二に、ファスト・フードにおいては、調理の用意のほとんどの部分は加盟店レベルで行われるので、加盟店の商品の品質や統一を保証するために、緊密な監督が必要とされる。金物雑貨や食料品は、これとは対照的に、より固定的な顧客に商品を提供し、またほとんど加盟店で手を加える必要のないブランド名の入った商品が販売される。

ここまでは、供給企業における消費者所有と投資家所有の相対的な優位性について焦点を絞って議論してきた。しかしながら、この2つの所有形態にかわる形態として、供給者にも小売業者にも販売するような、完全に統合された企業が所有されることである。言い換えれば、卸売業者が小売商を所有し、その反対ではないような統合企業である。この方法は、食料品において一般的であり、市場の約半分が、数多くの完全に統合化されたチェーンストアによって占められている[28]。金物雑貨においては、完全に統合されたSearsチェーンがながらく著名な地位を保っている。

完全に統合化された企業は、小売業と卸売業の間の市場契約に関して、協同組合が解決したのと同じ問題を解決する。協同組合の下で独立に所有された小売業者では難しいやり方で共通企画やサービスを節約することができ、また加盟小売店のサービスと製品の均質化を協同組合と比較してより高めることをができる。

独立所有の小売業者を特徴づけている店舗レベルでのコスト最小化や顧客に対する責任という。金物雑貨や食料品のような協同組合が重要な市場シェアを占めている事業においては、このインセンティブは、より緊密な中央統制から生み出される優位性に劣らないほど重要な要素であることは明らかである。

8.3 消費財とサービスの小売業者

消費者協同組合は、卸売レベルと比べると小売については普及していない。アメリカにおいては、消費者所有の小売店は、消費財市場のたった0.25%にすぎない。食料品においてさえも、そのシェアは0.5%未満である。第13章と第14章で検討する銀行と保険を除いて、消費者協同組合はサービスを提供する小売業において極めて小さな役割しか果たしていない[29]。小売業協同組合が小さなシェアであることを理解することは難しものではない。たくさんの商品やサービスを提供する場合の消費者所有のコストは高い。その理由は、小売業の消費者が通常あまりに数が多く、移ろいやすく、また簡単に散会したり再組織されたりするような性質を持っているためである。反面、市場契約コストは通常は安い。すなわち、通常の商品の小売市場は十分に競争的であり、コストに近い価格で購入することが可能である。また商品とサービスは、簡単なものでありかつ標準化されたものであるが、たとえそうでなかったとしても、繰り返し購入されるものが多いので、品質に関する情報の非対称性が深刻な問題となることはない。

8.3.1 事例：食品の協同組合

食品の小売は消費者所有の限界と強さの両面についての良い事例を提供する。小売食料品市場において消費者協同組合が比較的取るに足らないシェアを占めていることは、食料品協同組合がそこそこ有利であると思われる所有のコストでは容易に説明できない。情報を集めたり、意思を決定したりするコストは、食料品小売店との取引額と比較すれば、多くの顧客にとって大きいものではない。食料品はたいていの人々にとって大きな家計上の項目であるし、顧客は長い期間定期的に同じ店を利用することが多い。また消費者はしばしば店舗に近接した場所に生活している。リスク負担は、大きな問題であるとは思われない。例えば食料品店への投資額は、年間の販売額に対して比較的小さいものであり、店舗、冷蔵設備のような主要な資本投資は、きわめて企業特殊的であるというわけではない。

たしかに、消費者間の利害の均質性については問題が残る。食料品店は、広い範囲の様々な商品を取り扱うので、異なる商品を購入する組合員の間の利害が対立する余地がある。しかしながら、たいていの消費者は、同じような組み合わせの商品を購入していると思われることから、協同組合形態にとってそれが致命的に不利な条件ではないように思われる。

むしろ、小売食料品協同組合が一般的に多くないということを明確に説明するものは、市場契約コストが大変低いことである。情報の非対称性は食料品にとって重要な問題ではない。食料品店で販売される非常に多くの商品は、様々な競争的店舗でも手に入れることができるような市場ブランドによる包装製品である。食肉や野菜のような、包装されていない商品に対しては、消費者は購入する前に単に品物を見て品質を判断するか、あるいは過去数度の購入でこの店の商品の品説に関する経験値をつむことで判断することができる。そのため市場力が問題になることはない。食料品の小売は、利益幅が異常に狭い極めて競争的なビジネスである。その結果、消費者所有から意味のある大きさの効率性を得る機会はほとんどないといえる。

8.3.2 書店

書籍は単一の小売商品としては消費者協同組合が重要な意味を持っている商品であり、1960年代には協同組合が市場の9%ほどを占めていた[30)]。これは、多くの大学のキャンパスにあり、全国の重要な書籍が販売されている協同組合による書店の存在のおかげであった。

大学キャンパスでの書店に協同組合形態が採用されたインセンティブは市場力であろう。すなわち、1つのキャンパスに教科書を販売する販売店は一つであるということが一般的には効率的である。なぜならば、指定教科書を発注したり取り次いだりする中で、情報と調整に関して規模の経済性が存在するためである。だが、ここに含まれる市場力の程度は、かなり慎ましいものである。すなわち、別の書店が、市場機会を見出して、合理的な安い価格で教科書市場に参入することが可能であり、また参入しているという事実もある。書籍に加えて、たいていの学生協同組合は、市場がもっと競争的な他の様々な商品を販売しているが、このことは、教科書における市場力が学生協同組合の成功のための必要条件でも十分条件でもないことを示している。

むしろ、大学協同組合の成功の鍵は、おそらく学生による所有のコストが低いことである。書籍や他の商品のための支出は、学生の予算のなかで大きな項目である。学生は4年間あるいはそれを超えて、同じ店舗を利用し続けるというのが普通である。学生の需要は、相対的に均質的であるといえる。また学生は、大学や住居あるいは共通の交友組織などを通して比較的組織されやすい。

8.3.3 他の諸国の経験

消費者小売協同組合は、アメリカよりも西ヨーロッパの多くの諸国においては若干市場シェアが大きい。例えば、西ドイツでは協同組合は小売市場のほぼ3%を占めており[31)]、イギリスは4.6%[32)]、そしてスウェーデンは18%である[33)]。このことは、ある意味では、これらの国々の組織イノベーションと組織発展に関する異なった歴史の結果であるということができるが、この要因については、続く各章、とりわけ住宅および保険について検討する際により深く考察する。しかし市場シェアの相違を説明する主たる点は、所有のコストと市場契約のコストに関する各国の相違にある。

これらの相違のいくつかは、一般的なものである。例えば、ヨーロッパ諸国では、全国的に商品化された包装製品は、少なくとも最近まではアメリカと比べると、小売商品の中で大きなシェアではなかったが[34]、このことは情報コストを生じさせ、またおそらく価格競争を阻害していたように思われる。同様に、ヨーロッパにおいては引っ越し率がアメリカと比べて低率であるが[35]、このことはおそらく消費者所有のコストを低めるように作用したものと思われる。

しかしながら、その他の特別な諸要因も作用している。例えば、スウェーデンにおいて、消費者協同組合が例外的に大きな市場シェアを占めているのは、スウェーデンの産業で長い間普通に行われていた反競争的慣行に対する直接的な反応である。スウェーデンの独占禁止法は産業に対して緩いものであった。すなわち、1953年以前は、反競争的活動に対する法的制限はほとんど存在しておらず、またその後においても、スウェーデンの独禁法では、価格を固定する取り決めは、それ自体では違法ではなかった[36]。その結果として、消費者用製品の製造と輸送は高度にカルテル化されていた。このことが、消費者が協同組合を設立して、カルテルに拮抗する市場力を達成し、またカルテルと競争するために製造業に後方統合を行うという、強いインセンティブを生み出したのである。事実、スウェーデンの消費者協同組合は、マーガリンやコーヒーから靴や白熱電球までの多くの産業において、露骨な「カルテル退治」を演じている[37]。

スウェーデンの反競争的慣行が、製造業と卸売業から小売業レベルにまで拡大し、消費者協同組合に対するインセンティブをより強化している。例えば、1930年代初めに、既存の食品小売業者が食品加工業と食品卸売業と共謀して集団的ボイコットを行うという脅しによって、新しい小売食料品店の創設を妨げようとした。それだけではなく、1953年以前にはスウェーデンの食料品と家具製品の3分の2は再販維持価格に縛られていた。この慣行はその後、独占禁止法違反となったが、卸売業者と小売業者は、ともかく「指示された」小売価格という非公式的なシステムによって対応した。指示価格に従うことができないために価格競争を促進するという責任をもっぱら負ったのが、まさに消費者協同組合であったのである[38)]。

8.4 不適切な規模選択へのインセンティブ

消費者協同組合の経済分析では、しばしば紋切り型のU字型の平均費用曲線を当てはめている[39)]。この分析では、仮に協同組合がよくみられるようにオープンな組合員資格を維持するとすれば、組合員数が多すぎる水準で経営が行われる。つまり、新規組合員は、平均コストが競争相手の価格に接近する高さになるまで参加し続けるだろう。反対に閉鎖的な組合員資格の協同組合ならば、最適規模より小さい点で経営するインセンティブをもつはずである。この規模は、組合員数と購買額の平均コストを最小化するレベルにまで低下することによって達成されるものであり、全体の厚生が最大化する水準よりも小さなものである。後者の問題は、第5章で検討した労働者協同組合によるつむじ曲がりの供給反応の問題によく似た消費者協同組合の問題である。要約すれば、消費者協同組合は、過大あるいは過小な規模で操業するだろうということである。

しかしながら、このような分析の提案者は、規模に関する不適切な選択が消費者協同組合にとって現実に問題となっているかということについては、ほとんど証拠をあげていない[40)]。事実、そうではないということを信じるに足る理由が存在する。まず消費者協同組合がもっとも普及している産業では、著しい規模の不経済性が存在するようには思われない。反対に、消費者協同組合は、ある程度自然独占〔市場規模に対し最小最適効率規模が大きい場合に発生する独占〕が存在しているところでしばしば設立されている。このように、たいていの協同組合は、U字型の平均費用曲線を持っているのではなく、意味のある範囲内において、持続的に低下するか、あるいは相対的に平坦な費用曲線をもっているものと思われる。

さらに消費者協同組合は、非効率な規模の選択を回避する政策を採用するインセンティブをもち、このインセンティブに従った行動をとっているように思われる。例えば、購買農協は、地方の小売レベルでは規模が非常に小さいままであることを選択しているが、卸売や製造に関しては規模の経済性をより大きく利用するために連合会を利用している。また組合員の資本投資に対して配当を払わないことをとおして、農業協同組合は、2つの部分からなる価格計画を効果的に実施している。第一に、組合員は、固定費をカバーするために、資本貢献に対する過去の利子として固定価格を毎年支払うこと。第二に、変動費をカバーする協同組合の商品やサービスに対して正味価格（名目価格から組合員割引を控除したもの）を支払うことである。この結果、商品は組合員に対して平均費用というよりもむしろほぼ限界費用による単位当たりの価格で販売されることになるが、このことによって不適切な規模の選択や非効率な規模の選択が行われるインセンティブが回避されているのである。

8.5 税金によるインセンティブとその他の補助金

アメリカにおいては、非農業卸売および購買協同組合は、内国歳入法の補則Tに従って課税されるという権利以上の重要な補助金もその他の特別な優遇措置も受けていないが、このこと自体は生産者協同組合や消費者協同組合と共有するものである（補則Tについては、第7章で述べたように、本質的には、協同組合に対して投資家所有企業に適用されるような法人税と所得税の二重課税ではなく、単一課税を許すというものである）。この税金による補助金はあらゆる事業における消費者協同組合で利用可能なものであるため、ここで記述する産業の消費者協同組合の普及にとって特に大きな要因となっているとはいえない。むしろこのような税金による補助金は、経済全体でみると、これら2つの企業形態の間で課税システムが中立的であったとしたら達成した比率以上に多くの協同組合が生まれている結果を導いたとせいぜい言える程度のものであろう。確かに、購買農協は、第7章で検討した販売農協のように、資本配当およびある種の非組合員からの利益に関して法人レベルの税制からさらに大きな便益を受けている。しかし、購買農協は、資本配当を支払わないことが多く、また多くの購買農協が免除資格の申請を行っていないことから[41]、この免除規定は、農業資材産業における協同組合の異常なほど顕著な役割を説明するのに重要であるようには思われない。

購買農協は、販売農協と同様に、しばしば信用に関する政府の補助金という便益を享受している。しかしこの補助金は購買農協の成功の基本的な要因であるとは思われない。その理由は、たくさんの購買農協がこの補助金が行われるずっと前から存在しており、また補助金が1968年に終了したあとにおいても、同組合の市場シェアが増大しているからである。

8.6 文化とイデオロギー

一般的な人々の考えでは、協同組合企業および消費者協同組合一般の発展は、協同組合形態の基本的なコストと便益にはほとんど関係しない特定のパターンの文化やイデオロギーに起因するものであるという共通認識が存在する。協同組合は、スカンジナビアの特別な制度であるとか、資本主義に対する強い政治的反感をもったものであるとかいわれることがある。しかしながら、われわれが観察した消費者所有企業のパターンは、そのような観念と矛盾するものである。多くの消費者協同組合の組合員を構成しているのは、個人消費者でなく、事業や事業をする人々である。協同組合に参加している事業をする人々は、人種的にも宗教的にも幅広い人々から成り立っている。さらに、卸売および購買協同組合の会員を構成する金物雑貨店の所有者のような零細企業家以上に商業的で個人主義的で、政治的に保守的な階級に属する人々から成り立っているとは考えにくい。それに、MasterCard協同組合に属する銀行に対して、反資本主義的であると非難する人がいるだろうか。

8.7 結論

小売、卸売、および供給品に関する消費者所有企業は、目立った法的、イデオロギー的、あるいは歴史的なバイアスに大きく影響されているようには思われない。したがって、これらの消費者所有企業のパターンは、所有の代替的な形態の相対的な効率性を決定する諸要素を比較的明晰に評価することを許すものであろう。

ここでの評価は、第Ⅱ部における生産者所有企業の研究で示した主要な結論を補強するものである。とりわけ、卸売および購買協同組合が成功している事業の多くは、投資家所有が標準となっている産業と比較して、製品における市場の失敗が比較的少ない産業であるということが印象的である。これにみられるように高い市場契約コストは、消費者所有企業の成功にとって決定的な要素であると思われる。同時に、高い市場契約コストは、それ自体では消費者所有を促進するために十分ではないように思われる。むしろ所有のコスト、とりわけマネージャーをモニターしたり、所有者間で集団的な意思決定を行ったりするようなコストが決定的であるようだ。このような所有のコストが高いような場合には消費者所有が見られることはほとんどない。反対に、また興味深いことに、消費者が均質な利害関係を持ち、効果的なコントロールを行使することが可能な立場にいる場合には、たとえ生産市場の不完全性がきわめて控えめなものであったとしても、投資家所有を捨てて消費者所有を選択することが効率的であることは明らかである。

第9章
電力・ガス・水道などの公益事業
Utilities

アメリカでは、ほとんどの電気の供給は、独占価格を回避するために官公庁により料金規制を受けている投資家所有企業によって行われている。しかしながら、この所有形態がこの産業において唯一のものではない。消費者協同組合として組織されているおよそ1,000社の電力会社と1,500社の自治体所有の電力会社が存在しているのである。

また、消費者協同組合は、農村部における電話事業の大きなシェアを占めている。1989年に244の電話協同組合があり、全部でおよそ100万人の加入者を有している。これらの電話協同組合は、かつてはベルシステムであった22の電話通信事業会社ならびに約千社存在する投資家所有の独立した電話会社と共存しているのである[1)]。対照的に、これ以外の2つの主要な公益事業である水道と天然ガスを家庭や事業所に供給する事業については、消費者協同組合は重要な役割を果たしていないようである。これらのパターンを理解するにあたって、主に電力事業について焦点を絞り、その他の事業については簡単に検討を加えるだけにしたい。

9.1 農業地域の電力供給協同組合

電力供給協同組合はもっぱら農村部に存在する。これらの組合は、全農家の約半分に対して電力を供給しており、また非都市部に立地する非農業世帯や商業利用者および工業利用者に対しても相当の割合で電力を供給している[2)]。

これら協同組合は、全国民の10％にサービスを提供するだけであるが、50州のうち46州に存在し、全国土のおよそ3分の2をカバーしており[3]、また電力送電線のほぼ45％を所有している[4]。

電力供給協同組合のほとんどは、消費者に対して小売りする電力を供給するだけの組合である。彼らは、供給する電気を発電することはなく、むしろ他社からそれを購入する。購入元は、投資家所有会社のこともあれば、テネシー川流域開発公社（Tennessee Valley Authority）のような公的に所有されている水力発電施設のこともある。しかしながら、別の協同組合から電力供給を受けることもしばしばみられる。電力送電協同組合（G&T）から電力を購入している地方の電力供給協同組合である。その結果、前章で検討した購買農協のような連合会構造となっている。G&T協同組合によって地方の電力供給協同組合に供給される電力の割合は、年とともに増大し、1959年には16％であったものが、1983年には45％となっている。1980年には、G&T協同組合は、全米の総電力の2.8％を占めている[5]。

9.2 契約のコスト

農村電力協同組合の大きな市場シェアは、第Ⅰ部で議論したコストに関する考慮要因とうまく一致する。もっとも基本的なのは、地方の電力および電話ネットワークは、自然独占であることである。そのため消費者はもし投資家所有企業との市場契約に依存するならば、深刻な価格搾取の危機にさらされることになる。このような理由で、アメリカにおいて電力と電話サービスを提供する投資家所有企業は政府当局によって料金を規制されているのである。だが、行政に規制されている企業を完全にモニタリングできるわけではないので、料金規制は、事業主のコストにある程度対応したものとなる。もし規制当局が料金をあまり低く設定しすぎると、企業の投資資本に対して市場利子に相当するリターンを生み出すことができないために、公益事業に過少投資を促すインセンティブとなってしまう。またもし料金設定が高すぎると、それと反対のことが起こってしまう。また規制に緩みがない場合、すなわち、課せられる料金が企業の実際のコストを常に調整できる場合には、企業は費用を削減するインセンティブをほとんどなくしてしまうに違いない。だが、規制の緩みを認めれば、公益事業の価格は、資本に対する市場の報酬を必要以上に高かったり、安かったりさせてしまう。

企業の利害と消費者の利害を一致させることによって、協同組合は独占によるコストばかりでなく、料金規制のコストも回避することができる。農村部の電力協同組合が立地している46の州のうち、協同組合の料金を規制しているのはたった18の州にすぎず、残りの州のうちの10州については協同組合に対して合理的な手続きを採用している[6)]。

9.3 所有のコスト

所有のコストは購買農協とほとんど同じく、公益事業の協同組合にとってまさに好条件であるといえる。事実、農村部の公益事業は、ちょうど購買農協のもう1つの形態であるとみることができる。電力と電話サービスは高度に均質な商品であり、様々なユーザーに影響するような重要な品質のバラツキはほとんど見られない。もちろん、電力協同組合では、居住者間の、あるいは商業利用顧客や工業利用顧客の間に利害関係の相違がそれなりに存在することは確かである。しかし農業居住者と非農業居住者の世帯が組合員の90%以上を占め、農村電力供給協同組合の電力需要の60%を占めているように[7)]、主要なパロトンの一団は、比較的均質な利害関係をもっている。またその一方で、市場力やその他の要因は、以下でも論じるように、商業的顧客や産業的顧客の利害を守るために提供されているのである。

9.3.1 資本

公益事業の資本集約性は、消費者所有に対する大きな障害であるに違いないと思われる。実際、農業世帯が広く分散していることを与件とすると、配電ネットワークを構築し維持する資本コストは都市部と比べて農村部のほうがはるかに大きい[8)]。しかしながら、いくつかの要素が資本供給の問題を扱い可能なものとするのに役立っている。

最初に、地方協同組合は、組合自体が発電施設や遠距離配送設備を所有する必要はない。むしろ、これらの組合は他の企業から電力を購入することができ、それによって地方の配電網のためのファイナンスに資本を優先的に使うことができる。地方電力協同組合によるG&T協同組合への後方統合は、地方配電協同組合の基盤が十分になった後に行われたものである。

地方配電網自体は、高度に企業特殊的であり、またこの理由のゆえに負債による金融が確実に難しいように思われる。しかし、市場における地方の公益事業の独占的な地位は、電力需要の依存性とともに企業の資産（すなわち企業全体）の取引市場がいつも存在するという大きな保証を提供する。その結果、資産は負債に対して十分な担保となる。さらに企業の独占的な地位、および消費者需要が比較的一定であることなどのために、電力供給は比較的リスクの小さい事業であり、このことは借り入れを容易にするとともに、事業の消費者所有者が負わなければならない残余的リスクを削減する。その結果、負債は地方の公益事業の資本必要量の大きな部分を満たすことができるようになるのである。農村部の電力協同組合が誕生し始めた時代から、固定資本の100％を、まさに借入金に依存することはよくあることであった。（以下で言及する）政府貸付制度が負債のための導きの糸となったけれど[9]、これらの制度は、リスクを大きく吸収するものではなかった。すなわちこの制度で1980年までに貸し付けられた470億ドルのうち、差し押さえや倒産によって失われたのは、たった0.001％未満であった[10]。

地方電力供給協同組合が集まってG&T協同組合を設立したが、この協同組合は組合員の独占的地位に便乗することによって負債資本にアクセスすることができた。この資本調達は、組合員の電力供給協同組合がG&T協同組合と35年間供給を受けるという契約によって成功したのである。この35年という条件は、G&T自身の借入条件と一致させたものであり、負債のための有価証券に収入の流れを確保することを担保するために必要なものであった[11]。

9.3.2 補助金

資本の必要性が農村部の電力および電話に関する協同組合を不自由にしないさらに大きな理由は、様々な公的な補助金の受け入れである。これらのうちで顕著なものは、連邦農村電化庁（Rural Electrification Administration, REA）による、利子補給と借入保証である。REAが1935年に創設された後の最初の15年間、協同組合に対するREAの貸し付けの利子は市場に流通する政府の財務省証券の利率とほぼ等しかった。したがって利子に著しい補助金が含まれているわけではなかった。しかしながら、1950年以降、協同組合に課せられる利子率は、1944年の2%に固定され、また1973年に5%に上昇したが、政府が借り入れする際の負担を大きく下回っている。1945年から1985年の間、REA貸付金の利子率は平均して2.3%であり、市場における財務省証券の年間利子率を2.3%下回るものであった[12)]。

連邦政府による利子に対する補助金に加えて、協同組合による公益事業は、連邦法人税の課税から免除されるという恩恵を得ている。さらに、電力供給協同組合は、連邦の所有する水力発電施設が発電した電力を優先して利用することが認められている。最後に、REAは、歴史的に、協同組合の設立を促進するのに重要な役割を演じていた。すなわち、起業に対して一定の役割を演じ、協同組合の設立黎明期に協同組合に対して技術的な援助を提供したのである。

これらの補助金は、疑いなく公益事業を行う協同組合の設立と成長を促進するうえで重要であったし、また農村部の電力協同組合が大いに増大したからといって、協同組合形態の実現可能性のバイアスのない検証の結果に利用することは妥当ではない。しかしながら、連邦補助金が、電力産業において協同組合の成功にとって決定的なものではなかったのは明らかである。連邦制度が実施される以前において、すでに農村部の46組合の電力協同組合が13州で経営を行っていた[13)]。またすでに述べたように、REAが設立されて最初の15年間は、正味の利子率補助は行われていなかった[14)]。また、REAは、初期において、農村部に事業を拡張したいとする投資家所有の事業体に対しても低利の貸付金を用意していたが、投資家所有企業においてこれらの貸し付けはほとんど興味のあるものではなかった[15)]。

9.3.3 リスク

協同組合が十分な資本を借りることができたとしても、組合の成員である消費者は事業遂行のリスクを負担しなければならない。多くの金額を借金すればするほど、彼らが負担するリスクはそれだけ大きくなる。だが、このリスクが公益事業の協同組合にとって、なぜ特別な重荷ではないかということを説明する理由がある。需要の変動から生じるリスクが比較的大きくないことは当然である。また原油コストや環境保全コストなどのコストが、いかなる時に劇的に変化するかもしれない一方で、規制の下で行動する投資家所有の公益事業体は消費者にそれらのコストを転嫁することができるのが一般的である。以上のことを考えると、投資家所有企業よりも、協同組合所有の公益事業の方が、消費者により大きなリスクを負担させるものであるかどうかということは定かではない。

9.3.4 利害の対立

すでに見てきたように、協同組合は資本価値を組合員のある世代から、次の世代に移動させるという傾向をもっている。電気事業のような資本集約的な産業にとって、そのような移動は明白なことであるが、基本資産の蓄積の促進を妨げる可能性がありうる。しかしながら、農村部の電力配給および電話のネットワークにおいて、投資資本の価値のほとんどは、それらの事業が提供される農家の市場価値によって資本還元される。これは次のようなことを意味している。農家が協同組合への参加をやめたとき（一般的には、このようなことは農民が農場を売った時のみに生じることである）、その農民が協同組合に（証券というかたち、あるいは留保収入というかたちのいずれであっても）投資した金額と持ち分の現金化や新しい農場主に留保分を譲るなどで得る金額との間の相違により、農場がその分だけ高い価格で販売できるということである。

たしかにこのような資本還元プロセスは、組合員の間での大きな資本価値の移動を妨げるものであり、現行の組合員間の資本価値の移動が物理的な地域にとどまることを妨げず、むしろ強調するものである。消費者の資本コストは、反対に、地理的な密度に比例しており、またその密度は農村地区においては非常に低いと考えられる。

9.4 都市にはなぜ公益事業の協同組合がみられないのか？

公益事業の所有について最も興味深い疑問は、なぜそれほど多くの電力および電話協同組合が農村部に存在するのに、都市部にはそのような協同組合が存在しないのかということである。協同組合所有は、農村部と同じように都市部において、公益事業の料金規制という伝統的なシステムに対して魅力的な代替物でないのはどうしてなのだろうか？

驚くべきことに、公益事業に関する文献を渉猟してもこの問題を実際に検討したものは見当たらない[16]。むしろ、過去の文献は、公益事業体を組織する4つの方法の相対的メリットをもっぱら検討している。すなわち(1)規制のない投資家所有、(2)料金規制にしたがう投資家所有、(3)政府による所有[17]、(4)投資家企業がサービス供給の独占権を競争的に入札を行い「フランチャイズを落札」する方法、つまり政府当局から営業権を獲得することである[18]。都市の電力協同組合が存在しないことは、興味をそそる問題であるが、説明を行うためには、我々は消費者協同組合の役割ばかりでなく、政府企業の役割についても明らかにする必要がある。

9.4.1 補助金

都市にそのような協同組合が存在しないことの説明としてまず最初に思いつくことは、電力協同組合に対する連邦の補助金が農村に対する部分に限られているということである。しかし、この説明は不適切なものである。農村部の協同組合の成功は、連邦の補助金に決定的に依存するものではないように思われる。すなわち、多くの協同組合が、連邦による支援プログラムが開始される以前に設立されて成功しており、またそのプログラム自体、初期においては意味のある大きさの補助金を提供するものではなかった。その上、もし協同組合が都市部で効率性において大きな優位性を示していたとすれば、連邦政府、あるいは少なくとも州あるいは地方政府は、都市の協同組合に対して、資本補助を拡大するか、あるいは貸付保証の提供を拡大したはずである。特に地方自治体に関していえば、このようなことは、多くの地方政府が行った公有の公益事業体の設立と比較すれば、大変つつましい程度のものであった。

9.4.2 利害の対立

第二に、都市部の公益事業協同組合が存在しないことのより基本的な理由として、次のようなことが考えられる。すなわち公益事業の協同組合が、都市部においては、農村部と比較して高い所有のコストに直面するのではないかということである。

都市部においては、住民も商業者も農村部に比べてより移動しやすいが、この移動の頻度が、所有のコストを増大させる。とりわけ、移動は消費者コントロールの効果的な実施を阻害する。第8章で観察したように、高い移動は、パトロンが参加する際に企業に資本の流入が必要となり、また退出する時も資本の流出が必要となるため、協同組合の資本蓄積を難しいものとする。これらの資本の支払いは、もし消費者が協同組合に参加したり脱退したりすると同時にそっくりそのまま清算するとしたら、協同組合にも消費者にも金融的な重荷を負わせることになる。だが、もし消費者が時間を超えて広く分散しているとしたら、彼らはパトロンの世代間の富の継承をすることができる。このような問題は、都市の公益事業の消費者の大半が借家人であって所有者でないことによって強調される。つまり所有者の不動産価値の資本還元は、このような移転にともなうコストをほとんど緩和することはできないのである。事実、家主は資本還元するのに対し、借家人は長い借家期間に公益事業の料金を支払うのが一般的であるので、協同組合形態は、借家人と家主の間で資本価値が移転するという追加的な不都合が可能性として存在する。つまりもし公益事業が借地人に課せられた料金から資本を投資したならば地主は便益を享受するが、公益事業が過剰設備に投資して負債を負ったり、財務上想定する投資の耐久期間よりも長期の負債を負ったりすると、地主は損失を負担することになる。

資本勘定において居住者間の価値の移転がそれを除去するのに十分ではないほど大きくなると、協同組合は、意思決定において深刻なコンフリクトを経験し、またある一群の組合員が他の組合員を収奪するために利用されるかもしれない。都市の協同組合の消費者層のコンフリクトは、地主と借地人の

表9.1　電力事業における消費者による需要の分配、1985年

消費者	協同組合	総公共事業
住民	61%	34
商業者	19	27
産業的利用者	16	35
その他	4	4

出典：“Our Vital Statistics,” *Rural Electrification*, November 1986.

間のそれよりもはるかに大きなものである。表9.1で示されているように、住民（とりわけ農家）の電力消費者は、都市部においては農村部ほど支配的ではない。むしろ、都市の消費者は、住民、商業者、産業的利用者の3種類に均等に分かれている。これらのグループの間の利害関係の対立は、大きなものでありうるし、また協同組合について、どのような投票制度を採用しても、他のグループの利益を犠牲にして、あるグループの消費者を補助するような料金構造を作り上げてしまう可能性が高いように思われる。例えば、組合員1人が投票権を1票もつような制度の下では、投票権は居住者組合員に投票権が支配され、その人は商業者や産業利用者に対してコストを超える料金を課し、居住者に対して内部補助させるようにするだろう。反対に、供給量に応じた投票権の配分をするような制度の場合には、商業者や産業利用者の支配を導き、彼らは居住者の犠牲によって、自分たちを補助するような料金とするだろう。

その結果、もし都市の電力事業体が、消費者協同組合として設立されたとしたら、あるグループの消費者が他の消費者よりも優遇を受けることを防ぐために、外部の公共料金規制を採用する必要があるだろう。またいったん規制が課せられたなら、消費者協同組合は、投資家所有の公益事業に対する顕著な優位性のほとんどを失うことになる。

興味深いことに、農村部の電力協同組合において、居住者である消費者が、商業者あるいは産業利用者に対して差別的な支配力を行使したという事例がほとんどみられない[19]。むしろ、様々な消費者は、消費者の事業資本と経営コストに対するそれぞれの限界的なインパクトを反映した会計システムの範

囲内で料金が割り当てられるというのが一般的である。このようなことを行っている理由は、農村地区において産業利用消費者がコストを負担してくれる会員として歓迎されているためであり、またその結果、彼らは料金設定に関して大きなバーゲニングパワーを有するのである。このバーゲニングの効果は、比較的小規模の農村の電力供給協同組合の場合に大きなものとなっているようだが、そのような協同組合では、産業利用者は、もし収奪的な料金が課せられたら、競合する別の電力に転換してしまうという脅威を裏付けるものとしている。

要約すれば、農村部の協同組合において、集団的なコントロールが主要な一群の消費者、すなわち農民と一般住民の利害を守る一方で、市場契約が他の消費者を守っている。集団的ガバナンスも市場契約も、農業者が電力の典型的な世帯のユーザーではなく、実質的には商業的、産業的な性格を持っているという事実によって促進されているのかもしれない。つまり農業者は心理的にも実際の利害関係においても商業者や産業利用者と相当の程度同一化しているように考えられるのである。

9.4.3 自治体による公益事業

都市部に電力協同組合がみられない別のありうべき理由は、自治体所有の公益事業体が農村部で協同組合が行っているのと同様な役割を都市部で果たしているということである。

自治体所有の電力事業は、電気事業がアメリカで形成され始めた時期から引き続き一般的な存在であった。20世紀の前半には、その数はより大きなものであったが、現在ではすでに述べたようにほぼ1,500の地方自治体所有企業が消費者の需要に応じるために電気を供給している。これらの企業は、普通は、小さな町（しばしば極めて小さな町）に存在するが[20]、稀にロスアンゼルスやシアトルのような大都市にもみられる[21]。

自治体電力事業体は、一般課税によってファイナンスされ、すべての住民が無料で利用する、教育、警察、ごみ処理のような他の自治体事業とは別の組織化によって経営されている。地方自治体事業の組織は、むしろかなり消費者協同組合に近い。事業体のファイナンス全体は、市の財政と切り離されている。収入は、電力料金を負担する利用者だけから生み出される自治体による公益事業体のほとんどは、自治体に対して余剰収入を提供している[22]。金銭的な流れについていえば、地方自治体事業は消費者に対して資本投資を要求しない点において協同組合と異なっている。しかし、この違いは、都市部においてみられる多様で移動率の高い人口、またとりわけ借家人の人口比率が大きいことに対処するために資本勘定を分離するという取引コストを考えると、優位性が大きいかもしれない。地方自治体の信用は、公益事業が必要であるほとんどの資本を借りることに役立っているので、地方自治体の公益事業体が、何らかの形で基本資本を蓄積する理由はほとんどないのである。

地方自治体のガバナンスは様々な形態をとっている。事業体のコントロールは、ある場合は、地方自治体の議会が直接に行使する。またある場合は、独立した事業体の役員会の手中にある。独立した事業体の役員会は、ときどき自治体の住民から選挙で直接に選出されるが、多くの場合は市議会や市長によって選任される[23]。都市の投票者のほとんどすべては居住民として電力を利用する人々であるので、これらの企業のガバナンスは、投票によって事業を究極的にコントロールする力が、居住者である消費者の手中に実質的に与えることになる。この種の消費者の利害関係の相対的な均質性は、事業体のガバナンスにおいて深刻な内部コンフリクトが生じるのを回避するのに役立つのである。

居住者消費者が商業者や産業利用者に対して不利となるように、事業体のコントロール権を利用する可能性があるという問題が残る。先に示唆したように、この点は、投資家所有が、農村部に比べて都市部でより普及が大きいことの重要な理由なのかもしれない。しかしながら、特にそれが多くみられる小さな町において、自治体公益事業が商業者や産業利用者にたいして不当な料金を要求するインセンティブや能力について少し検討する必要がある。商店主や事務所などの商業利用者は、その利用パターンは居住者のそれとよく似ているのが普通である。したがって、彼らに対して差別的な料金設定を行おうとしてもその差別は薄いものとなってしまう。さらに商業企業に対する電力料金をより高くすれば、商業企業は他州に移動するか、あるいは価格に転嫁するため、地方で調達される商品やサービスがより高くなるであろう。

反対に、産業利用者は、農村部の協同組合で行っていたような、地方自治体に対するバーゲニング効果を持つことになる。このことは、なぜ公共的な所有が、大都市よりも小規模のコミュニティにおいてより長く生き残っているのかということの説明の助けになる。社会が小さければ小さいほど、高い電力料金が課せられた場合、電力の産業利用者がこの社会から出て行ってしまうとか、外部から電力を購入するとかいった脅かしが、より現実にありうることとして身に迫ったものとなる。

最後に、商業利用ユーザーも工業利用ユーザーも、共に明確な利害団体をもつ少数者であり、かつ財源をもっているので、地方政治に影響を与える。それにより選挙の投票者数として不釣合なほど少ない自治体からの収奪を免れることができる。このような観点から、地方自治体の電力事業体は、協同組合で行われているように居住者によって直接選出された役員会によって運営されるよりも、むしろ市議会が直接コントロールしたり、市の政治家によって任命される役会によって運営されたりすることが有利なように思われる。また役員会が選挙で直接選ばれる時であっても、市議会はときどき事業体に対するコントロール権をある程度留保することがある[24]。この種の政治的コントロールは、居住者に対する過度なえこひいきを阻止するのに役立つかもしれない。とにかく、地方自治体による公益事業体が事実上すべての顧客を平等に取り扱っているという認識は、多くの州における地方自治体公益事業が、協同組合公益事業と同様に、投資家所有公益事業に対して適用されている料金規制から免除されているという事実に示されているのである[25]。

要約すれば、地方自治体公益事業は、消費者協同組合の性質の多くを併せ持っている。ただし、自治体の金融資源や政治メカニズムによって財務も経営へのコントロールも、協同組合よりも、バッファーをもったものとなっている。都市の公益事業体の顧客が移動しやすく均質でないという性質をもつということを前提とすれば、このようなバッファーのある形態は、純粋な協同組合形態よりも優位性があるかもしれない。つまり消費者に対する直接的な反応を失うものであるが、純粋な協同組合が都市部の環境の中で直面する所有者間の利害の不一致や資本調達の複雑性を緩和するという利得を提供するものでもある。

電力事業における地方自治体と投資家所有の間の相対的な効率性に関しては、おびただしいほどの実証研究が存在する。全体を概説すれば、これらの研究は、この2つの組織形態の間に明確な効率性の差異があるということを明らかにすることができていない[26)]。にもかかわらず、1920年代以来、投資家所有が自治体所有にとって代わるという長期的な傾向が確認できる。この変化が生じた明らかな理由は、技術進歩が効率的な発電規模を増大させた時に、農村部の電力協同組合とは違って、自治体所有の事業体が発電と送電の効率的な規模を達成するためのコンソーシアムを形成するために連合したり、統合化したりすることに失敗したことである。地方自治体は、むしろ、発電事業から真っ先に手をひき、単なる送電ネットワークの所有者に撤退する傾向となり、そしてその後その送電ネットワークすらも電力を供給する投資家所有の発電会社に売却した[27)]。このことは、地方自治体が、G&T協同組合を設立した農村部の配電協同組合と比べると、そのような統合化がより難しいものであったことを示唆するものである。その理由は、おそらく地方自治体の間の規模と構成に相違が存在し、そのため地方自治体は集団的所有に対してぎこちない対応しかできなかったものと思われる。

9.5 他の種類の公益事業における協同組合

電力と電話以外の公益事業において消費者協同組合がアメリカでほとんどみられない理由は、電力の事例を研究した時に考慮した要素と同様であろう。水道、ガス、し尿処理、および近年ではケーブルテレビなどの、電力と電話以外の公益事業は、主に都市部を中心に提供されており、そこでの人口の稠密さが、サービス提供のためのパイプや電線などを設置するためのコストを合理的なものとしている。農村部の世帯は、浄化槽でし尿処理を行う一方で、水は井戸から、ガスはプロパン、テレビは（衛星放送の直接受信をふくむ）放送で受信している。そのため農村部でこれらのサービスのために協同組合を設立するための機会は存在しないのである。また都市部においては、これらの公益事業は、協同組合としてではなく、規制された投資家所有企業か、自治体所有企業として組織化されている。それは、都市部の電力事業が協同組合として組織されないのと同じ理由によるものである。

9.6 料金規制が最善であろうか?

料金が規制された私的な公益事業体は、地方自治体の企業あるいは協同組合と同様に、消費者に企業経営に対する相当に大きなコントロール権を与えることによって、企業の顧客を独占的な収奪から守ろうとしている。しかしながら、料金規制のもとで、コントロールは、他の2つの企業形態と比べると、はるかに弱められており、また規則を守らせるようなものとなっている。

最初に、監督当局は企業の顧客によって直接選出されるのではなく、州レベルの政府によって任命され、大きな独立性が与えられているというのが普通である。消費者が規制政策に影響を与える直接的な意思表明の場があるとすれば、それは公式な公聴会ということになる。さらに企業自体のマネジメントでも、同様の公聴会を開催している。経営陣は企業の投資家所有者を代表しているので、ある顧客の便益のために別の顧客を収奪するような料金体系の設定は、全体の収益性を阻害する可能性があるために、反対するインセンティブを持っている。最後に、規制当局の命令は、消費者協同組合や自治体企業の価格政策に対して適用されるだろうものと比べて、はるかに厳格な基準による法的検査に従わせるものである。

以上のような顧客が企業戦略をコントロールすることへの制約は、自治体所有企業が独立した役員会によって行使すること以上に、公益事業の顧客の間の分裂化した政策から生まれる病理学的症状をやわらげ、またバランスをとるものであり、規制された投資家所有が大都市地域において比較的成功していることを説明するものである。

9.7 他の諸国における公益事業組織

公益事業の所有形態の組み合わせは国によって大きく異なっているが、その一般的なパターンは、アメリカでみられたものとはっきりとした類似性がある。電力事業および送電事業は、アメリカでは消費者協同組合がもっとも大きな市場を占めているサービスであるが、1つの事例を提供する。

フランス、ギリシャ、アイルランドのような諸国において、発電および送電のほとんどすべては単一の国有企業によって行われている。その他の諸国では、配電の多くは地域の自治体企業が行い、発電は主として（ベルギーやドイツのように）民営企業の手中にあるか、（オランダのように）政府企業によって行われている[28)]。配電や発電のための消費者協同組合は、最初アメリカで生じたけれど、協同組合形態は、他の諸国にも広まった[29)]。例えば、デンマークでは、発電は民間企業10社と自治体企業2社で行われ、配電は111社存在するが、そのうち5社は発電兼営会社であり、54社は自治体企業、52社は協同組合または民間基金団体である[30)]。同様に、インドネシアでは、合計で118にのぼる農村部の電力協同組合が、1990年までに設立されている[31)]。

地方自治体企業がヨーロッパにおいてもアメリカにおいても大きな役割を演じているけれど、アメリカにおいてなぜ消費者協同組合が普及しているようにみえるのかということに答えることは興味深い。ヨーロッパが一般的にアメリカよりも都市的な性格を持っていることが、このことに答える1つの回答かもしれない。デンマークの農業地帯において協同組合が多数みられることは、この見解に合致するものである。

9.8 結論

これまでの章で説明した産業と同様に、ある一定の条件において、公益企業を支配する所有形態は、リスク負担や資本へのアクセスのような考慮要因よりも、企業の顧客の相対的多様性や移動可能性による影響によって決定されているように思われる。消費者所有は、利用者当たりの資本コストが高いが顧客基盤は比較的安定的で均質的な農村地区で支配的である。投資家所有は、資本集約性が低いが顧客基盤が高度に多様化して移動率も高いような、大都市化した地区において重要な役割を果たしている。地方自治体所有は、顧客の均質性および安定性が中間的水準である地域に集中して存在している。

第10章 クラブおよびその他のメンバー組織

Clubs and Other Associative Organizations

カントリー・クラブ、都市のスポーツ・クラブおよび会員制食事会、友愛組合などは、パトロンによって集団的に所有されるか、あるいは会員により非営利で組織されている。このことは、漠然と考えている限り、驚くべきことではないようにみえるが、このパターンの所有が採用される理由を検討するといささか複雑である。これらの組織の所有を理解することは、これまでに検討し、またこれから検討する、学校や大学、法律事務所、保険会社、協同組合住宅と分譲住宅、住民協同体などのような事業にあらわれている、所有のパターンに重要な光を当てることになる。その結果、社会的なクラブ自体は、経済活動全体からみれば慎ましく、ごく一部の存在に過ぎないと考えられるにもかかわらず、クラブにおける所有の決定要素について注意をはらう価値は十分にある。

10.1 簡単な事例

パトロンのコントロールが最も理解しやすいクラブの簡潔な検討から始めよう。これらの事例としては、参加すること自体が目的であるような組織や、慈善または公共財を提供するような組織がある。その後、パトロンがコントロールするという合理的根拠がただちには明確ではない産業、すなわち投資家所有企業によって通常提供されている運動施設やレストランのようなサービスを主に提供している会員組織に関心を集中したい。

10.1.1 コントロール自体が目的となること

いくつかの会員組織においては、組織にたいしてコントロールを行使することは、それ自体目的となっている。すなわち、このような事例においては、集団的に意思決定すること自体、人と交流する機会となるべき会合を開催することの言い訳である。例えば、ある友愛組合は、みたところ明らかにこのような性格を有している。しかしながら、パトロンのコントロールは、それ自体目的である以外に、さらに別の何らかの手段であるように思われる。

10.1.2 慈善的移転に対する保護

公共的な財に資金を提供したり、（より稀であるが）慈善的サービスに金を出したりするような慈善的寄付を集める組織は、会員によってコントロールされることが多い。全米オーデュボン協会（National Audubon Society）は、その原型となるような事例である〔野鳥の保護をはじめとする、自然と環境の保護を目的とする団体〕。ここで明らかに重要な要因となっているのは、大きな情報の非対称性である。すなわち組織をコントロールすることによって、寄付者は寄付金が意図した目的で使われているということについて、追加的な保証を得られるのである。

このような組織は、通常は非営利形式で設立され、また他の種類の非営利組織との共通点が多い。第12章において非営利企業一般に焦点を絞ってより詳しく検討したい。

10.2 ロックイン

社会組織の構成員は、しばしば密接な個人的絆を形成しており、そのような仲間意識こそが組織の最も重要な目的である。しかし、これらの絆は、ロックインを生じさせる。すなわちあるクラブのメンバーに長く居続けた後に、他のクラブはもはや今のクラブに替えられるものではなくなり、そのためクラブ間の競争が弱められてしまう。このことは、クラブ所有の問題に注目した数少ない論文のひとつの中で、会員による所有の重要な理由として指摘されている[1)]。すなわち、投資家所有クラブの所有者は、この絆を維持するというメンバーの価値を経済的なレントとして、獲得するためにつねに会員料金を上昇させようとするに違いないというのである。

しかしながら、ロックインは多くの社会組織において深刻な問題ではなく、そのため消費者コントロールが必要とされる重要な理由ではないということを信じるに足る理由が存在する。社会的組織は、次から次に新メンバーの入会を認めているが、その他のメンバーと親密な個人的絆をまだ作り上げていない新メンバーが収奪されることはありそうもない。よく行われていることであるが、新メンバーは既存メンバーと少なくとも同じ料金を課せられるのであり、この料金価格では、既存のメンバーが収奪されているとはいえない。また仮に投資家所有社会的組織が新しいメンバーに対して現在のメンバーよりも安い料金を課すとしたならば、自分が参加するとしたら将来において同様なことが行われるだろうことを暗示することになり、新メンバーになろうとする人に対して加入したいという意思を失わせてしまうことになるだろう。

10.3 排他性

すべての社会的組織がパトロンによってコントロールされているとは限らない。むしろ、パトロン所有およびパトロンのコントロールは、メンバーを選択するような排他的な社会的組織にとくに集中している。

ゴルフ・クラブは、よい事例を提供してくれる。全米でおよそ13,000のゴルフ・コースがある。このうちほぼ6,000が投資家所有、2,000が自治体所有、そして5,000は会員所有である[2]。投資家所有のゴルフ・クラブは、自治体所有と同じく、一定の料金を支払えば誰でもプレーすることができるという意味ですべて「公開された」ゴルフ・クラブである。しかしながら、5,000の会員所有のコースは、実質的にはすべて「非公開の」クラブである。このことは、コースでプレーするためには、組織会員の料金を支払うだけでは十分ではないことを意味し、会員申請者は、一個人としてこのクラブに社交上受け入れられる必要があるということを意味している[3]。

同じような現象が、都市部のスポーツ・クラブにおいても見受けられる。すなわち、一般大衆に会員権を販売するクラブは投資家所有であることが普通であるが、社会的に排他的なクラブは、会員所有のものが多い。

会員所有のゴルフ・クラブが提供する施設は、投資家所有クラブが提供するそれと種類においては違いがない。ゴルフ・コース、そして多分、プロ・ショップ、テニスコート、水泳プール、食堂、およびバーなどである。したがって、所有形態の違いが生じる理由は、排他性の問題と結びついているに違いない。

投資家所有企業が社会的に差別的であることがされないことは、この相違を説明する理由としては適当ではない。投資家所有企業は、むしろ社会的基準によってしばしば顧客を選別することがある。例えば、1964年に公民権法が議会を通過する以前においては、公開ゴルフ・クラブばかりでなく、レストランやホテルを含むあらゆるタイプの民間サービス企業は人種的または宗教的理由で個人にサービスを提供することを拒否するのが普通であった。Studio 54というニューヨークにある上品なディスコは、十分に魅力的か、有名であるか、あるいはどうしても入場したいと懇願する顧客だけの入場を認めるというような、極端な営業戦略を1970年代末まで行っていた。主要なイギリス紳士倶楽部（English men's clubs）のいくつかは、それが流行した絶頂期においてさえ、非常に排他的であったが、民間所有による企業によって営まれていた[4)]〔英国で18世紀に上流階級の紳士淑女の間で誕生したクラブが、19世紀に上流の中産階級に普及した後、アメリカに伝わって富裕階層によるクラブが誕生〕。

社会的排他性と会員のコントロールの間に強い関連性があるからといって、それを単に公民権法の産物であるとするのは正しくない。公民権法は、会員所有の非公開クラブを設立することによりある程度回避できたかもしれないので、人種、宗教、性を理由にした差別をのぞむ組織の中には、非公開会員クラブを採用するという強いインセンティブを生み出したことは確かである。しかし、それらの組織は、特定の差別的な理由によることなく、排他性を有するものがほとんどであった。この点について付け加えると、公民権法が1964年に制定される前でさえも、社交クラブや運動クラブにおいて、会員コントロールと社会的排他性の間に強い関連があったのである。

以上を簡単に述べれば、排外的なクラブが一般的に会員のコントロールによるものだとすれば、それは他の組織形態を採用すると違法であったり、不可能であるためだと考えるのは単純すぎる。排他性と会員によるコントロールとの関連は、明らかにそれ以外の理由に求めるべきである。この関連に対するより納得感のある説明は、連帯財の所有に見出しうる。

10.4 連帯財

企業のパトロンとなるという個人の意思決定は、企業によって提供される財やサービスの品質と価格ばかりでなく、企業の他のパトロンの個人的な特徴にも依存するということをしめす多くの事例が存在する。非公開ゴルフ・クラブのような社会的クラブは、その目立った事例である。ある種のクラブに参加しようとする申込者は、クラブのコース、テニスコート、および食堂設備などの質に対するのと同様に、他のメンバーの個人的特性、例えば運動能力、人格、富、家系、職業、取引先などに興味を持つ傾向にある。2つのゴルフ・クラブが同等の設備をもち、同一の料金であったとしても、入会を考える人々はこれらの選択にまったく無関心でありうる。普通は、かれらは自分がより魅力的であるメンバーを有するクラブを好むようである。

教育機関は、もう1つの事例を提供する。学生は大学のプログラムの質を基本に大学を選択するのではなく、他の学生の学力、受けてきた教育、社会的な魅力度、運動能力、将来の有望性という観点から選択を行っている。

特に高いクウォリティをもっている顧客や学生をもつ社交クラブに参加したり大学に入学することの魅力は、他のパトロンと楽しむ機会を持つこと、とくに大学の場合は、仲間から学ぶこという機会を得ることにある。またある意味では、人生においてどこかで役に立つような出会いを作るために参加し、入学しているのである。またさらに、それがアピールすることがあるとすれば、そのような人々と交流することにあるのではなく、外部の眼からみて、そのような人々と自分が一体となっていることである。

便宜的に、このような組織を「連帯的組織（associative organization)」を名付け、この組織が供給するサービスのことを「連帯財（associative goods)」と称することにする。この種の組織は、社交クラブや大学を超えて多くの種類の組織を含み、そのいくつかは以下で検討が加えられる。しかしながら、パトロン所有に対するインセンティブに対してはっきりと焦点を絞るために、しばらくはゴルフ・クラブの事例をあげて検討を続けることにしよう。

10.4.1 協会と階層化

フィラデルフィアのメインライン郊外地区（Main Line suburbs）やシカゴのノースショア郊外地区（North Shore suburbs）のような都市郊外の富裕な住民に対して提供される、一般的には「カントリー・クラブ」と呼ばれている一群のゴルフ・クラブについて、特に検討を加えることにしよう。すでに述べたように、これらのクラブのひとつに会員として参加する魅力を生み出す要因は、家系、運動能力、取引先などの様々な要因があるかもしれない。例えばフィラデルフィア・メインライン・カントリークラブ（Philadelphia Main Line country clubs）を取り上げると、一定の社会的な状況のなかで会員になることを決める様々な属性の重要性を評価することには、個々人の考え方が異なっているかもしれないが、資格要件については一定の合意が存在するように思われる。その結果、クラブの会員とクラブの会員となるべき人については、彼らの個人的属性の総和を基礎とした、正会員としての望ましさに従って、大まかにランク付けすることが可能となる。われわれは、このランク付けにおける個人の位置を彼の「ステータス」と述べておく。ここで述べていることは、ある2人の個人を前提とした場合、2人の個人に関してより会員として望ましい者、すなわち「ステータス」が高い者がいるということが、クラブの会員および潜在的な会員の間で、一般的な合意が存在するということである。

会員に所有されているのか利益目的の企業家に所有されているのかを問わず、高いステータスのメンバーは他のメンバーに対してクラブを魅力的にすることにより大きな貢献をしているので、低いステータスのメンバーに対して、高いメンバーよりも高い料金を課すというインセンティブが生じる。しかしながら、実際には、カントリー・クラブやその他の社交クラブは、会員に対して同一料金を課すというのが一般的である。この慣例が存在する理由は、おそらくたくさんあるだろう。そのひとつは簡明さである。別の理由は、ロックインされた後の会員を収奪しないということで、クラブにつなぎ留めておくことである。だが次のことは疑いもなく明白な理由であろう。すなわち、会員の想定されるステータスによって料金を変えることは、嫉妬心を生じうる比較や憤りを増長させることになり、クラブの仲間意識という雰囲気を破壊してしまうだろうことである。

すべてのメンバーが同一の料金であるとすれば、1つの会員資格に対して、異なるステータスの2人の入会申込者があったクラブは、それが会員所有であっても投資家所有であったとしても、より高いステータスの申込者の入会を許可するだろう。反対に、ある人が2つの異なるクラブにそれぞれの同額の入会料を提示されるが、どちらか一方がより高いステータスのクラブであった場合、その人はより高いステータスのクラブを選択するインセンティブをもつだろう。その結果、高いステータスの個人はステータスの高いクラブに、次にステータスの高い個人は2番目にステータスの高いクラブにというように、順々に彼らのステータスに応じたクラブに入会することによって、階層的になってゆくのが自然の傾向である。次の節はこの傾向についてより詳しく検討を加える[5)]。

10.4.2 階層制の形成をめぐる競争のロジック

クラブの階層化傾向は、クラブが会員所有である場合に、もっともはっきりと容易に理解することができる。このようなクラブは、おおまかにいえば、コストに相当するだけの会員料金をつねに負担しなければならない。同じ規模と設備をもったクラブは、同一の料金であるが、そのこととは関係なく、入会する可能性のある人々は、クラブを選択する際に、クラブの既存の所属会員のステータスを基準となっている。このことは、2つのクラブがあるとしたら、すべての申込者は、より高いステータスのメンバーが属しているクラブに参加することを好むだろうことを意味している。もっとも高いメンバーのクラブは、申込者の中から好みの人、すなわち高いステータスの人を会員として選択することができる立場に置かれる。もっとも高いステータスのクラブは、このようにクラブに参加することを希望する者の中から、高いステータスのものだけを認めることによって、排他的であるというインセンティブを持つことになる。また高いステータスのクラブは、このクラブを他のクラブよりも選好している高いステータスの申込者を引き付けるのに成功するだろう。

実際において、ある特定のクラブはすべての申込者に同一の料金を課すので、申込人がもっとも希望する、つまり最も高いステータスのクラブに受け入れられるために競うのに唯一役立つものといえば、自分自身の個人的なステータスである。もっとも高いステータスの申込者は、最も高いステータスのクラブへの入会を争っている低いステータスの申込者を打ち負かすことができる。

その結果、諸クラブが、メンバーのステータスに従う、長く存続する安定的な階層制を形成することになる。クラブのすべてのメンバーがクラブのコストをカバーするのに見合う料金を払うことになるだろう。しかしながら、そのような料金と見返りに、高いステータスのクラブに属するメンバーは、低いステータスに属するメンバーよりも大きな便益、すなわち、より高いステータスの人々と交流できる可能性を得ることができる。

ここでひとつ、あるいは複数のクラブが、会員によって集団的に所有されているのではなく、利益追求の企業家（つまり、投資家所有）であったとすると何が起こるのかについて考えてみよう。これを理解する簡単な方法は、すでに述べた階層化した会員所有クラブの中で、もしもっともステータスの高いクラブ（ここでは「クラブ1」と呼ぶことにする）だけが企業家所有となったら何が起こるのかを問うことであろう。

クラブ1の所有者は、クラブ料金がコストを十分に上回ることを期待するに違いない。彼は、所属する会員に対して、2番目に高いステータスのクラブ（クラブ2）よりも高いステータスの会員を提供することができるので、彼はクラブ2の料金よりも高い料金を提示するかもしれない。より詳しくいえば、クラブ1の料金は、クラブ1のメンバーが、クラブ1の高いステータスと高めの料金とクラブ2の低いステータスと安い料金に対して無関心でいられる限度まで高くすることができる。もしクラブ1とクラブ2が同じ規模の会員で同様の設備を有していたとしたら、これらは会員達の経営コストは同一であろう。もしクラブ2が会員所有であるならば、その料金はコストと等しいものと想定できる。クラブ1はより高い料金を設定できるので、クラブ1の所有者は、メンバーがクラブ2に流失することなしに会員から純利益を稼ぐことができる。クラブ3やその他のクラブはクラブ2よりも低いステータスのメンバーで構成されているため、クラブ1のメンバーにとっては、クラブ2よりも魅力的な代替物とはいえないだろう。

クラブ1以外のすべての競合するクラブが、クラブのコストよりも高い料金を課さない会員所有であったとしても、クラブ1の所有者は、所属するメンバーにコスト以上の料金を課して純利益を稼ぐことができる。かりに他のすべてのクラブがクラブ1のメンバーを喜んで受け入れようとしたとしても、クラブ1が課しているよりもはるかに低い料金を設定しなければ、これらのメンバーをひきつけることに成功しないだろう。このような環境の中では、クラブ間の競争は、価格を通じてコストを低下させることはない。なぜならば、様々なクラブは、それぞれのクラブのメンバーのステータスに応じた差別化をしており、均質な商品ではなく、むしろかなり差別的な商品を提供しているからである。その結果、クラブ1の所有者は、ある種の独占、すなわち、社会の最上級のクラブに所属する会員に関する独占を行っているのである。彼が独占価格を設定できるのは、このような理由によるものである。

この分析は、クラブ1と名付けた最上級のステータスのクラブが私的所有であったとしたら起こりうることについて答えただけであるが、階層化した他のクラブ、例えばクラブ5が私的所有であり他のクラブが会員所有であったとしても、この分析の結果は十分に当てはまる。クラブ5の所有者が、クラブ5に残るか、あるいは退出して次にステータスの高いクラブであるクラブ6に参加するかについて無関心である限界まで価格を上昇させることができるはずである。他方において、より高いステータスのクラブ1から4は、コストに等しい料金体系をとっていたとしても、クラブ5のメンバーの入会を認めたがらないだろうから、クラブ5の課す料金は上位のクラブに対して何の影響もない。したがってより低いランキングのクラブ5に対して実質的な競争を仕掛けるクラブはないはずである。

クラブのうちひとつだけが私有企業であるという仮定していることは、特に重要なことではない。例えば、もしクラブ1とクラブ2が私的所有であるとしたら、クラブ1はクラブ2が会員所有であった場合の料金よりも高い料金を課すことができるはずである。クラブ2の所有者は、所属するメンバーがクラブ2に残るか、あるいはやめてクラブ3に参加するかということについて無関心でいられる限り、コストを上回る利益を付加しようとするインセンティブを持つだろう。その結果、クラブ1は、より高い料金の支払いとより高い料金となっているクラブ2へ参加しようとすることに無関心でいられる限度まで料金を引き上げることができるはずである。

クラブが会員それぞれの個人ステータスに応じて料金を自由に変えられるならば、クラブ間の競争は、独占的価格設定の可能性をほぼ取り去るだろう。しかしながら、価格差別を行う能力がなければ、それぞれのメンバーのステータスは、クラブの他のメンバーに対して、外部性という性質をもつものである。その結果、入会戦略において排他性への強力なインセンティブが生まれ、ひるがえっては、この戦略はステータスによるクラブの階層化につながっている。さらに階層化は、市場力を生み出すのである。

10.4.3 会員所有に対するインセンティブ

以上のように、それぞれのクラブが、ステータスに関係なく、所属会員に対して同一料金を課すと制約されているとすれば、クラブは、メンバーのステータスに従って階層化する傾向が生じる。この階層化は、最上級のステータスのメンバーで構成されるクラブに対して市場力を与える。すなわちこれらのクラブは、高いステータスの会員と交流することができるという特権について会員に対してプレミアムを要求することができるのである。もし会員所有でなく投資家所有あるいは企業家所有であるとしたら、彼らはそのようなプレミアムを課金されることが予想される。

それゆえ、自らクラブを所有することによって、価格による収奪を回避するために、クラブのメンバー、とりわけ高いステータスのクラブのメンバーは、クラブを所有することに対して強いインセンティブをもつ。私的所有者が独占価格で会員に販売するもの自体が、会員自身の高い個人的なステータスであることから、私的所有クラブによる独占的収奪は特に気に入らないものであり、またそれを避けるインセンティブが強いのはそのためである。さらに会員所有へのインセンティブは、価格収奪には関心がうすい。私的所有クラブによる利益最大化を目的とする所有者は、コストを超える価格を課金するばかりでなく、クラブの会員規模をより大きくするというインセンティブをもち、そのため、会員がコントロールした場合と比べて、排他性の薄い（より低い平均的なステータスの）会員が集まることになるだろう[6)]。

10.5 その他の連帯的組織

前述の分析は、カントリー・クラブのみに当てはまるものではない。このロジックは、完璧に一般的なものである。連帯財を提供する企業が属する産業、あるいは価格差別を行うことができない、すなわち、個々の企業が顧客に同一価格を課さなければならない企業が属する産業において、独占的収奪を回避するために顧客が企業を所有するインセンティブが存在する。

私立大学は、すでに言及している1つの事例である。アメリカには約3,400の単科大学および大学が存在しており、その約5分の1が私立大学であるけれど、この数字が示すよりもはるかに競争的状況は脆弱である。この重要な理由は、大学が学生の（学術的、運動的、社会的な）ステータスに関する階層化が大きく進んでいることである。この階層化は、いつの時代にも明らかではあったけれど、最近の数十年にはより明白なものとなっている。このことは、全国的に実施される（一般的に応募者のステータスを判定するための尺度を提供する）学力テストの結果生じたものであり、また1950年代以来、エリート養成機関において、優秀さよりも経済的な必要性だけをもとに金銭的な援助を行うことが、才能ある学生に安い学費を提供することよりも一般的になった結果生じたものである[7)]。その結果、もし才能のある大学生年齢の学生の家族のような知識のある一群の人々が、全米で上位25のベストの大学名を述べるように質問され、それらを1位から25位までランク付けしたとしたら、そのリストの内容と順番は、疑いなく重要な共通認識をあらわしているものといえる。またそのランキングは、その大学の研究組織や設備の質に基づくものというよりも、大学に入学している学生の知力に大いに依存するものであろう。

エリート大学がこのようなステータスの階層によって獲得した市場力は、これらの大学が私的所有企業としてではなく、卒業生、すなわち、かつての顧客であり継続的な寄付者が実質的なコントロールをにぎる非営利企業として組織されていることの理由であるように思われる。実際には、アメリカにおける高等教育機関のうち約10%が投資家所有である。その一部は一般教育をおこなう短期大学であるが、そのほとんどは、若干のロー・スクールを含む職業専門学校である。しかし、提供される教育の質は何であれ、教育ステータスの階層でいえば、これらの職業専門学校は低い層に集中する傾向にある。もちろんエリート教育機関が非営利形態を採用する別の理由もあり、そのうちもっとも明白なものは、第12章で検討されるように寄付金収入に大きく依存していることである。しかし、教育機関が全収入を学生負担の授業料から得たとしても、投資家所有を回避するためのインセンティブを提供するに足る市場力がある。

アパートの建物もまた連帯的組織である。その理由は、アパート入居者がその建物に入居している他の人々の個人的な性格について関心を持つのが一般的であるからだ。このことは、次章でみるように、なぜアメリカにおけるアパートの協同組合所有が、裕福なエリート層向けに供給された建物から始まったのかという理由を説明するのに明らかに役立つ。また保険会社も個々の保険契約者が晒されたリスクの大きさに応じて保険の価格を調整することができないという程度において、連帯的組織である。第14章でさらに検討するが、このことは、この産業において相互会社形態（契約者所有）が広範に利用されていることと関連がある。

郊外住宅地でさえも連帯的組織である。個人は高価な住居を建設する人々からなる共同体のパトロンとなる、すなわち、そこに住むという強いインセンティブを持っている。このインセンティブは、たんに魅力的な環境や豊かな友人に対する嗜好ばかりではなく、高価な住宅はそのコミュニティの固定資産税を上昇させ、地方自治体サービスの実際の価格が軽減することからも生まれている。その結果、郊外は、地域区画当局を利用して「居住許可要件」を設定することがあるが、この要件は、建築される新しい住居の最低限の品質と密集度の最大限度などに関連する条件などである。その結果、郊外地区のコミュニティが居住者の富に応じて階層化することになる。そしてこの階層化が通常とは別のインセンティブ、すなわちコミュニティが地区の協同組合、要するに居住者がコントロールする自治体として組織されるというインセンティブを生むことになる。

企業からサービスを購入する個人にとって連帯的性格をもつと同様に、企業に対してサービスを販売する個人にとっても連帯的性格をもつ企業が存在しうる。例えば、研究者がある特定の大学との雇用関係を結ぶと決める時に、俸給や教育負担などの労働条件をもとに選択するのが普通であるが、むしろ第一義的には、所属する学部の他のメンバーの職業的業績を基準にして決めるのが普通である。法律家は法律事務所に参加する時、その事務所に能力の高い弁護士が所属するところを選ぶのが典型的である。弁護士の事例では、郊外の場合と同様に、その動機の一部は、直接的に金銭上のことである。つまり法律事務所の所得は一般的にある程度までプールされ、個々の弁護士の所得は、同僚の生産性に依存するものである。この結果、大学の所属部局の質に関連して大学の階層化が生じ、また弁護士の質に関して法律事務所の階層化が生まれている。またこの階層化は、ひるがえって、企業に労働市場における市場力を与え、その結果、これらの産業において、投資家所有が回避されるというインセンティブが強化されるのである。

法律事務所のような組織に見られるように才能によって従業員を階層化することは、おそらく労働者協同組合を生み出す原因であるというよりも、その帰結として生まれたものである。第6章で検討したように、労働者（従業員）所有は、平等主義的な賃金支払い構造へのインセンティブを生み出す。この平等主義的賃金構造は、能力に従って企業内の労働者を階層化するインセンティブを強化する。階層化から生じた市場力が、労働者所有へのインセンティブを増強するように思われるけれど、このことは所有形態を選択する上での重要な動機ではないように思われる。

10.6 所有のコスト

消費者所有企業によって供給されない連帯財も多く存在する。例えば、地下鉄や鉄道への乗車も連帯財である。すなわち、ある人々は他の人よりも別の人と車両をともにしたいと思うかもしれない。にもかかわらず、鉄道車両が乗客によって集団的に所有されることは一般的ではない。また、レストラン、バー、リゾート、ホテル、および遠洋航行船は、連帯的組織だが、通常は投資家所有によるものである。このような事例において、投資家所有が採用されている理由は、投資家以外のパトロンの所有となった場合に法外なコストが必要となるためである。これらの企業のパトロンとなる人々が非常に分散した状態であり、また移動率が高い上に、企業との取引量がきわめて少ないなどの理由により、自ら所有者として組織するコストが、組織化によって生じるサービスのコストと品質の改善という価値を、はるかに上回ることが考えらえる。多くの社会的クラブにおいては、これとは対照的に、所有のコストは比較的低い。例えば、カントリー・クラブのメンバーは、一般的に同じコミュニティに生活しており、社会活動や運動を長年定期的にクラブにおいて行ってきている。クラブに市場力を与えるメンバーの均質性は、集団的な意思決定のコストを抑制するのに役立つ。

所有のコストが低いことは、しかしながら、パトロンのコントロールを促すための十分条件ではない。例えば、全国の投資家所有の公開ゴルフ・コースの多くのパトロンは、おそらく相対的に低いコストで自分たちの所有者で組織化できるだろう。しかし、これらのゴルフ・コースの顧客は、他のパトロンの個人的特徴が重要であるとはそれほど思っていない。彼らは、ゴルフをするためにコースを使いたいだけなのである。そのようなゴルフ・コースは、排他的な会員戦略によって市場力を確立するような立場にない。これらのゴルフ・コースは、他のゴルフ・コースとの競争において、施設や価格のみが重要となる。地方の市場が複数のゴルフ・コースを存在させるのに十分なだけ大きかったならば、競争は料金をコストに近いものとし、その結果、消費者所有を行うほど大きなインセンティブがなくなってしまう傾向になる。また、実際に、投資家所有のゴルフ・コースは、しばしばこのような環境の中で数多く存在する（市場が小さすぎてゴルフ・コースを複数運営することができない環境においては、ゴルフを排他的に社交化するものと混同して欲しくない人々にとって、そのゴルフ・コースは、規模の経済性だけを基盤として独占力を持つだろう。この事例の場合、ゴルフ・コースは、誰でも料金さえ払えば利用できるような排他的でない消費者所有となるか、あるいは前章で述べた自治体公益事業のように、市民に拡大した消費者所有の実体をもつ、自治体所有のものとして組織化されることになるだろう)。

投資家所有の施設であるが、その利用の一部が、消費者によって排他的にコントロールされるような組織であったとしても、所有のコストと契約のコストの間のトレードオフは明らかに存在する。外洋クルーズや河川クルーズは、よく知られた事例である。このようなクルーズは、高度に連帯財である。にもかかわらず、消費者所有のコストが高い。その結果、船舶自体は投資家所有であり、クルーズは所有者によって直接マーケティング活動が行われるか、あるいは投資家所有の旅行代理店によって仲介されるかのいずれかであることが普通である。しかしながら、ときおり大学の同窓会とか美術館のメンバーなど、会員がコントロールする非営利グループがそのようなクルーズの仲介者として活動することがある。その非営利企業は、船舶の所有者と一定のクルーズについて全船の利用契約を行い、それによってクルーズを組織の会員に対して排他的に利用できるようにする。この結果、グループのメンバーは、(グループのメンバーに限定するという) 高い品質の連帯財を、(仲介人が非営利であり、また会員によってコントロールされているので) 独占価格を支払うことなく獲得することができる。

同様の取り決めが時々鉄道旅行においても生じる。例えば、イリノイ州の富裕層の住む郊外であるLake Forestとシカゴのビジネス街にある会社との間を毎日通勤する一群のビジネスマンが、シカゴ&ノースウェスタン鉄道の通勤電車に彼ら自身の専用車両を長い間共同で借りている――このようにして、投資家所有の列車の中に、まさに文字通り排他的な「クラブ車両」を生み出しているのである。

10.7 混同した動機

要約すれば、社交クラブのような連帯的組織は、消費者所有が普通にみられる他の産業にみられるパターンに当てはまっている。すなわち企業の側の大きな市場力が消費者のコントロールをめぐる低いコストと結びついていることである。本章でとりあげた組織に関して特に興味深いことは、消費者に対する市場力が、通常考えられないような原因で生じることだが、その原因は、しばしば消費者自身の個人的な性格に由来するのである。

第11章 住宅供給

Housing

1960年のアメリカにおいて、複合住宅の居住用住宅のうち99%以上が商業的所有者からの賃貸によるものであった。それ以来、急激にその数を増大させるアパートは、協同組合住宅、あるいはより一般的には分譲マンションという形式で集団的に所有されるようになった。1991年頃には、協同組合住宅および分譲マンションは、全複合住宅のうち16%を占めるまでに増大している[1)]。投資家所有のアパートから協同組合および分譲マンションに置き換わるという傾向は、20世紀の初めのヨーロッパでも展開され、その後も同地において進展したようだ。所有をめぐる近年の急激な移動は、興味をそそるものであり、またその原因となる要因の探求を誘うものである。

11.1 住宅協同組合および分譲マンションの組織と進化

住宅協同組合では、建物の居住者は、個々の部屋を賃貸している。契約は、財産権を付与する法人の持ち分を保有することを通して、賃貸人が集合的に建物を所有するという事実において、通常の家主・賃貸人契約とは異なるものである。すなわち、賃貸人は、集合的には、彼ら自身の家主を務めるのである。分譲マンションにおいては、対照的に、居住者は占有している個々の部屋を借りるのではなくむしろ所有するのである。分譲マンションにおいても、集合的に所有される大切な部分が残っているが、それは、玄関、エレベーター、外構、天井、土地などの財産の共有部分に限られている。

住宅協同組合による建物においては、建物全体をカバーする単一の包括担保によって、協同組合組織に対して集合的に負債金融が提供されるのが通常である。分譲マンションにおいては、個々の住宅所有者が、それぞれの区分所有部分を担保として、それぞれに個別の抵当金融を行う。以上を除くほとんどの運営上の点においては、この2つの形態は非常によく似ている。とりわけ、典型的な協同組合住宅のリースは、一定の年度を区切るような標準的なリースではなく、むしろ賃貸人が住居部分を永久に占有する権利を与えるような「占有部分付賃借権（proprietary lease）」である。賃借権および協同組合の関連する持ち分は、市場が価格づけをすることができるならば、賃貸人はそれを販売することができる。その結果、協同組合の成員は、分譲マンションの所有者と同じように、彼が占有する住宅を独占的、かつ永続的に所有し、またそれを自由に譲渡することのできるような所有権[2]を、事実上持っているのである。この2つの形態は、あわせて「所有者占有集合住宅（owner-occupied apartment buildings）」と総称されることがある。

アメリカにおいては、協同組合住宅は、分譲住宅よりも古くから存在していた。ニューヨークでの最初の、ということはおそらくアメリカで最初の協同組合住宅は、1876年に建設されたものである[3]。1929年までに、ニューヨークには、少なくとも125の協同組合住宅が存在しており、そのうちの多くは豪華な建物であった[4]。協同組合住宅は、この時期に他のアメリカの都市部に普及した[5]。例えば、シカゴは1930年頃には100棟もの協同組合住宅が建てられていた[6]。

1930年から1975年の間にどのくらいの数の協同組合住宅が存在していたのかを示す正確な数字はない。しかしながら、1960年のある推計は、やや甘い見積もりではあるが、15万の協同組合住宅が存在するとした。この数字はすべての多世帯集合住宅のおよそ1%に相当する。またニューヨークの多世帯集合住宅の3分の1が協同組合住宅であると推計されている[7]。1975年から得ることのできるより体系的なデータは、協同組合の市場シェアが1976年に歴史的ピークに達し、すべての多世帯住宅の2.2%に達したことを示している。この年までに、分譲マンションは、所有者占有集合住宅にとって好もしい形態であるとして、協同組合住宅に代替するようになっていた。

ニューヨークは、新築の協同組合住宅が市場において重要な役割を持ち続けた唯一の重要な法域であった[8)]。

1961年以前のアメリカにおいては、分譲マンションの建設を有効にするような法律がなかった。このため、コモンロー上の手続きで不動産譲渡手続きを容易に行うことが難しかったために、アメリカではほとんど分譲マンションが建設されていなかった。しかしながら、1961年から1963年の間に、分譲マンション建設を有効にする法律が34州で制定され、1つの州を除くすべての州が同様の法律を1967年までに制定した[9)]。

これらの法律の制定が、ただちに分譲マンションの大規模な形成につながったわけではなかった。事実、1970年以前には、比較的少数の分譲マンションが建設されただけであった。しかしながら、その後、分譲マンションは、新築あるいは賃貸物件からの転換によって急に増加し始め、すぐさま全国の都市部における住宅市場の大きな部分を占めるようになった。

11.2 契約コスト

11.2.1 市場力

単純な市場力は、しばしば企業を消費者所有企業にする重要なはずみとなるけれど、住宅共同組合と分譲マンションの形式に関しては、それが重要なはずみであったとは信じられない。多世帯集合住宅が立地する人口密度の高い都市部においては、容易に代替可能な様々な形態の集合住宅が存在しているのが普通である。賃貸の集合住宅の市場が、たえず競争的に存在しているのである。

11.2.2 ロックイン

賃貸集合住宅の市場は、ある人が新しい集合住宅を探し求める際に、特に競争的である。しかしながら、その人が特定の集合住宅を占有するようになると、他の集合住宅を探すコスト、引っ越しのコスト、および隣人や隣人関係を変更するコストが実質的に大きくなるために、ある程度ロックされた状態になってしまう。賃貸人が家主による部屋の明け渡し請求に応じなければならないのは、最初のリース契約にサインする時ではなく、リースを更新する時であるのは、そのためである。

同時に、家主も賃貸人にロックされるようになる。賃貸人がリース契約を更新しなかったとしたら、家主は、集合住宅をきれいにし、宣伝し、またすぐに賃貸人が見つからなかった場合には家賃が失われてしまうというコストに直面するのである。家主が、賃貸人との契約を更新する際に、同じ部屋に別の新たな賃貸人が負担すると思われるのとほぼ同額の賃貸料を要求する[10]ということが資料から明らかになっているが、このことは賃貸人の事後的な市場力が、家主のそれと平均的に少なくとも等しいことを示している。そこで、事後的な市場力は、せいぜい賃貸人と家主の間の双務的な一定の独占に帰結するものとなり、その結果、賃貸所有が回避すべき、賃貸借をめぐる費用のかかる争いが生じる若干の可能性がある。

11.2.3　排他性

ある事例においては、集合住宅の所有者は、集合住宅の特徴に由来するのではなく、そこに住んでいる居住者の特徴に由来する市場力を持つかもしれない。要するに、第10章で分析した社会的に排他的な組織の多くでみられたタイプの市場力である。

魅力ある隣人である居住者群を確保している家主は、そうでない家主よりもその集合住宅に対して、より高い賃料を要求することができる。どんな種類の賃貸人においても、家主間の競争は、家主が望ましいと思う賃貸人を探索し選別するのに費やされるコストを上乗せするような賃貸料の増加を抑えるはずである。しかしながら、超富裕層のような社会的エリートが居住する建物では、その家主は、特定の顧客から独占的に高額な家賃を引き出すのに有利な立場にいるのかもしれない。そのような居住者は、比較的高いステータスの隣人を持つという大きなプレミアムをしばしば生み出す。だが第10章で検討した、エリート大学やカントリークラブと同様に、ある特定の社会階層に属する見込み居住者の数があまりにも少ないために、家主間に効果的な競争が生まれにくい。その結果、社会的に排他性を望む居住者は、自分自身の建物を集合的に所有することによって、高額な独占的家賃支払いを回避することができるかもしれない。

このことは、裕福な人々の間で、社会的排他性が、協同組合集合住宅で生活することの重要な理由であると長く考えられてきたことを説明する理由であり[11]、またこれが、第二次世界大戦以前に建設された、そのほとんどが豪華な造りであった協同組合住宅建設の重要な動機であったことを示す証拠である存在する[12]。だが現代においては、多くの協同組合住宅、特に分譲マンションにおいて、この要因は、それほど重要な要因ではないだろう。所有者占有集合住宅の市場は、いまや社会的エリートをこえて十分に拡大している。また分譲マンションは、協同組合と対照的に、社会的な基準で見込み住居所有者をスクリーニングしないことが一般的である[13]。

11.2.4 モラルハザード

賃貸集合住宅は、複雑な長期取引であり、あらゆる場合を想定して網羅的に契約を書こうとするとコストが高いため、モラルハザードが生じやすい。賃貸人は、賃貸契約期間をこえて恩恵が続くような部屋の維持管理に対し過少投資したいというインセンティブを持つ。いいかえれば自分の所有物でもない部屋を大事に使用するインセンティブを持たないだろう。反対に、家主は、もっぱら現在の賃貸人に恩恵が生じるような（迅速な修理などの）部屋の改善に対して過少投資するインセンティブを持つ。占有者所有は、これらのインセンティブ問題を和らげることができる[14]。

これらのインセンティブ問題は、単一世帯の戸建住宅のほとんどが、居住者の所有である（アメリカでは85%が居住者所有[15]）ということを説明する上で重要な役割を果たすものである。しかしながら、賃貸集合住宅においては、これらの問題は、それほど深刻なものではないようである。集合住宅における外構やユーティリティシステムのような長期的な投資が必要な大事なシステムは、居住者がコントロールできるものではなく、また居住者が過少投資するインセンティブをもつものではない。住居部分については、一般的に居住者による大きな維持管理が必要なものではない。占有部分の内部の補修が認められている場合においてさえ、大きな改修を行いたいとする居住者はほとんどいない。むしろ彼らは個別に家主と交渉しようとするだろう。他方において、家主が機会主義的に行動するインセンティブは、賃貸の更新や新しい賃貸契約の際に、良い評判を得るという利益によって制約される。

にもかかわらず、自分の部屋を自分の趣味にかない、利便性が高くなるように実質的に改修することを希望する居住者にとっては、少なくとも、家主と契約することは、複雑な交渉および不完全なインセンティブによって高いコストが生じる可能性があり、このことは明らかに居住者所有に対するインセンティブの重要な部分をなすものである。

11.2.5　時間の経過

住宅市場における比較的豪華な建物のみに関するものであるが、1960年以前に調査された契約コストからは、アメリカの集合住宅を集合的な占有者所有に向かわせたとするのに十分な結論は導けない。その後、この契約コストが、急に高くなったということもないようである。したがって協同組合および分譲マンションの急激な普及を説明するためには、われわれは補助金および規制の観点から所有のコストの変化について目を向けていかなければならない。

11.3　居住者所有のコスト

11.3.1　集団意思決定

集合住宅の居住者は、建物に対して集団的なコントロールを行使するのにあらゆる意味でよい立場にある。彼らは、通常長い年月の間建物を占有し、それに自分の多くの所得をつぎ込む。彼らは、単にそこで生活しているというだけの理由で、特別の努力を払うことなく建物の管理について多くの情報を取得する。彼らは、お互いに隣りあわせて居住しており、取り決めを行うためのミーティングを簡単に開くことができる。さらに、彼らが同じ建物に住むことを選んだという事実から、その建物の居住者は選好、富、そして社会的背景において、普通以上に均質的な傾向にある。集団的ガバナンスのコストをたいへん低くするこれらの要因は、住宅建設が、消費者所有が一般的である数少ない小売商品およびサービスである理由を十分に説明する。

しかしながら、このことは、集団意思決定が集合住宅において費用のかからないものであるということを意味しているわけではない。居住者は、会合に参加するために時間を費やさねばならないし、また、そうしなければ、彼らの知識とならないだろう情報を共有するために時間を使う必要がある。あるいは、彼らが知らされていないことに関する決定をするというコストも負担しなければならない[16]。さらに集合住宅内の様々な居住者の利害が大きく相違することもありうる。ある居住者は、ロビーの壁面に木目のビニールの壁紙を張ることで満足するかもしれないが、他の人は、無垢材を利用するために必要な支出をすべきであると考えるかもしれない。ある者は地下に性能のよい洗濯機をほしいと思うかもしれないが、洗濯物をクリーニングに出したり、自分の洗濯機をもっている人々はそうは思わないだろう。さらに1階の居住者は、最上階の居住者に比べてエレベーターをリニューアルすることに熱心ではないかもしれない。そのため、コストのかかる争いの原因は少ないとはいえず、その結果として、居住者の全体の厚生を最大化することが難しいかもしれない。

集団意思決定のコストに関する直接的な実証的結果を得ることは難しいが、様々な判例が、メンバー間のコンフリクトが協同組合住宅と分譲マンションのガバナンスにおいて深刻な問題を生じたことを示唆しており[17]、またメンバー間での均質性こそが、協同組合住宅と分譲マンションの実現可能性にとって大変重要な助けになっていることを明らかにしている[18]。集合住宅の居住者所有比率が戸建て家屋の持ち家比率よりもずっと低いことは、戸建て住宅において集団意思決定のコストが、ある意味では存在しないということを反映したものであるかもしれない。

11.3.2 流動性

一方において、所有者居住住宅に対する負債金融を利用するときに、建物は十分な担保を提供するものである。このことは、他の消費財・サービスと比較して、住宅の消費者所有の比率が例外的に高いことを十分に説明している。他方において、個別住宅や集合住宅は、購入金額全額の貸し付けに対して完全な担保を提供するわけではなく、また住宅価格は、居住しようとする人々の所得と比較して高額であることが普通である。その結果、所有居住者は、通常、その住宅に対して大きな資産を投資しなければならないが、この投資は彼の財産を超えた額であるかもしれないし、少なくとも、彼の富の流動性を著しく失わせることになるので、彼を賃貸に向かわせるかもしれない。

このところ数十年間の所有居住者による集合住宅の人気が大きくなっていることは、少なくとも部分的には、所有に必要な資産に対してより多くを投資することを認めるような、居住者の流動性の軽減が行なわれていることを原因としているという想定がなされるに違いない。しかし、この結論とは正反対の証拠を見い出すことができる。集合住宅の所有が最初に急速に進展した1970年代中頃から後半において、それ以前の20年と比べて、家計の実質所得は全体としてそれほど成長していなかった[19)]。同時に、住宅価格は、1970年代には、それ以前の20年間とは対照的に、物価の上昇率よりも大きく上昇しており、その結果、世帯所得に対して住宅価格が相対的に高騰していた[20)]。さらに物価上昇率は、1970年代末に劇的に上昇し、抵当貸し付けに対する名目利払いを著しく増大させ、新しい住宅購入者に対して、流動性問題を悪化させないように、貸付金の元本をより速く償還させるように促すことになった[21)]。

最後に、20世紀を通して、集合住宅居住者の数はかなり大きなものになったが、彼らは、大変成功している者であり、最近までは賃貸をしていた者であった。これらの人々は、少なくとも流動性が制約されていたわけではなかったに違いない[22)]。

11.3.3 リスク負担

リスク負担は、関連の深い問題である。多くの個人にとって、彼らが住む住居の価値は、彼らの富を大いにつぎこんだものなので、家を所有することは、賃貸と較べてはるかに分散投資の程度は低い。さらに、個人住宅の市場価値は、彼らの行う重要な金融以外の投資と正の相関関係となる傾向がある。とりわけ、地方の労働市場の悪化は、住宅価格の下落に影響を与える傾向にあり、その結果、職を失った人が、その住宅価値も同時に低下させてしまうという結果を被るかもしれない。

しかしながら、単一家族の一戸建て持ち家の比率が異常に高いという事実は、他の場合と同じくここでも、リスクが所有形態の選択に強い決定要因とならないことを示唆する。インセンティブに関する重要な考慮要因が、単一家族の家屋と同様に、他の要因に重きを置く場合には、人々は、大きなリスクに直面したとしても、所有を考えることがある。ともあれ、分譲マンションと協同組合住宅の大きな拡張が生じた、1970年代および1980年代に、議論されていた流動性問題の結果、平均的な家族の住宅所有のリスクが実際に増大していた。

リスク負担が住宅の居住者所有に味方するような先例もある。特に年金から決まった名目所得を得ている年金生活者は、インフレ率の変化から生じる深刻なリスクにさらされている。住宅を購入することによって彼らは住宅支出に関する限り、インフレによるリスクをヘッジすることができる。このことは1960年代以降、充分な年金を受け取って退職した人々の多くに分譲マンションや共同組合住宅が普及したことを説明するものである。しかしながら、あらゆる世代にこれらの形態が普及したことを説明することはできない。

11.4 法的環境の重要性

以上のことから、市場契約の基本的コストも、消費者所有の基本的コストも、1960年代以降のアメリカにおける分譲住宅と協同組合住宅の大きな拡張について確信に満ちた説明を導くことはできないようだ。このことは、この拡張の理由が、住宅を左右する組織的、規制的、あるいは税法的なものの変化によることであることを示唆する。3つの具体的な変化をその候補に挙げることができるだろう。すなわち、家賃統制の広まり、住宅所有に対する税金補助の増加、および分譲住宅を組織することに対する新しい法律の発布である。

11.5 家賃統制

特に家賃統制は、賃貸集合住宅の収益率を抑制することによって、協同住宅と分譲マンションを作るという強いインセンティブを生み出す。

西ヨーロッパにおいて、協同組合住宅や分譲マンションが急速に拡大する上で家賃統制が大きな役割を果たしたと信じるに値する十分な理由がある。家賃統制は、戦間期には多くの法域で廃止されたが、第一次世界大戦期のヨーロッパにおいて初めて行われた。第二次世界大戦の間には、家賃統制は新たに復活しその後残存した。それ以来西ヨーロッパのほとんどでは、家賃統制は効力を持ち続けた。分譲マンションと協同組合住宅の普及は、ほぼ同様のパターンに従っている。分譲マンション形式を多世帯集合住宅に最初に拡張的に応用したのは、第一次世界大戦後のことであり、また分譲マンションと協同組合住宅が支配的となったのは、第二次世界大戦以降のことであった[23]。その上、ほとんどのヨーロッパ諸国の分譲マンションと協同組合住宅の市場シェアに関する十分なデータはないものの、その市場シェアは、もっとも家賃統制規制が広範に行われている諸国において、もっとも大きいように思われる。例えば、第二次世界大戦以降、家賃統制が普通に行われることになったイタリアにおいて、賃貸集合住宅の市場は、実質的に消滅したように見える。そして分譲マンションと協同組合住宅が多世帯集合住宅においてほぼ普遍的に普及するようになった。

アメリカにおいては、ヨーロッパとは対照的に家賃統制が協同組合住宅と分譲マンションの初期の普及の直接的な要因であったという事実は、ただちに否定される。近年協同組合住宅と分譲マンションの増大を経験しているアメリカのわずかな都市だけが、家賃統制を行っているだけだった[24]。少なくとも（新築とは区別されるものとして）賃貸から所有という転換に関するかぎり、家賃統制を行っている法域は、統制していない法域と比べて、転換が活発に行われていなかったようである[25]。

しかしながら、家賃統制に対する警戒心が少なくとも分譲マンションの増大に対する何らかのインセンティブになった可能性は捨てがたい。1970年に、ニューヨークは家賃統制を行った唯一のアメリカの都市であった（第二次世界大戦後、ニューヨークでは家賃統制の法律が廃止されなかった）。しかし1979年時点では、家賃統制は、ロスアンゼルス、サンフランシスコ、ボストン、ワシントン特別区をはじめとした、少なくとも250の地方の法域で採用されており、また急速に拡大し続けている[26]。西ヨーロッパ諸国の初期の家賃統制の導入をまねするような、この展開は、まだ家賃統制が実施されていない法域にある多くの潜在的家主の意欲をそいだものかもしれない。

11.6 税的補助

連邦所得税は、賃貸住宅に対しても、また持ち家に対しても、様々な時に様々な種類の担税者に大きな補助金を与える制度を有している。しかしながら、持ち家所有者に対する補助金は、賃貸住宅よりも持ち家住宅所有者を優遇することから、大きな税金の不公平を生み出している。これまでの各章で検討した税金の不公平とは対照的に、持ち家住宅所有者への正味の税的補助金は大きなものであり、かつ計量化するのが比較的容易なものである。

持ち家所有者に対して提供される税的優遇策と賃借人に対し提供されるそれを、一般的な優遇措置の構造を記述する中で別々に検討し、もって住宅の総コストのうち税的優遇策がどれほど重要であるかを推測することからはじめる。居住者所有、すなわち、集合住宅のための分譲マンションと協同組合住宅という形式を一緒にして、正味の税的補助金の数量的な推計を行ってみる。

11.6.1 持ち家に対する優遇

賃貸に対する持ち家への税的補助金については、普通は抵当借入利子の軽減措置や課税所得を計算する際に行われる財産税の軽減がしばしば連想されるのであるが[27]、これらの控除は実際上補助の源泉ではない。家主もまたこれらの控除を受けることができるし、また競争的な市場の中では、賃貸市場も同じく競争的であると考えらえるが、控除の価値は賃貸人に受け渡されるはずである。むしろ補助金の主要な源泉は、持ち家所有者に帰属する賃貸価値を個人課税対象所得に含むことが出来ないという中に存在するのである[28]。この税的補助金の価値は、持ち家所有者が家主とは対照的に減価償却を認められていない事実とある程度相殺されるものであろう[29]。しかしながら、家主の控除の欠如は、一般的には、帰属する賃貸収入を除外した価値を相殺するほど十分に大きなものではない[30)]。

さらに1951年以来、所有居住者住宅建設は、販売の前金が別の所有居住者の住宅に再投資されるかぎりにおいて、住宅販売で得られたキャピタルゲイン課税を遅らせることができるという特別な規則から恩恵を受けている。この規則は、担税者が55歳以上の年齢である場合には、個人住宅の販売から得たキャピタルゲインは1回に限り免除される特典を与えるという1963年に制定された別の規定によって補完された。

所有居住者に対するこれらの税的優遇策の恩恵は、1942年以降、協同組合住宅建設に対して拡張されていた。その年に、協同組合住宅の居住者株主は、協同組合によって支払われている抵当利子および財産税に対して自分の持ち分に応じた割合で控除することを許された[31)]。それ以前においては、そのような控除は許されていなかった[32)]。このことは、1942年以前において協同組合が所有居住者住宅建設において十分な税的補助を受ける上で不利であったということを意味するものではない。同年以前に十分な補助金を得るためには、住宅は抵当貸し付けで金融されるのではなく、組合員の即金によって所有される必要があった[33)]。ほとんどの協同組合住宅がそうであった豪華な建物のファイナンスは、おそらくこのような即金による方法だったものと考えられる。

内国歳入法には、分譲マンションの住宅の所有居住者に財産税や抵当ローンの利子に関する控除を認める特別な規定は存在していない。つまり控除は、戸建ての持ち家者に一般に適用されているのと同一の規定の下に行われている。これらの控除の許可は、1964年に内国歳入庁によって最初にはっきりと認識されたが[34)]、分譲マンションの個室の所有者が、同年以前の時期において、控除の利用可能性を検討されていたとは考えにくい[35)]。

所有居住者のための税的補助の価値は、大雑把にいえば、所有者の限界税率に比例的に決まる（より正確にいえば、仮に課税されるとしたら、賃貸所得に対して適用されるだろう所有者に課せられる税率である）。税金を払わない人々は補助金をまったく受けない一方で、高い税率適用範囲にある個人は大きな補助金を受けることになる（すなわち、所有しても賃貸しても同額の税金を支払うということである）。

表11.1　限界税率

年	家計の所得分布							
	20%	40%	50%	60%	80%	95%	99%	最上位
1936	0%	0	0	0	0	0	6	79
1946	17	17	19	19	19	27	35	86
1956	20	21	24	24	26	32	43	91
1966	18	20	22	22	27	36	46	70
1976	19	25	27	28	36	45	58	70
1985	17	24	28	32	42	45	48	50
1988	15	15	15	28	28	28	28	28

出典：Henry Hansmann, "Condominium and Cooperative Housing: Transactional Efficiency, Tax Subsidies, and Tenure Choice," 20 *Journal of Legal Studies* 25, 55（1991）.

税率はしばしば変更されているので、所有居住者に対する税的補助金の価値もまた変化している。一般的には、平均的な税的補助金は、年とともに大きくなっており、第二次世界大戦の時期に特に急激に大きくなった。表11.1は、このことをある程度明らかにするために、所得分布の異なる様々な人々の限界税率の枠について1936年から1988年の期間について推計したものである。最初の列は、所得の下位から20%の百分位に属する所得の人の限界税率を示している。第7番目の列は、99%百分位に属する人の限界税率（つまり所得分布の上位1%に属する人々のそれである）を示している。第8番目の列は、当該年度で適用されたもっとも高額な限界税率である。1960年代まで最高の税額は高い率であったが、それが適用されるのはきわめて少ない人々に対するものであった。例えば、1936年において、最高率は500万ドルをこえる所得にのみ適用されている。

表11.1は、所有居住者の住宅建設に対する税的補助金は、1936年の所得分布の上位1%に属する人々を除いた人々には存在していなかったことを示しており、また上位1%に属する家計でさえも補助金を大きなものとするほど税率が高くはなかった。しかしながら、第二次世界大戦後は、補助金がかなり多くの住宅所有者にとって意味をもつほど十分に大きくなり、1970年中頃にかけてはさらに増大傾向をみせた。

11.6.2 賃貸に対する選好

連邦税法は、賃貸物件に対して他の投資に相当する補助金を提供しているが、それは賃貸物件の減価償却を、実際の経済的価値に基づく減価償却を超える償却控除を許すという範囲で行われるものである。とりわけ、1954年と1986年の間の税法は、二倍定率法（double declining balance method）に従って計算されることが許されるなど、非常に寛容な償却控除が認められていた[36]。さらに1986年まで、家主は、賃貸の建物を有限パートナーによってファイナンスすることが許されていたが、この有限パートナーシップは、（有限責任パートナーとして参加する）外部投資家が、不動産投資における初期に生まれた減価償却ルールによって生じた巨額な税額のロスと相殺して得られた所得を非課税とすることを許すものであった。この結果は、減価償却控除が実質的に高い税額に属する担税者に転嫁されて、家主に対して控除から最大限の価値を引き出すことを許したのである[37]。

賃貸住宅建設に対する税的補助金は、ある時期において大きなものであったが、1986年以降は、不動産に対する減価償却控除を厳しく削減し、また投資家が他の所得を税金で庇護するような減価償却控除を用いることを厳しく制限した、新しい法律によって大きく減少することになった[38]。

11.6.3 所有居住者に対する補助金の正味価値

表11.2は、ある特定の年における賃貸と居住者所有の住宅建設に関する年間資本コストを、建物の市場価値の比率で示したものである。算出は、1936年から10年ごとに始めている。1986年は2度にわたる非常に異なる税制の変化を生じた年なので、この年に代わって1985年と1988年の数字を示すことにした。

各年において、「所有」と表示された行は、もし同年に居住単位を購入したとしたら、購入者が合理的に期待される同年の税引き後キャッシュフロー額を示している[39]。「賃貸」と表示された行は、家主が同年に建物を購入したとした場合に合理的に期待される居住単位賃貸に対する税引き後コストを示している。これは、もし十分に競争的な状況の中で家主に家主のコストに等しい賃貸料を請求するとしたら、賃貸する者のコストとなるが、この中に

表11.2 建物の市場価値の比率で表した税引後の住宅建設コスト（最低税額でない）

年		家主／所有居住者の所得分布							
		20%	40%	50%	60%	80%	95%	99%	最上位
1936:	賃貸	5.08%	5.08	5.08	5.08	5.08	5.08	5.03	6.70
	所有	5.08	5.08	5.08	5.08	5.08	5.08	4.77	1.63
1946:	賃貸	4.21	4.21	4.13	4.13	4.13	3.78	3.35	−7.45
	所有	3.73	3.73	3.61	3.61	3.61	3.12	2.64	−0.11
1956:	賃貸	7.13	7.09	6.99	6.99	6.91	6.67	6.10	−3.92
	所有	6.16	6.08	5.85	5.85	5.70	5.23	4.39	1.43
1966:	賃貸	6.76	6.68	6.60	6.60	6.38	5.92	5.50	3.85
	所有	5.89	5.73	5.57	5.57	5.17	4.44	3.78	2.32
1976:	賃貸	3.22	2.69	2.50	2.41	2.02	1.45	0.18	−1.95
	所有	2.51	1.86	1.65	1.54	0.98	0.34	−0.58	−1.43
1985:	賃貸	8.08	7.62	7.44	7.23	6.61	6.38	6.12	5.93
	所有	7.12	6.19	5.65	5.12	3.79	3.43	3.16	2.97
1988:	賃貸	8.88	8.88	8.88	8.83	8.83	8.83	8.83	8.83
	所有	7.39	7.39	7.39	5.65	5.65	5.65	5.65	5.65

出典：表11.1を参照

は資本に対する市場金利が含まれている（1976年と1985年において、家主の税引き後コストは、家主が当該年において個人に適用される「最低税額」に従っているかどうかに依存するようになっており、表11.2Aはこれらの2年間については代替的な計算を行っている）。

表11.2（および11.2A）の算出に含まれるコストは、投下資本と借入資本、および減価償却コストに正味税額を加えたものである。税引き後コストは個人所有であっても賃貸であっても同額にするために、住宅建設のその他のコストである、建物、共有設備などの維持費のようなコストはこれには含まれていない。表11.2の数字は、居住所有者と賃貸の両者の年間資本コストを、建物の初期購入価格に費やした金額に対する比率で、別々に示している。長期的にいえば、建物の購入価格は、建築コストによって決定されるはずであり、また購入者が家主であろうが、分譲のための団体であろうが変わること

表11.2A　建物の市場価値で表した税引き後の住宅建設コスト（家主への最低税額）

年		家主の所得分布							
		20%	40%	50%	60%	80%	95%	99%	最上位
1976:	賃貸	3.87%	3.41	3.25	3.17	2.87	2.44	1.48	−0.14
1985:	賃貸	8.74	8.34	8.20	8.05	7.56	7.38	7.18	7.03

出典：表11.1を参照

はない。これらの計算によって生み出された数字を比較することによって、同一物件を、一方において賃貸で運営するコストを、他方において協同組合または分譲マンションとして生じるコストを、税制のみにより生じたコストとして、その相違を観察することができる。

居住所有者のための住宅建設コストは所有者の課税枠に依存し、また賃貸物件のコストは家主の課税枠に依存するので、表11.2は、所有に対しても賃貸に対しても各年において異なる8つの課税枠ごとにコストを示している。各年の課税枠は、異なる所得分布に対応するものとして、表11.1で与えられているものと同じである。表11.2の列は表11.1の列と対応している。例えば、最初の列は、所得分布において20%の百分位に属する人々の世帯収入に対応する課税枠の人々の数字を示しており、また最後の列は、最上位の限界的な課税枠に属する人々の数字を示している。

表11.2から当該年における所有居住者のコストを知るためには、その人の所得分布に応じた列を参照すればよい。他方において、表11.2で「賃貸」とされている行においても同様に税額ごとに家主コストが示されているのであるが、必ずしもこれが賃貸人のコストになるわけではない。賃貸アパートの市場が、ありうることであるが合理的な競争状態にある場合には、市場力は、限界的な家主のコストを同一なものとするように作用する。すなわち、市場力は、需要と供給が一致した時に市場に残っている家主の中で最も高いコストの家主のコストと同一となるように駆り立てるのである。もっとも高いコストの家主は、もっとも低い税枠に属する者である[40]。賃貸者に関するある年度の賃貸のコストは、表11.2の限界的な家主の税額枠に示される数字で与

えられる。より高い税額枠の家主が純利益を稼ぐ一方で、低い税額枠の家主は市場から押し出されてしまうことになろう。

残念ながら、われわれは限界的な家主の税額枠に関する実証的に信頼できるデータを持ち合わせていない。しかしながら、有限パートナーシップによる組織化された不動産投資が容易であったので、少なくとも大規模な集合住宅や豪華な集合住宅は1986年の税制改革法[41]以前においてはこの枠が比較的高いものであったことを想定することは理にかなっている[42]。

表11.2の数字は、賃貸住宅に対する所有居住者の正味の税金補助額を教えてくれる。つまり、(a)賃貸ベースで建設された建物と、(b)分譲住宅あるいは協同組合住宅として建設された建物が同一の集合住宅である場合に、居住する際の税引き後の両者のコストを比較することによって、賃貸と所有居住の比較ができるのである。ある年度の比較をするためには、(a)所得分布の限界的な家主の位置に対応する列の「賃貸」列の数字と、(b)その所得分布における個人の位置に対応する「所有」列の数字を比較すればよい。

表11.3と11.3Aは、表11.2および11.2Aに示されている年度および税額枠について、比較した差額を示している。具体的に、表11.3において1976年の数字を取り上げて考えてみると、所得分布の80%百分位に属する個人は、もし賃貸よりも居住単位を所有し、限界的な家主の税額枠が所得分布の95%に含まれているとしたら、その居住単位の年間の居住コストは、0.47%だけ低くなるということがわかる。家主から賃貸する年間コストは、表11.2から、住居単位の市場価値の1.45%であるので、このことは、賃貸コストに対して32%の節約ということになる（さらに、ここで資本コストについても触れておかねばならない。トータルの市場賃貸コストに占める貯蓄の割合はより小さいと思われる）。あるいは、ドルベースで考えると、10万ドルの市場価値をもった集合住宅に対する年間貯蓄は、470ドルであると考えてもよいだろう[43]。

所有居住者に対する正味の税的補助を明確に計測した値は、表11.3と表11.3Aの対角的な位置にある数字によって提供される。つまりこれらの数字は、居住者と限界的家主が同じ税額枠にあった場合のコストの相違を示すものである。表11.4の最初の列は、所得分布の95%百分位に対応する税額枠にいる人々を再掲している。表11.4の3番目の列は、所有居住者のコスト節

表11.3　建物の市場価値で表した賃貸費用と所有者の費用の差（最低税額でない）

所有者の所得分布	限界家主の所得分布							
	20%	40%	50%	60%	80%	95%	99%	最上位
1936年	0.00%	0.00	0.00	0.00	0.00	0.00	−0.05	1.62
20%	0.00	0.00	0.00	0.00	0.00	0.00	−0.05	1.62
40	0.00	0.00	0.00	0.00	0.00	0.00	−0.05	1.62
50	0.00	0.00	0.00	0.00	0.00	0.00	−0.05	1.62
60	0.00	0.00	0.00	0.00	0.00	0.00	−0.05	1.62
80	0.00	0.00	0.00	0.00	0.00	0.00	−0.05	1.62
95	0.00	0.00	0.00	0.00	0.00	0.00	−0.05	1.62
99	0.31	0.31	0.31	0.31	0.31	0.31	0.26	1.93
最上位	3.45	3.45	3.45	3.45	3.45	3.45	3.40	5.07
1946年								
20%	0.48%	0.48	0.40	0.40	0.40	0.05	−0.38	−11.18
40	0.48	0.48	0.40	0.40	0.40	0.05	−0.38	−11.18
50	0.60	0.60	0.52	0.52	0.52	0.17	−0.26	−11.06
60	0.60	0.60	0.52	0.52	0.52	0.17	−0.26	−11.06
80	0.60	0.60	0.52	0.52	0.52	0.17	−0.26	−11.06
95	1.09	1.09	1.01	1.01	1.01	0.66	0.23	−10.57
99	1.57	1.57	1.49	1.49	1.49	1.14	0.71	−10.09
最上位	4.32	4.32	4.24	4.24	4.24	3.89	3.46	−7.34
1956年								
20%	0.97%	0.93	0.83	0.83	0.75	0.51	−0.06	−10.08
40	1.05	1.01	0.91	0.91	0.83	0.59	0.02	−10.00
50	1.28	1.24	1.14	1.14	1.06	0.82	0.25	−9.77
60	1.28	1.24	1.14	1.14	1.06	0.82	0.25	−9.77
80	1.43	1.39	1.29	1.29	1.21	0.97	0.40	−9.62
95	1.90	1.86	1.76	1.76	1.68	1.44	0.87	−9.15
99	2.74	2.70	2.60	2.60	2.52	2.28	1.71	−8.31
最上位	5.70	5.66	5.56	5.56	5.48	5.24	4.67	−5.35
1966年								
20%	0.87%	0.79	0.71	0.71	0.49	0.03	−0.39	−2.04
40	1.03	0.95	0.87	0.87	0.65	0.19	−0.23	−1.88
50	1.19	1.11	1.03	1.03	0.81	0.35	−0.07	−1.72
60	1.19	1.11	1.03	1.03	0.81	0.35	−0.07	−1.72
80	1.59	1.51	1.43	1.43	1.21	0.75	0.33	−0.33
95	2.32	2.24	2.16	2.16	1.94	1.48	1.06	−0.59
99	2.98	2.90	2.82	2.82	2.60	2.14	1.72	0.07
最上位	4.44	4.36	4.28	4.28	4.06	3.60	3.18	1.53

所有者の所得分布	限界家主の所得分布							
	20%	40%	50%	60%	80%	95%	99%	最上位
1976年								
20%	0.71%	0.18	−0.01	−0.10	−0.49	−1.06	−2.33	−4.46
40	1.36	0.83	0.64	0.55	0.16	−0.41	−1.68	−3.81
50	1.57	1.04	0.85	0.76	0.37	−0.20	−1.47	−3.60
60	1.68	1.15	0.96	0.87	0.48	−0.09	−1.36	−3.49
80	2.24	1.71	1.52	1.43	1.04	0.47	−0.80	−2.93
95	2.88	2.35	2.16	2.07	1.68	1.11	−0.16	−2.29
99	3.80	3.27	3.08	2.99	2.60	2.03	0.76	−1.37
最上位	4.65	4.12	3.93	3.84	3.45	2.88	1.61	−0.52
1985年								
20%	0.96%	0.50	0.32	0.11	−0.51	−0.74	−1.00	−1.19
40	1.89	1.43	1.25	1.04	0.42	0.19	−0.07	−0.26
50	2.43	1.97	1.79	1.58	0.96	0.73	0.47	0.28
60	2.96	2.50	3.32	2.11	1.49	1.26	1.00	0.81
80	4.29	3.83	3.65	3.44	2.82	2.59	2.33	2.14
95	4.65	4.19	4.01	3.80	3.18	2.95	2.69	2.50
99	4.92	4.46	4.28	4.07	3.45	3.22	2.96	2.77
最上位	5.11	4.65	4.47	4.26	3.64	3.41	3.15	2.96
1988年								
20%	1.49%	1.49	1.49	1.44	1.44	1.44	1.44	1.44
40	1.49	1.49	1.49	1.44	1.44	1.44	1.44	1.44
50	1.49	1.49	1.49	1.44	1.44	1.44	1.44	1.44
60	3.23	3.23	3.23	3.18	3.18	3.18	3.18	3.18
80	3.23	3.23	3.23	3.18	3.18	3.18	3.18	3.18
95	3.23	3.23	3.23	3.18	3.18	3.18	3.18	3.18
99	3.23	3.23	3.23	3.18	3.18	3.18	3.18	3.18
最上位	3.23	3.23	3.23	3.18	3.18	3.18	3.18	3.18

出典：表11.1を参照

約を（表11.2の2番目の列から得られる）賃貸の資本コストに対する比率で示したものである。4番目から6番目の列は、最低課税が適用されたと仮定した場合の数字を示している、表11.4の3番目の列の数字から、賃貸ではなく居住者所有の建物の資本コストにおけるコスト節約の比率が1930年代のゼロから1976年のピークには少なくとも77%になり、その後に若干その比率を

表11.3A　限界家主に適用される代替的最低税額表11.3の数字

所有者の所得分布	限界家主の所得分布							
	20%	40%	50%	60%	80%	95%	99%	最上位
1976年								
20%	1.36%	0.90	0.74	0.66	0.36	−0.07	−1.03	−2.65
40	2.01	1.55	1.39	1.31	1.01	0.58	−0.38	−2.00
50	2.22	1.76	1.60	1.52	1.22	0.79	−0.17	−1.79
60	2.33	1.87	1.71	1.63	1.33	0.90	−0.06	−1.68
80	2.89	2.43	2.27	2.19	1.89	1.46	0.50	−1.12
95	3.53	3.07	2.91	2.83	2.53	2.10	1.14	−0.48
99	4.45	3.99	3.83	3.75	3.45	3.02	2.06	0.44
最上位	5.30	4.84	4.68	4.60	4.30	3.87	2.91	1.29
1985年								
20%	1.62%	1.22	1.08	0.93	0.44	0.26	0.06	−0.09
40	2.55	2.15	2.01	1.86	1.37	1.19	0.99	0.84
50	3.09	2.69	2.55	2.40	1.91	1.73	1.53	1.38
60	3.62	3.22	3.08	2.93	2.44	2.26	2.06	1.91
80	4.95	4.55	4.41	4.26	3.77	3.59	3.39	3.24
95	5.31	4.91	4.77	4.62	4.13	3.95	3.75	3.60
99	5.58	5.18	5.04	4.89	4.40	4.22	4.02	3.87
最上位	5.77	5.37	5.23	5.08	4.59	4.41	4.21	4.06

出典：表11.1を参照

落としていることがわかる。他方において、居住者所有から生じる金銭的な絶対額の節約は、1988年に頂点に達しており、この年において（最初の列で示されているように）住居ユニットの価値の3.18%に相当する年間節約が計算されている（いいかえれば、100,000ドルの価格の住居に対して3,180ドルの節約である）[44]。もし最低課税が限界的家主を含むものであるとした場合には、その節約額は、最後の3つの列で示されているように、1976年と1885年においてより劇的なものである。

協同組合住宅および分譲マンションへの税的補助金の大きさを判断する1つの方法は、1985年に100世帯の新しい集合住宅が、ユニット当たり10万ドル（全世帯では1000万ドル）建設されたと想定することである。表11.4の数字を用いると、ディベロッパーがこの集合住宅を賃貸建物として賃貸アパー

表11.4　所得分布の95%百分位にいる場合の所有居住から生ずる節約

年	最低税額なし			最低税額付き		
	表11.3の節約	表11.2の賃貸	賃貸における節約の%	表11.3Aの節約	表11.2Aの賃貸	賃貸における節約の%
1936	0.00%	5.08%	0%			
1946	0.66	3.78	17			
1956	1.44	6.67	22			
1966	1.48	5.92	25			
1976	1.11	1.45	77	2.10%	2.44%	86%
1985	2.95	6.38	46	3.95	7.38	54
1988	3.18	8.83	36			

出典：表11.1を参照

トとして経営するよりも、分譲マンションとして売却する方が、1年当たり建物全体で295,000ドルの節税（もし最低課税が適用可能だとしたら395,000ドル）を期待することができる。

11.6.4 協同組合住宅および分譲マンションの普及の意味

1930年代から1980年代にかけての50年間にわたって、賃貸住宅とは逆に、所有居住者に対する税的補助の強化が進展していることは明らかである。1936年には、所得分布の上位1%の住宅居住者に対する所有への有利な正味の税的補助が存在しただけであり[45]、その補助金は最上位の限界的な課税枠に属する少数の人々にとってのみ意味のあるものだった。1956年には、家主が上位の課税枠に属している場合を除いて、すべての人々に対して所有に有利な正味の税的補助金が生じることになっていた。1966年と1976年頃には、もし最低課税が一般的に含まれるとしたら、この正味補助金はさらに潜在的な家主と居住者が同一の課税枠である場合は、おしなべてさらに大きい金額となった。最後に、1988年には居住者または家主の課税枠にかかわらず、所有にとって有利かつ実質的な正味の税的補助が存在するようになっていた。

この発展パターンは、一般論としていえば、協同組合住宅と分譲マンションの展開に対応している。1930年代において、協同組合住宅の多くは、豪華で高級な市場に限られていた。それから協同組合住宅の市場は、ゆっくりとしたペースであったが1950年代まで成長をし、1960年代からはこの成長に分譲マンションも加わるようになった。その後、協同組合住宅および分譲マンションは、急激に増大を始めた。このことから、税的補助の存在が、協同組合住宅および分譲住宅の建設を普及させる重要な誘因となり、また税的補助が欠如していた時期には、協同組合住宅と分譲マンションが、集合住宅のうちで極めて小さなシェアを占めていたことを説明するものと推測できるに違いないと、われわれは考えた。

しかしながら、より短い時期に目を向けると、協同組合住宅と分譲マンションの建設率は、所有に対する正味の税的補助の大きさとそれほど明確な相関をもっているわけではない。とりわけ、1970年代中頃に協同組合住宅と分譲マンションの建設率の大きな上昇がみられたけれど、正味の税的補助は1966年におけるそれよりも一般的に増強されたとはいえないし、また課税枠最上位の家主を除けば、1956年のそれと比べても著しく増大していたとはいえない。より近年の年次データをみるとすれば、この関係はより解釈しにくい結果となるはずである。表11.1は、1973年から1986年までのそれぞれの年における所有に対する正味の税的補助と集合住宅建設の新築における協同組合住宅と分譲マンションの割合を示している。この数字が証明しているように、この期間における協同組合住宅と分譲マンションの建設率は、あえていえば、所有への正味の補助金と逆相関にあるようにみえる（これは、税引き後コストの変化が、税額補助の実現後およそ4年後に施工主に対して生じるということを信じないとするならば、なおさらのことである）。このことは、協同組合住宅と分譲マンションの建設率を、正味の税的補助に対して直後あるいはラグを伴った数字で回帰する時に負の相関関係を示すという、統計分析によって確認されている。

結論的にいえば、税的補助が協同組合住宅と分譲マンション建設の発展に対する1つの重要な誘因であり続けたとしたら、その効果はあきらかに長期的なゆっくりとしたものとして現れるだろうとうことである。

図11.1　1973-86年の正味の税的補助と新築

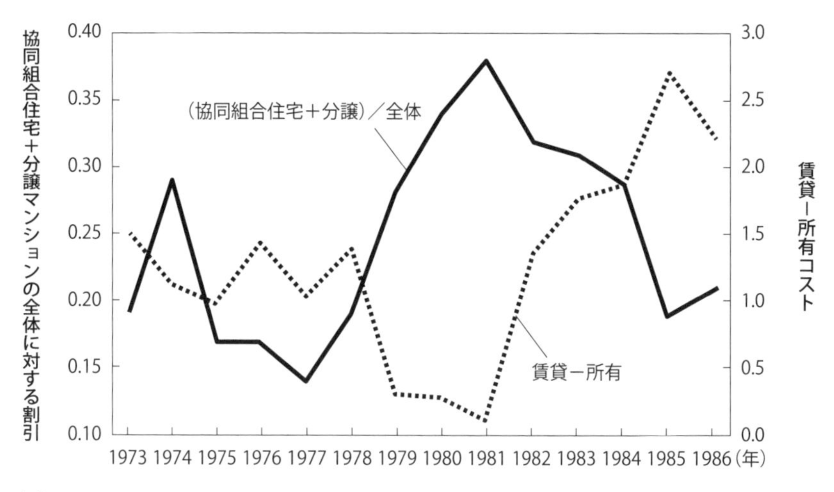

出典：Henry Hansmann, "Condominium and Cooperative Housing: Transactional Efficiency, Tax Subsidies, and Tenure Choice," 20 *Journal of Legal Studies* 25,55（1991）.

11.7 組織イノベーション

アメリカにおける分譲住宅の近年の普及を説明するさらに考えうる説明要因は次のようなものである。すなわち、分譲マンションが1960年代の初めにアメリカ法に導入された時点で、それは、協同組合住宅によって提供されていたよりも著しく低価格の集合住宅の所有居住者のコストを軽減するという組織イノベーションを生み出し、またこのことによって、集合住宅市場において、従来よりもはるかに大きなセグメントで、所有居住者に費用効果が生みだされるようになった。

この説明は「組織イノベーション理論」と呼ばれるものに信頼を寄せるものであり、ある程度の信憑性がある。所有の共有財産要素を最小化し、個別部分を個人の世帯ごとに切り離してファイナンスが行われることによって、分譲マンションは、協同組合住宅と対照的に、建物の居住者がお互いに金融的な保証関係を持つ度合いを削減した。これによって、分譲マンションは、建物の居住者が債務不履行となって、残りの居住者に混乱を引き起こすといった可能性が、協同組合住宅よりも起こりにくいものとなった。このような債務不履行のドミノ現象が、1930年代の不況期に協同組合住宅で発生し、協同組合住宅はリスクが高いという評判がその後数十年間広まっていた。

さらに分譲マンションとは対照的に協同組合住宅においては、あるメンバーは他のメンバーと同一レベルの負債金融を行うように制限されている（あるいは最近まで制限されていた）。もし集団的な抵当ローンが建物の市場価格の40%にすぎないとされていたら、新しいテナントは、住居単位を購入するコストの40%を超える借り入れを行うことができない[46]。

これらの理由あるいは別の理由によるかもしれないが、いずれにせよ、分譲マンションは、少なくとも、たいていの目的の協同組合住宅よりも、少なくとも限界的にはより効果的となっていたはずである。さもなければ、分譲マンション形式がアメリカ法に導入された時期からそれがニューヨークを除くアメリカ全土において協同組合住宅よりも急激に建設された理由を説明することが難しい。しかしながら、組織イノベーション理論に対してはいくつかの反対意見がある。この反対意見は、協同組合住宅に対する分譲マンションの効率上の優位性が限界的なもの以上ではないこと、また所有居住者からなる集合住宅が急に大きな人気を生み出したことを説明するのに不十分であるという疑問をわれわれに提示する。

11.7.1 なぜ分譲マンション形式がもっと初期に採用されなかったのか？

分譲マンション形態は、ヨーロッパから輸入されたものであり、ヨーロッパにおいては長い間知られている形態であった。分譲マンションが協同組合よりはるかに効果的であるのならば、なぜこの形態が、1960年代よりもずっと前に輸入されなかったのだろうか？

この疑問に対して次のような答えが考えられる。ヨーロッパ諸国が、第一次世界大戦後において、アメリカに導入するのに十分に適合的なモデルとなった分譲マンションに関する諸法を精緻化していたことは間違いない[47]。一般的な概念としては古かったとしても、分譲マンションをめぐる諸法がヨーロッパで有効になったのは、アメリカに輸出されるよりも少し早い時期であり、この時期において、両大陸で多かれ少なかれ刺激的な法的イノベーションとなったのである。

アメリカにおける分譲マンション諸法の制定をめぐる実際の状況は、この形態の経済的優位性にもかかわらず驚くほど注目されていなかった。実際にこの法は、ヨーロッパから直接輸入したものではなく、ラテンアメリカやプエルトリコ経由でスペインからゆっくり迂回してアメリカ本土に到達したものであり、まったく思いがけないものであった。アメリカ州法に分譲マンション諸法の採用を促した決定的な出来事である、1961年の連邦抵当ローン保険の分譲マンション居住者への拡張適用は、長い間分譲マンション形態を利用してきたプエルトリコの利害関係者によるロビー活動の結果もたらされたものであった。アメリカ本国の住宅開発業者、金融業者、および消費者は、この活動を積極的に支持したわけではなかった。したがって、この時点において、分譲マンション形態が、不動産関連業界にとって重要な効率的な優位性を提供するものと理解されていなかったことは明らかである（このことは彼らが分譲マンション形態に単に不慣れであったということの反映であることは確かである）[48]。

11.7.2 分譲マンションの発展にラグが生じた理由

分譲マンション形態が、集合住宅の所有居住者のコストの明瞭な削減を生じさせるとしたら、分譲マンション法の施行と分譲マンションが数の上で実質的に発展した時期との間に10年のずれが生じているのはなぜかという疑問が生じるに違いない。

産業プロセスのイノベーションについては、その普及率が幅広く研究されているが、確かにそれらの研究では、イノベーションの導入から広範に採用されるまでに数年のラグがあるのが普通であることが明らかにされている[49]。さらに、分譲住宅のような組織的イノベーションは、産業プロセスのイノベーションとは対照的に、生産者（文脈に即していえば住宅ディベロッパー）が新しい形態や手法の優位性やそれを補完する手段を学習するだけではなく、貸し手、ブローカー、そして顧客がそれを理解し、また信頼することが必要となる。とりわけ消費者は、居住専有部分の再販売市場が存在することを信じなければならないが、この市場が実質的に発展する以前に、それに対する信頼性が担保されることが必要である。それゆえ、イノベーションの出現とその広範な採用の間に10年のずれがあったということが、このイノベーションがコストを大きく削減しなかったということを明らかにするものではない。

11.7.3 ニューヨーク市に多くの協同組合住宅が存在する理由

組織イノベーション理論に対する最後のより有効な反論は、1986年頃のニューヨーク市において、分譲マンションの専有ユニット数に対して、協同組合住宅のそれは5倍の大きさを維持しており[50)]、また協同組合住宅は、新築あるいは（より重要なこととして）所有形態の転換によって、分譲マンションの数をはるかに上回る規模で新たに増え続けているという事実である[51)]。この理由は、ニューヨークの消費者、弁護士、貸し手、および不動産エージェントは、この地において――とりわけ1945年から1965年にかけての家賃統制の時期において、独自に協同組合住宅を発展させたという大きな経験を蓄積していることである。他の法域にはみられないこの経験が、分譲マンション形態が利用可能になった後でさえ、協同組合住宅の取引コストを分譲マンションよりも有利にさせていたようだ。分譲マンションが組織形態として協同組合よりも著しく効率的であるとしたら、分譲マンションが利用可能になった後においても、四半世紀にわたって協同組合住宅が市場を占有し続けるほどの協同組合住宅に対する愛着は起こりえないように思われる。この結論は、以下の事実によって補強される。すなわち、続いて議論する商業用建物において、ニューヨーク市における協同組合住宅と分譲マンションは、ほとんど同数であった。これらの商業用建物は、ニューヨークの居住者集合住宅市場で分譲住宅が十分に地歩を確保した1978年以降に建設され建物であった。もし分譲住宅が協同組合住宅よりも大きな効率性を示すものであるならば、商業建物において分譲マンション形態のみが存在するはずだと予想されよう。

ニューヨーク市のこれらの発展は、もし分譲マンション諸法がアメリカで採用施行されなかったとしたら、過去20年間に分譲マンションとして組織された建物の多くは、協同組合住宅で建設されていたに違いないと思われ、また所有居住者の集合住宅は、大雑把にいって従来どおりであったものと十分に考えられる。

11.8 商業利用の分譲マンション形態と協同組合住宅

近年における協同組合住宅と分譲マンションの普及は、もっぱら税金のインセンティブへの反応であり、組織イノベーションやその他の要素ではないということを説得的に示す証拠は、協同組合住宅または分譲マンション形態として組織された商業利用の建物が明らかに少ないということである。

分譲マンションがアメリカで依然として新しい存在であった1960年代において、それは商業用部門において大きな成長を遂げるものと広く考えられていた[52]。だが、この予想は実現しなかった。商業用の協同組合および分譲マンション形態は、希少な存在のままである。多数の居住区分をもった商業的建物は、依然として賃貸ベースで組織されるのが一般的である[53]。例えば、ニューヨークにおいては、居住者部門における協同組合住宅と分譲マンションがともに大きく発展していたにもかかわらず、1978年以前にはたった1棟のオフィスビルが分譲マンション形式で組織されていただけであり、協同組合形態のそれは存在していなかった。同年以来、分譲マンション形態あるいは協同組合形式のオフィス用建物が建築される率（主に転換による率）は増大した。にもかかわらず、1984年12月時点のニューヨークではトータルで60棟に過ぎず、その内訳は協同組合形式と分譲マンション形態が半々であった。またこの稀少性は、オフィス用の協同組合住宅や分譲マンション形態はニューヨーク市による商業レント税を回避できるという事実があるにもかかわらず変らなかった[54]。

11.8.1 税金のインセンティブ

商業用建物について、内国歳入法は、家主と借り手が同一の課税枠にある時には、所有居住者と賃貸者の間で本質的に中立的の立場である。このことは、すでに観察してきたように、税法が所有居住者を優遇する居住者用建物とは対照的である。課税枠が専有者と潜在的な家主の間で異なる場合には、税法上の取り扱いは商業的建物の場合でも中立的ではない。むしろ、少なくとも減価償却控除が経済的な原価額を超える場合、歴史的にはよくあることであるが高い課税枠にある人々にとって商業ビルを所有することが有利である。それは他の所得が税金を逃れる隠れ蓑として減価償却控除を利用できるからである。したがって、低い課税枠に属する占有者は、自ら所有するよりも賃貸するというインセンティブを持つはずである。

このようなインセンティブの大きさの推計が、表11.1で示されている。例えば、1976年において、仮に所得分布の40%百分位に相当する課税枠にある占有者が、所有でなく95%百分位に属する家主から賃貸すると決断した場合、年間の節税可能額は、建物の価値の1.2%であり、家主が課税枠最上位であった場合は、課税可能額は4.6%である。商業的な住宅の協同組合および分譲マンション形態が稀であることは、これらの形態が、賃貸に対して十分に組織的効率的な優位性を示しておらず、もしあったとしても、この範囲程度の補助金を超えるようなものを提供できていないことにある。

要約すれば、20世紀を通して所得税の増大が、賃貸よりも居住者用建物に対する所有居住者へのインセンティブを高めたのであるが、商業的建物にとってはその反対の効果が生じていたのである。

11.8.2 契約のコストと所有のコスト

税金に関する考慮要因を度外視し、単に組織効率性のみを考慮するとすれば、多くの点において、商業用建物の所有居住者のインセンティブは、住宅用建物と同じようにより大きなものとなるであろう。多くの商業的なテナントは、相対的に長い期間建物を占有する。さらに、ビジネスは、居住者世帯よりも、占有空間を特定の目的のために変更する必要が多いのが普通である。例えば、ショップは店内の展示スペースを頻繁に改装するし、法律事務所や他の事務関係の占有者であっても、間仕切りをかえたり、壁板を設定したり、あるいは個々のニーズに合わせて利用設備を改修することが稀ではない。同様に、ビジネスは、居住者世帯と同様に、所有に関連するリスクを負うのに十分に適合的、むしろ平均的にはより適合的であると思われる。またビジネスが、居住世帯よりも流動性問題に関してより大きな被害を受けることはありそうもない。

集団的な意思決定のコストに関することになると、居住世帯との比較はより複雑なものとなる。建物の唯一の占有者である場合には、ビジネスにおいては、家計と同じく、占有する建物を所有することが多い。このことは、商業的な協同組合建物や分譲マンション形態があまりみられない理由が、利害関係が均質でない場合の集団的ガバナンスコストの大きさに依存していることを示唆するものである。このことは、商業的分譲マンション形態が実例を観察することからより明らかになる。もっとも典型的な例とは、医師のオフィスである[55)]。医師はしばしば高い課税額に属しており、したがって商業用不動産を所有することによって、税金のシェルターを活用することができるというのが、1つの理由である。しかしながら、医師以外で高額な課税枠に属する多くのタイプのテナントは、商業用スペースとして所有より賃貸を選択している。おそらく医師のより重要な特徴は、事務スペースを賃貸する場合において、彼らは相対的に均質な利害関係を持っており、その結果、医師だけで占有する、あるいはほとんど医師が占有する建物では、意思決定に関する深刻なコンフリクトが、相対的に少なくなるということである。他のタイプの商業的テナントは、医師とは対照的に、彼らのニーズが不均質であり、それは居住者テナント以上に大きなものであるのが一般的であると考えられる（例えば、ある商業的テナントは建物を開放的に、暖かく、また夜や週末でも利用できるようにしてほしいと望むかもしれないが、他のテナントはそうは望まないかもしれない。またあるテナントは自社のスペースを他のテナントが現在占有しているスペースに拡張したいと考えるかもしれない)。

11.9 税金という形式か、契約という形式か

多くの占有部分をもった居住者用建物における所有形態の選択を、商業用建物のそれと比較するならば、2つのケースのそれぞれにおいて、基本的な契約のロジックとは反対に、税法によって生み出されるインセンティブが作用していることがわかる。居住者用集合住宅においては、賃貸がより効率的

な契約的制度なのが一般的であったけれど、税的補助は所有者居住を強く促進した。反対に、多くの占有ユニットをもった商業用ビルにおいては、多くの商業的テナントが占有スペースをカスタマイズしたいというニーズがあり、しばしば占有者が所有する方が便利だと考えられていたが、（少なくと1986年までは）税法は賃貸の方を優遇していた。

居住者に利用される契約的取り決めと商業用に利用される契約的取り決めが適宜調整されることは驚くべきことではない。居住者用分譲マンションにおいては、住宅管理会社に管理を委任する傾向が増大しているように思われる。分譲マンションの役員会が彼らのために確保する意思決定の範囲は、だんだん縮小しており、おそらく集団的意思決定に関連するコストを減少させているはずである[56)]。雇われエージェントのように利害関係を単独に決定するこのような動向は、税制上の優遇のために名目的な所有居住者を維持しながらも、居住者間に不和が生じるような懸念が残る。

反対に、商業的リースが、しばしば所有の属性の多くを持つようになってきている。リースは通常（10年間というような）相対的に長い契約期間であり、テナントに対して占有スペースの維持と改修のコストをすべて負担させ、利用設備およびサービス料金をテナントに払わせるものである。建物の所有者は、建物の外構の維持以上のものを負担することに同意することは稀であり、このサービスに対してさえ、通常はインフレに連動した賃貸料金をとることになっている。その結果、商業用建物は、税的優遇措置をともなうためリースホールドという名目的な形式を維持する一方で、分譲マンション形態の特徴の多くを備えるようになっているのである。

11.10 歴史的経験の解釈

1960年以前のアメリカにおいて多居住ユニットをもつ居住者用建物において、所有居住よりも賃貸がはっきりと支配的だったことは、少なくとも協同組合住宅が唯一の居住者所有の形態であった当時において、市場契約コスト（おもにロックインおよびモラルハザード）が、集団的所有コスト（おもに流動性の悪化、リスク負担、および所有者間の利害の不一致の調整）よりも小さかったことを示している。ただし裕福な個人にとっては、市場契約コストと集団的所有コストの考慮は、大きな意味をもつものではなかった。1960年代に分譲住宅形態が出現し、両コストのバランスを変化させて居住者の所有が有利なように変ったが、その変化の大きさについては、はっきりとしない。ニューヨーク市において協同組合形式が活用され続けたこと、および分譲マンション形態が商業利用の建物においてより普及することができなかったことは、コストを削減する組織的イノベーションとしての分譲マンション形態の意義に対して若干の疑問を生じさせる。

集合住宅の居住者所有を促進する上でもっと重要なことは、税的補助の増大と家賃抑制の脅威であろう。しかしながら、これらの効果を決定することは難しい。協同組合住宅と分譲マンションのブームが、居住所有者に対する正味の税的補助が大きくなった時期に従って生じたけれど、1970年代中頃における協同組合住宅、とりわけ分譲マンションの突然の増大のタイミングは、税金だけのベースで説明することは困難である。同様に、分譲マンションブームが、全国的にみると家賃統制の開始とほぼ一致している一方で、家賃統制と分譲マンションの市場シェアを個々の法域でみた場合にはほとんど相関関係を見出すことができない。

持ち家所有に対する税的補助を批判する人は、普通、補助金を主要なコストとして住宅建設に対する過剰投資が生じると指摘する。反対に、家賃統制を批判する人は、それが住宅建設における過少投資を招く傾向にあることを指摘する。本書での分析は、これらの政策によってさらに別の非効率が生じる可能性があることを示している。すなわち、組織形態の不適切な選択に対するインセンティブである。投資家所有がより小さなコストで達成するに違いない領域において、税的補助と家賃統制が、ともに多居住ユニット建築の居住者所有を促進したのである。

第Ⅳ部

非営利・相互企業

第12章

非営利企業

Nonprofit Firms

アメリカでは公的機関でない非営利企業が、人的サービスの生産において目覚ましい役割を演じている。1990年頃の数字をあげれば、非営利機関は、病院の64%、子供の保育サービスの56%、HMO（健康保険維持機構）によって提供される初期医療の48%、介護サービスの23%、大学などの高等教育機関の20%、そして初等中等教育の10%を占めている[1]。ハイカルチャーに属する公演芸術の生産者（交響楽団、オペラ、バレエ、レパートリー・シアター）は、博物館と同じく非営利団体が圧倒的である。

アメリカの非営利企業の経済的な重要性は、20世紀をとおして着実に増大している。非営利団体は、1929年にはGNPの1.1%に過ぎなかった。この比率は、1974年に2.8%になり、1988年には3.6%となった[2]。非営利企業は、労働集約的なサービスに著しく集中しているので、雇用でみた場合の対GNP比率は、より大きなものとなる。

他の経済先進国においては、アメリカでの重要性と比較すれば非営利企業の役割は大きくはない。その理由のひとつは、高等教育、医療、およびそれ以外の人的サービスが、非営利組織以外の様々な社会集団（societies）によって十分に定着しているためであるが、とりわけこの事情はヨーロッパ諸国に当てはまることである。ただし、この傾向は必ずしも普遍的なものではない。例えば、アメリカでは大学などの高等教育機関の20%が非営利組織、そして残りの80%が公共団体によって提供されているが、日本ではその比率は逆であり、公立大学の在籍者が25%以下であり、非営利組織の私立大学がその残りを占めている[3)]。

第1章で述べたように、非営利企業は利益を稼ぐことを禁止されているわけではない。実際に多くの非営利企業が、会計において安定的に剰余を計上している。より決定的に重要な非営利企業の特徴は、稼いだ利益を企業をコントロールする会員、役員、理事、評議員などに分配することを禁止していることである。このことは、非営利企業は労務や資金を団体に提供してくれた人に対して合理的な報酬を与えることを禁止するという意味ではない。分配してはいけないのは、残余的利益である。残余的利益は、当該組織が提供すべきサービスの資金的裏付けとして、処分されることなく保有していなければならない。このような「非分配制限」によって、非営利組織は、企業に対するコントロールと残余利益の分配を併せ持っている人間のいない組織であるということになり、まさに所有者のいない組織と定義づけることができる。

第3章において、所有者のいない企業は、市場契約コストおよび所有権コストの両方が極めて大きなパトロンがおり、その結果としてどのパトロンに所有権を与えてもひどく非効率的になってしまうような場合に誕生すると述べた。この種のパトロンは、企業の有力な顧客グループであることが多い。これらの顧客は、情報の非対称性が非常に大きい場合の結果として、一般的に高い市場契約コストに直面することになる。より詳しくいえば、非営利企業は、顧客が企業から受け取るサービスの質や量について合理的なコストや努力を決定する上で、特に不利な状況にある場合に生まれるものと考えられる。すなわち、その結果、顧客以外のどのパトロンに所有を付与したとしても、顧客が搾取されるというインセンティブや機会が生まれてしまうのである。だがそれと同時に、顧客にとって、企業を効果的にコントロールするコストが、企業との取引によって生じる価値よりも受け入れがたいほど大きいような状況に置かれていることがある。以上の状況を打開する方法は、所有者のない企業を創造すること、あるいは、より正確にいえば、管理者が、顧客に対して企業を信託財産として引き受けるような企業を創造することである。本質的にいえば、非営利という形式は、マネジメントについて厳格な受託者義務という制約にしたがって、完全な所有をめぐるあらゆる便益を破棄するというものである。

12.1 市場契約コストの源泉

非営利企業において市場契約コストがどのような源泉から生じたのかを明らかにすることは、本章の一般分析を具体的なものとするために役立つであろう[4)]。

12.1.1 第三者による購入

多くの非営利組織は、サービスを購入する顧客に対して、顧客がほとんど、あるいはまったく接触することのない第三者に対してそのサービスを配給する仕事をおこなっている。そのもっとも顕著な事例は、貧しい人や困った人を救援しているOxfam社、CARE社、アメリカ赤十字社のような伝統的な慈善団体である。これらの企業の顧客は、通常は寄付者（donors）と呼ばれている。しかしながら、これらの顧客は企業自体に寄付するのではなく、企業がサービスを提供する人々に対して寄付を行うものである。これらの企業は、寄付金の仲介機関にとどまるのである。例えば、Oxfam社に対してお金を寄付する人々は、本質的にいえば、食料や他の物資を第三世界の飢餓に苦しむ人々に配給するサービスを、Oxfam社から購入しているのである。

原理的にいえば、Oxfam社のような慈善的仲介機関を、営利企業としても組織することは可能である。顧客の一定の支払いに応じて、支援が必要な人々に一定量の支援物資を提供することを請け負う団体を作ればよいのである。第二次世界大戦で困窮したヨーロッパの人々を救援するために組織され、今では全世界に対して救援活動を続けているCARE社というアメリカの慈善団体は、まさにこのような方法で、長い間、顧客に対する販売活動を続けてきている。CARE社の典型的な勧誘の言葉は次のようなものである。「5ドルで100人の子供たちに1週間毎日1杯の栄養のある朝食用粥を提供できます。10ドルで2,000人の子供たちに強化ミルクを1杯あげることができます。25ドルなら、学校給食で栄養価の高いビスケットを3,000枚作るための小麦を提供できます。」CARE社と同じ活動をする営利企業が、顧客に対して全く同じ申し出をしたと考えよう。寄付者が、その営利企業が実際にその申し出を約束通り実行できると確信することができるならば、競争相手の営利企業よりも、非営利団体のCARE社をとおして寄付を行うことを好む特別な理由があるとは思えない。結局、状況が異なれば、営利企業が慈善活動の仲介機関として機能することもありうる。人々は、友人に結婚祝いを送るサービスを購入するために百貨店にお金を払ったり、母親の誕生日に花を送ってもらうために生花店に電話したりするのである。

しかしながら、CARE社やOxfam社のような団体により提供されるサービスに関する問題点は、サービスを享受する人々が、サービスを購入する寄付者から遠く離れ、また未知の場所に存在していることである。寄付者は、企業が提供するサービスの質や量を判断する上で情報的に弱い立場にあり、また企業がそのようなサービスを果たして実行しているのかを知ることすら難しい立場にある。生花店の顧客は、誕生日に注文した花束を受け取ったのか、また嬉しかったのかなどについて母親に聞くことが多い。しかし5ドルをCARE社に寄付した人が、寄付の結果として、アフリカの100人の子供が1週間毎日1杯の栄養ある朝食用粥を受け取ったのかを知るよしもない。その結果、典型的な情報の非対称性のケースが生まれる。このような状況においては、契約を強制する通常の手段、すなわち訴訟や評判の喪失などは効果的とはいえない。CARE社やOxfam社と同じサービスを提供する投資家所有の団体は、寄付者の見込客が寄付金を所有者のために横領されることなく約束するサービスどおりに遂行されることを信じてもらうことが大変難しいことを知るだろう。

この企業が顧客によって所有されるとするならば、情報の優位性を利用して搾取するというインセンティブは大いに減少するだろう。しかしOxfam社、CARE社、赤十字社のような企業への寄付者は数多く、分散しており、うつろいやすい。その上、寄付者は、基本的に少額者が多いので、効果的なガバナンスを築くために寄付者を組織する努力が、それが生み出す価値よりも大きなコストを生み出してしまうかもしれない。このように、パトロンによる意味のある所有が可能でないことがある。このような状況を打開する方策として選択されるのは、企業を顧客によって経営されるものではなく、顧客のために経営される信託主体として組織する方法である。このような企業はしばしば受託者のために経営されていると考えられがちであるが、この理解は間接的に正しいだけである。すなわち、このような組織は、寄付者が購入しているのは寄付される人々の厚生であるから、寄付者のために寄付される人々に対して十分なサービスを行うように設計されている。

12.1.2 公共財の購入

非営利企業のもう1つの主要な役割は、公共財を民間で生産する時に発揮される。理由はともあれ、広く公共に提供される商品をフリーライドを行うことなく、喜んで寄付を支払おうとする人が多い。アメリカのハイカルチャーの放送の主だった供給局である聴取者支援型ラジオ・テレビ局は、その特徴的な事例である。この事例の場合、寄付を払う人が同時にサービスを享受する人であり、事実上、自分たち自身に対する消費を確実なものとするために寄付しているものといえる。寄付する人は、供給されるサービスの質と量を正確に判断することができる。しかしながら、サービスは目に見えないため、寄付者は寄付金によって購入されるサービスの限界コストを観察することができない。そのため自分の寄付金がなかったとしても同じ質と量のサービスが提供されるかどうかということについて直接的に知ることは出来ないのである。このようなことから、投資家所有企業は、放送のコストをカバーするのに必要な金額をはるかに超えた支払いを要求することもできる。反対に、非営利企業では、パトロンは、支払われたお金がより豊富で質の高い番組製作にしっかり使われることを保証している。

パトロンの所有は、ここでも選択肢の1つであろう。しかしOxfam社のような再分配慈善団体と同じように、聴取者支援型放送局のような公共財の民間供給者の多くは、広範に分散するパトロンによって支持され、個人の寄付額は少額であることから、パトロンによる効率的な所有が実現可能となっている。

12.1.3 価格差別化

アメリカでは、すでに述べたように、ハイカルチャーの公演芸術の分野において非営利企業が重要な役割を演じている。その理由は、この分野に従事する団体は、明らかにチケット販売の収入だけでは、事業を行う上で十分なものを受け取ることができず、その結果、事業を存続させるために、自発的な寄付行為に依存するのである。公演芸術への寄付者の多くは、ほぼ確実に、その団体の主催する公演に参加するので、かれらは公演の質と量を決定することができる。しかしながら、放送のような公共財の場合と同様に、寄付者は、自分たちの投入したお金に対する限界的な増加率を簡単には判断することができない。寄付者以外の人によって所有される企業は、寄付金額をせびるかもしれないという、打ち勝ちがたい信認問題を抱えることになる。

しかしながら、すでに議論した慈善事業のようなタイプとは対照的に、公演芸術団体は、長い間繰り返し沢山のお金を寄付している地理的に密集した寄付者のグループから成り立つのが一般的である。このような場合にあっては、消費者所有が実現しやすいようにみえる。この課題については後段で論じることにし、ここではこれらの団体が消費者協同組合ではなく、非営利企業として組織されている理由について検討したい。

もう1つの興味深い疑問は、公演芸術がまず最初に寄付金によるファイナンスで行われるのはなぜかということである。オペラ公演団体、交響楽団、あるいは営利を目的としない演目を上演する劇場に寄付金を支払うような人のほとんどすべては、それらの団体による公演の定期会員でもある。これらの団体は、チケット価格を高くするかわりに、定期会員に対して寄付金の拠出を懇請するのはなぜだろうか。

明白な説明としては、公演芸術に対する寄付金によるファイナンスは、ある種の自発的な価格差別化として行われているということが考えられるが、そのようなことが必要なのは、この産業のコスト構造や需要構造が通常の産業と異なっているためである[5)]。固定費用（主要なものは初演に先立つ様々な準備のために必要なリハーサル、衣装、舞台装置をはじめとするものの費用）は、公演全体の総費用に対して大きな割合を占めている。いったん公演が始まってしまえば、追加的な公演をおこなうための限界コストや売れ残っているチケットを転売するような限界コストは比較的小さい。限界コストに対する固定費比率の高さは、ハイカルチャーの公演芸術の聴衆が大都市にあっても極めて限られたものであることを反映したものであり、そのためにどんな公演も固定費が分散できる数回程度の興行となっている。

その結果、ほとんどの公演においては、費用の総額をカバーしうるチケット価格を提供できる構造をもっていないのである。コストが満たされるならば、ある種の価格差別化が採用されるかもしれないが、その場合、ある公演に対して熱心な聴衆がそれほどでもない聴衆と比べてもより大きなチケット代金を支払うことになろう。チケットの価格をとおして行われる価格差別化の金額は、チケットの譲渡可能性が制約している。しかしながら、自発的価格差別化は、このような制限なく実現可能である。すなわち公演芸術の興行に対して尋常でなく高い需要を持っているチケット購入者が、通常価格のチケットで公演を享受できるのであるが、彼らの消費者余剰の一部分を寄付するように依頼されると興味深いことに彼らは自発的に寄付を申し出るのである。

映画やブロードウェイの劇場などの大衆的な公演芸術の聴衆は大変多いので、固定費は多くの公演回数を重ねて分散することができ、その結果、固定費は限界コストに対して小さなものとなる。大衆的な公演芸術は、自発的な価格差別化は、興行の実現に対して必要不可欠なものではなく、通常、営利企業によって行われている。

公演芸術は、自発的な価格差別化のもっとも良い例証であるが、博物館、図書館、および高等教育などのように、固定費用が限界コストよりもはるかに大きな他の産業にあって、寄付金で維持されている非営利団体は重要な役割を担っているようである。

12.1.4 暗黙のローン

高等教育における寄付金によるファイナンスの大事な役割は、研究などの公共財に資金を提供することであり、また貧しい人々に対して教育を提供するために支出することである。しかしながら、これらの説明は、私立の小中学校、および研究よりも授業に重きを置き、また（少なくても最近までは）比較的裕福な家の子弟が集まっているといわれている4年制私立単科大学においては、ぜひ留意しなければならないことのようには思われない。さらにいえば、この説明は、ある特定の学校への寄付金のほとんどは卒業生から集まるものであるという事実とつじつまがあわない。

この現象とより矛盾のない代替的な説明は、私立教育への寄付金ファイナンスは、少なくとも部分的には、暗黙のローン・システムのもとで自発的に払い戻しができるシステムである。このシステムは、人的資本を獲得するために適切なローン市場を欠いているために、それを補完するものとして生まれたのだと考えることができる。高等教育から受ける潜在的な長期リターンの現在価値は、高等教育のコストを上回るが、その時点での自分自身および自分の家族の所得や資産では学費をやり繰りするのができない人が数多く存在する。もしこれらの人々が、将来の所得に対して長期ローンを行うことができれば、それは彼らが教育をファイナンスする上で価値のある戦略となるであろう。しかしながら、法的にも実務的にも人的資本を担保としてローンをすることはできないので、民間の貸し手は、そのようなローンに適切な供給を提供できていない。非営利の私立教育機関は、これらのローンに対して素朴な代替制度を提供している。これらの機関は、ほとんどの学生に対してコストを下回る対価によって教育を提供しているが、これは学生のうちには卒業後の人生のいずれかの時点で寄付金というかたちでそのローンに対する「返済」をする者がいるということを期待する暗黙のコミットメントと引き換えに行われている。

この分析は、もし政府が学生の財務問題に対応した奨学金、ローン、ローン保証などをより気前よく提供するならば、営利企業が教育の分野において非営利組織に対してより効果的に競争を展開できるはずであることを示唆するものである。事実、現在の政府の奨学金やローン・プログラムに反応して、投資家所有企業はアメリカの高等教育におけるシェアをすでに急速に拡大し始めている[6)]。

12.1.5 複雑な民間サービス

ここまでは「寄付金による」非営利企業、つまり企業の収入が自発的な寄付にほとんど依存しており、その寄付部分が、特定の商品の配分やパトロンのためのサービス提供と密接に結びついていないような企業を検討してきた。しかしながら、私的財の購入やパトロンが消費するサービスを得る際に生じうる、必ずしも明らかに重大なものとはいえないが情報の非対称性に由来する問題が、非営利企業の発展に対して刺激を与えている。19世紀の貯蓄銀行は、この好例であるが、第14章においてその詳細を検討することにする。だが、貯蓄銀行だけが「商業利益追求型（commercial）」非営利企業と呼ばれるべき唯一の事例ではない。「商業利益追求型」非営利企業とは、巨額な寄付金をほとんど受けず、購買客に対して私的財（private goods）やサービスを提供し、その価格をとおしてもっぱら収入を得るような企業である。アメリカでは、ほとんどの非営利病院、介護ホーム、デイ・ケア・センター、およびHMOがこの商業利益追求型非営利企業という分類に属するものである。

これらは、情報の非対称性から生じる高い市場契約コストに対する1つの対応策として役に立っている可能性がある。医療や教育のような商業利益追求型非営利企業が提供するタイプのサービスは、複雑で購入者がその価値を評価するのが難しいことが多い。さらにそのサービスを実際に購入する人が、そのサービスを実際に享受する人と異なることも少なくない。つまり親が子供の治療の費用を支払ったり、親族や国が高齢者の介護サービスを購入することなどである。その結果、購入者は、実績を評価する上で不利な立場に置かれることになる。最後に、介護ホームや単科大学のような商業利益追求型非営利企業の提供するサービスは、一定の期間をとおして提供されるものであり、顧客が提供者を変更することにとなって生じるコストが大きく、購入するとともにロックインされてしまうものである。以上のすべての理由から、消費者は自分たちを搾取するインセンティブが投資家所有企業よりも小さい組織を選好する、というのが合理的な選好結果であるに違いないと思われる。

同時に、商業利益追求型非営利企業に関するかぎり、その市場契約コスト、とりわけ情報の非対称性によって生じるコストは、寄付金型非営利企業によって提供されるそれと比べて明らかに深刻さの程度が小さいものといえる。この証拠として、寄付金型非営利企業とは対照的に、商業利益追求型非営利企業は、ほとんどの場合、同様のサービスを提供する営利企業と市場で競合していることが挙げられる。例えば、民間病院（つまり非公立病院）の約12%、民間デイ・ケア・センターの37％、民間介護ホームの69％が投資家所有企業によるものである[7]。

なぜ投資家所有企業がすでに占めているよりももっと大きな市場シェアを獲得していないのかという理由を、情報の非対称性の問題で説明することは不十分であるということを信じる理由がある。非営利形態は、極めて素朴なかたちの消費者保護手段である。このことは、消費者に対して十分に強力で積極的なインセンティブを生み出しているわけではない。それはもっぱら彼らが惨めに取り扱われるというインセンティブを減らすということだけである。以下で検討するように、非営利企業の非効率性は寄付型非営利企業の場合には、かりに私的な企業が供給者として登場するだけで、市場から完全な撤退に導くほどの高い契約コストであると考えられる。しかし、個人が自分のために私的財やサービスを購入しているところでは、商業利益追求型の非営利企業によって提供されるサービスを含めて非営利企業が営利企業で得られるよりも大きな消費者保護を提供するとか、非営利形態の非効率性を正当化するのに十分であるとかいうことは明確ではない。

アメリカの病院において、（GNPベースで）非営利組織が断然大きな比率を占めているということが議論のポイントである。病院の患者は最初は情報の非対称性問題からひどく損害を被っているように見える。彼らは、自分の病気についてほどんど知らないし、その治療法についても知らない。また多くの患者は入院が必要となった時、別の医療供給者について判断する力も時間もないという哀れな状況に置かれていることがほとんどである。だが実際には情報の非対称性が入院患者にとって手痛いハンディキャップにはならないということを信じるに足る理由がある。病院は、患者に対して外科医師が参加するような微妙で評価することが難しい治療を行わない。むしろ、外科医師は通常は患者と個別的に独立して契約を取り交わすことが多い。病院は、食事付き病室、看護サービス、投薬などの基本的なサービスの提供だけに制限している。患者は自分の受ける入院サービスを自分自身では注文せず、またしばしば病院の選択さえもしない。それらは知識のある購買代理人である、外科医によって選択され、モニターされるのである[8]。多くの消費者は、会員が病院を選択する際に役に立つ意思決定をするインセンティブと能力を兼ね備えた様々な種類の健康プランをとおして病院サービスを購入している。最後に、病院は巨大で衆目の注視する長期的に存続する機関であるため、モニタリングの助けとして評判が役に立つ。評判のコントロール手段としての効果は、その病院が、投資家所有病院の近年の事例に典型的に見られるような、大規模で統制されたチェーン組織に所属する病院であった場合に非常に大きなものとなる。新聞が病院における安っぽい治療について暴露すると、その病院のコストが跳ね上がり、また関連病院でも同様なことが起こる傾向がある。投資家所有病院が非営利企業病院よりもケアの質が低いということを実証研究が検証できていないのは、おそらく以上の理由によるものであると考えられる[9)]。

では、なぜアメリカのほとんどの病院が非営利なのだろうか？　情報の非対称性の問題は、究極的には1つの説明となるが、それは歴史的なラグを考慮することが許される場合においてである。19世紀末まで、ほとんどの病院は貧しい人々のための寄付型組織であった。裕福な人々は、医者の家や自宅で治療を受けていたのである。よって当時の病院が非営利形態であることは、寄付型組織に関して検討した理由から効率的なものであった。しかしながら、医療技術革命によって病院が、すべての階層の人々の深刻な病気の治療の際に必要な存在となった。最初は民間保険が、続いて公的健康保険が発達し、多くの患者は慈善に頼ることなく病院の費用を支払えるようになった。その結果、少なくとも1965年の高齢者および低所得者に対する連邦健康保険が始まって以来、ほとんどの非営利病院は、多かれ少なかれ、純粋な商業利益追求型非営利企業となっており、これらの病院の収入に占める寄付の割合はきわめて小さく、また、投資家所有病院が行うのとほとんど異ならない程度のわずかな慈善目的の無償治療を行っているだけである。これらの非営利病院は、効率性という点に関して、営利的な病院に対して優位性を持っているとはいいがたい。実際に、大規模なチェーン展開をしている投資家所有の病院は、1960年代の後半に増え始めた。だが、以下に論じる慣性の力により、非営利病院は、この産業において主要な存在感を維持し続けている。

介護サービス、デイ・ケア・サービス、HMOなどの他の産業においても商業利益追求型非営利企業がたくさん存在していることを説明するには、同様のストーリーが当てはまる。これらの産業は、20世紀の後半に家庭内のサービスだったものが、特別な施設に移ったことによって誕生した比較的新しいものである。こうしたビジネスに参入した当初の企業の多くは慈善事業の寄付によって支えられたものであり、非営利形態であるのが本質的には当然であった。さらにこれらの産業の初期においては、産業に関する消費者の経験がなく、また意味のある評判を築き上げるのに十分なだけ長く営業している供給者がほとんどない状態であり、かつ意味のある公的規制にも事欠いていたために、そのサービスを購入する消費者、またはその家族は、この新しいサービスに関して利益を追求する供給者に依存することについて疑問を持っていた。最後に、消費者が最初所有者企業に対して信頼をおくことをためらっていた理由として、この産業に対して当初採用された規制が、営利企業に対して甚だしいバイアスを持ったものであったことが挙げられる。その結果、これらの産業の初期においては、非営利企業の比率が大変大きかったのである。これらの産業が成熟するにつれて、そのサービスはよく知られるものとなり、またより標準化されるものとなり、供給者は評判を構築し、規制はより効果的になった。そして以上のことによって、著しく市場契約コストが軽減されたのである。そこで、非営利形態は、どんどん時代遅れになり、多くの営利企業がこの分野に参入した。だがすでに過去において十分に足場を確立していた、当初からある非営利企業は、退出するのに緩慢であり、また非営利企業が契約コストを和らげるという持続的で効率的な優位性によって説明されうる限度を超えてしまってもなお、これらの産業に存在し続けているのである。

12.2 生産者非営利企業

非営利企業は一般的に消費者に対する契約問題に反応して生まれる。しかしながら、ときどき企業に対してサービスを販売するパトロンを守るために形成されることもある。つまり、消費者協同組合や生産者協同組合が存在するのと同じように、消費者非営利企業と生産者非営利企業が存在する。

労働者の便益のために非営利で組織した企業が、生産者非営利企業のもっともありうべき事例である。第6章で述べられたように、労働者協同組合と呼ばれている多くの企業が、アメリカでもイギリスでも実際には労働者によって所有されるのではなく、労働者のかわりに経営を担当する非営利企業である。生産者非営利企業は、比較的稀な存在である。その1つの理由は、生産者所有企業が消費者所有企業に比べて比較的種類が少ないというこれまで論じてきた論点と同じである。部品を購入するサプライヤーのすべてが高い契約コストで企業に影響を与える事例はほとんどありえない。さらに実際にこのようなことが生じた場合には、サプライヤー達は自分たちで実質的に所有するように効果的に組織し、コスト効率について不完全なインセンティブをもった非営利企業に頼ることはないであろう。それでも若干の生産者非営利企業が見られることはやや驚くべきことである。これらが存在する重要な理由は、第6章で考えたようにパトロンの利害に様々な相違がある場合において、非営利企業は集団的意思決定という問題を和らげるという優位性をもっていることであるが、産業企業における労働者の場合も同様のことが当てはまる。

12.3 所有のコスト

非営利企業は、効率的に所有を配分されるべきパトロンの一群にとって、マネジメントをモニタリングするコストが不可能なくらい大きい場合に、すなわち異常に大きな市場契約コストに直面した場合に生じる傾向がある。パトロンが非営利企業を内部統治する取締役会を選出するという意味において、パトロン支配の非営利企業が確かに存在する。ある非営利企業の場合は、この支配は実質的には名目的なものにすぎない。つまり実際には、その組織の理事会は、後継者を任命するだけの役割を担っているだけである。それとは異なる非営利企業の場合は、理事会の決定は単なる形式的なものではなく、団体の構成員は実質的なコントロールを行う。後者のタイプの非営利企業については、次の章で検討することにし、きわめて似ている消費者協同組合との関係で考察する。ここでは、われわれはパトロンが効果的なコントロールをできないような非営利企業に限って検討を行うことにする。

12.3.1 経営管理的なインセンティブ

自選された理事から構成された非営利企業は、所有とコントロールが分離した究極的な姿である。その経営は、残余所得に利害関係をもった何者にも効果的な監督を受けることがない。そのため、このような組織においては、経営に関するエージェンシー・コストが最大限大きくなるだろうと予測できる。

したがって、このコストが異常に高いようには思われないということは興味深いことである。非営利企業と営利企業の間の効率性の相違について多くの実証研究の試みがある。これらの研究の多くは、病院経営を対象としたものである。これらの研究は、非営利企業は営利企業に比べてコストを最小化する傾向においてわずかに劣るということを示しているとはいえ、両タイプの間にはっきりした相違があるということを証明するまでには至っていない[10)]。病院経営のほとんどが、そこで治療を行う医師によって通常所有されているように、少ない人数による密接な所有であるか、あるいは積極的な経営をする巨大な全国チェーンであるので、営利企業の病院経営が相対的に効率的であるとすることは、より印象的である。

この結果は、それほど驚くべきことではない。非営利企業のマネージャーの立場は、株主が意味を持つような投票権を行使できないほど大規模で株式公開した投資家所有企業の立場と大して違わない。第4章で考察したように、大規模で株式公開した投資家所有企業は、重要な存在であるが、実質的には生産者非営利企業である。すなわちこの企業は、株主を代表して経営されるが、株主によって経営されているわけではないのである。

投資家所有企業が非営利企業よりも実際に効率的に経営され、また特にコスト最小化においてより良い結果を得ているとするならば、その大部分は、投資家所有企業においてはより効果的なモニターが行われているためではなく、組織の目標がよりはっきりと示されているためかもしれない。投資家所有企業は、投下資本に対してリターンを最大化することだけが課せられているが、これは進歩を簡単に計測できるシンプルな数値目標である。反対に、非営利病院や大学の成功を何で示すのかということは、これに比べたらはるかに不明瞭なものである。

もちろん、利害関係を同一にするパトロンによって所有され、また経営のモニタリングも効率的である状況におかれている非営利企業が効率的であることはいうまでもない。この点についていいかえれば、投資家所有企業の所有がしばしば弱められることがあり、その結果これらの企業が形式的に非営利企業という存在および行動に大変良く似かよってくることがある。

反対に、非営利企業は、しばしば事実として確認できるように、それらが競争的な環境の中で経営されている時に、しばしば優れて効率的に経営されるようである。病院経営がこの事例に当てはまる。1960年代末に参入した投資家所有の病院チェーンは、旺盛な企業家活動にもかかわらず、総合病院の短期病床に関する個人所有病院のシェアを1971年の6%から1992年に12%に増加するのに成功しただけであった。さらに、個人所有病院チェーンのシェアの増大のほとんどの部分は、非営利病院ではなく、政府が所有する病院および独立系の小規模な個人所有病院を犠牲にしたものであった。事実、非営利病院は、新しい投資家所有病院チェーンによってビジネスから追い払われたどころか、1965年から1992年の間にわずかではあるが63%から64%へと市場シェアを増加させている[11]。競争に直面した非営利企業の抵抗力は、確かに次節で検討する資本の不動性（capital immobility）、および補助金によるところが大きかった。しかし、生き残った非営利病院は、かつてない困難な状況に直面して、コストを削減し、収入を増大させ、またしばしば投資家所有の競争相手で採用されていたのと同じ経営管理技術を採用するなどして、より効率的な経営を達成した。

12.3.2 資本の不動性

ある特定の産業において代替可能な企業形態として、非営利企業と投資家所有企業の相対的な効率性を決める際に、短期的なコストの最小化である経営的非効率性は、非営利企業が需要が増大した時に資本を調達し、需要が減少した時に資本投資の削減を迅速にできないことよりもずっと重要性が小さいと思われる。非営利企業は最小のコストでそのサービスを生産したとしても、その生産は、過少だったり、過大だったりする可能性がある。

非営利企業は、その定義からいっても、普通株資本を持つことができない。

そのかわり非営利企業は、資本の源泉として、債券、寄付金、内部留保に頼らなければならない。これらの源泉は、普通株資本と比較して急激な需要の増加に対する反応が一般的にいって鈍い。その結果、例えば非営利企業と投資家所有企業からなっている介護サービスや病院経営などの産業において、急激にそのサービスに対する需要が増大したとき、非営利企業は、一般的に現存する事業を拡張したり新規参入したりして拡大するが、そのスピードは投資家所有企業に比べてかなりゆっくりしたものである[12]。

逆に、需要が減少する時には、非営利企業は産業から投資を引き揚げる機会とインセンティブが投資家所有企業よりもずっと小さい。非営利企業は、純資産に対するリターンを支払う必要はない、というよりむしろ支払うことはできない（それは非営利企業の資本が、寄付金や内部留保をとおして長い間保持されているからである）。したがって、非営利企業は、直接的または間接的な（例えば税金免除のような）補助金が得られなかったとしても、総収入が価値の減少をカバーするのに十分である限り、すなわち純収益率がゼロを満たすところまで、現行の規模のままで営業を継続することができる。資本市場が要求する収益率を下回っていたとしても、非営利企業の純資本に対して正の収益率が生じていれば、実際に企業が拡張することが許されるのである。その活動が問われ、資産については誰も所有者としての利害関係を持たず、また生産するサービスの供給に専門的にコミットメントしている非営利企業のマネジメントは、全体にせよ一部にせよ、企業を清算することを回避し、また投資資本に対する収益率を顧みず、可能な限り大きな規模で経営を維持しようとする強いインセンティブを持っている。その結果、製品市場における競争の圧力が非効率な非営利企業を一掃するのにかなり時間がかかりうる。また、非営利企業は、補助金がなかったとしても、投資家所有企業が規模の縮小や退出するほどの低い収益率となっても存続し、また成長さえしうるのである。

簡単にいえば、資本が非営利企業に閉じ込められる傾向にある。この現象は、1965年以降に十分な資本を持った投資家所有の病院チェーンが急速かつ積極的に参入したにもかかわらず、非営利企業病院が減少しなかった理由を説明する力を持っている。非営利企業が利益企業と同じようにすばやく投資を引き揚げることをしたり、できたりするとしたら、アメリカにおいてすべての非営利企業が生み出すGNPの多くを占めている非営利病院は、おそらく経済の中でもっと小さな存在感を示すにすぎないであろう。健康保険維持機構（HMO）、デイ・ケア、ほとんどの組織形態の教育機関、および（第14章で検討する）銀行など、商業利益追求型非営利企業が大きな存在感を持っているような他のサービス産業にとっても同様のことがいえる。これらの産業における事業が拡張し、成熟するにつれて、当初において非営利企業の促進要因であった、深刻な情報の非対称性問題と供給側の補助金は、次第に小さくなっていく。にもかかわらず、これらの産業に誕生した非営利企業は、存続し、また拡張さえしているのである。

これらの産業のいくつかの事業において、非営利企業が存在するための正当性を、情報の非対称性問題が保証しているかもしれないということを否定するわけではない。とりわけ介護サービスは、顧客搾取の潜在的可能性が大きな産業であり、営利企業に対して必ずしも適切な規制や評判による制約が存在するものではない。このことは、1971年から1985年にかけて介護ホーム事業がおよそ2倍となったが、非営利企業の市場シェアは、同じ時期に18%から23%に大きく増加したことからも理解できる[13]。

12.3.3 リスク負担

企業を所有すること、とりわけ投資家所有企業を所有することと比較すれば、非営利企業はリスク負担に関して憐れな状況である。所有者は普通株式を売ることができないので、彼らはリスクの大きなプロジェクトに投資をするための資本を生み出すことを制限されており、また企業のリスクを分散することができる最も効果的な機構、すなわち、証券市場を利用することができない。キャッシュフローの変動は、もっぱら非営利企業内部で対応しなければならない。さらに、非営利企業のマネージャーは、彼らが責任を負うべき所有者を欠いているので尋常でないほどの自律性をもっており、そのため、企業が破綻し、それに彼らの仕事が犠牲になるというリスクに対する個人的な嫌悪感を抱くことから自由である。その結果、非営利企業は、基礎的な医療や教育のようなリスクが相対的に低い分野の中に一般的に見いだせるのである。

12.4 会員統制型非営利企業vs協同組合

これまで論じてきた非営利企業は、企業の重要な顧客にとって契約コストも所有コストも尋常でなく高い場合に生まれる傾向にあるものであった。このことは、多くの非営利企業が会員組織であり、会員がしばしば団体の理事会を選任する権利を持っている事実と矛盾しているようにみえるにちがいない。会員組織の非営利企業の場合、モニタリングと意思決定のコストは、パトロンのコントロールが絶対的に不可能なほどまでは高くないはずである。この組織とすでに検討した消費者協同組合と何が違うのだろうかと問うことは当然のことである。

形式的な区別は、会員統制型の非営利企業は、協同組合とは異なり、会員に対して純収入を現金配当として配当することができないことである。しかしそれはいったい大きな問題であろうか？　現金配当の禁止は、純収入を将来提供するサービスに対する補助金として使うことによって、実質的に会員に対してそれを分配することを妨げるものではない、と通常は解釈されている。

にもかかわらず、現金配当とサービスへの補助という相違が存在し、またこの相違は、非営利企業と協同組合に一般的にみられる明らかに異なった状況に関連したものである。非営利企業は、消費者が過当に高い価格を課されることが予想される場合よりも、品質が切り詰められることを予想されるような場合に生まれることが多い。非営利企業は、独占に対する対抗手段として生まれることは稀である。非営利企業が典型的である産業は、介護サービス、デイ・ケア、初期医療、教育など、また病院経営でもある程度いえるように比較的規模の経済性が小さく、その結果、たいていの消費者は少なくともいくつかの異なる供給者を持っており、多くの場合、その中からサービスを選択できる状況の産業である。対照的に、協同組合は、それとは反対の状況、すなわち低品質よりも投資家所有企業による恐るべき悪であると考えられた高価格が問題となるようなところで誕生した。この違いが、非営利企業が総収入を留保してそれをサービスの生産に投入し、低価格よりも高品質を強く好む傾向にある一方で、協同組合はコストを上回る価格の超過部分を現金配当としてパトロンに払い戻すように設計されているという実態に反映しているのである。

非営利企業は、必ずしもサービスの内容ではなく、むしろサービスに対する支払いに関して比較的多様なパトロンの一群のために役に立つものである。とくにすでに考察したように、非営利企業は、通常、自発的であれ非自発的であれ実質的な価格差別化を行なっている。聴取者支援型ラジオ・テレビ局の様々な寄付者は、たとえ同局の番組を同じだけ視聴したとしても、寄付金の額には著しいばらつきがあるはずである。私立単科大学で同学年の学生は、様々な金額の奨学金の受給を受け（つまり学生はそれぞれ異なる金額の授業料を支払っていることになる）、同窓生は異なった金額の寄付金を支払う。もし協同組合の会員のような組織のパトロンが配当を宣言したり、企業を清算して純資産を会員間で分配したとすれば、適正な配分率を決定するのに困難を生じ、また一部のパトロングループが不平等に利益の分配を行なってしまうような事態が明らかに起こりうるであろう。

だが、非営利企業と協同組合という形態の境界線は、明らかに不明瞭なものになりつつある。続く2つの章では、保険業と銀行業における相互会社を検討するが、これらは形式的には消費者協同組合であるが、事実上非営利企業として行動し、代表的な非営利企業によって演じられているのと同様な経済的な役割を遂行している。

12.5 補助金

アメリカでは金融的にある程度重要だと思われる大抵の非営利企業は、連邦法人税を免除されており、また国の法人税、財産税、販売税もしばしば免除されている。さらにほとんどの非営利企業が、多くの場合において、社会保障税、失業保険税、郵便料金、最低賃金、セキュリティー関連の規制、破産、著作権、反トラストおよび不公正競争に関する法律、および賠償責任などの規定から免除されたり、あるいは特別な優越的取り扱いを受けたりしている。これらの免除規程や特権の享受は、それらがなかった場合に発展したはずの規模よりも大きく非営利企業部門を発展させている[14)]。しかしながら、これらの補助金がなかったとしても、非営利企業はおそらく経済の中で重要な存在感を持ち続けたはずである。非営利企業に与えられた特別な法的恩恵のほとんどすべてが、19世紀末から20世紀にかけて与えられたものであったが[15)]、その時には教育や医療などの重要な部門において非営利企業はすでに十分に確固として存立していた。

さらに、ある特定の産業の非営利企業に対する特別な特権の拡大は、一般的にその産業における非営利企業の際立った存在に対する対応として生じたものであり、それ以外のものではなかった。公演芸術、健康保険、介護サービスなどの新しい産業で非営利企業が発達した時に、免除の範囲およびその他の補助金が、結果的にこれらの非営利企業にまで拡張されたのである。補助金は、全産業における非営利企業の普及程度を決定する上で、ほとんど大きな役割を果たしてこなかった。

最後に、非営利企業に与えられた補助金の拡大は、1950年頃にピークに達し、その後どんどん削減されていることを指摘しておきたい。以上で言及した特権と免除のほとんどすべてが縮小され続けており、あるいは、一部あるいは全部の非営利企業については撤廃されている[16)]。これらの変化は、おそらく長い期間で一定の影響を現わすだろうけれども、非営利部門の範囲の明らかな縮小がただちにみられるわけではないはずである。

12.6 結論

第3章でみたように、企業のパトロンのうちのあるグループが高い市場契約コストに直面している場合に、たとえこれらのパトロンが名目的なコントロールを効果的に行使することができなかったとしても、これらのパトロンが企業の所有者になることが効率的であるように思われる。そのような状況において重要な点は、他の誰もが企業を所有できず、また特に誰も効果的なコントロールができないために、仕方がないので当該パトロンが所有するだけのことである。アメリカ経済の重要な部門において非営利企業が果たしている広範な役割は、この点を強調するものである。これらの企業は、まったく所有者を持たない。だがこの事実は、少なくとも寄付金でファンドを募る非営利企業にとって決定的な優位性である。すなわち、所有者がいないということが、寄付者に対して彼らがその企業を支援する必要があるということを確信させるためである。同時に、所有者がいないことによって非営利企業に課せられるコストは、比較的慎ましい程度であると思われる。すなわち非営利企業は公正な効率水準で経営され、非営利企業が明らかに時代遅れとなっている産業においてさえ、所有者のいる企業と効果的に競争し、また縮小しつつある間接的補助金を受ける資格以上の特別な優遇策を与えられているわけではない。

これらの考察は、非営利企業について本章でなされた他の主要な点と矛盾していない。要するに、非営利企業は、投資家所有の企業、または他のパトロンに所有される企業とはっきりと異なっている存在ではなく、むしろ所有者のモニタリングという連続体の一方の端に位置する存在である。この連続体の反対側の端には、企業経営の執行に深く巻き込まれている1人ないし大勢の所有者によって、緊密にコントロールされる企業が位置している。この両者の間には、名目的には企業のパトロンのうちの特定の一群が所有している形態が存在するが、実際にはこれらのパトロンは上手に企業をコントロールできず、むしろ居座り続けている一団の経営者が所有者の干渉から自由に経営しているような企業が存在している。所有者のコントロールは、形式的な所有企業にあってはどんどん弱くなるので、そのような企業と形式的に所有者のいない企業（つまり非営利企業）の間の相違は、ますます弱まる傾向にある。このことは次の2つの章で例をあげてより具体的に説明したい。

第13章 銀行

Banks

今日のアメリカでは、ほとんどの消費者金融機関は、投資家所有企業である。しかしながら、この市場ではそれ以外に3つの異なった所有形態が重要なシェアを占めている。非営利企業である相互貯蓄銀行、消費者協同組合の相互貯蓄貸付組合、同じく消費者協同組合の信用組合である[1]。庶民貯蓄銀行業がまだ形成期にあった19世紀においては、これらの非営利銀行および協同組合銀行が支配的な存在であった。投資家所有企業は、19世紀末に消費者金融機関においてようやく重要な役割を果たし始め、20世紀になって初めて目覚ましい発展をみせるようになった。

したがって、銀行業における様々な所有形態の役割を理解するためには、この産業を歴史的なパースペクティブで検討しなければならない。そのため本章のほとんどが歴史的な検討に費やされている。本章の終わりで他国の銀行組織を参照し、どこの国においても、アメリカがたどったのとおおむね同じような方向で所有形態が展開していることを理解したい[2]。

13.1 相互貯蓄銀行

アメリカにおいて最初の庶民貯蓄銀行は相互貯蓄銀行というかたちで登場した。「相互（mutual）」という用語は、これらの銀行が預金者たちによって所有される消費者協同組合であることをほのめかすものであるが、この理解は正しくない。相互貯蓄銀行の預金者たちは、投票権がなく、また組織を直接的にコントロールする手段を持っておらず、いかなる意味においてもその組織の成員でも所有者でもない。そのかわりに相互貯蓄銀行のコントロールは、預金者から銀行資産を信託として預かり、居座り続けている取締役会の手中にあった[3)]。したがって、相互貯蓄銀行は、協同組合というよりはむしろ本当のところは非営利企業である。これとは対照的に、後述する相互貯蓄貸付組合は、（少なくとも形式的には）預金者によって集団的に所有される本物の消費者協同組合である。

相互貯蓄銀行は、19世紀の初めにイギリスをモデルとしてアメリカに誕生した。最初の相互貯蓄銀行は、1816年にマサチューセッツで設立認可されたものであり、1849年頃までには、主として米国北東部および東部沿岸の諸州の都市部において87行が営業を行っていた。これらの銀行は概して慈善事業的な組織として、富裕な実業家の寄付による創業資本で設立されたものである。創業者たちの動機は、いうなれば労働者に倹約を勧めることによって貧困化を防ぎ、社会が負担する慈善という重荷を和げることであった[4)]。

この初期の歴史をふまえれば、相互貯蓄銀行は、金持ちが貧しい人々への補助を利子というかたちで与えることにより、慈善的なサービスを提供するような単なる手段として創設されたものであると一般に考えられているかもしれない。たしかに、これは相互貯蓄銀行に対する長く続いた伝統的な解釈である。この見解からいえば、これらの銀行は、寄付団体が非営利企業として設立されるのと同じ理由で、私的所有企業ではなく非営利企業として設立されたと考えることができる。その理由をより詳しく述べれば、彼らの寄付金が組織の事業主のポケットに消えてしまうのではなく、意図した目的のために使われるということを確かなものとする手段として、寄付者に対するある程度の信任上の保護を提供するために非営利団体が選ばれたという理由である。

だが相互貯蓄銀行が慈善事業のための道具として利用されるために生まれたとする理屈は、いくらかの理由によって十分なものとは思われない。信頼のできるデータは存在しないが、創業者による資本金は、個々の預金者に対してわずかな補助金以上のものを生み出すほど巨額なものではなかったと考えられる。相互貯蓄銀行が、単に金持ちが彼らの所得の一部を倹約する経済的困窮者に再分配するための慈善事業的な仲介機関として設立されたというのは信じられない。同様に、投資家1人当たりの補助金の額は、確かに労働者階級が貯蓄をするための追加的なインセンティブを引き出すにはあまりにも少額であった。

さらに、より重要なこととして、当時の投資家所有銀行が、個人が貯蓄を預金するような場所として機能していなかったことがあげられる。1820年に全米で300行以上の投資家所有銀行が存在していたように[5]、19世紀初期に投資家所有銀行は数多く存在したが、これらの銀行は、もっぱら企業を相手に取引をしているものであり、個人相手に少額の預金のための保管先機能を果たすものではなかった[6]。これらの投資家所有銀行は、主要な流通貨幣としての銀行券というかたちで信用を創造する金融機能を第一義的に果たしていた[7]。これらの銀行の銀行券は、商人の手形と交換されたが、銀行は商人から手形を割り引いて購入した。

［19世紀の初めには］預金に関連した銀行という考え方は、商人にも貯蓄者にもなかった。銀行はまずもって［商人の］手形を割り引くところだった。ある人が請求書を持っているとしよう。彼の信用がとてつもなく優れていたとしても、彼の手形が実際に手から手に流通しない限り、その手形は勘定を支払うために十分であるとはいえない。ところがもし割引という特別料を支払って、彼の手形を某銀行の銀行券と交換すれば、ただちに流通性を獲得するだろう[8]。〔［　］は引用者による挿入〕

投資家所有銀行は、預金を獲得することではなく、株式というかたちで充用資本を確保していた。そして株式の購入にむかった貯蓄は、労働者階級のわずかな週毎の貯蓄ではなく、成功した商人によって蓄積された所得であった。

19世紀の初めには、慎ましい個人所得を投資するのに便利な手段は存在しなかった。したがって、相互貯蓄銀行は単に貧しい労働者がその貯蓄に対してより魅力的な利子率を得られる場所を提供するのではなく、むしろそのような個人が貯蓄を預金できる場所を提供する唯一の場所として設立されたのである。初期の相互貯蓄銀行を理解するためには、19世紀においてなぜ投資家所有の貯蓄銀行が存在しなかったのかを理解する必要がある。

主要な理由は、慎ましい資産をもった人々の貯蓄の預り手となるには、投資家所有貯蓄銀行は、あまりに信頼のおけない存在であったことのように思われる。これは、供給側の問題ではなく需要側の問題であった。もし個人がその貯蓄を喜んで投資家所有銀行に委ねたとしたら、それら銀行は責任を持って引き受けたに違いない。しかし預金者が喜んで銀行に集らなかったので、投資家所有銀行はその活動に値しないものとなった。

投資家所有銀行は、ほとんど規制されていなかったので、19世紀の初めには信頼できる存在ではなかった。これらの銀行は、純資産あるいは準備金の最低限度規制を受けておらず、投資規制も受けていなかったのである。したがって、投資家所有銀行は、預金者に対して機会主義的な行動をとるインセンティブもそのチャンスもあった。とりわけ、成功すれば大きな利益が得られるが、失敗すればすべてを失ってしまうような大きなリスクの投機的な事業に預金者の貯蓄を投資するインセンティブをもっていたであろう。もし銀行がその投資に成功すれば大きな利益が稼げるが、もし失敗して銀行が倒産したとしても、損失のほとんどは預金者がかぶることになるからである。さらに投資家所有企業は、純資産は最低限の水準で維持するというインセンティブを持つ。銀行の投資が芳しいものではなかったとしても、所有者は損失の影響にさらされることが抑えられ、その結果、損失の多くの部分が預金者に降りかかるからである。当然のことであるが、預金者は適正な純資産を維持し、彼らの貯蓄を過剰に投機的な投資に使わないという契約を銀行と結ぶというインセンティブを持つに違いない（また銀行の側もより多くの貯蓄を引き付けるためには、このような契約をするインセンティブを持つはずである）。しかしある状況のもとでは、効果的かつ強制力のあるこの種の契約を作成することはほとんど不可能なことであった。

事実、初期の投資家所有銀行はしばしば投機的であり、銀行券を持っている人々に対してさえ（例えば、彼らが正貨で償還することを困難にさせるというような方法で）頻繁に機会主義的な行動を行っている[9)]。銀行はじつにリスクの大きな事業であり、1810年から1820年の間に設立された投資家所有銀行の

50%近くは1825年までには店を閉めており、1830年から1840年の間に設立された銀行についてもほとんど同じ割合が1845年までには消滅している[10)]。これらの理由から、投資家所有銀行は19世紀の前半においては信頼がおけないという見方が一般的であった[11)]。そのため、個人は、生活のための貯金を、ある程度の期間、そのような銀行に預けることをためらっていたのである。したがって、投資家所有銀行の活動は、割引手形のように銀行が破綻した場合に顧客に対して限られた損失のみを負わせるような短期的な取引業務に限定されていたのである。

要約すれば、消費者預金銀行は、初期において情報の非対称性が非常に大きかったことが特徴だった。すなわち預金者は、投資家所有銀行が預金者の積立金に対して何をしているのか知ることができず、またそれをコントロールできない状態であったのである。その結果、投資家所有銀行が提供するよりも高い程度の預金者への信任上の保護が提供されるはずの貯蓄銀行への需要が存在したといえる。賃金というかたちで所得を得るようになり、また失業を切り抜けるために必要だった農村部と切り離されてしまった都市の工業労働者の一群が初めて大きな存在となった19世紀初めに、この要求は特に切実なものとなった[12)]。相互貯蓄銀行は、このニーズを満たすものであった。非営利団体として組織化されることによって、預金者に対して信任上の保護という重要な要素を提供したのである。

相互貯蓄銀行は、しかしながら、非営利組織と同じく普通株式資本を持つことができないため、必要とされるファンドを得るために富裕な慈善活動家に目を向けたのである。銀行が非営利企業形態を採用することは、これらの寄付者に対して寄付金が意図した目的のために使われているということの保証を提供する上でもちろん重要なことであった。しかし伝統的な分配型の慈善事業などの他の多くの寄付金型非営利企業とは対照的に、相互貯蓄銀行は、寄付者に対する信認上の保護をもっぱら提供するために設立されたのではない。むしろそれはまったく逆である。すなわち相互貯蓄銀行は、「商業的」顧客、すなわち預金者を守るために採用された形態が非営利企業であったために、資本が必要となり寄付金によるファイナンスを追求したのである。さらに寄付金によるファイナンスが相互貯蓄銀行の初期におおいに限られており、純粋に商業利益追求型非営利企業になる傾向があることは、以上の結論に対するさらなる証拠である。

病院、介護サービス、デイ・ケア、教育をはじめとして、今日のアメリカには・商業利益追求型の非営利企業が重要な役割を果たしている産業はたくさんあり、それらは第12章で取り上げられた。これらの産業において、分配以外の制約によって生じる機会主義から消費者がおかれた情報上の劣位を補うような素朴な保護を与えることが、投資家所有企業よりも商業利益追求型の非営利企業を効率的にさせるものであるかどうかは定かではない。これらの商業利益追求型の非営利企業の多くは、寄付がファイナンスの重要な財源であった、これら産業の展開期の初期におけるまさに生き残りであった。これらの組織はそのサービスの受け手を守るというよりも、むしろ寄付者を守るための非営利企業として設立された。寄付者はもはや重要な収入源ではなくなっているが、ロックインされた資本、継続される補助金、そして規制上の厚遇のために、これらの企業は非営利企業として生き残っている。もしこれらの産業が今日一切作り変えられたとしたら、非営利企業は現在よりも小さな役割だったはずであり、現在商業利益追求型非営利企業によって提供されるサービスの多くは、投資家所有企業によって提供されることになるだろう。この理由から、相互貯蓄銀行は著しく興味深い。つまり寄付者や（例えば政府のような）第三者の支払者を守るために、というよりもむしろ顧客に配慮する部分に生じる情報の非対称性に対する1つの反応として、最初から非営利企業が誕生したというユニークで明確な産業の事例である。

相互貯蓄銀行は、19世紀をとおして大きな成功を続けた。1900年頃のピーク時においては、662行の相互貯蓄銀行があり、その総預金高は21億ドルであった[13)]。しかしながら、その頃には、相互貯蓄貸付組合による競争、また、より重要なこととして投資家所有銀行による厳しい競争にさらされ始めるようになっていた。競争相手として登場した組合と銀行の発展を検討する前に、簡単に信託会社についてみておくことはためになるものと思う。

13.2 信託会社

投資家所有の銀行は、19世紀の半ばまで庶民の貯蓄預金を引き受けていなかったが、それ以前から個人の信託または慈善事業の信託を管理する投資家所有の信託会社がたくさん存在していた。投資家所有貯蓄銀行が存在していない一方で、なぜこれらの投資家所有信託会社がこの時期に発展し、生き残っていたのだろうか。

その理由は、個々の信託規模が小さかったことと、信託会社のマネージャーに対する報酬の支払い方法にあった。信託会社は、現在でもそうであるが、その報酬を総資産額に対する一定比率で受け取る。このことが機会主義的に行動するインセンティブを減少させる。まさにそれが個々の信託を零細な非営利企業にした重要な要因である。信託マネージャーは、信託資産を無責任に投資することから得られる利益をひとかけらも得ることはできないため、そのようなことに従事するインセンティブをほとんど持たないのである。貯蓄勘定では、預金者は貯蓄に対する固定利子を受け取るが、銀行は彼らの資産を投資することから得られるすべての収益を受け取る（またはすべての損失を引き受ける）ことになる。したがって、銀行が機会主義的に行動するインセンティブは、信託勘定と比べてずっと高い。

19世紀の投資家所有銀行は、もちろん信託と同じようにみえる報酬方式を貯蓄勘定に採用することができたはずである。個々の貯蓄勘定は一般的に小さすぎて預金額に応じて隔離したり、分離勘定を行ったりすることが難しかった。そのようなたくさんの勘定を効率的に運用するためにはプールする必要があったのである。にもかかわらず、銀行は、プールされた貯蓄に対する固定利率の報酬を総資産の一定比率と定めて払うことはできたはずである。この一定額を超える収入がある場合は、貯蓄勘定に対する預金者への利子として按分比例で返金するということもできただろう。

だがこの方法は、本質的に銀行を非営利事業体にするものである。上記のような報酬方法は、銀行を預金者のファンドの受託者にさせるのである。銀行によって管理される資産プールは、預金者である信託受益所有者に対する信託であると理解することができる。これは、相互貯蓄銀行のマネージャーとその預金者の間に結ばれた事実上1つの契約関係である（別の解釈は、プールされた資産は便益目的の預金者グループではなく、直接的な預金者グループによって所有されており、彼らはグループとして銀行の経営陣を雇用しているにすぎないというものである）。

興味深いことに、初期の相互貯蓄銀行は、しばしば株式銀行と密接に関係しており、取締役や執行役（directors or officers）の兼任や、事務所の共有などがみられた[14)]。この事実は、投資家所有企業が、手数料ベースで個人のファンドのプールを管理する信託基金を立ち上げて信託会社の組織によく似た（もっといえば現代のミューチュアル・ファンドとほとんど同様の）取引を行なっていたことを示唆するものである。

13.3 相互貯蓄貸付組合

相互貯蓄貸付組合（Mutual Savings and Loan Association, 以下ではMSLAと略称する）は、相互貯蓄銀行とは異なり、真正な協同組合である。つまり、その預金者は、組合に対する公式的な投票権によるコントロールを行い、残余所得に対する請求権をもつ唯一の存在である。

MSLAは、イギリスでは18世紀によく似た組合が誕生していたが、アメリカでは1830年代に初めて生まれた。もともとは相互建築貸付組合（mutual building and loan associations）と呼ばれており、少額の貯蓄者が預金をおこなうところを生みだす必要性によってではなく、個人が住宅を取得するための信用供与の必要性に呼応して誕生したものであった。MSLAが最初に発展した時、投資家所有銀行は一般的に庶民に対する貸し付けを歓迎していなかった。MSLAは、労働者の小集団が貯蓄をプールし、また彼らが逆に住宅購入や住宅建設の金繰りの算段のためにローンが必要となった際に、それを原資に貸し付けを行うというような組合として設立された。そのすべてのメンバーが住宅を購入したときに、MSLAは解散されることになっていた。

MSLAの形成に弾みをつけたものは、部分的には相互貯蓄銀行の形成に対するものとよく似ていた。すなわち投資家所有企業が、貯蓄勘定の管理を行う場合の情報の非対称性である。預金者が所有することは、相互貯蓄銀行の場合の非営利企業と同じく、銀行による機会主義的な行動の危険を和らげる。しかしMSLAの形成に弾みをつけたもう1つの重要な要因は、投資家所有銀行が庶民のローンを受けたがらなかったことであった。

投資家所有銀行が相互組合（mutuals）が踏み込むことを恐れていた庶民に対するローンを行って成功させた要因は何であろうか？　逆選択およびモラルハザードが、はっきりした説明要素である。一団の労働者は、自分たちの友人や同僚労働者のうち誰がローンに対して優良なリスクであるかについて、投資家所有銀行よりも優れた情報をもっているものと思われるので、彼らは相互組合への参加を許可するかどうかを決める際にこの情報を利用することができる。さらにローンの返済が厳しい状況になった時において、借り手は、彼の友人や隣人がその損失を負担することになるため、ローンのデフォルトをできるだけ回避したいと感じるだろう。

以上のように相互貯蓄銀行が、第一義的には、銀行の行動に関する情報を顧客がつかむことができないということに反応して生まれたのに対して、反対に、MSLAは、銀行が顧客の情報をつかむことができないという逆方向の情報の非対称性問題を解決するために生まれたものといえる。

開始当初は、家屋を共同でファイナンスしようとしていた個々人のグループによる時限的な資金プールであり、最初は、住宅金融に関してすべてのメンバーの必要を満たした後に解散したが、しばらくするとMSLAは、承継するグループや重複するグループと、それぞれ分離した資金プールを作ることによって、取引を継続するようになった。次に、MSLAは、異なるメンバーグループ間の区別をやめ、参加を望むものはいつでも参加できるように、いつでも組合員の受け入れを行うようになった。この時点で、貸し手と預金者は、異なった個人のグループとなり、ある人はもっぱら貯蓄のために参加し、また別の者は借り入れのために加入するようになった。MSLAの管理に対する会員参加の程度は、初期においては実質的なものであったが、組合が発展するとともに消滅に向かった。MSLAは、成員によるコントロールが意味をもたないほど小さくなると、最終的には、長く居座り続ける取締役会が誕生することになる[16)]。

今日においては、相互貯蓄銀行とMSLAの間には、経営的に重要な違いをもたらすものは何もみられない。MSLAは名目的には依然として消費者協同組合であるが、両者は実質的にはマネージャーによってコントロールされている商業利益追求型非営利企業である[17]。このことが、所有企業と非所有企業の区別が本質的に意味がなくなる傾向にあるというこれまでに述べてきた現象を示す明確な事例であることをわかる。いいかえれば、ある特定のパトロンによって所有された企業と同じパトロンが信託として形成した非営利企業との間に実務的な相違がないということである。

とりわけ貯蓄者が必ずしも借り手になる必要のなくなり、MSLAが永続化された組合となってからは、貯蓄者に対しては相互貯蓄銀行が信認上の役割を果たしているという機能と同じ機能を果している。このことを強く示唆する事実は、両組織の地域的および時期的な集中である。19世紀の前半に増大した相互貯蓄銀行は、全国の商業活動の中心地であったニューイングランド諸州に集中して存在していた。対照的に、MSLAというモデルが19世紀の中頃に初めて普及し、商業活動が根をおろしたアメリカ南部や西部において発展を遂げた。これらの地区で相互貯蓄銀行が増大した形跡はないが、その理由はおそらくMSLAが相互貯蓄銀行の提供した機能をより効果的に果たしていたからであると思われる。MSLAは、最終的には、北東部の諸州で増大し始め、20世紀の始めには相互貯蓄銀行よりも数の点で凌駕するまでとなった。この歴史的事実は、おそらくMSLAの初期資本が慈善事業に依存していなかったゆえに、少なくとも限界的にはMSLAがもっとも効率のよい形態であったことを裏付ける証拠であろう。

アメリカにおけるMSLAは、1928年に頂点に達し12,600組合を数えた[18]。その後は、投資家所有企業が庶民金融を支配するようになるにつれて、その数は次第に減少を続け、1980年には4,100組合となっている[19]。

13.4 投資家所有貯蓄銀行の発展

19世紀の終わりにかけて、投資家所有銀行は、貯蓄分野に積極的に参入し始めた。1880年に投資家所有銀行のシェアは、定期預金総額の12%であったが、同じ時に相互貯蓄銀行は87%、MSLAは1%であった。1925年頃には、そのシェアは相互貯蓄銀行が32%、MSLAが16%であったのに対し、投資家所有銀行のそれは52%にまで増加していた[20)]。

投資家所有銀行の重要性が増大したことは、銀行業の組織に生じた重要な変化を反映したものであった。20世紀初めに、MSLAに影響を及ぼす発展的な変化が生じ、MSLAが借り手の側のモラルハザードや逆選択を避ける上で投資家所有銀行より優っていた諸点が消滅したようだ。その発展的な変化とは、とりわけ流動的な大衆的な会員権の採用および会員の実質的なコントロールが萎縮したことである。MSLAを協同組合から非営利企業へと実質的に転換させたこれらの変化は、相互銀行と同じように、預金者、とりわけ貯蓄勘定をもつ預金者に対して、機会主義的行動から預金者を守るような投資家所有会社のそれよりも優れた信認上の保護策を申し出ることを妨げなかった。しかしながら、他の展開が、貯蓄口座を引きつける上での相互主義の優位性を小さなものとした。

その展開の最初のものは、銀行資産の管理に関わる政府の規制という負担である。19世紀半ばにおいて、また特に1864年の国法銀行法（National Bank Act）の議会通過によって、州政府および連邦政府は、それらが特許を付与した個々の金融機関に対して、預金者により大きな安全を提供するために必要ないくつかの実務を行うように要請した。これらの規制には、最低必要資本、預金の一定比率に相当する流動資産の保持、銀行のポートフォリオに含まれている投資の種類に関する規制などが含まれていた[21)]。さらに多くの州や連邦政府は、銀行の資産で預金者に対する支払いを十分にできない場合には、株主が初期資本と同額の追加的払い込みを個人的に行うという「倍額責任」という条件で、初めて投資家所有銀行設立の特許を与えた[22)]。これらの方策は、預金者に投資家所有銀行が、彼らに任されたファンドを過度に投機的に使わないという安心感を与えた。この種の規制は、相互銀行から庶民の貯蓄を引きつける上での投資家所有銀行に対する決定的な競争優位性を奪いとり、投資家所有銀行が短期金融サービスを支配していたのと同じように、貯蓄業務をも支配することを促した。

政府による銀行資産への規制にもかかわらず、MSLAと相互貯蓄銀行は、預金者に関する限り投資家所有銀行よりも安全な金融機関であり続けた。例えば、1921−1928年の間に投資家所有銀行の年間倒産率は、最低で1.24％、最高で3.65％であったが、（大半が相互形態であった）貯蓄貸付組合のそれは、最低で0.04％、最高で0.22％であり[23]、相互貯蓄銀行のそれはほぼゼロに等しかった。銀行にとって最悪だった大不況期の1933年において、投資家所有銀行の27.7％が倒産したが、〔一部投資家所有企業を含んだ〕貯蓄貸付組合（Savings and Loan Association, SLA）は0.8％、相互貯蓄銀行は0.01％が倒産したにすぎなかった[24]。このような高いリスクにもかかわらず、相互形態の金融機関に対して投資家所有企業が拡大を持続したのは、規制の結果、相互金融機関が提供するものとほぼ同等な保証を預金者に提供できたことの他に[25]、設立や成長のために資本にアクセスしやすいという優位性をもっていたことによって、企業家活動に対する強いインセンティブを提供できたためである。

1933年に連邦政府は、連邦政府が設立特許を与えた銀行に対して、投資家所有銀行も相互金融機関も含めた、すべての銀行が預金保険に加入するように強制した。この施策は、少なくとも連邦政府により設立特許を与えられた金融機関に限っては、相互銀行が投資家所有銀行に対して維持してきた預金者に安全性を提供するという最後の優位性をきっぱりと消滅させた。

同時に、連邦政府は消費者所有企業や非営利銀行を優遇する動機を持ち続けていた。預金保険は、銀行の倒産リスクを預金者から連邦政府に移転するものなので、銀行預金者にとっての情報の非対称性問題を政府が肩代わりすることになった。確かに、預金保険を提供する連邦預金保険公社は、銀行の顧客よりも銀行の行動を監視する上で有利な立場にある。そのため情報の非対称性の問題はこの変更によってかなり緩和されたように思われる。にもかかわらず、連邦政府は完全な情報を得られるパトロンであるとはいえない（また少なくもそのように行動していなかった）。したがって連邦政府による預金保険は、一部の銀行にある程度のモラルハザードを引き起こしていた。

このモラルハザードの大きさは、SLAを吹き飛ばしてしまった1980年代の支払不能の高まりの中で明白なものとなった。この危機が生じるまでの間に、相互形態ばかりでなく、投資家所有形態で数多くの貯蓄貸付組合が設立されていた。1980年代の間、投資家所有形態のSLAの破綻は、相互形態によるMSLAと比較して著しく高いものであった。支払不能は、予想できるように、投資家所有のSLAの側にMSLAよりも投機的な投資計画を求める傾向があったことと関連していることは明らかだ。

実際に、1980年代から得られる十分な経験的証拠は、一般に相互銀行と投資家所有銀行の相対的な効率性について考えられていることを確証させる。銀行が一定の資産ポートフォリオを持つと仮定すれば、相互銀行は、コストを最小化する点で劣るため、投資家所有銀行よりも効率性の点で若干遅れをとる傾向にある。しかしながら、投資家所有銀行は、資産ポートフォリオの点では相互貯蓄銀行よりも効率的にまさる傾向にあるが、過度に投機的な資産ポートフォリオを取ることがある。投資家所有のSLAが、相互形態のSLAより支払不能率が高いことは、資産ポートフォリオ上の非効率性が経営上の効率性を上回っていることを示す証拠である[26]（しかしながら、投資家所有と相互所有の間の相対的な効率性を総合的に評価する際に、投資家所有銀行のもつ普通資本へ柔軟に接近できることがインセンティブであるばかりでなく、相互銀行よりも需要の変化に対して素早く反応できることが考慮される必要がある。この優位性については、既存研究では十分に理解されていない）。

預金に関する保険者としての立場でいえば、政府は機会主義的行動を減ずるインセンティブ、そしてその結果生じた相互形態の金融機関にみられる低い倒産率から便益を享受する。連邦政府が相互銀行の預金保険料を投資家所有銀行よりも低いものとすれば、相互銀行は、この信認上の優位性を、投資家所有銀行に対する競争優位として利用できたに違いない。しかしながら、連邦政府は、タイプによらずすべての銀行に対して画一的な預金保険料を課した。その結果、1933年以降においては、銀行の顧客ではなく政府が、より安全であるということによって投資家所有銀行よりもMSLAと相互貯蓄銀行を好む理由を持つようになった。

この理由あるいは他の理由であるかもしれないが、連邦政府は十分長い期間にわたって相互銀行およびMSLAに対して規制上優遇的な措置を与えた。1935年から1980年の間、投資家所有銀行は消費者預金に対して払うことのできる利子の上限を定められていたが、相互貯蓄銀行とMSLAは1966年までこの制限を受けておらず、その後においても投資家所有銀行に認められた上限よりも0.25％高い利子を認められていた。さらに相互貯蓄銀行とMSLAは1913年から1952年まで連邦法人税を免除され、少なくとも1962年までは特権的な税制からの便益を受けていた[27)]。

重要であり、かつ矛盾する効果をもった政府規制を考慮すると、相互形態金融機関と投資家所有銀行の効率性を比較するための指標として、1933年以降の生存率という指標は甚だ不確かなものである。1933年から1980年の間に新しく設立された相互銀行はほとんどなかったが、ちょうど同じ時期において、相互会社が比較的ゆっくりと、しかし着実に金融業から退出し続けていた。その結果、1980年の時点では、相互形態の金融機関の数は、1933年に存在していた数のわずか3分の1になっていた。1980年代には相互金融機関の退出率が著しく増大したが、それは投資家所有銀行への組織転換によるものであった。

1980年代の組織転換は、明らかに規制の一連の発展に対応して生まれたものである。1970年代終わり頃と1980年代初めに、連邦政府は、投資家所有銀行を暗黙に優遇する預金保険システムを維持しながら、相互金融機関が便益を享受していた利子率規制を撤廃し、またMSLAを投資家所有銀行に組織転換する際の制約を取り除き、また続いてSLAが投資できる資産の範囲を実質的に拡張した。その結果、相互銀行を投資家所有銀行へと組織転換する強いインセンティブが生まれた。すなわち、組織転換の過程で、相互金融機関が長い間かけて蓄積してきた純資産の一部を内部者が摑むことができることによって強制されたインセンティブである。皮肉なことに、組織転換への加速は、すでに述べた、投資家所有貯蓄銀行が相互形態のそれよりも効率性に劣るという証拠を与えた時に生じていたことであり、またとりわけ投資家所有貯蓄銀行の倒産率が相互形態のそれの2倍にのぼっていた時に生じていたことである。

13.5 信用組合

信用組合は、預金者の協同組合として組織された消費者向けの銀行である。その名称が示すように、会員からの預金を引き受けるばかりでなく、その預金を会員に優先的に貸し付けるために利用するものである。信用組合は、すべての会員は「共通の絆（Common Bond）」をシェアしなければならないという設立規定によって課せられた要件によって（他の類似金融機関と）区別されている。この共有の絆とは、同じコミュニティに住んでいるとか、地方教会の信者であるとかいった会員形式をとるものであるが、信用組合の多くは、同一の職場における雇用関係である。

アメリカで最初の信用組合は、ヨーロッパ、特にドイツの経験に触発されたカナダの信用組合をモデルとして、1909年にニューハンプシャーで設立された。同じ年に、マサチューセッツ州は信用組合を設立するための特別法を認めた。これに続いて他の諸州も同様の法律を制定し、1934年には連邦政府が信用組合の設立に関する法律を制定した[28)]。

信用組合の市場シェアは、最初に誕生して以来比較的着実に増大したが、とくに第二次世界大戦後においては着実さが目立っている。数字が利用できる最新の1982年において、信用組合は、金融機関の保有する消費者貯蓄の4.5%を占め、消費者信用総額の13.8%を占めている（この数字は、1976年の18.4%から減少している）。規制者が市場金利変動型ミューチュアル・ファンドを認可した1977年までの1970年代において、信用組合は、預金を受け入れる金融仲介機関のうちでもっとも成長の速い存在であった。1977年以降においては、信用組合の資産成長率は、市場金利変動型ミューチュアル・ファンドに続いて2番目となった[29)]。

信用組合は、最初の頃のMSLAが果たしたのとよく似た役割を演じた。すなわち会員に対して投資家所有銀行から得られるよりも良い条件の信用提供を与えることができた。会員の共通債券は、消費者ローンに伴う逆選択やモラルハザードのリスクを和らげるという機能をもった。さらに、共通の絆という要件は法律で維持されるものだったので、信用組合は、MSLAに降りかかった宿命、すなわち団体の借り手と預金者の間になんら個人的なつながりがなく、したがって投資家所有銀行が行う借り手の機会主義的行動を防ぐための強い制約を行う団体となってしまうような宿命に巻き込まれることを免れた。

同一の職場に関する雇用関係はもっとも有益な共通の絆であり、借り手のモラルハザードを回避するばかりでなく、銀行の取引コストを下げる上でも有効な手段であった。職場をベースとした銀行は、（仕事の同僚間の評判や雇用主による評判によって）貸し付けを希望する者の信用度に関する情報へのアクセスに優れており、払い戻しを確保する上でも（源泉徴収を利用できるなど）便利な手段であった。また（同僚からの社会的規制や雇用主による制裁などにより）実質的な監視機能も合わせもっていた[30)]。

雇用主も、自分たちの信用組合を持つことから便益を得ることができた。信用組合は、従業員を雇用主とより緊密に結びつけるものであり、従業員の経済事情を改善し（その結果、賃金を効果的に使わせ）、また（賃金差し押さえのような）従業員を悩ますようなことが起こって、仕事に差し支えが出るかもしれないような家計の経済事情の悪さから従業員を守るのに役立つものであった。これらの理由から、例えば職場内に事務所を提供するとか、信用組合の事務管理に仕事時間を使うことを許したりすることによって、雇用主はしばしば信用組合設立の手助けをした。ボストンの百貨店富豪であったエドワード・フィリーン（Edward Filene）は、まさにアメリカにおける信用組合の最初の熱心な信奉者であり、1909年のマサチューセッツ州の信用組合法の採用のために手助けをした。

しかしながら、雇用主が信用組合を実際に所有し、運営したならば、従業員は、会社の店舗で従業員をこき使っているように、信用組合を従業員から搾り取ることに使うのだろうと信じるに違いない。そうとすれば、従業員のモラルハザードを克服するという信用組合の有効性を打ち消してしまうだろう。そこで信用組合は、雇用主によって支持されるが、従業員によってコントロールされることが重要となる。

相互銀行やMSLAとは違って、信用組合は、一定の率で設立され続け、また州および連邦の銀行法が制定されてからさえも、引き続きその役割を拡張し続けた。このことは、おそらく銀行規制が、銀行の機会主義的行動を防ぐことが主な目的であったためであり、他方において信用組合は貸し手の側の機会主義的行動を緩和したためであろう。ただし個人信用格付けサービスやその他の信用度に関する改善手法が、見込み客が貸し手の信用情報を得られやすくし、評判による制裁が行われやすくすることによって、信用組合の投資家所有銀行に対する競争優位性が次第に小さくなっていたことは事実であろう。

ともあれ20世紀全般において信用組合は相互貯蓄銀行やMSLA以上に政府による様々な優遇策から恩恵を受けていたので、信用組合の相対的な効率性を検証する上で生存率は曖昧なものである。とりわけ、信用組合は、投資家所有銀行に課せられていた利子率の上限枠を数十年の間免除されており、（1962年以降は相互銀行と異なって）連邦法人所得税を免除され続けている[31)]。

13.6 初期の商業銀行

興味深いことに、アメリカの初期の投資家所有銀行、すなわち独立戦争の後まもなく18世紀末に設立された商業銀行（mercantile banks）は、大まかに見ると信用組合という性格をもっていた。しかしこれらの銀行は、労働者による信用組合ではなく、商人たちの信用組合であった。事実上、それらは商人たちがプールした貯蓄をお互いの信用供与のために利用する組合であった。その株主はほどんど商人であり、貸し付けが株主に限定されることはなかったが、株主には貸し付けに対する優遇措置があった。

これまでに検討してきた、他のすべての集団的な所有組織と同じように、これらの銀行の初期の定款には、あるグループが別のメンバーを喰いものとするために銀行を利用することを阻止するように意図されたガバナンスを規定する条項が含まれていた。例えば、株式保有金額に応じた投票権ではなく、株式金額よりもそれが比例的に小さくなるような逆進的投票権システムが、銀行に対して大株主や零細株主の不当な影響が出ることを妨げるために一般的に利用されていた。銀行もまた商業に従事することを通常は禁止されていた。この規制はアメリカにおいて歴史的に初めての銀行業と商業を分離したもののように思われるが、これは（後の近代的な銀行の場合にみられるような）銀行の顧客を守るために銀行が過度に投機的な活動を行うことを妨げることを目的に採用されたのではなく、銀行が一部の商人と競争をすることを妨げるために採用された規制であった[32)]。

13.7 他国の銀行所有

伝統的な農業経済から近代的な商業経済への移行という展開を遂げている国々において、初期のアメリカの貯蓄貸付組合MSLAによく似た無尽講（rotating credit associations）のような団体は、世界各地にあまねく存在した[33)]。このような団体は、20人とか30人とかいった、非常に少人数からなり、その多くは血縁的な関係やその他の緊密な個人的紐帯によって結ばれていた。典型的な取り決めは、すべての会員が毎週（あるいは毎月）、会員数と同じ数の週（あるいは月）の間、画一的な掛け金を出資するというものであった。集まった資金は、毎週会員の1人に与えられ、このようにしてどの会員も少なくとも一度は共同資金を手に入れることができるというものであった。会員が共同資金を手に入れる順番は、くじや入札、あるいはそれ以外の優先権決定システムによって決められた。すべての会員が共同資金を一度は受け取った場合に、組合は解散することになるが、同一または異なる人々によって直ちに別の講が組まれることがあったかもしれない。もっとも簡単な形態では、これらの組織は、利子の支払いは行っていなかった。より洗練された組合になると、利子を提供し、かなり大きな金額を取り扱うようになった。ある商人たちの組合の毎月の共同資金は、100万ドルに達していたといわれている[34)]。

金融機関が未発達の社会でもし社会的絆がないとすれば、貸し付けや借り入れにおけるモラルハザードを回避できないような状況の中で、無尽講は商人達が巨額な仕入れができるように貯蓄や貸し付けを行っていたのである。その組織のすべての会員が、貯蓄者でありかつ借り手であり、かつ同一条件で加入するのが典型例であるという事実は、組織がスムーズに機能することに干渉するような利害のコンフリクトを回避するためであった[35)]。

商業的により発展した社会ではあるが、銀行規制がまだ十分にゆきわたっていない社会では、アメリカにおいてよくみられたものと同様な非営利および協同組合銀行が、消費者金融において一般的に重要な役割を果たしていた。1810年から1825年の間において、非営利貯蓄銀行が、アメリカだけではなく、デンマーク、イングランド、フランス、アイルランド、イタリア、およびスコットランドなどの多くのヨーロッパ諸国において、成功した存在として初めて登場した。19世紀の中ごろには、これらの非営利貯蓄銀行は、アメリカにみられるのと同じように、ヨーロッパ全体に非常に多数出現した。またアメリカと同様に、19世紀の後半には、消費者協同組合という企業形態による銀行がヨーロッパで設立された。これらの協同組合は、ドイツにおいてもっとも強力で体系的な発展を遂げたが、それ以外のヨーロッパの諸地域においても広まった。ヨーロッパの協同組合銀行は、アメリカにおける創設期のMSLAや信用組合と同じように、その組合員に対して適切な信用の供与をもっぱら提供するために設立されたものであり、非営利貯蓄銀行のように貯蓄を行う場所を提供するというようなものではなかった[36)]。アメリカと同じようにヨーロッパにおいても、非営利銀行は、主として銀行側の機会主義から顧客を守るための手段として誕生したものであり、協同組合銀行が顧客による機会主義から銀行を守るために作られたことが多かったのとは対照的であった。

アメリカにおけるそれと同様に、ヨーロッパの非営利および協同組合銀行は、20世紀を通して投資家所有銀行に市場シェアを奪われる傾向にあった。にもかかわらず、非営利および協同組合銀行は重要な役割を果たし続けているが、それは、現代の投資家所有銀行と比較したときの効率性によって正当化されるというよりも、むしろロックインされた資本による慣性力や規制による優遇が果たす役割が大きいことによる[37)]。

13.8 結論

銀行業の所有形態の進化は、これまでの他産業の議論からおぼろげに認識できるようになった、いくつかのテーマをより明白なものとする。

第一に、所有者間の利害の一致が、成功のための鍵であること。商業銀行において協同組合が異常なほどたくさん存在する理由は、銀行が提供するサービスが同質的であることである。銀行における預金者間にはほとんど利害の不一致はみられず、彼らはより高い利子率を望んでおり、また顧客所有銀行の収入を所有者たる預金者に分配するための（預金額に比例した分配というような）はっきりした計算式が存在している。無尽講のように銀行の会員が貸し手であると同様に借り手でもある場合には、預金をする会員と借入を主とする会員との間に利害関係の大きな対立が生じる可能性がある。そこですべての会員に同等の役割を割り当てるような強い方法が採用されることがある。

第二に、消費者に対する企業の行動に関する限り、消費者所有と非営利企業の間の線引きはきわめて曖昧になり、どちらの企業形態を選択するかという問題は、それほど大事なものではなくなる。MSLAは消費者所有であり、相互貯蓄銀行は所有者がいない形態なのだが、消費者の視点からいえば、MSLAは相互貯蓄銀行と同じような行動をとる。しかしながら、投資家所有企業に対していえば、MSLAと相互貯蓄銀行は明らかに行動という点で明確な違いがみられる。投資家所有の商業銀行の高い破綻確率と相互銀行、MSLA、信用組合の非常に低い破綻確率の相違はきわだって目立つものである。投資家所有企業のマネージャーは、消費者所有の企業や非営利企業のマネージャーと比べると喜んで投機をしたがるように見える。

消費者に対する企業の行動ではなく、企業に対する消費者の行動に目を転じると、見える風景は大きく変化する。消費者を企業による機会主義から守るのではなく、企業を消費者の機会主義から守るために消費者所有を利用する程度の大きさに応じて、効果的な消費者のコントロールの重要性が決まってくる。したがって、消費者所有が主として銀行の借り手のモラルハザードを防止するために採用されるところでは、無尽講や信用組合においてみられるように、会員資格を少人数の密接な関係をもった人々に制限し、他の人々の行動を監視するためのインセンティブと機会を最大化するというはっきりした理由のために、マネジメントが高度に参加的なものとして設計されていた。このような状況においては、単純に消費者の代理として経営される非営利企業を組織するだけでは、本物の消費者コントロールがもたらすほどの満足を与えない。

最後に、非営利企業や消費者協同組合が効率性で決定的な優位性を示していたところで、投資家所有企業が繁栄できるようになった理由は、政府の規制である。効果的な規制は、一方で、投資家所有企業に資本調達への優位性を維持させながら、投資家所有銀行が預金者を収奪することなく、預金者を集めることを可能にさせた。保険業を検討する次の章で、この現象についてより明白な別の事例をみることにする。

第14章 保険会社

Insurance Companies

アメリカでは、すべての生命保険会社の保有契約のうちおよそ半分を相互会社が保有し、損害保険については4分の1を相互会社が保有している。さらに元来契約者の協同組合として設立された生命保険相互会社の年間の新規契約高は、顧客によって設立された他の協同組合の新規売上高をはるかに上回る金額である。保険相互会社は他の協同組合との比較して大きいだけではない。例えば相互生命保険会社最大のPrudentialの資産は、他の事業会社のそれと比べても大きなものである[1)]。

相互保険会社の所有のパターンを理解しようとするならば、現在、保険産業を特徴づけている契約のコストと所有のコストについての理解を深めるだけでなく、銀行の場合と同様に、19世紀におけるこれらの企業の成り立ちに遡って理解することが極めて重要である。相互会社がこのように重要な役割を演じるようになった要因は、生命保険産業と損害保険産業の間で著しく異なっている[2)]。

14.1 生命保険

生命保険は、アメリカでは1810年ごろに初めて一般に売られるようになった。それから1843年までの間、生保会社のすべては投資家所有会社であったが、生命保険商品を提供する会社に多数にのぼった。それらの中で、保険の販売において一定の成功を収めたのは、1830年以降に設立された、おおよそ半ダースほどの大企業であり、これらの会社は生命保険の販売を信託管理と結びつけていた。これらの生命保険・信託会社は、十分な資本金で設立され、保守的に経営され、疑いなく財務的な健全性を備えていた。にもかかわらず、生命保険の募集に関して困難がなかったが、これらの会社で数百件以上の生命保険を販売するものはなかった。つまりこれらの会社の主要な仕事は、つねに信託業務であり続けていたのである[3)]。

最初の相互生命保険会社が1843年に広く一般に生命保険を提供するために設立された。1847年までに、1社の株式会社も新設されなかったが、相互生命保険会社はさらに6社設立されて生命保険事業に参入した。これらの相互会社は、従来の私的所有の会社よりもはるかに大きな成功をおさめた。これら7社すべては今日まで存続しており、巨大な生命保険相互会社の一角を形成しているが、これと対照的に、1843年に生命保険を販売していた株式会社のうち2社を除くすべてが10年のうちに事業から撤退し、残りの2社の事業活動も実質的には縮小していた[4)]。1849年頃には、19社の相互生命保険会社が事業を行なっていた[5)]。

相互会社の増大とともに、生命保険契約の種類の変化が生じていた。1843年以前は、大抵の生命保険契約は1年から7年という相対的に短い保険期間のものであった。これらの相互会社が充分に基礎を固めた1859年頃には、終身保険が生命保険の全契約の90%以上を占めるようになっていた[6)]。

19世紀前半における相互生命保険会社の成功の理由は、同時期の相互貯蓄銀行の成功の理由と非常によく似ている。このことは、生命保険契約が貯蓄口座に似ているという重要な点から考えると、それほど驚くべきことではない。実際に、生命保険における相互形態の優位性は、貯蓄銀行のそれよりも大きなものであった。

14.1.1 不確実性の下における長期的な契約

生命保険契約は、保険会社と被保険者の間の長期的な契約であり、普通は契約期間は数十年であり、しばしば半世紀以上継続するものもある。このような長期間におこりうる多くの偶発的な出来事が、両当事者の契約の価値に影響を与える。そのような偶発的な出来事を予測し対応できる実施可能な契約を作成することは厄介な仕事である。また保険のための契約であるため、被保険者のリスクが最小となるような方法で、偶発的な出来事に実質的に対応できるような契約であることが重要である。

生命保険契約は、約定された金額を支払うという約束であるので、もっとも大事な問題は、貯蓄銀行と同じく、将来の約束をしっかりと果たすだけの財務上の積立金を維持しているということを顧客に対して保証することである。しかしながら、生命保険会社の積立金という問題は、貯蓄銀行の積立金よりもはるかに複雑な問題である。

生命保険の契約者がそなえたいと思っている基本的なリスクは、もちろん、予想に反して早期に死亡することである。保険会社は、大量の契約を十分に行うことによって、会社財務に関していえば、このリスクを大いに軽減することができる。しかし設立当初の生命保険会社のように、会社が十分に大量の契約を保有していなかったりした場合には、実績が保険数理的な計算の予測と異なってしまう可能性に備えるために、十分な積立金を確保しておく必要がある。

加えて、諸表自体が保険数理的に間違ったものであるというリスク、すなわち計算の前提となった母集団の平均寿命が、保険契約を行っている時点のそれと異なる可能性がある。このことは、保険数理に関するデータが極めて貧弱であった19世紀の前半においては、特に深刻な問題であった。このようなリスクは、単に大量に契約を行うという分散方法を通して軽減することができないものであった。

最後に、保険会社の投資収益が、契約時に期待されたものと異なるというリスクがある。保有契約が大量になれば、たしかに分散投資によって投資収益の変動というリスクを分散しやすくなるけれど、期待収益と実現収益の差が変動するというリスクは、契約を大量に保有しても軽減することのできない、もうひとつのリスクであるといえる。保険会社の投資にリスクをもたらすものとして、2つの基本的な要素がある。第一に、契約期間内に会社の投資が生み出す収益を予測することの困難性である。この点は現在でも同じであるが、分散投資が難しく、また経済予測も現在よりも素朴なものであった19世紀の初めにおいては、今日よりも難しいものであったことは明らかである。第二に、生命保険は一般的に名目金額で契約されているため投資にとってインフレーションは重要な問題であるが、長期的にインフレーションを予測することは難しい。

もし生命保険会社が、潜在的な顧客を惹きつける契約を提供しようとするならば、様々なリスクに直面しても会社の支払可能性を維持することを保証するために、保険契約が有効である間は保険契約者に適切な積立金を常に維持していることを、実質的に保証しなければならない。保険契約者が財務的に習熟した者であり、また会社の経営を密接に知ることのできる立場にあったとしても、彼らにとってどんな状況においても会社を持続させるために積立金の水準がどのくらいかということを知ることは、彼らにとって難しいことであり、ましてや会社がその積立金を確保することを保証するような実行可能な契約を書くことは不可能に近いことである。積立金の金額は、結局のところ、保険契約者の年齢、健康、職業などのプロファイル、および投資している資産の内容、そして将来の経済の動向に関する最新の最良の知見によって、変わるものである。数十年にわたるこのような変動要因に対して対処できるような条件付き契約を書きあげることは、英雄的ともいえる仕事である。相互保険会社および株式保険会社のマネージャーですら、19世紀中頃においては、生命保険を続けるために必要な積立金額や徴収すべき保険料についてほとんどしっかりした考えを持っていなかったという事実の中で、わずかではあるがまさに英雄的な実例を見出すことができる[7)]。

さらに生命保険の契約者は、現在でも、保険会社の財務状況について、契約者が対応できるものから、保険契約に含まれている財務的、保険数理的、法的な諸要素にわたる複雑な情報を含めて、十分に知らされていない。今日でさえ、同等の保険であっても価格的に大きなバラツキがあるが[8)]、それは保険商品の選択の上でもっとも大事な要素の1つでさえ軽視されることがあるということを示している。よって19世紀の初めには消費者の情報水準は疑いなく低いレベルであったように思われる。

14.1.2 保険契約への顧客の封じ込め

保険会社がしかるべき時に支払いを行うという約束を守ることを、保険契約者が保証してもらわなければならないばかりか、逆に保険会社の側でも、保険契約者が将来においてその契約が彼にとって有利なものではなくなった時であっても、契約に対する保険料を継続して支払うという約束を守ることを保証してもらう必要がある。

各年度の保険料の支払額が、各年度の保険契約者の生命を保障するコストをカバーするように生命保険料が設計されていたとすれば、その会社は深刻な逆選択問題を経験することになるだろう。年度が経過するごとに、相対的に健康的である被保険者は、（もし連れ合いや子供のサポートがもはや必要ではなくなるといった保険契約の必要性がなくなった場合には）その契約をやめて無保険となるか、あるいは年間保険料が安い他の保険会社の契約を探すかもしれない。そのため会社に残存する契約は、会社にとって高いリスクの契約となる（このことは、契約者が契約時に取り決めた保険料を払い続けるかぎり、保険会社は保険を契約者に対して継続的に提供する義務があることが通常当然であるとされていることから生じる。このことを別の角度からいえば、被保険者の健康状態が悪くなり始めた時に、保険会社が契約を破棄するという望ましくないインセンティブが生まれるということと関連する対応であるといえる）。

生命保険契約は、このような逆選択を回避するために、保険料の負荷が保険契約の初期に重くなるようにするのが普通である。つまり保険契約の初期の保険料支払額が、保険を提供する会社が当該年度に支払うコスト総額を大きく超過しており、その結果、保険契約者がその時期のいずれかに解約するとしたら実質的に損失を被るようになっている。実際に、伝統的な生命保険契約は、定期保険であるか終身保険であるかを問わず、つねに保険契約にわたって保険料が平準化されたかたちで提供されている。たしかに、今日の生命保険契約では、初期の大きな保険料負荷は解約返戻金を提供することによって相殺されている。しかしながら、逆選択を回避するために、解約返戻金の額は、既払い保険料の累積額よりも小さく設定されるのが普通である[9)]。しかし実は相互会社の生命保険市場に占めるシェアの割合が最高であった19世紀半ばにおいては、生命保険契約には解約返礼金の仕組みが組みこまれていなかった[10)]。

平準保険料（front-end loading of premiums）は、逆選択に対して効果的に対応するものであった〔平準保険料とは、自然死亡率の上昇によってコストが上昇する分を、保険期間の最初に先取りして保険価格を平準化したもの〕。しかし、この方法は保険契約者を契約にロックインしてしまうことによって、契約者が退出するということによって生命保険会社の行動を規律づけることをできなくしてしまう。これによって、生命保険会社は契約者に対して機会主義的に行動する余地を持つことになった[11)]。

14.1.3 1つの解決方法としての相互会社形態

上記の諸問題をふまえると、消費者所有は、市場契約に対する保険会社を規律するための魅力的な代替案である。

保険契約者が所有者となれば、会社は積立金に関する水準とリスクの程度を決める上で、機会主義的な行動をとるようなインセンティブはほとんどない。相互会社は、保険契約に対して、死亡率、投資収益率、およびインフレーションに関してもっとも悲観的な場合であっても十分な積立金を準備するのに不足のない高額の表定保険料を設定しているので、想定した事象がより好都合であった場合に生じる積立金の剰余部分は精算され、配当として保険契約者に払い戻されることになる。会社と保険契約者との間の市場契約上の困難は、市場を排除し、市場にかえて所有関係を置くことによって少なくすることができるのである[12)]。

14.1.4 長期契約にともなうリスクの生成

生命保険契約の主要な機能は、もちろんプーリング・アレンジメントによってリスクを軽減することである。しかし契約の保険期間は長いので、長期であることからも様々なリスクが生まれる。すでに述べたように、とりわけ、平均死亡率、実現投資収益率、およびインフレ率が、新契約が行われた時点における見通しにすぎないことから、それぞれにリスクを生みだす。

この点は、特にインフレーション率において明白である。生命保険契約は、名目金額で表示されるが、19世紀中頃にあっては、信頼できる価格インデックスがなかったので、それはあたかも保険契約者と保険会社の間の将来のインフレ率をめぐる純粋な賭けにひとしいものであった。この賭けは、保険契約者に対して2つのかたちでコストをもたらした。第一に、自分の保険証券の現在価値が、その期待価値と異なってしまうかもしれないというリスクを負担しなければならない。第二に、保険契約者は、保険会社に対して、会社がこの賭けに対して負わねばならないものに対して対価を払わなければならない。会社が、このインフレをめぐるいわゆる賭けのリスクを、容易に分散化できないからである。要するに、保険の購入者は、両当事者の社会価値がまったくないギャンブルの取引コストの全額を負わなければならないのである。また、平均死亡率と投資収益率が期待値と異なるかもしれないというリスクについても、まったく同様に購入者がコスト負担をしなければならない[13]。

相互会社だとすると、保険契約者は追加的なこれらのリスクのコストを負担する必要はなく、その意味で純粋な生命保険を購入することができる。契約者はその取引の両方の立場にあるため、ギャンブルではなくなる。もしインフレ率、実際の投資収益率、または死亡率が見通しとは異なってしまった場合でも、相互保険会社の成員の保険契約における損失は、会社の所有者としては利得となり、これらは相殺されることになる。相互保険会社は、保険契約者がつねに契約を有効に維持し、かつ保険を提供するための実費を支払ってもらうことを確実にするように、定期的に保険契約者に対して現金配当か保険の買い増しのかたちで契約者配当を行うことができる。

1830年代の投資家所有の生命保険・信託会社が、10年後に設立された相互会社が提供したよりも50%割高の保険料を要求していたことは相互会社が長期契約をめぐる大きなリスクを回避する上で優位性をもっていたためであった[14]。この保険料の高さが単に市場力を反映したものではなかったことは、すでに述べたように、ほとんどすべての投資家所有企業が、相互会社が低廉な保険料を提供するようになった時、保険料を安くして対抗したのではなく、生命保険の販売を諦めたことから明らかである[15]。さらに、相互会社によって提供された低廉な保険料は、契約者の側のモラルハザードや逆選択を回避することから生じる優位性からは説明できないように思われる。つまり相互会社は、事業の始めから消費者がコントロールする事業体とはいえず、むしろ本質的には自立し、居座り続けるマネージャーによって創設され経営されており、投資家所有会社と同様に、不特定多数の人々に対して保険を売る会社であった。

長期契約によって生じた大きな賭けを除去するという相互会社の優位性は、初期の投資家所有会社がもっぱら販売していた短期の定期生命保険から、相互会社がもっぱら募集していた終身保険への転換を促進するのに役だったように思われる。

14.1.5 相互会社の代替的存在としての規制された投資家所有企業

今日において、アメリカでは州規制に基づくよくできた生命保険規制システムが存在している。このシステムは、各州の間で比較的統一されたものであり、保険料率を統制しようとするものではなく、積立金を統制することが中心的な課題となっている。保険会社は、支払い保険金に対する予測可能な責任額をカバーするのに十分な積立金を維持することが要請され、またこの積立金の価値が大幅に下落する確率を最小化するように、十分にリスクの低い資産に投資することが期待されている。受け入れ可能な積立金政策をはっきりと規定する曖昧さのない公式的なルールを作成することが大変難しいために、各州の保険監督官は、個々の会社が最低積立金の水準を決定するための判断において実質的な裁量権を確保している。

このような規制システムは、相互会社がこの産業で支配的であった19世紀の前半には存在していなかった。ニューヨークは、1849年に最初の一般保険法を制定し、そこで生命保険会社に対して、10万ドルという最低資本金を積むこと、投資できる対象に対する制限、および毎年の会計報告の毎年の開示を要求した。1859-1867年になってようやく、他の各州において同様な保険規制が広く普及するようになった[16]。この規制は保険会社に契約者に対して機会主義的な行動をしないことを保証させることによって、相互会社形態にかわる代替的形態を実現可能なものとした。1859年は、まさに相互会社が株式会社の数を上回っていた最後の年であった。また1866年以降は、相互会社に対する株式会社の比率が、高い比率で増大し始めた[17]。

14.1.6 契約者配当付保険契約

生命保険株式会社は、相互会社の特徴のいくつかを模倣した保険契約を展開することによって、相互会社に対してより効果的に競争をし始めた。とりわけ、株式会社が初期に導入した「契約者配当付」契約は、保険契約者が収入保険料の投資から得られた純収益の一部を契約者に分与するというものであった[18]。

契約者配当付契約は、保険契約によって生み出されるリスク量を軽減し、またそれにより投資家所有企業と契約する際に生じるコストを軽減した。しかしながら、契約者配当付契約は、保険契約者自身が評価したり、規律づけすることができないため、今日にあって多くの州において規制の対象となっている。契約者配当付契約が相互会社に対する株式会社の競争力に関して十分なものとはいえないことに対する有力な証拠として、相互会社が誕生する以前の1836年に株式会社が同様の保険証券を発売したがそれほど成功を得られなかったことをあげることができる[19]。

14.1.7 相互会社形態の場合のコスト

これまでのところ生命保険相互会社と投資家所有生命保険会社に関して契約のコストに関する相対的優位性について検討を加えてきた。しかし、われわれは投資家とは別に消費者によるコントロールの相対的コストについても検討する必要がある。消費者所有企業を存在可能なものにする1つの要因は、この産業における組織に特有なこととして、資本量が慎ましいことである。初期の相互会社は、純資本をまったく保有していなかった。ある会社は、10万ドルの長期劣後債券を取り入れることによって、事業を開始した。別の会社は、同社が少なくとも100万ドルの保険契約を引き受けるまでは、保険金の支払いを猶予するという保険契約を行った[20]。

また、生命保険会社の顧客が、比較的単純で均質な商品を会社から購入するという事実によって消費者所有が促進されるという面がある。この点は、保険契約の条件が一般に画一的であった生命保険の初期の時代において特に当てはまることであった。この結果生じた利害の大きな同一化は、これまでも繰り返し見てきたように、広範に所有を共有する形態が成功することに太鼓判を押すものと考えていいかもしれない。

同時に生命保険会社の契約者の数の〔多さ〕と地理的な分散が、契約者が会社のマネジメントに対して意味のある直接的なコントロールを行使しないことを実質的に保証する。事実、1840年代に相互生命保険会社が誕生して以来、これらの会社は自ら買って出た役員や取締役によって設立され、コントロールされた経営管理体（managerial entities）であり続けていた。しかしながら、実質的なコントロールから所有を明確に分離することが株式形態による競争者に対して相互会社の優位性を小さくしたかどうかということは、銀行ほどには明白ではない。実証研究は、相互生命保険会社と株式生命保険会社の平均コストに有意な違いがあるということを示していない[21]。

このことは、（19世紀末に始まった相互会社の生命保険における市場シェアがゆっくりと減少していることから考えられるように）相互会社に株式会社よりなんらかの形で劣ることがあるとすれば、それはコストを最小化するというインセンティブが弱いことによるものではなく[22]、資本に関する問題によるものであるということを示唆するものである。これらの問題は2つのやや対立する形であらわれる。

第一に、相互会社は株式会社よりも資本市場へのアクセスが制約されており、そのため設立率や成長率が抑制される効果がある[23]。そのうえ、成長のために相互会社が使う資本は、一般に既存契約者によって保留された利益によるものであるため、急速な成長は、既存の契約者の利害に大きく反することになる傾向があり、彼らの犠牲によって行われがちである[24]。

第二に、相互会社が、既存契約者を犠牲にしてソルベンシー〔保険負債に対する支払い能力〕を確保するために必要な金額をはるかに超える積立金を積み立てることがしばしば生じている。このような積立金はある意味では将来の成長のためのファイナンスのために行われているものであるけれど、別の意味では操作可能でゆとりのあるマージンと巨額な投資ポートフォリオを確保しておきたいという経営陣の希望を果たすだけものである[25]。超過的な純資産を積み立てる傾向は、第12章でも述べたように、大学、博物館、病院のような大規模な非営利組織の間でもよくみられることである。契約者の意味のあるコントロールが欠如し、そのマネージャーが非営利企業のマネージャーと同様に自律的な立場を築いているということを所与とするならば、相互生命保険会社がこれらの組織と同じような行動を取ることは驚くべきことではない[26)]。

14.1.8 その後の歴史的経験

公的規制の施行が、株式生命保険会社を競争者とすることに役立ったが、19世紀末から20世紀初めの時期においては、コストと便益のバランスという点で、相互会社に対する決定的な優位性を持っていたということはできない。例えば、多くの株式会社が1860年代に新設され、その結果1868年には生命保険において205社の株式会社が存在し、相互会社は61社にすぎなかったけれど、これらの株式会社のうち61%が破綻したのに対して相互会社の倒産はわずか22%であった。その結果、1906年には、相互会社が52社であるのに対して、株式会社は110社だけになってしまった[27)]。

相互会社形態は、20世紀の最初の3分の1にあたる時期に大きな強みを示し続けた。1900–1936年の期間に少なくとも15社の株式会社が相互会社に組織転換した[28)]。この中には、Metropolitan社、Equitable社、Prudential社という最大級の生命保険株式会社が含まれていたが、これらはすべて1915年から1918年の間に組織転換を行い、現在において3社は巨大相互生命保険会社の一角を占めている。この3社の相互会社への組織転換は、ジャーナリズムの醜聞暴露記事や政府の調査報告書に影響された部分も一定程度はあるが、1905年の有名なニューヨークのアームストロング調査〔アームストロング調査および、同調査の史料を活用した研究書として、モートン・ケラー『生命保険会社と企業権力』水島一也他訳、千倉書房、1974年がある〕をはじめとした政府調査は、生命保険業に巣食う疑わしい募集慣行や経営者の自己取引などが暴露し、株式会社の相互会社化を要求した。しかし相互会社よりも株式会社において、それらの悪弊がはるかに広まっていたのかどうかについては、必ずしもはっきりしたものではなかった[29)]。これらの暴露が影響に関していえば、世論が株式会社に対してどの程度厳しく、またそれにより相互会社が当該期間にどの程度株式会社より保険を販売しやすかったのかを判断することは難しい[30)]。少なくともEquitable社の場合、相互会社への組織転換は、会社買収というマネージャーへの脅威を回避することが大きな理由であったという証拠がある[31]。この動機は当時生じていた他の相互会社化においても同様に主要な動機であったと思われる。

この時期には、ともかく株式会社から相互会社への組織転換がたくさんあったことは事実である。1900年から1936年の間において、実際に生じた相互会社化の数より多い、少なくとも17の株式会社化（Stockings）も試みられていた。これらの組織転換は明らかに部分的には、資本調達を容易にしたいという希望と分散化への期待という動機によって行われたものである[32]。同時に、相互会社化と同様に、会社のマネージャーの私利によってある程度は動機付けられていた可能性がある。すなわちマネージャーは、株式会社への転換の過程で会社の純価値の一部で構成された株式を得ることが容易であったからである[33]。どうであれ、このような組織転換は、20世紀の最初の3分の1の時期においてさえ、市場が相互会社を強く支持しているわけではないことを示している。

最後に20世紀の後半において、投資家所有会社ははっきりとした優勢を示すことになった。相互会社の生命保険保有契約シェアは1947年の69％から1983年には43％に落ちた[34]。相互生命保険会社の会社数は、1954年に歴史的なピークである171社を数えたが、その後減少して1991年に117社となったが、株式会社の会社数は同じ時期に661社から2,078社に増加した[35]。〔保険産業において、会社数では相互会社が劣勢となっており、また相互会社の株式会社への転換も事例が世界的に数多くみられるが、アメリカおよび日本においては、大手生命保険会社は依然として相互会社形態が主流である〕

14.1.9 税金によるインセンティブ

税金が相互会社の生き残りにとって重要であったのかどうかはまったく明らかではないものの、もし相互会社が税的優遇措置を享受していなかったならば、20世紀において株式会社に対する相互会社の市場シェアがより急激に悪化していた可能性がある。19世紀全般を通して法人税は課せられていなかったため、生命保険産業の初期の形成期には連邦税制は何の役割も果たしていなかった。しかし1959年の生命保険会社収入税法の制定に先立つ数十年の間、株式形態に課せられた連邦法人収入税は、相互形態に対する暗黙の補助金となった。しかしながら、このことは明らかに真実であると断言することは憚られる。というのは、もし補助金が存在したとしても、この時期において生命保険産業から徴税された税額は一般に小さいものであったため、その補助金の額は大変慎ましいものであったに違いないからである。1959年法はこの産業からの徴税額の増加を意図したものであったが、同時に株式会社にも相互会社にも平等な税的取り扱いを狙ったものであったようだ。ものごとが展開するうちに、この法律は、不注意にも相互会社形態に対する若干の税的な偏重をもたらしていたかもしれない[36)]。

14.2 損害保険

長期の契約であるということが生命保険においては相互会社が存在する1つの論拠であったが、このことは損害保険における相互会社の重要性を説明することにはならない。ほとんどの損害保険は、通常は1年間という比較的短期の保険期間で販売されている。たしかに、技術の変化が現在損害保険でカバーしているいくつかのリスクを長期の保険期間にする傾向がある。一定の期間、化学プラントの賠償責任をカバーする会社は、数十年も後に発症した癌に対する保険金支払いの請求を起こされるかもしれない。しかしこのような状況の原因となる技術的な変化や法律的な変化は、比較的最近の事象であり、損害保険を提供する相互会社の発展はこれらの変化にずっと先立つものであった。損害保険産業における相互会社の役割を理解するためには、他のタイプの契約コスト、すなわち自然および政府によって引き起こされる契約コストに目を向ける必要がある。

14.2.1 相互会社の進化

損害保険は、生命保険のように、19世紀が相互会社形成の高潮期であった。成功した相互会社が生まれた事情は、著しく画一的なものであった。

その事実を様式化して述べれば、大まかに以下の通りである。特定の地域の産業、例えばロードアイランドの綿織物工場、アイオワの小麦粉工場、インディアナの郡区の農場などの企業の所有者は、自らの火災のリスクが異常に小さいと信じており、株式会社に支払う火災保険料を過剰な支払いであると考えていた。株式会社と保険料の減額を交渉してそれが不成功に終わると、彼らは保険のために共同して相互会社を設立することがあった。その結果生じた純保険料は株式会社によって提示された保険料よりもずっと低額なものであったものと思われる。株式会社と異なり、相互会社は、産業におけるリスクの低い物件の保険契約を行うのみであり、付保された物件を定期的に監視するというプログラムをもち、リスクを評価したり損害防止手段を推薦したりすることができた[37)]。このようなパターンは、相互会社が成功するための説明要因を示すものである。

14.2.2 情報の非対称性

これまでの議論においては、相互生命保険会社の発展は、部分的には見込み契約者が異なるリスクを保有する保険会社判別することが難しいという理由によるものであるということが示唆されている。損害保険会社の場合は、これとは逆の状況を考える必要がある。すなわち損害保険の相互会社は、部分的には保険会社の側が見込み客のリスク度が異なっているということを容易に判別することができないという理由によって生じたものであるようだ。

例えば織物工場に対する火災保険では、特定の保険種目の見込み客のリスクの程度が著しく異なっていることが多い。その上、顧客は往々にして保険会社よりも彼ら自身のリスクについてお互いによく知っていることが多い。このことが情報の非対称性の問題を生みだすとすれば、逆選択が市場の実現可能性を制約することが想定されるけれど、だからといって株式会社に代わって相互会社が発展することが期待される特別な理由はない。しかしながら、織布会社は、その産業について熟知しているお陰で、他の織布会社の火災リスクを評価する上で、その産業について知らない保険会社を含む他のいかなる会社よりも有利な立場にある。相互会社の設立が比較的頂点と思われる19世紀の中頃には、少なくともこのことは事実であったと思われる。期待損失を推計する長期的な損害経験表やそれらを利用する体系的な手法は、当時の保険会社にとって利用可能な状態であるとはいえなかった。これに対し、相互会社を設立するために参加した諸企業は、対照的に、すでにこの産業に関する技術とリスクについて熟知していた企業家によって所有され経営されていた会社であった。この状況は、お互いに非常に低リスクであると知っている会社が、相互会社を設立してお互いに保険を行うというインセンティブを生み出す。つまりこれらの会社はお互いに低リスクであることを知っているので、産業の外部にある保険会社が安い保険料を提供すると確信をもつことができないのである。あるいは、別の考え方をすれば、個々の被保険者のリスクの程度に関する情報コストは、産業外部の会社よりも産業内部の会社の方がより小さいのである。

以上の理屈はなぜ産業内の企業が結合して相互会社を設するのではなく、産業内にひとつの保険会社を設立して内部情報を利用しないのかということを説明していない。このことを理解するために、われわれはさらに追加的な考察が必要である。

14.2.3 競争の制約

19世紀の損害保険は、おそらく情報のコストの制約ために相対的に地方レベルのビジネスであった。この事実は、リスクの分散を行うために大量の保険契約が必要であるのに加えて、特定の産業の詳細を熟知している競争する保険会社が多数設立されるほど十分に大きな市場ではなかったことを意味している。したがって、もし株式会社が特定の地方産業のリスクを正確に料率化する専門的技術を発展させることに成功したとしても、競争状態が生まれることはほとんど考えられなかった。したがって、諸会社は相互会社を設立することによって保険を購入するというインセンティブをもつことになったのである。

保険産業の特徴である価格区分ができなかったことが、競争がない状態を強化した面があるかもしれない。情報と管理のコストや合理的な価格付けが逆選択をいっそう悪化させる問題といったような[38]さまざまな理由によって、保険会社は個々の顧客の特定のリスクに対して適合的な保険料を要求するのではなく、より広いリスク区分を採用することにより、すべての顧客に対して実質的に同一料率を課していた。相互会社が設立された時代において、株式会社は（例えば綿織物工場のような）特定のタイプのリスクに対して同一料率を課すのが普通であったようだ[39]。その結果、保険の加入を望む会社は、価格ベースで自分の契約について競い合う株式会社を得ることはできなかった（つまり、会社は自社の契約だけに特別な安い保険料を保険会社が提供するように競い合うことができなかった）。むしろ、企業間の競争は、すべてのカテゴリーの被保険者の間だけで生じた。保険契約を提供する保険会社でそのような競争が強化された傾向はみられない[40]。

14.2.4 検査および安全調査

ほとんどのリスクに関して、被保険者に対する厳格かつ定期的な検査は、リスクを評価したり、モラルハザードを抑止したり、被保険者により有効なリスク軽減手段を示唆したりする上で有益である。検査は、これらの手法をとおして、保険のネットのコストを削減することができる。しかしながら、保険が相互会社としてではなく、株式会社として組織されている場合には、検査を行うためのインセンティブが減じられる。

始めにいえることは、検査が、保険会社にとって取引特殊的な投資を意味していることである。保険契約が短期契約である場合には、報酬が生じないくらい低料率でないならば別の会社と契約するという脅威を与えながら、被保険者が機会主義的に行動する可能性が大いにありうる。長期契約は、この問題を未然に防ぐに違いないが、反面、料率に関するゆきすぎた厳格さが求められたり、あるいは保険会社が設定する保険料に対して過度に手加減することが許されたりする可能性がある。この問題に対処するために、被保険者に個々に検査をさせるという努力は、保険会社を機会主義的な行動にさらすことによって、木に竹を継いだようなものとなろう。

その上、株式保険会社は、損失防止への投資による便益の大部分が保険料の削減というかたちで被保険者に払い戻されるというものであり、保険契約者が損失防止に対するコストに見合った投資を行うように促すために株式保険会社が提供するインセンティブには限界がある。もし被保険者が行った損失防止手段が保険料削減によって報われなかった場合、保険会社が提案する手段を被保険者が実施するインセンティブが不充分なものとなるからである。

相互会社形態は、保険者と被保険者の間の利害関係のコンフリクトを緩和する。実際に、すでに述べたように、初期の相互会社は、株式会社が行うよりもはるかに多くの活動的な検査プログラムを特徴とし、またこの行動の違いこそが、相互会社が競争優位性をもって登場するのに役立った。

初期の相互会社が損失防止手法の調査に関する積極的なプログラムを持っていたことも株式会社と比較すると際立つものであった。このような調査は被保険者が属する産業にとっての公共財であったので、相互会社は株式会社が行うよりも明らかにより大きなインセンティブをもっていた。このような調査は、相互会社に競争優位を与えた。しかしその競争優位の範囲は、特定企業の保険契約者に限られたものであり、保険に加入した産業全体に対して急速にその範囲が広まったというわけではなかった。

14.2.5 モラルハザードの回避

零細な相互会社のいくつかは、モラルハザードによる損失削減という有益な目的を果たしていた。特に、地方の農業保険の相互会社において、このことが当てはまった。これらの組織の全盛期は、19世紀の第4四半期であり、19世紀末には1,400社存在したが[41]、現代においても重要な役割を果たし続けている。その多くは、小さすぎて最適にリスクを分散することができないほどであるが、この零細性こそが、契約者のほとんどがお互いに他の契約者を熟知することを保証し、その結果モラルハザードを防止している[42]。

14.2.6 産業全体のリスクの負担

損害保険においてリスクシェアリングという問題が存在するが、この問題は生命保険に関してすでに議論したものと似ている。

ある産業の損害保険を引き受ける保険会社は、その産業の平均損失水準が正確に予測できないために、大数の法則によって削減することのできない一定程度のリスクを引き受けることになる。そのような産業全体のリスクは、投資家所有保険会社によるよりも、その産業に属する諸企業によってより効率的に負担することができるかもしれない。産業全体の損失の潜在的なバラツキはその産業で保険を引き受ける企業の期待収益に占める比率としては大きいかもしれないが、その産業の収益に対する比率は比較的小さなものであるといえる。相互会社は、その産業内部の個別企業に特異なリスクを、消滅させるという優位性をもっているが、それは、産業全体の損失経験の変動リスクを、その産業の属するすべての企業に対して、遡及的であったりプロラタを採用したりして実現する。したがって、相互会社ならば保険に加入する企業は企業全体で簡単に負担することができるリスクであるので、産業全体のリスクを負うために必要となる高い保険料を保険会社に払う必要がなくなるのである[43]。

この考え方は、産業全体の損失経験を予測することが難しい産業においてはとくに重要なことである。新産業、または新しく立地を定めた旧産業などは、これに該当する産業であるといえる。このことは、相互会社が産業保険の経験がまだ限られていた19世紀中頃においてなぜ株式会社よりも強い競争力を持っていたのかという理由を説明し、またなぜ農業保険が辺境の農業社会において大変広まっているのかということを明らかにするものである[44]。

損害賠償責任に関するルールが不確実になった場合に、産業全体の損失水準の予測可能性が著しく低くなる。このことは、1970年代および1980年代にアメリカの裁判所が製造業者やサービス供給業者に対して、従業員が被った労災や商品・サービスによって顧客が被った損害についての潜在的な責任を著しく拡大し始めたときの経験から明らかである。裁判所が賠償責任の範囲や補償する損害額をどの程度拡張するのかについては、非常に不確実であった。これは、賠償責任保険の契約終了期間を、保険契約後1年から数年という通常の期間より長い「テール」にさせた2つの要因から成り立っていた。第一の要因は、違法行為が生じた後長い年月を経過したのちに初めて訴訟が結審したことであるが、その理由は法律の基準が予測できない方法で展開したために訴訟が著しく長い期間を要したためである。第二の要因は、技術および法的基準の変化が原告が過去の長い年月のプロセスや製品について原因を明らかにすることで訴訟を起こすことを可能にしたことである。

その帰結として、相互会社によって契約された賠償責任保険のシェアは、1970年代および1980年代に劇的に増加している。この20年間全体を通して、相互会社および（企業がリスクを自己保有するために所有する）「キャプティブ

(captive)」保険会社に支払われた保険料は、賠償責任保険全体の1.5%から32%まで増加したのである[45]。この成長の大部分は、法的基準を予測することがきわめて難しくなった産業によるものであった。例えば、医療過誤保険を提供するために1970年代に相互保険会社が新設され、1980年代には、医薬、化学、鉄道、公共事業、銀行、看護師・助産師市場に保険を提供するために相互保険会社が設立された[46]。

特定の産業に属する企業や個人以上に、投資家所有企業が、その産業の平均損失が変動するリスクを負うことをなぜ嫌っているのだろうかということが問われるに違いない。相互保険会社は、普通は（小児科医向けの医療過誤保険などのような）ある単一の産業に限定し、企業の所有者間の利害の均質性を明確に確保している。その結果、保険契約者は、産業全体の平均損失率のバラツキに関連するあらゆるリスクを負担しなければならない。しかしながら、同じ産業に保険を提供する投資家所有企業の株主は、他の保険種目に専念する会社の株式を買ったり、特に保険業以外の会社の株式を購入したりして、そのリスクの一部またはすべてを自らの投資を分散して消滅させることができる。

だが投資家所有の損害保険会社は、明らかにリスク回避的であるかのように行動する。その最大の理由は、予測しない巨大損失を埋め合わせるために、資本が簡単に保険会社に流入したり流出したりすることができないことであるが、その理由は1つには税金によるものであり、過去および将来の成功に関する情報をもっている企業が、それを資本市場に対してコストなしで伝達できないためである。そのために、投資家所有保険企業は、準備金として配備するための資本の供給が比較的硬直的である。資本が異常な巨額損失によって枯渇した場合、将来の保険を引き受ける能力が大きく損なわれることになる。投資家所有会社は、それゆえに、リスク回避的であるという制約を受けているのである[47]。

その上、投資家所有保険会社は、相互会社と比べてたくさんの産業の保険を引き受けているという大きな柔軟性によって追加的なリスク分散を達成することが出来ないかもしれない。例えば、司法積極主義が賠償責任の範囲の拡張に対してどの程度影響を持つのかというようないくつかの重大なリスクは、いくつかの異なる種目の保険に対して同じような影響を与えるかもしれない。さらにいえば、共通性のない分野において広範に保険を引き受けている保険会社は、証券市場で生じる問題と同じような内部的な資本配賦の問題に直面するかもしれず、ある部門を任されたマネージャーは彼の部門の成果と見通しについての知見をトップマネジメントに伝えることが困難であると思うかもしれない[48]。

14.2.7 規制の回避

相互会社をさらに促進する要素は、料率規制から生まれている。規制緩和への大きな動きが最近においてみられるようになっているが、生保会社と違って、損害保険会社は、歴史的にいえば様々な保険種目に対する最低料率を設定した州レベルの規制に従ってきた。相互保険会社にも適用されているが、この規制は普通は表定保険料に対してのみ行われるものである。すなわち、保険会社が所有者に対する契約者配当を決定する前に契約者に対して課すような保険料に対してのみの規制である。したがって、相互会社による契約者配当の実施は、料率規制をくぐり抜ける1つの手段であった[49]。

この料率規制がもっとも厳格に実施されたのが、1950年代と1960年代であり、この厳格な実施が、この期間における相互会社の成長に貢献した。例えば、1951年に市場の14%であった相互火災保険会社が、1970年には市場の20%にまで成長したのは、契約者配当が相互会社に与えた料率の柔軟性に帰因するものである[50]。州による料率規制は、しかしながら、20世紀になって初めて始まったものであり、他方において相互会社は、18世紀にはすでに一般的なものとなっており、19世紀においてもっとも目覚ましい成長を遂げていた。したがって、料率規制を回避すること云々は、全体の流れの中では核心に近いものとはいえない。

14.2.8 カルテル化

損害保険会社は、1840年頃には早くも自主的な料率団体を設立して、料率の統一をはかり始めていた（この団体は、損害率の経験を共有するための手段としても機能していた）。このカルテル化は、競争を制限し、高い料率を維持することによって、おそらく相互会社に弾みを与えた。しかしながら、この効果は、会社形成期であった19世紀よりも20世紀においてより重要なものであった。また料率の画一化は、19世紀をとおして、繰り返し行われたカルテルがなくくずし的に解消されたり州の敵対的な行動などにより、制約されていた。多くの州において、料率団体に対する戦いが、それに対する支援に変わったのは、20世紀になってからのことであった。さらに損害保険は、その歴史のほとんど期間において反トラスト法から免除され続けてきた。その結果、州による最低価格制度が効果的に実施されていなかった時期においてさえも、競争は一般的に20世紀のほとんどの時期において効果的に展開されていなかったといってよい[51)]。

14.2.9 利害関係のあるメンバーの均質性

損害保険相互会社は、生命保険相互会社と対照的に、しばしばメンバーコントロールを効果的に行うことに重点が置かれている。われわれもみてきたように、モラルハザードと逆選択のように、保険契約者によるコントロールが、投資家所有企業に対する優位性をもつ損害保険相互会社を生み出すことにおいて重要なことである。

同時に、メンバーによる効果的なコントロールが、相互会社のメンバー間の利害の均質性の重要性をより大きなものとしている。またこのことは損保会社においてはっきり表れている。投資家所有損保会社とは反対に、損保相互会社はリスク分散という利点があるにもかかわらず、単一種目の保険しか引き受けていないことが多い。このことは、損害保険業における相互会社という構造が、生命保険業とは大きく相違しているのはなぜかということを説明している。生命保険業では、私有企業が相互会社を数の上で圧倒しているが、相互会社は一般的に私有会社よりも大規模であり、また総保有契約高に対して不釣り合いなほど大きな比率を占めている。損害保険業では、状況はまったく逆であり、相互会社は私有会社を数の上で圧倒しているが[52)]、私有会社は一般的に相互会社より大規模であり、また大雑把にいって産業全体の4分の3のビジネスを占めている[53)]。このような相違が生じた明白な理由は、生命保険が損害保険よりもはるかに大きな均質的な商品性を持っていることである[54]。

14.2.10 相互会社の持続的な生き残り

1970年代および1980年代の損害賠償保険危機によって生じた弾みという重要な例外があるが、20世紀をとおして組織上のコストと便益のバランスは、損害保険相互会社から投資家所有損害保険会社に有利なように傾いているように思われる。ほとんどの保険市場が全米規模に範囲を拡大した19世紀以来、輸送・通信コストは著しく小さなものとなっている。同時に、経験が蓄積し、また保険会社が損失経験を共有するようになると、どんなリスクをもった人も保険を購入することが容易になったはずである。その結果、損害保険市場で競争が効果的に展開されるという環境は、19世紀よりもはるかに改善されているはずであり、相互会社が保険契約者にもたらす特別な保護が、損保産業のほかの企業形態に対してもはや特別に際立った優位性をもつことはなくなったように思われる。

この結論を支持するいくつかの証拠として、損保相互会社が投資家所有損保会社によく似たものとなっていることが指摘できる。効果的な契約者のコントロールが、多くの相互会社において長い間のうちに消えかけている。多くの個別相互会社は、当初設立されたときに提供した産業を超えてその経営を拡大しており、今や多くの様々な産業のリスクを引き受けているのである[55]。これらの相互会社が存続しているのは、ある意味では組織の慣性（資本のロックイン）によるのかもしれないし、またある意味では州の料率規制によって与えられる弾みのためかもしれない。さらに考えられることは、生保相互会社とは異なり、投資家所有保険会社に対して優遇をするように意図的に作られている連邦法人税システムによる損保相互会社の優位性のために存続しているのかもしれない[56]。

14.3 他国の経験

簡単にデータを得られる諸国において、保険の所有パターンは、アメリカの経験と比較的近いものであるように思われる。

もっともよい研究事例は、アメリカと同じような進化を遂げたオーストラリアの生命保険産業である。1830年代から40年代にかけて、たくさんの投資家所有企業が生命保険を販売しようと試みたが、1849年までにはそのすべてが事業から撤退した。1848年に同国で最初に相互生命保険会社が設立され、この会社が大きな成功を収めた。設立から1880年代までの時期において、相互会社が生命保険市場を支配したのである。1870年代に議会が生命保険規制を導入し始め、1880年代には投資家所有会社が初めて生命保険市場で相当の成功を収めることができたのである。1989年時点で、相互会社は、規制された投資家所有企業と十分に対抗しており、終身保険の新規契約の60%を販売している[57)]。

14.4 結論

相互会社形態は、生命保険でも損害保険でも共通に存在しているけれど、それぞれの産業でかなり異なった役割を演じている。

損害保険では、相互保険の役割は、消費者協同組合によって他の産業でも普通に行われているものとよく似たものである。すなわち、それは、非競争的価格から身を守る手段を提供するということである。生命保険において、相互会社は歴史的に重要であり、それはただ価格による搾取から消費者を守るというのではなく、むしろ適切な契約上の保護の履行が確立されていないような状況において販売者の側の機会主義的な行動を回避するために役立った。この役割は、様々なタイプの消費者協同組合による機能よりも、非営利企業によって通常提供される機能との間により大きな共通点を持っている。

生命保険相互会社をこのように見ることは、生命保険相互会社の構造と行動が重要な点で消費者協同組合を特徴づけているものよりも非営利企業を特徴づけているものに似ているという事実と符合する。例えば、相互保険会社の取締役会は、本質的に自薦によって選ばれるものであるが、そのメンバーは組織の累積剰余（基金）を自分たちで分配するための実質的な権利はもっていない。また非営利の教育組織や宗教組織と同様に、市場の圧力から彼らを遮断するために巨額な余剰金を蓄積する傾向にある。相互会社の保険契約者は、典型的な非営利企業のパトロンと同様に、企業のコントロールを行使することではなく、相互会社の経営は、株式会社の経営と異なり契約者を搾取するという強い金銭的なインセンティブをもっていないということから、彼ら自身の保護を引き出すのである。形式的にも非営利企業として組織されている、大規模な生命保険企業も存在している。大学教員のための年金を管理するのが主要業務であるTIAAは、その際立った事例である。ここにおいてもまた、われわれは所有企業と非所有企業の間の線引きが曖昧となっていることを理解するのである。

終章 結論

Conclusion

ある所有形態が他の所有形態より優れているとは一概にはいえない。企業のあるパトロンの一群による所有は、たとえそれが投資家であっても、消費者であっても、労働者であっても、あるいはそれ以外のサプライヤーであったとしても、所有が割り当てられた文脈の中においては効率的でありうるのであり、同様のことが非営利企業においてもいえる。様々なタイプの所有は経済の中に適当に割当てられた居場所をもっているのである。

ある特定の産業における代替的な所有形態の相対的な効率性は、その産業の消費者とサプライヤーが直面している市場契約コストと所有コストによって決定される。これらのコストに関するたくさんの一般的な結論が各章において示され、またより強固なものとなった。

政治制度としての企業

特別な説得力をもってあらわれてきた1つのテーマが、企業を政治制度としてみることの重要性である。大規模企業においては、所有は実質的にたくさんの人々でシェアされているのが普通である。この点に関しては2つの重要な理由がある。1つは、所有者が企業の収益の変動を吸収するために十分な資産またはキャッシュフローを持つためには、集団的に所有する必要があることである。もう1つの理由は、所有は契約のコストを緩和するのであり、したがって、少なくとも、所有のコストが結果として不釣り合いなまで増大しない限りにおいて、企業と取引をしている人々の間で所有をより広く拡散させることが有利であるということである。しかし、もし所有が広くシェアされるとすれば、ある種の投票メカニズムが、意思決定のために採用されるはずである。投票は、重大な限界、すなわち所有のパターンを決定する上で決定的な役割を演じるような限界となる。

政治のコスト

最も基本的なことであるが、政治的代表者は、参加者の間の大きな対立があることから、市場と比較すれば、優れたパフォーマンスをするとはいえない。このことは、あるいは、次のような事実から明らかな結果であると考えられる。すなわち、数十万の企業が経済的活動を行っており、また投資家所有ではない多数の企業を含む、様々な企業形態で事業が営まれているにもかかわらず、所有が与えられる一群の人々はすべての場合において利害関係において非常に均質であるという特徴をもっていることである。企業に対してまったく異なる利害関係をもつ人々の間でコントロールがシェアされているような企業を見出すことは、きわめて稀なことである。

したがって、一定のパトロンによって所有のコストをやり繰りすることが出来るかどうかが決まる際に、利害関係の均質性が検討すべき特に重要な要素であるといえる。とりわけ、このことは、近代的な投資家所有の株式会社が広く成功している重要な要因であり、また利害の異質性ということがなかったなら大きな効率上の優位性をもつはずの労働者所有企業が相対的に極めて少ないことを説明する重要な理由であるように思われる。

投票の価値

参加者が多様な利害関係をもっている場合に、集団的な選択メカニズムがうまく機能しないと結論づけることは、もちろん、それが全く機能しないということを意味している。すべての人が同一の利害関係をもっている場合には、集団的な選択システムはほとんど必要とされない。

投票によって一群のパトロンに企業のコントロールを委ねることの基本的な機能は、企業経営に対するパトロンの選好を伝達する手段を提供するものではなく、企業がそのパトロンを収奪することを難しくさせること、いいかえれば、大多数のパトロンに不利益な企業行動が行われることを抑止するものである。このことは、たいていの企業において、市場契約だけに依存するとしたら、企業によって集団的に収奪されるかもしれないパトロンの集団に対して投票権が与えられる理由である。なおそのような収奪は、企業が市場力をもっていたり、情報優位性をもっていたりすることが生じるものであったり、あるいはあるパトロンが、当該企業と関係を持つことによって退出するというオプションが制約されてしまうような取引特殊的な投資を行わざるを得ない場合などに生じる。

要約すれば、企業の投票権の主要な役割は、民主的な政府の場合と同じように、選好を集約して伝えるということではなく、選挙民を権力のある側による機会主義から守る素朴な手段を与えることである。

市民と政府の間と同様に、企業とパトロンの間で良好なコミュニケーションをとる必要があるのは明らかなことである。経営学の文献においてよくみられるテーマは、マネージャーが、顧客、サプライヤー、投資家、従業員に耳をかたむける良好な手段をみつけることの必要性である。しかし、パトロンに企業をコントロールする投票を与えることは、必ずしもこの目的を達成するための良好な手段ではなく、費用のかかる軋轢や歪んだ意思決定を生み出す可能性を持っている。

反対に、企業の所有者が利害関係をまったく異にする場合においては、投票メカニズムが個々の所有者の利害を伝達するように増強されるのではなく、むしろその機能が弱められるように設計されることが普通である。例えば、すでに検討してきたように、様々な利害関係をもった労働者からなる従業員所有企業は、取締役は小さな限られた選挙区ではなく、大選挙区から選出され、彼らは1年ではなく数年間の任期をもつように決めらており、あるいは彼らが代表する労働者のメンバーではない外部の取締役を選任することを定めていることもある。投票機能を極限まで弱体化させたものは、非営利企業の設立に際して、取締役は一定のパトロンを代表して企業を経営するという責任が定められているが、パトロンはその取締役を選出できないというものである。

契約のコスト

非常に均質な利害関係をもつ一群のパトロンを有する企業の場合であったとしても、所有は、これらのパトロンにとって、市場契約のコインの裏側として魅力的な代替物である。市場契約は政治と同様にコストを発生するが、所有は企業とパトロンの間に基本的に存在する利害関係から生まれるコンフリクトを取り除きこれらのコストを削減することができる。

この点において、資本を投資する者に関して特別なことはなにもない。彼らは、唯一のかなり均質なパトロンの一群であり、またこのことから元来所有者となる資格をもっている。しかし他の重要なパトロンの一群が利害関係の共通性を備えている場合においては——彼らが労働者であっても、サプライヤーであっても、また消費者であっても——その一群に所有を与えることが明らかに効率的であり、それは契約コストを削減する力が潜在的にかなり小さい場合にもいえることである。

経営者に対するモニタリング

所有者が経営者をモニターすることの重要性は、組織に関する文献において大いに注目されてきたことである。先行する各章において、このテーマが誇張されすぎているということを示してきた。経営者のモニタリングが不充分であることから生じるエージェンシー・コストに関していえば、所有形態の間に大きな相違はなく、そのことは投資家企業と他のパトロンによって所有される企業の間の比較においても、また所有企業と非所有企業（すなわち非営利企業）の間の比較においても、同様のことがいえる。企業が直面する製品市場の競争の程度は、その企業の効率性を決める上で、企業の所有構造よりもはるかに重要なことのように思われる。したがって、経営者のモニタリングの不充分さから生じるエージェンシー・コストは、市場契約コストを削減するための負担であると考えられる。ある一群のパトロンがある企業を効率的に所有することができるかどうかを決定する場合に、所有しなかった時の契約コストと比較して、所有した時のエージェンシー・コストが高いかどうかを論じることは、さほど重要ではないように思われる。もしそうでないとすれば大規模企業では、労働者、あるいはしばしば消費者でさえ、企業の株主よりも経営者に対して強く、効果的なコントロールを行使できる立場に置かれているので、投資家所有企業は、本来ならばはるかに少数になっているはずであるが、実際にはそうではない。

このことは、所有者の経営に対するコントロールが、ほとんど重要ではないと主張しているわけではない。最近の農産物販売・購買協同組合、あるいは小売業者所有の卸売・購買協同組合のように、契約に関して重大な問題がない場合でさえ、非投資家所有企業が成功を収めているケースにおいては、協同組合の所有者となっているパトロンが、経営者に重要な影響を行使するようにうまく組織化されていることが普通である。その上、以下でより詳細に論じるように、所有者のコントロールの強さは、少なくとも、不必要な資本蓄積が企業で行われることによって生じる全体的な非効率性を防ぐためには重要であると思われる。

にもかかわらず、効果的なコントロールを行使することができるが、安い市場契約コストに直面しているようなパトロンの一群か、あるいは効果的なコントロールを十分に行使することができないが、潜在的に高い市場契約コストに直面しているようなパトロンの一群かのいずれかに所有を付与しなければならないという選択が生じた場合には、後者のパトロンの一群こそが、より高い効率を導く所有者であることが普通である。経営をきちんとコントロールして、企業所有者には利益を生みだすが社会的には浪費であるようなやり方で、市場の失敗を利用するように経営者に強いることのコストに比べれば、経営者のスラックから生まれるコストは小さいもののようにみえる。銀行業や生命保険業における初期の相互会社の成功は、以上のことをはっきりと証明する事例である。

同様に、効果的に経営に対して意思を伝えることができるが、分断された人々による一群の人々と、利害関係が極めて均質であるが、経営に対して緊密に指示を与えることができないような一群の人々が存在する場合、いずれかに所有を付与しなければならないとしたら、後者の一群が、（契約コストを一定の水準に維持することによって）より効率的な所有者となることが普通のようである。さもなければ、従業員所有が、現在の状況と比べてはるかに一般的な形態となっていたはずである。

資本配分

所有を付与する選択先を比較する時に、資本蓄積の効率性の相違は、利用資本に対するコストの最小化の違いと比べるとはるかに明白なものである。大まかにいえば、ここには2つの異なる問題が存在する。第一は過小資本であるが、これは資本蓄積が難しいために、企業のサービスに対する需要を満たすために企業を迅速に設立し拡張することができないようなときに生じる。第二は過剰資本である。これは企業が効率的に利用する以上の資本を蓄積しているときに生まれる。これらの問題のうち最初のものは所有に関する代替的形態に関する文献の焦点となっているが、エビデンスに基づけば、第二の問題がより重要であるということが明らかである。

消費者、労働者、工場のサプライヤーなどの資本ではないパトロンで所有された企業は、投資家所有企業と比べて、資本蓄積において大きな困難を生じることが多い。しかし、この困難は明白なものとはいえず、この困難がなければ効率的であるはずの企業が形成される上で主要な阻害要因であるということは明らかではない。この理由の1つは、対労働者当たり資本額や対消費者当たりの資本額は、相対的に資本集約的な企業ですら、著しく大きいものではないことである。もちろん働いている企業に多くを投資することになる労働者にとって、もちろんリスクの分散が大変不十分なものになっている。だが、事例による証拠は、リスク回避は、所有の選択においてあまり重要な検討要素ではないということを明らかにしている。

私的所有企業と比較して、非営利企業は、需要を満たすために迅速に資本を蓄積できないということが普通である。しかし、このことは、非営利企業が、ある産業の能力の一定のシェアに到達する速さの問題であり、そのシェアを永遠に達成できないということではない。高等教育機関や病院産業が明らかにしたように、非営利企業は、長期間ということでいえば大きな資本を蓄積することができる。

そこで、資本蓄積は、投資家以外のパトロンによって所有される企業、あるいは非営利企業が支配的であるような産業においては、長期的にみれば、主要な障害であるとはいえないように思われる。反対に、もはや効率的に利用されえない資本を減らすという点に関して、様々な所有形態間の違いが重要であるように思われる。

消費者が意味のあるコントロールを行っていない非営利企業においては、(生命保険会社や銀行のように) 資本がロックインされることになるが、このことは多くの消費者所有企業においても同様である。これらの企業は、企業のニーズを超えて資本を蓄積しがちであるが、それが非効率なほど大きくなったり、非効率そのものになった時には、逆に、不必要な資本を削減したり、産業から退出することが難しい。

資本のロックインは、ある意味では、マネジメントのエージェンシー・コストであるという側面をもっている。マネジメントのエージェンシー・コストは一般的に所有形態間で異なっているわけではないようだが、資本のロックインについては、所有形態の間における主要な違いであるのはなぜだろうか？　その答えは、製品市場の競争に直面すると、組織が生存するために、非効率を削減しなければならないので、マネージャーは、高い生産コストによって必然的に生じる非効率とか、あるいは需要があるのに生産が確実にできないことによる非効率を削減しようとする対応をすることである。しかし、企業を存続させようとする同様の推進要因は、――その動機が、マネージャーが自分の地位を確保したいと望んでいるからか、あるいは利己主義的な希望ではなく、マネージャーの眼から見て達成されるべき組織へのサービスのメリットが過剰に高いことから生じたものかはわからないが、――マネージャーに対して十分な収益が稼げない時であっても、資本を維持し、また蓄積さえさせてしまう。また非営利企業、あるいは配当を支払わない個人所有企業は、他の企業に投資された場合に資本が稼ぐことのできる収益水準よりもはるかに低い場合であっても、資本に対して正の純収益を稼いでいるかぎり存続できるし、また成長さえできるのである。その結果、製品市場からの規律は、非営利企業や所有者が効果的なコントロールをしないような個人所有企業から資本を撤退させるには不十分である。

非営利企業、また消費者協同組合は、その結果他の所有形態、とりわけ投資家所有企業が、より大きな効率性を達成するようになった時以降でも、十分に産業の中に生存を続けることができるのである。

投資家所有企業においても過剰に資本を蓄積するという同様の問題が存在する。マネージャーによって効果的にコントロールされている公開所有会社は、投下資本に対する収益率が市場収益率よりも小さい場合においても、存続しているばかりか、投資したり成長したりしている。巨大な公開株式会社において、大規模な農業者所有の購買協同組合や小売商所有の購買協同組合のような多くのタイプの協同組合以上に、この問題が大きな影響を与えていることは実に明白なことである。しかしながら、投資家所有企業は、究極的には経営の買収を通して、企業から資本を撤収するというインセンティブとメカニズムが備わっており、買収は敵対的な買収によるか、あるいは委任状戦争によって行われる。買収というメカニズムは粗雑なものである。しかし、典型的なタイプの非投資家所有企業においては、このような粗雑なメカニズムでさえ備わっていないのである。

起業家活動

起業家活動（entrepreneurship）、すなわち新企業の創造活動は、投資家以外のパトロンが所有する企業の発展に対する制約要因として驚くほど重要性が小さい。投資家所有企業に対して明確な効率性を示すような場合には、そのような企業はきわめて迅速に設立されるように思われる。この理由の1つは、自らの資本と主導によって企業を組織し、その後、最終的にその企業の所有者となるパトロンに売却するような、企業設立のためのブローカーが、起業家活動を行うことが出来ることである。これは、株式を公開する投資家所有企業が設立されるときにしばしば利用される方法であり、（ベニヤ板製造業でみられるような）労働者協同組合から分譲住宅に至るまで、様々な所有形態において、利用されてきている方法である。〔entrepreneurship は、経営史では「企業家活動」あるいは「企業家精神」と訳されることが多いが、ここでは本文の内容から、「起業家活動」と訳した。〕

さらに、十分に基盤を確立した企業の場合であっても、ある大きなパトロンの一群から別のパトロンの一群に、所有を移動するということは比較的簡単である。大きな保険会社が、投資家から保険契約者に売却されるということがある。また製造企業が投資家から従業員に売却されたり、また投資家所有の集合住宅が借家人に対して販売されたりすることがある。その反対に、投資家が企業の別のパトロンの一群から企業を購入することもまた普通に行われている。異なる所有形態が、現在の所有形態と比べて、明らかに効率的に優位性を発揮するならば、所有形態の変更への誘因も手段も存在する。

ここでもまた、非営利企業に関しては、少しだけ事情が異なるだけである。投資家所有企業として設立し、それを非営利企業に組織転換し、その取引でお金を稼ぐことは可能である。アメリカの非営利病院の多くは、最初は医師所有の診療所として出発し、非営利企業に転換することによって誕生している。しかし非営利企業を効率的にさせる要因が、一時的に個人の起業家の所有で企業を設立することを起こらないようにしている。したがって、非営利企業は、(例えば、基盤の確立している教会などのような）大きな親組織によって設立されたり、利他的な市民や設立した企業の俸給管理者としての役割よりも大きな利益を受けようと考えていない起業家によって設立されたりするのが一般的である。このような資源は際立って豊かであるが、非営利企業は所有企業形態の設立においてみられるような敏感さを示さない。

規制

逆説的だと思われるかもしれないが、政府の規制は、協同組合や非営利企業が元来支配的だったはずの領域において、投資家所有企業が繁栄するのに重要な役割を果たした。このことは、情報の非対称性問題が極めて深刻である貯蓄銀行や生命保険のような産業においてもっとも顕著にみられたことである。しかし一般的な反トラスト法の実施において、19世紀後半のアメリカでは同法が購買者のカルテルに反対しなかったために、穀物販売協同組合が形成されたというような効果を発揮したが、スウェーデンでは生産者のカルテルに対して寛容であったために、消費者所有が広範に普及するようになった。

文化とイデオロギー

組織形態に対して文化とイデオロギーが重要であるということが、しばしば誇張されて論じられている。所有パターンは、経済発展を同じくする国々において、非常によく似たものである。例えば従業員所有は、サービスを提供する専門職や輸送企業に多くみられ、販売農協は主要穀物産品に広範にみられ、また消費者協同組合や非営利企業は19世紀の貯蓄銀行や生命保険において重要な役割を演じたが、今日ではその役割が小さくなっている。西ヨーロッパの諸国と比べると集産主義的社会に対する心情がはるかに希薄であるアメリカにもかかわらず、生産者協同組合や消費者協同組合が異常なまで豊富に存在している。

さらに、異なった社会に横断的に表れている組織形態において、文化とイデオロギーが顕著な役割を演じていないばかりでなく、それらが社会内部において大きな力を示しているとも思われない。アメリカにおいては、労働者所有は、ブルーカラー労働者ではなく、法律家、会計士、投資銀行家、経営コンサルタントのように、大部分が、法人に対しサービスを提供する裕福な専門職の間にみられる。消費者協同組合は、当初は、個人主義および政治的な保守主義が色濃かった農業者や金物店主のような零細事業主によって設立されている。協同組合として所有された集合住宅は、富裕層の居住者であるものが一般的である。

このことは、文化とイデオロギーが経済組織において何の役割も演じていないということを示唆するものではない。しかしこの点における経済間の相違は、本書ではほとんど無視している政府所有企業に関する場合に顕著に現れているように思われる。民間企業のために残されている経済領域において、所有形態を選択する際に発揮される市場のロジックは、驚くほど強力かつ均質なものである。たしかに、税金、補助金、規制、組織法などは、異なった社会において、様々な産業に様々な方法で影響を与えており、われわれが観察した所有のパターンに対して、これらが一定の重要性をもっていることは明白である。しかしながら、第2章と第3章で検討したように、一般的に言えば、市場契約、および所有に関する基本的なコストを片隅に追いやってしまうほど強力なものではないのである。

進化の方向と速さ

ある特定の産業内部において効率的であった所有形態は、産業が進化するとともにしばしば変化する。とりわけ、非営利企業および消費者所有企業は、消費者が様々な生産者の質を判断することが難しいような、あるいはその逆のような、新規の産業において重要な役割を果たしている。その後、産業が成熟し、経験、評判、標準、および規制が発展すると、投資家所有企業が優勢であるような環境が生まれてくる。しかし、別のパターンもある。例えば、アメリカにおける公演芸術は、20世紀をとおして所有企業から非営利企業に移行する傾向が顕著にみられる。同様に、農業は、購買ばかりでなく販売においても農業協同組合所有へと長期的に移行する傾向を示しているが、このことはアメリカだけではなく、発展した世界各国に共通するものである。

社会内部および社会横断的にみられる所有のパターンの首尾一貫性は、市場の選択の速さが比較的速いということを示唆するものである。われわれは、新しく誕生した組織形態が、ある産業で広範に存在するようになる過程を――アメリカでは、相互生命保険が、1840-1860年、投資家所有貯蓄銀行が、1880-1910年、農業販売協同組合が1890-1910年、および分譲マンション住宅供給が、1960-1980年のように――10年から30年というスパンで数多くの事例観察を行ってきた。非営利企業、あるいは非営利企業に似ている金融相互会社のように消費者が意味のあるコントロールをできない小売消費協同組合が重要な存在となった産業においては、歴史という側面が、その所有パターンに対して重くのしかかっている。すでに考察したように、このような組織では、コントロールの取り扱いを調整することが難しく、その結果、投資家所有企業に対して優位性をもっている時期が過ぎても、その所有形態が永続化してしまう傾向にあるために生じている例外といえる。

投資家所有の状況依存

企業の所有を企業のパトロンのある一群に付与することについて、効率性をめぐる強力な理由が存在する。しかしながら、正確にいえば、どのパトロンがもっとも効率的な所有者を構成するのかということは、特定の状況に依存している。市場経済において、投資家所有が広く行き渡っている主要な理由は、金銭的資本の契約コストが、労働を含む、他の投入物、および生産物の契約コストと比較すると、しばしば相対的に高いことである。第二の理由は、もし投資家が効果的なコントロールを行使することが難しい状況に置かれたとしても、投資家に代わってコントロールするのによい地位に就く者がいないことである。つまり投資家以外のパトロンは、利害関係の均一性を欠いていたり、移動が激しかったり分散していたりする者であるからだ。以上の状況が成立しなければ、他の所有形態が生まれる。製品市場あるいは要素市場で深刻な不完全な状況が生じている場合には、消費者所有企業、供給者所有企業、あるいは非営利企業が選択されることがよくある。同様に、消費者、従業員、あるいは供給者が十分に集団的なコントロールを行使するような状況にある場合には、当該のパトロンが少々の市場の失敗の問題に直面していたとしても、消費者所有企業、従業員所有企業、あるいは供給者所有企業が誕生する。

事業を営むことの自由は、たいていの先進的な近代的経済において基本的な特徴である。資本主義は、それとは対照的に、状況に依存するものである。すなわち、特定のパトロンによる所有形態は、ほとんどの場合には、その時点におけるテクノロジーに対応して効率的な存在であるといえるが、このことは事情が変われば効率的であるとは限らないということである。

『企業所有論』のインパクト
――訳者あとがきにかえて

本書は、Henry Hansmann, *The Ownership of Enterprise*, Harvard UP, 1996の全訳版である。翻訳にあたっては、2000年のペーパーバックによった。ヘンリー・B・ハンズマンは、現在イェール大学ロースクールの教授（the Oscar M. Ruebhausen Professor of Law at Yale Law School）である。イェール大学の大学院で法律と経済学を学び経済学のPh.D.を取得した後、所有と企業組織に関する研究で「法と経済学」という領域において精力的な業績を残している。主要著作は、本書の他、すでに邦訳のあるR・クラークマンらとの共著 *The Anatomy of Corporate Law: A Functional and Comparative Analysis, 2nd edition*, Oxford U.P., 2008（クラークマン他『会社法の解剖学』レクシスネクシス・ジャパン、2009年）などがある。

ハンズマンが本書を出版するにいたった経緯については、「まえがき」に述べられている。さらに彼の業績が生まれた背景を深読みすると、非営利企業という経済学の中心的な研究対象ではないところから出発して、最終的に投資家所有の企業まで到達した時点で、経済学研究自体が契約理論や組織経済学が華やかになっていたことが氏の研究にとってタイムリーだった。経済学の最新の動向とシンクロしたり、またそれを批判したりすることによって、彼の企業所有の理論が研ぎ澄まされる機会を得たのである。またそれと同時に、法律の分野において経済学的な発想が必要とされるようになったことが、本書がよく引用される「古典」的な存在になっていることと無関係ではない。本書の研究によって、企業形態は、法律によってアプリオリに与えられたものではなく、所有をどのパトロンに与えるのかという企業選択をとおして決まるということが明らかになった。会社法あるいは組織法を制度設計する際に、経済主体のインセンティブを重視することの重要性が大事であることが強調され、そこに法と経済学の幸福な出会いが生じたといえる。

本書の影響

本書が公刊される前後に、学問の枠をこえた学際的研究の重要性が強調された時期があった。近い対象を取り扱っていたにもかかわらず、従来においては、縦割りだった法学と経済学という2つの分野が関連して、「法と経済学」という学際領域が北米から誕生したのは、その一事例である。いわゆる協同組合は規制によって非効率的な組織形態でありながら残存しているものと考えていた経済学者にとって株式会社より効率的な組織形態があること自体ナンセンスなことだった。反対に、法律学者からいえば、組織形態の「効率」という概念は、利益志向主義であるとして嫌悪感をもっていたかもしれない。いずれにせよ、ハンズマンが学生の時に抱いた素朴な非営利組織に関する問いは、法と経済の領域を統一的に理解して初めて挑戦すべき学術的課題となったのである。

本書が幅広く先行研究をレビューしていることは言うまでもない。そのうち特に関連する研究としてJ・ヘザリントンの研究書が引用されているが、同書はすでに『アメリカの協同組合と相互会社』(石山卓磨監訳、成文堂、1996年)として翻訳出版されている[1)]。本書が関連学問領域与えた影響度は小さくない。例えば、産業組織論や企業理論においてしばしば言及されるが、その理由は、企業形態の選択を経済学の概念を用いて明確に説明しているためである。また非営利企業の研究においても、本書は重要な文献となっているようである[2)]。さらにコーポレート・ガバナンスの研究などで、本書は法律学者から重要な文献として取り扱われている[3)]。

方法論と「新しい古典」

本書の方法論について簡単に述べておきたい。本書は企業選択(厳密にいえば所有形態の選択)の理論的仮説を提示し、歴史的事例でもってそれを検証することにより、修正し、補強するという方法を採用している。したがって、第II部以降の歴史的記述は、それ自体貴重な研究を含むけれど、歴史的経験を実証の材料としたものである。さらに本書の特徴として、解釈論的アプローチであるということを指摘できる。ある産業においてある所有形態が主流なのはなぜなのか。それを支えている諸条件が変化した場合には、どのような所有形態に移行するのか、ということ解釈する上でハンズマンの理論は、鋭い切れ味を発揮する。他方、モデルを使った操作可能性については限られている。その理由は、実験が難しいことと、理論的前提のうちのガバナンスコストに定量化が難しい要因を取り込んでいるためである。本書の出版以降、類書や関連書が管見のかぎり出版されていない理由は、この点にあるように思われる。

書物を読んで、「目からうろこが落ちる」体験をした人は少なくないと思う。それまで当たり前だと思っていたことがひっくり返ってしまうような感覚、たとえれば「失恋」の感覚に似ているかもしれない。「ものの見方」が180度転換するのは、大きな衝動をもたらすが、長い目で見ればそこには成長がある。訳者自身も本書を読んで「目からうろこが落ちる」体験をし、従来から考え続けてきている法人格の比較史研究というテーマへの思いを新たにしたことを告白したい。

本書は、様々な領域において幅広く引用され、研究上の影響をすでに与えている。そのためこれらの分野の研究者にとっては、わざわざ翻訳する意味が薄いと思われるかもしれない。しかしながら、訳者があえて本書を翻訳しようとした理由は、本書が「新しい古典」となっていると考えたためである。現代の経済学研究も経営学研究においても、社会科学である限り、現状分析の切れ味がよくなければ意味がない。個人的な思い入れかもしれないが、私は、その切れ味を磨くものは、他ならぬ「古典」であると考えている。

日本には、学術書の古典を翻訳し、誰にでもそれが読めるという書籍文化がある。この文化のよいところは、最先端の研究がよって立つところの学問的基盤を、翻訳を通して誰でも知ることができることである。本書が「新しい古典」に仲間入りしてもらい、社会科学に興味をもっている人以外にも幅広く読んでいただきたい。

企業所有論の理論的枠組み

本書の理論編で述べられている企業所有論の理論的枠組みを説明しておきたい。ハンズマンは、企業形態の相違について「所有（ownership）」という概念を中心に据えて説明する。本書は、企業を契約の束と考えている。この理解は、2016年ノーベル経済学賞を受賞したオリバー・ハートらが発展させた企業の契約理論などを援用したものである[4]。ハンズマンは、企業に関係する取引（契約）の関係者のことを、「企業のパトロン」と呼ぶ。企業は、パトロンのうちの誰かに「所有を与える」ことができる（この文章は、文法的にも、日常用語的にも違和感があるが、あえてこのように表現した。この表現については、理論編を読んでもらえば理解していただけるものと思う）。またパトロンの誰にも「所有を与えない」こともできる[6]。所有を与えられるパトロンは、生産者である場合も、労働者である場合も、消費者である場合もある。つまり、どのパトロンに所有が与えられるかによって、生産者協同組合、労働者（従業員）協同組合、消費者協同組合の違いが生まれる。ではどのパトロンに「所有を与える」べきであろうか？　本書は、どのパトロンに「所有を与える」のかは効率性によるとしている。簡単にいえば、企業形態の選択に影響を及ぼす効率性とは、市場契約コストとガバナンスコストの総和である（この効率性概念は、第1章注18において定式化されて示されているので参照されたい）。ハンズマンの効率性概念は経済学と深く関連するものであるが、ガバナンスコストは「疎外」や「価値観」を含むなど、経済学者が非経済的要因として捨象してしまう要素も含む幅広い概念である。

本書の「所有」という概念についても説明しておく必要がある。最初に確認すべきことは、それが「所有権」ではないことである。本書は、所有をめぐる権利義務関係を論じるものではない。本書の所有は、企業をコントロールする権限と残余財産請求権のことであるが、この理解は経済学に親しんだ人には和感はないだろう。所有が与えられたパトロンは、企業の所有者となり、企業をコントロールする公式的な権限を持つことになる。この権限が実質的に機能するかどうかは所有のコストに関連することであるが、実質的に機能していないからといって「所有」が無意味と考えているわけではない。例えば、巨大な生命保険相互会社のように、保険契約者という所有者が、企業を事実上コントロールできていない場合がある。保険契約者は、脆弱なコントロールしかできないが、市場契約コストとガバナンスコストの総和において、脆弱なコントロールであっても、このような所有形態が採用されるそれなりの意味があるとされる。

本書の主張を一言でいえば、所有形態の選択は、もっともコストの安くなるパトロンに所有を与えるのが最適だということである。具体的にいえば、それぞれのパトロンごとに市場契約コストとガバナンスコストの総和が最小であるパトロンを所有者にさせることが、企業選択として合理的であるということである。

本書の読者対象

本書は、関連領域の方に読んでいただきたいことは当然であるが、それ以外に以下のような方にもぜひ読んでいただきたいと考えている。

1. 株式会社を自明のものとした企業理論を学んでいる学生。
2. 企業論や組織論などを学ぶ学生。
3. 例えば、町おこしなど、新しい事業を立ち上げる際に、どのような組織形態が最適であるかということに迷っている実践家。
4. 協同組合は左派の思想であり、また協同組合形態は非効率な組織だと信じている人、あるいはこのような考えに共感を抱いている、いわゆる右派の人。
5. 株式会社は私利私益を追求し、公益を損ねる邪悪な企業形態であると信じている人、あるいはこの考えに共感を抱いている、いわゆる左派の人。
6. 社会科学の古典を読むことにより、自らの教養の幅を広げたいと思っている人。

経済学にしても、経営学にしても、株式会社を典型的な「企業」であると理解することが多いのではなかろうか。たしかに現代経済を牽引している企業のほとんどは株式会社である。しかしながら、医療や教育をはじめ株式会社ではない企業形態で運営されている事業も数多く存在する。このような現実を理解するためには、株式会社も投資家による協同組合である、とするハンズマンの考え方は有効である。本書は、株式会社形態を相対化する力をもっており、1と2に該当する読者にはきっと「目からうろこが落ちる」体験をしてもらえるものと思う。

現実の日本社会へのインプリケーションもある。例えば、北海道のニセコ町の町おこし事例を詳細に再検討した研究がある[6)]。ここでは、自治体にべったり依存するのではなく、町おこしのための様々な機能にそくして、株式会社形態だったり、生産者協同組合であったり、様々な企業形態を組み合わせて採用する様子が描かれている。3の読者層の人々にも、本書がある種の実務書としても読んでいただけるものと期待する。

4と5で言及した読者層に対しては、不遜な表現かもしれないが、本書はまさに「啓蒙の書」である。企業形態の選択について誰でも納得できるような理論的な解釈をするためには、特定の思い込みやある種の運動論・理念論が紛れ込まないことが肝要だと思う。本書からいえば、株式会社は決して特殊でも典型的でもない企業形態である。株式会社は「資金提供者による協同組合」であると彼は喝破する。株式会社、すなわち投資家協同組合は、農業者協同組合、従業員協同組合とともに、ある種の生産者協同組合なのである。このように考えると、株式会社は効率がよい企業形態であり、反対に協同組合は非効率な企業形態であるという固定的観念を捨てる必要がある。

これとは逆に、協同組合は事業よりも運動が大事であるという考え方についても言及する必要がある。投資家は皆な強欲な資本家なのだろうか？投資家というパトロンになるための特別な資格はない。誰でも株式を購入すれは投資家になれるということを考えると、投資家協同組合だけが強欲であると断言することは難しい。

以上のように、本書では、協同組合の効率性が低いという主張も、株式会社が資本主義の強欲の権化なので批判すべきであるという主張も、ただちには首肯できない表面的な主張、あるいはイデオロギッシュな主張であることが明らかになる。しかしながら、効率を重視する見解や運動論を全面的に否定しているわけではない。資本市場の効率性が向上し、異なる所有形態に対する法制度や税制度の公平性の度合いが高まれば高まるほど、市場契約コストの軽減効果をとおして、株式会社形態の効率性が高まる傾向にある。反対に、いわゆる協同組合運動をとおして、組合員の連帯意識の意識が高まると、ガバナンスコストの軽減効果を通して、投資家所有協同組合以外の協同組合の効率性が高まる可能性がある。この意味では、効率論や運動論は無益なものとして排除されるものではないのである。

本書へのコメント

　ハンズマンの企業所有論は、所有形態の多様化の解釈論という特徴をもっている。ところが、彼は、比較会社法研究に軸足を移してからクラークマンと共著で2001年に公刊した論文「会社法の歴史の終わり」では、各国の会社法が収斂傾向にあるということを強調している[7]。会社法はその国の企業のガバナンスを規律する法律である。各国の会社法の規律は各国の事情に応じて異なっているが、より効率的なガバナンスを提供する会社法の国が「競争」に勝利するため、他の国の会社法はより効率的なガバナンスを実現する方向に収斂せざるを得ないという。

　この収斂論は、多様な所有形態の共存理由を研究課題とする本書の内容からみると違和感があるかもしれない。しかし、株式会社法という制度の収斂傾向と多様な所有形態の共存は必ずしも矛盾するわけではない。株式会社法あるいはそれを含む組織法（organizational law）という制度が収斂する傾向があったとしても、あらゆる産業において、投資家所有の企業が支配的になるわけではない。本書によれば、所有形態は制度によって強制されるものではなく、市場契約コストとガバナンスコストの総和によって決まるのである。以上のことから、企業所有論の枠組みは、「会社法の歴史」が終わったからといって崩れるものではない。

　本書において問題であると思われるのは、企業所有論では、法人格概念については何も語られていないことである。これは、組織法が収斂化し各国の法人格概念の相違がなくなるということを前提としていることから説明できるかもしれない。法人格概念は、英米法と大陸法で異なっている。かつて岩井克人氏が論じたように法人実質説と法人名目説という対立軸からその相違を主張する見方もある[8]。法人格の相違は、市場契約コストにもガバナンスコストにも影響を与える要素だと思われるため、ハンズマンが法人格に対して無関心なのは気になるところである。

結びにかえて

刊行に至るまでに多くの方々のお世話になったことを記しておきたい。翻訳のきっかけは、姜英英（現、中央大学国際経営学部助教、当時は一橋大学大学院商学研究科博士課程在籍）さんと大学院の演習で本書を購読したことである。当初は、姜さんと共訳して出版するつもりで、第1章から第3章までの試訳を姜さんが作成し、米山が修正した第一次原稿を作成していた。その結果、本書が翻訳に値する書物であることに確信がもてたので、当時同僚だった伊藤秀史（現早稲田大学）教授に相談したところ、編集者を紹介していただいた。その後、編集者の移籍など様々な事情で遅延し、また姜さんが就職活動等で多忙になったことから、最終的には、米山が単独で翻訳を担当することになった。第4章以下の部分は米山の単独訳だが、第1章から第3章までの試訳についても、さらに大きな修正を加えた。

伊藤秀史教授と紹介していただいた編集者の永田透氏には、この場を借りて感謝の意を示させていただきたい。お二人が、本書の価値を認めていただかなかったら、出版にたどり着くことができなかったはずである。その他にも翻訳の過程で、多くの方にお世話になった。すべての方々の名前をあげることはできないが、とりわけ、栗本昭（法政大学）教授と後藤元（東京大学）准教授には、お世話になり感謝している。栗本昭教授には、いくつかの章の原稿を読んでいただき、的確なコメントを頂戴した。ありうべき誤りはすべて訳者によるものであるが、栗本教授のおかげで翻訳が確実に改善されたものと思われる。後藤元准教授には、翻訳出版に関して何度か相談にのっていただいたき、訳者にとっては大きな力となった。最後に、私ごとで恐縮だが、翻訳に没頭する時間が多く、そのため様々な面で家族に迷惑をかけたことをお詫びし、家族の無言の協力に深く感謝したい。

2019年1月5日
国際会議に出席中の台中のホテルにて
米山高生

注

1) Hetherington, J., *Mutual and Cooperative Enterprises: An Analysis of Consumer-Owned Firms in the United States*, University of Virginia Press, 1991.
2) 例えば、橋本理「企業論による非営利組織研究の課題」関西学院大学『経営研究』第49巻第3号を参照。
3) 例えば、大塚章男「コーポレート・ガバナンスの規範的検討：日本型モデルの機能論的分析へ」『慶應法学』第28号、2014年を参照。
4) オリバー・ハート、『企業 契約 金融構造』鳥居昭夫訳、慶應義塾大学出版会、2010年。本書第1章注15も参照。
5) パトロンの誰にも所有を与えない企業のことを非営利企業と呼ぶ。わが国では、いわゆる協同組合は、法律によって「非営利企業」とされているので、違和感を覚えるかもしれない。本書の理論によれば、生産者であれ、消費者であれ、従業員であれ、所有者がいる企業では、所有者の利益の追求が重視されなければならないため、いずれも「非営利企業」とはいえない。
6) 押谷一、松本懿、深澤史樹「北海道・ニセコ町におけるまちづくりに関する分析・再評価」『生活経済学研究』第48巻、2018年9月、pp.99-113.
7) Hansmann and Kraakman, 'The End of History for Corporate Law', *Georgetown Law Journal*, 89. 本論文の紹介とコメントについては、仮屋広郷「研究ノート、会社法の歴史の終わり？」『一橋法学』（一橋大学大学院法学研究科）第2巻第3号、2003年11月も参照されたい。
8) 岩井克人『会社はこれからどうなるのか』平凡社ライブラリー文庫、2009年。

注

【第1章】

1) この表現は、1932年アドルフ・バーリとガーディナー・ミーンズによる古典的な論文「近代株式会社と私有財産」で初めて提起されてから慣用表現となった。もちろん厳密にいえば、所有は（公式的）コントロールを意味することから、実際に所有をコントロールから切り離すとはいえない。むしろ、所有を効果的なコントロールから切り離すと述べることができる。
2) Sanford Grossman and Oliver Hart, "The Costs and Benefits of Ownership: A Theory of Vertical and Lateral Integration," 94 *Journal of Political Economy* 691（1986）を参照。
3) G. Martin, "Numbers Drop, But Co-ops Still Significant in Dairy Industry" *Farmer Cooperatives* 4, 5（April 1990）を参照。1964年、協同組合のシェアは25%にすぎなかったが、1980年にピークの47%に達していた（同上を参照）。またRichard Heflebower, *Cooperatives and Mutuals in the Market System* 41（1980）を参照。
4) 第9章を参照。
5) 例えば、Wisconsin Cooperative Corporation Act, Wis. Stat. Ann.の第185.41節では、長期的な市場契約の合意について明確に規定されている。
6) 初期の相互会社に関する議論について、第14章を参照。
7) Alexander Dreier, "Shareholder Voting Rules in 19th Century American Corporations: Law, Economics and Ideology"（unpublished, Yale Law School, 1995）。
8) オリバー・ハートとジョン・ムーアは、彼らの論文で企業の所有を企業に特殊的な資産種目、特に物的資産に対するコントロールと同一視することができると主張している。Oliver Hart and John Moore "Property Rights and The Nature of the Firm," 98 *Journal of Political Economy* 1119–59（1990）を参照。しかし、この考え方は、現実の企業についての考慮が足りないものであり、Hart and Mooreによって提供された一般的な分析にとっても必要ではない。第2章の注5でより少し詳しく議論されるその分析は、企業の特殊資産の所有が資産の所有者にその企業の他の特殊資産、例えば人的資産への投資を行おうとする重要な間接的インセンティブを与えると主張している。だが本書で定義する所有は、契約上の権利の集合体に対するコントロールのことであり、物的資産あるいは他に（知的資産または金融的請求権のような）われわれが慣習的に財産と呼ぶものを含む必要がないけれども、ハートとムーアが分析の焦点としている企業のパトロンの1つに対して、他企業の所有者のパトロンに対して戦略的に優位な立場に立たせることができる（すなわち、当該パトロンは、その契約の束に特有の投資を行うか否かを決める必要があるかもしれないが、そのパトロンはその束をコントロールできる。すなわちその企業を所有するとすれば、それらの投資を行うインセンティブがより強くなる）。

9）例は下記の注16を参照。

10）物的資産に対して企業が権利をもっている場合においても、メンバーは、企業の負債レベルを企業の資産の価値に等しくさせるように調整し続けるので、企業の純投資を維持することを回避することができるだろう。

11）注5で引用されているウィスコンシンの法律のような一般協同組合法のもとで投資家所有会社を設立するためには、企業に資金を貸すことをその法律において使われている用語のように「パトロネージ」とみなすことが求められている。一般的には、協同組合法は、投票権を持たず、かつそのリターン率に限度が設けられるような資本「株」の発行を認めるのが典型的であるが、資本の協同組合として設立される投資家所有会社は、必ずしもこのような株を発行する必要はない。

12）所有にあたって参加のための出資金が名目上必要であり、また資本の貢献分に比例して投票権を割り当てる協同組合法は、株式会社法より一般的であるけれど、現代の株式会社法は非常に柔軟で、実際に望まれるような投票権や利益の配分のほとんどを実現させるように操作することができる。特に、現在はほぼすべての協同組合が株式会社法のもとで設立されることが可能であり、便宜上に労働者協同組合をはじめとする各種の協同組合の設立にあたって、それらの法律はしばしば協同組合法の代わりに利用されている。

13）Frank Knight, *Risk, Uncertainty, and Profit*（1971［1921］）を参照。しかし、ナイト自身が企業家について、多少もっと積極的な役割を果たしていると考えていたということを言ってもよいかもしれない。資本の投資家に典型的企業の所有を賦与する理由に関して、ナイトの議論は、すこし漠然としているけれども、おそらく下記に議論される理論的な考察と一致している。例えば、同上の300–

301頁を参照。

14) もちろん、コントロールを行使することだけでも、すなわち企業を経営するために必要な情報の獲得や意思決定を行うことだけでも、生産の必要要素の供給を伴う。したがって、還元主義的意味において、コントロールを行使する人は、企業と他の取引をしないとしても、企業のパトロンの一員である。このように考えれば、すべての企業は、必然的にパトロンに所有されることになる。そして、所有の問題は、どのような場合にこの意思決定の機能を他の種のパトロネージと結合させるべきかということになる。ここで展開される分析は、この問題がいかに提起されるかと関係なく、同じ方法で応用することができる。

15) 企業を「契約の束」とみなす概念は、Armen Alchian and Harold Demsetz "Production, Information Costs, and Economic Organization," 62 *American Economic Review* 777, 783 (1972) に基づくものであるが、Michael Jensen and William Meckling, "Theory of the Firm: Managerial Behavior, Agency Costs and Ownership Structure," 3 *Journal of Financial Economics* 305 (1976) によって広く受け入れられるようになった。

16) 例えば、スポーツチームの形をとる企業を簡単に想像することができる。この企業の唯一の資産は、いくつかの契約である。すなわち、(a) 翌年にフットボール選手とコーチによるサービスを独占的に請求する権利、(b) 特定の週末にスタジアム、他の日に練習場を利用できる権利、(c) 来年に特定の日数にわたって、他のチームと一連の試合を行う権利、およびそれによる収入を分配する権利に関する契約である。この企業は、不動産、設備、または他の資産を持っていないとしても、所有している契約的権利の集合体によって非常に価値がある企業になることができる。もちろん、ここでの目的からみると、契約的権利と財産の権利との間に顕著な区別をつけようとしてもあまり意味がない。例えば、スポーツスタジアムについて、10年賃貸契約を持つ企業はそれの名目上の所有者と比べて、そのスタジアムの使用に関して、遥かにより効果的なコントロールができるかもしれない。私がここでその区別を訴えるのは、ときどき示されている見解に反対し、企業の所有が必ずしも資産に対する権利、または投資あるいは資本の所有と関連する必要がないことをとにかく強調することである。

17) Ian McNeil, "The Many Futures of Contract," 47 *Southern California Law Review* 691–816," (1974) と Oliver Williamson *The Economic Institutions of*

Capitalism 163–205（1986）を参照。

18）したがって、企業と取引するパトロンの異なるクラスがN個あるとすれば、

$$C_j^o + \sum_{i \neq j} C_{ij}^K$$

を最小化させるクラスjに所有を配分するのは最も効率的である。ただし、C_i^oは、クラスiにあるパトロンのグループの所有のコストであり、C_{ij}^Kは、クラスjが企業を所有する場合、クラスiにあるパトロンのグループの市場契約取引コストである。単純化のために、ここで私は、パトロンを企業の所有者にしても削減できない市場契約取引のコストを所有のコストに含むことにする。例えば、企業が、所有者であるパトロンに対して、独占的であり、パトロンが企業の所有者であるにもかかわらず、企業が彼らをある程度独占的に収奪する場合、すなわち所有者であるパトロンが企業の経営者に対して、非常に弱いコントロールしか行使できないために、経営者が企業の独占利潤を利用して、自分の好ましいプロジェクトを追求したり、彼ら自身のための高価な用具を購入したりすることによって生じる効率性のコストは、当該パトロンにとっての所有のコストに含むことにする。そもそも市場契約取引のコストは、企業と所有者ではないパトロンとの取引におけるコストであるのに対して、所有のコストは、企業と所有者であるパトロンとの取引におけるコストである。

19）お馴染みの一例として、アメリカの産業において、旧式の複数事業部制という経営管理組織の形態が、明らかに効率性に欠けるライン・スタッフ（line and staff）制に取って代わるために、おおよそ40年かかったことを取りあげることができる。Alfred D. Chandler, Jr., *The Visible Hand: The Managerial Revolution in American Business*（1977）〔『経営者の時代（上）（下）』鳥羽欽一郎他訳、1979年〕東洋経済新報社を参照。

20）一般的な議論はRichard Nelson and Sidney Winter, *An Evolutionary Theory of Economic Change*（1982）〔『経済変動の進化理論』角南篤・田中辰雄・後藤晃訳、慶應義塾大学出版会、2007年〕を参照。

21）「より大きな程度」というのは、代替的な調整から利得を得る人々が損失を被る人々を補償することによって、低コストの取引をアレンジすることが可能であるとしても、損失を被る人々に自発的にその代替案を同意させるように支払われる金額が、その代替案による利得を得る人々が喜んで支払おうとする金額を

上回るだろうということを意味する。言い換えれば、私は、経済学者が慣習的に使うように「効率的」という言葉で「カルドアーヒックス最適」(Kaldor-Hicks optimal) を指す。

【第2章】

1) Paul Milgrom and John Roberts (1992) *Economics, Organization and Management*〔『組織の経済学』奥野正寛・伊藤秀史・今井晴雄・西村理・八木甫訳、NTT出版、1997年〕は、本章およびこの後に続く章でこれらの問題に関連する経済学的理論について行われる議論のために、分かりやすいけれども非常に複雑である優れた概論を提供してくれた。
2) 注について、本章では一般的な理論研究における最も基礎的なものしか取り扱わないこととし、特に契約のコストを所有の問題に関連させようとする研究をめぐる議論は、後の章で行うことにする。
3) この問題について、最も熱心に研究しているのはオリバー・ウィリアムソンである。例えば、Oliver Williamson (1986) *The Economic Institutions of Capitalism*の第2章を参照。
4) 同上、Oliver Williamson (1986) 第4章と5章、Benjamin Klein, R. A. Crawford, and Armen Alchian, "Vertical Integration, Appropriable Rents, and the Competitive Contracting Process," 21 *Journal of Law and Economics* 297 (1978) を参照。
5) Oliver Hart and John Moore (1990) における所有に関する分析は、ここで議論されたロックインの問題を中心としたものであると考えられる。Oliver Hart and John Moore "Property Rights and the Nature of the Firm," 98 *Journal of Political Economy* 1119-59 (1990) を参照。Hart and Moore論文は、企業のパトロンが企業との取引に関する条件を（再）契約に決定する前に、企業特殊的資産への投資を行う機会を持つという状況を取り扱っている。パトロンは、企業の特殊的資産（これが第1章の注8ですでに議論されたが、Hart and Moore論文はこれを企業の所有とみなす）を所有する（あるいは特殊的資産の所有をシェアする）場合、当該パトロンが企業（あるいは企業の他のパトロン）と契約を結ぶ際に、より大きな交渉力を持つはずである。将来的により大きなシェアを得られるというパトロンの期待は、そのパトロンにより大きな（かつそれでより効率的な）事前の企業特殊的資産への投資を行おうとするインセンティブを与えることができる。したがって、一般的なルールとして、Hart and Mooreの分析は、企業の特殊的資産の所有を、企業にとっておそらく最も価値の高い企業特殊的資産に投資（物的資本よりもスキルのようなものへの投資）を事前的に行うパトロンに配分することを要求するものである。

6) 保険契約に関するこれらの問題や他の問題のさらなる議論は、第14章を参照。

7) この現象に関する古典的なモデルは、George Akerlof（1970）によって示されている。George Akerlof "The Market for 'Lemons': Quality Uncertainty and the Market Mechanism," 84 *Quarterly Journal of Economics* 488（1970）を参照。

8) 交渉理論やそれの労働契約における応用に関連する研究は、John Kennan and Robert Wilson "Bargaining with Incomplete Information," 31 *Journal of Economic Literature* 45（1993）を参照。

9) 最初にこの問題を明確に分析したのは、A. Michael Spence "Monopoly, Quality, and Regulation," 6 *Bell Journal of Economics* 417（1975）である。この問題および労働に関する他の関連問題についての議論は、R. B. Freeman "Political Economy: Some Uses of the Exit-Voice Approach," 66 *American Economic Review Papers and Proceedings* 361（1976）を参照。

【第3章】

1) 大規模で複雑な企業が意思決定のために階層的な組織を必要とするのは、当然のことと思われるが、それは企業は大きな裁量と権限をもった執行力を集中することが必要なためである。このことは、多数のパトロンで企業の所有が共有される場合には、参加型の意思決定方式が非効率であることを意味している。むしろ、このような状況におけるコントロールは、一般的に企業の所有者が企業の取締役を選出することによって間接的に行使されるが、意思決定への直接的な参加は合併や解散のような重大な構造変化の承認に限られている。

オリバー・ウィリアムソンは、著書の *The Economic Institutions of Capitalism*（1986）第9章の労働者による管理に関する議論において、階層的な意思決定の優位性について説得力のある分析を提示している。そこで彼は、効率性の角度から、集権的に管理された資本家企業が高度な参加方式（共同参加）である労働者所有企業より優位性をもつと主張している。しかし、ウイリアムソンの分析そのものは単に集権的管理の長所を示すものであり、その管理を担当する人を選出する権利を最も有効に行使できるパトロンが労働者であるか、または資金提供者であるか（あるいはさらにいえば他のグループのパトロンであるか）ということを明らかにするものではない。この点については、Louis Putterman, "On Some Recent Explanations of Why Capital Hires Labor," 22 *Economic Inquiry* 171（1984）、およびRaymond Russell "Employee Ownership and Employee Governance," 6 *Journal of Economic Behavior and Organization* 217（1985）において指摘されているが、ウィリアムソン本人も認識している。例えば、Williamson（1986）265–268（"The Producer Cooperative Dilemma"）およびOliver Williamson "Employee Ownership and Internal Governance: A Perspective," 6 *Journal of Economic Behavior and Organization* 243（1985）を参照。

2) エージェンシー・コストという概念およびこのコストの有効な再分類が広く知られるようになったのは、マイケル・ジャンセンとウィリアム・メックリングによるものである。Michael Jensen and William Meckling, "Theory of the Firm: Managerial Behavior, Agency Costs, and Ownership Structure," 3 *Journal of Financial Economics* 305（1976）を参照。Jansen and Meckling論文によって指摘されているように、企業の経営者は、独立監査のようなメカニズムを設定することによって企業の所有者とのきずなを結ぶインセンティブをもち、そして所有者が経営者に対するモニタリングから被るコストを削減できる。ジャンセンとメックリングは、このようなボンディング・コストをエージェンシー・コストと別に分類している。本書においてはこれとは異なり、ボンディング・コストをエージェンシー・コストの2つのカテゴリーの最初のものであるモニタリング・コストとみてエージェンシー・コストに含めている。

3) Oliver Williamson（1986）は、「統合されたガバナンス」（本質的にいえば所有のこと）を取引関係の中で効率的なものとするために取引の頻度が重要であるということをオリバー・ウィリアムソンはその著作の中で特に強調している。Oliver Williamson *The Economic Institutions of Capitalism*（1986）第3章を参照。

4) 時々、特に利益相反自己取引が起こった場合、経営者の機会主義から所有者が被るコストは、経営者がそれによって得られる便益と釣り合っている。それゆえ、関係した富は単に所有者から経営者に移転されたので、社会的コストが含まれていない。このことは予測可能であれば、所有者はそれに応じて経営者の直接的な報酬を減らすことによって調整することができるかもしれない。一般的に見られるように、経営者の機会主義によって所有者にもたらされるコストが、経営者にもたらされるあらゆる私的利益より大きく上回る場合において、より深刻な問題が起こる。この場合は、企業のパトロンに全体として、効率性の純損失をもたらすことになる。

5）ストック・オプション（自社株の購入権）のようなインセンティブ報酬システムも、経営者の利害を所有者のそれと一致させるのに役立つだろう。しかし、直接のコントロールができなければ、所有者は報酬メカニズムの設計においてもおそらく不利な立場に置かれる。実際にいわゆるインセンティブ報酬システムは、しばしば経営者に適当な生産性インセンティブを提供するより、むしろ所有者から経営者に利益を転用するように機会主義的に設計されているという疑念が広く受け入れられている。これは、1992年に（米政府）証券取引委員会（SEC）が公開株式会社を対象に役員報酬に関する開示規定を採用した原因であると思われている。Michael Jensen and Kevin Murphy（1990）は、インセンティブ報酬の可能性について、実践的なものではないが、より楽観的な見方を提起している。Michael Jensen and Kevin Murphy, "Performance Pay and Top Management Incentives," 98 *Journal of Political Economy* 225（1990）を参照。

6）他にMichael Jensen and Eugene Fama, "Separation of Ownership and Control," 26 *Journal of Law and Economics* 301（1983）を参照。この論文において、外部取締役を有する取締役会は、たとえ取締役が所有者のいない非営利企業の取締役であっても、経営者の自由裁量を有効に監督することができると強調されている。

7）Henry Hansmann, "Why Do Universities Have Endowments?" 19 *Journal of Legal Studies* 3, 29–30（1990）を参照。

8）Michael Jensen, "Agency Costs of Free Cash Flow, Corporate Finance, and Takeovers," 76 *American Economic Review* 323（1986）.

9）一つ重要な例外が、Jensen and Meckling（1979）において取り上げられている。Michael Jensen and William Meckling, "Rights and Production Functions: An Application to Labor-Managed Firms and Codetermination," 52 *Journal of Business* 469（1979）を参照。この論文ではこの問題は「コントロールの問題」と呼ばれている。ジャンセンとメックリングは、この問題を詳しく分析せず、単に「未だに…政治プロセスの実用的な理論ができていない」と述べるにとどまった。同上、488−489頁を参照。そして、異なる利害関係の調整の問題は、労働者管理企業にとって重大な障碍となるかもしれないと指摘している。さらに、彼らは、投資家所有企業の効率性に関する大きな要因について、後に再確認することになる重要な見解を示している。すなわち投資家所有企業においては、1つの所有者グループが他のグループの利益を犠牲にする機会が限られているということである。同上、494頁を参照。もう1つ重要な例外は、Yoram Barzel and Tim Sass (1990) にみられる。Yoram Barzel and Tim Sass, "The Allocation of Resources by Voting," 105 *Quarterly Journal of Economics* 745 (1990) を参照。本書および直前に引用したJensen and Meckling論文と対照的に、Barzel and Sass論文は、投票権が与えられるべきあるクラスのパトロンを選択する眼を備えていない民間企業の投票権のコストを検討しているが、それは（彼らが実証研究した分譲マンションに基づき）特定のクラスのパトロンの間での投票権の配分に焦点を絞ったものである。

10) 例えば、Kenneth Shepsle and Barry Weingast, "Political Solutions to Market Problems," 78 *American Political Science Review* 417 (1984) を参照。

11) 投票循環において、投票者の選択は自律的ゆえに不安定なものとなる。例えば、a、b、cという3つの代替可能な政策を選択する場合に投票者の選好が2組から1つを選択するやり方で、aよりもb、bよりもc、そしてcよりもaを望ましいとするときに、投票循環が生じる。これにより投票者は終りのない選択の循環にはまっていることがわかるだろう。

12) Charles Plott, "Axiomatic Social Choice Theory: An Overview and Interpretation," 20 *American Journal of Political Science* 532 (1976) を参照。

13) R. D. Mckelvey, "Intransitivities in Multidimensional Voting Models and Some Implications for Agenda Control," 12 *Journal of Economic Theory* 472 (1976).

14) 例えば、Barry Weingast and William Marshall, "The Industrial Organization of Congress; or, Why Legislatures, Like Firms, Are Not Organized as Markets," 96 *Journal of Political Economy* 132 (1988) を参照。

15) すなわち、意思決定の基準は、たとえ恣意的なものであっても、十分に明確で型にはまったものであれば、自然な合意に到達する。Thomas Schelling (1961) *The Strategy of Conflict*〔『紛争の戦略：ゲーム理論のエッセンス』河野勝訳、勁草書房、2008年〕を参照。

16) むしろ意外にも、均質的でないグループにおける意思決定の合意を達成する困難さに関する実証的な研究は極端に少ない。しかし、これまで十分に立証された1つの例として、共同油田が挙げられる。1つの共同油田に対して、集団的に管理することによって得られる潜在的な効率性が極端に大きいにもかかわらず、複数の採掘権所有者を組織することは、非常に困難である。Gary Libecap and Steven Wiggins, "Contractual Responses to the Common Pool," 74 *American Economic Review* 87 (1984) を参照。他にRonald Johnson and Gary Libecap, "Contracting Problems and Regulation: The Case of the Fishery," 72 *American Economic Review* 1005 (1982) を参照。この論文において、漁師の魚釣りの技術がまちまちである場合に、効率的な漁場協定を達成するのが困難であることを証明されている。

　Elizabeth Hoffman and Matthew Spitzer (1986) は、19人という多人数によって構成されるグループが、対立する個人またはグループと効率的な条項で契約することにおいて、集団的に合意を達成することはそれほど難しくなかったという結果を報告している。Elizabeth Hoffman and Matthew Spitzer, "Experimental Tests of the Coase Theorem with Large Bargaining Groups," 15 *Journal of Legal Studies* 149 (1986) を参照。しかし、これらの実験では、所与のグループに属するすべての個人が実質的に同じペイオフが与えられることになっていた。したがって、これらの結果は、関係した個人の間に著しく異なる利害関係が存在する場合には通用しないかもしれない。

17) 例えば、Robert Dahl, *A Preface to Economic Democracy* 153 (1985) (「労働の自己規律は、結果によって正統化される必要はみじんもない。なぜならば、それは国家におけるそれと同様に、権利として正統化されるからだ。」); Samuel Bowles and Herbert Gintis, *Democracy and Capitalism* 3–4 (1986) (は、彼らはプロセスとしての民主主義に「コミットすること」について「正統化しようと思っていない」と述べている。) を参照。

18) 例えば、Gerald Frug, "The City as a Legal Concept," 93 *Harvard Law Review* 1059 (1980) を参照。この論文は、保険会社や銀行などの消費者企業の所有を都市に与えようという、ある種の都市社会主義を主張している。これによって、「人々が彼らの生活を構成する基本的な社会活動の意思決定に積極的に参加する能力」を高めるという論拠である。

19) Blumberg, "Alienation and Participation: Conclusions," (J. Vanekが編集した

Self-Management: Economic Liberation of Man (1975) に収録) を参照。

20) 例えば、Carole Pateman, *Participation and Democratic Theory* (1970); M. Carnoy and D. Shearer, *Economic Democracy: The Challenge of the 1980s* 126-127 (1980); J. Rothschild and J. Whitt, *The Cooperative Workplace* 13 (1986) ; 同上 Dahl (1985) 94-98頁を参照。

21) 同上、Dahl (1985) 134-135頁を参照。同上、Pateman (1970) も参照。

22) 例えば、Robert Dahl, "Power to the Workers?" *New York Review of Books*, November 19, 1970, at 20を参照。ダール自身は、「利害関係者集団による管理」のようなシステムより、むしろ労働者による統治を好む。にもかかわらず、彼は、「現行の管理システムより利害関係者集団による管理は1つの進歩であり、そして企業が改革されることがあるとすれば、これはアメリカ人を満足させる管理システムでもあるかもしれない」と主張している。同上、23頁を参照。ステークホルダー（特に労働者）によるコーポレート・ガバナンスへの参加について、より最近の著書に、Margaret Blair (1995) *Ownership and Control* がある。さらに幅広い見解は、"Special Issue on the Corporate Stakeholder Debate: The Classical Theory and Its Critics," 43 *University of Toronto Law Journal* 297-796 (1993) を参照。そこに数多くの論文が収録されている。

23) 企業の所有者は、理論的にいえば需要の変化によるリスクまたはコスト要素に関するリスクを始めとする、企業に伴う不回避的なリスクを負う必要がない。これらのリスクは、固定の保険料を支払うことによって保険会社に移転することができる。そして、所有者は、自らの意思決定や努力によって収益が変動するというリスクだけを負うことになる。しかし、実際に企業の富における変動が外因的な市場要素によるものか、あるいは企業の所有者の行動によるものかを明確に区別することがしばしば不可能であるために、保険が受け入れらないほどのモラルハザードを生じさせる。その結果、企業の所有者にとって一般的に実用的なのは、火災による損失のように非常に限定されたクラスのリスクだけに対処するための保険を購入することである。

24) とりわけ、ここで言及された3つの問題は第5章で議論する。

25) Albert Hirschman, *Exit, Voice, and Loyalty* (1970)〔『離脱・発言・忠誠：企業・組織・国家における衰退への反応』矢野修一訳、ミネルヴァ書房、2005年〕.

26) 要するにここで問題となっているものは、強力なインセンティブと貧弱なインセンティブの間のトレード・オフである。上記の諸所に引用されている同ウィリアムソンの論文を参照。他にBengt Holmstrom and Paul Milgrom, "Multi-task Principal-Agent analyses: Incentive Contracts, Asset Ownership, and Job Design," 7 *Journal of Law, Economics, and Organization* (special issue) 24 (1991); Bengt Holmstrom and Paul Milgrom, "The Firm as an Incentive System," 84 *American Economic Review* 972 (1994) を参照。経営者にパトロンを搾取する強力なインセンティブを与えることなく、コストを最小化する強力なインセンティブを経営者に与えることはできないかもしれない。また搾取に関するインセンティブは重要なパトロンの一群が彼らの利益に奉仕するための相殺する脆弱なインセンティブしかもっていない経営者に直面した場合には非効率が生じるかもしれない。

後者の状況において経営者に彼らのあらゆる行動に対して脆弱なインセンティブしか与えないということが最良なのかもしれない。

【第4章】

1) この問題は投資家所有企業の負債資本比率決定の問題という文脈で認識されてきたものである。Michael Jensen and William Meckling, "Theory of the Firm: Managerial Behavior, Agency Costs, and Ownership Structure," 3 *Journal of Financial* Economics 305 (1976).

2) 所有者たちがこのように安全性を担保する行為は、ある意味では、所有者を企業に対する投資家にする。しかしそれは投資家であることとまったく同一というわけではない。安全性のために担保された資産は、企業に実際に投資されている資産とは異なり、他のところに生産的に投資することができるものである。

3) だからといって、この方法が利用されないというわけではない。例えば、英国会社法は、株式ではなくむしろ保証金によって法人の有限責任を規定している。このような会社法においては、社員の責任は、投資している金額ではなく、（社員がほとんど投資額をつぎこんでいなくても）社員に定められた保証金を限度に定められているのである。Geoffrey Morse, *Charlesworth & Cain's Company Law* 38-40 (12th ed. 1983) を参照。同様に、初期のアメリカ銀行業でも、州法は銀行の株主に対して債権者に対する責任を企業に投資した2倍の責任を課していた（すなわち、株主は、自分が投資した金額が失われるというリスクに加えて、さらに企業に投資した金額に等しい金額の責任を個人的に負っていた）。Jonathan Macey and Geoffrey Miller, "Double Liability of Bank Share-

holders: History and Implications," 27 *Wake Forest Law Review* 31 (1992).

4) Frank Easterbrook and Daniel Fischer, *The Economic Structure of Corporate Law* ch.2 (1991); Paul Halpern, Michael Trebilcock, and Stuart Trumbull, "An Economic Analysis of Limited Liability in Corporate Law," 30 *University of Toronto Law Journal* 117 (1980). 契約した債権者に対する有限責任の正当化は、今日においては不法行為債権者に簡単に拡張されているわけではない。なぜならば、不法行為債権者に対して有限責任の法理を採用することが、今日では、不適切だとされているからである。Henry Hansmann and Reinier Kraakman, "Toward Unlimited Shareholder Liability for Corporate Torts," 100 *Yale Law Journal* 1879 (1991).

5) Clifford Smith and Jerold Warner, "On Financial Contracting: An Analysis of Bond Covenants," 7 *Journal of Financial Economics* 117 (1979).

6) Benjamin Klein, Robert Crawford, and Armen Alchian, "Vertical Integration, Appropriable Rents, and the Competitive Contracting Process," 21 *Journal of Law and Economics* 297, 321 (1978) は、企業に特殊的な資産への投資に関する機会主義的問題が、「企業の所有者（残余財産請求権者）が、企業の主要な資本家であることが一般的であることの」理由として重要であることを、明確に指摘した最初の論文であると思われる。Oliver Williamson, *The Economic Institutions of Capitalism* ch. 12 (1985) もこの要素に着目しており、投資家所有企業以外のいかなる所有形態も存在する余地がないかのごとく、この点を強調している。

7) Lucian Bebchuk and Howard Chang, "Bargaining and Division of Value in Corporate Reorganization," 8 *Journal of Law, Economics, and Organization* 253 (1992); Philippe Aghion, Oliver Hart, and John Moore, "The Economics of Bankruptcy Reform," 8 *Journal of Law, Economics, and Organization* 523 (1992) などを参照。

8) Mark Roe, *Strong Managers, Weak Owners: The Political Roots of American Corporate Finance* 173 (1994).〔『アメリカの企業統治：なぜ経営者は強くなったのか』北条裕雄・松尾順介監訳、東洋経済新報社、1996年〕

9) 大企業への投資家を含む、昨今の株主の受け身的な状況、および彼らが将来においてより積極的に行動するようになる可能性については、次の論文を参照されたい。Bernard Black, "Agents Watching Agents: The Promise of International

Investor Voice," 39 *UCLA Law Review* 811 (1992); Bernard Black, "The Value of Institutional Investor Monitoring: The Empirical Evidence," 39 *UCLA Law Review* 897 (1992).

10) このことを例証する上で、前掲のマーク・ローの研究書はとりわけ重要なものである。また次の論文も参照されたい。Bernard Black, "Shareholders Passivity Re-examined," 89 *Michigan Law Review* 520 (1990).

11) 1992年の委任状ルールに関する証券取引法の修正は、これらの諸制約を若干緩和している。

12) Roe, supra, ch.11を参照。

13) 各国比較に留意しながら、コーポレート・ガバナンスのエージェンシー問題およびそのありうべき解決方法をサーベイしたものとして、Andrei Shreifer and Robert Vishnu, "A Survey of Corporate Governance," National Bureau of Economic Research Working Paper no. 5554 (April 1996) を参照。

14) この見解の古典的な記述は、Henry Manne, "Managers and the Market for Corporate Control," 75 *Journal of Political Economy* 110 (1965) にある。また Michael Jensen, "Takeovers: Their Causes and Consequences," 2 *Journal of Economic Perspectives* 21 (1988).

15) Sanjay Bhagat, Andrei Shleifer, and Robert Vishnu, "Hostile Takeovers in the 1980s: Thc Rcturn to Corporate Specialization," *Brookings Papers on Economic Activity: Microeconomics* (special issue) 1 (1990); Michael Jensen, "The Modern Industrial Revolution, Exit, and the Failure of Internal Control Systems," 48 *Journal of Finance* 831 (1993) などを参照。

16) Gregg Jarrell, James Brinkley, and Jeffry Netter, "The Market for Corporate Control: The Empirical Evidence Since 1980," 2 *Journal of Economic Perspectives* 49 (1988) を参照。

17) Bhagat, Shleifer, and Vishny, supra.

18) John Pound, "The Rise of the Political Model of Corporate Governance and Corporate Control," 68 *New York University Law Review* 1003 (1993). このことは、株式買収による敵対的な支配獲得が1956年以前に起こっていなかったということをいっているのではなく、支配可能な株式の数が、個別の取引をとおして累積されなければならなかったということを述べているにすぎない。このような性質の企業獲得が、マネージャーに対する重要な規律づけの役割を果たしていたということは、ありうることである。

19) Joseph Grundfest, "Subordination of American Capital," 27 *Journal of Financial Economics* 89 (1990) を参照。

20) Theodor Baums, "Corporate Governance in Germany - System and Recent Developments," in Mats Isaksson and Rolf Skog, *Aspects of Corporate Governance* (1994) の中に掲載されているAllianzグループの株式持ち合いの一覧表が、劇的に明らかにしている。

21) Steven Kaplin, "Top Executives, Turnover, and Firm Performance in Germany," 10 *Journal of Law, Economics, and Organization* 142 (1994).

22) Randall Merck, Andrei Shleifer, and Robert Vishny, "Management Ownership and Market Valuation: An Empirical Analysis," 20 *Journal of Financial Economics* 293 (1988); Karen Wruck, "Equity Ownership Concentration and Firm Value," 23 *Journal of Financial Economics* 3 (1989); John McConnell and Henri Servaes, "Additional Evidence on Equity Ownership and Corporate Value," 27 *Journal of Financial Economics* 595 (1990).

23) 投資家所有企業において、経営者の機会主義という問題は、投資政策に関していえば、経営者は企業が倒産したら自分達自身の人的資本に同じく損害を被る。そのため投資家以外の所有者の場合期待される行動とは反対に、経営者は過剰に投機的に振る舞うことなく、むしろ保守的すぎる行動をとるという事実によって緩和されるかもしれない。例えば、次の論文を参照。Yakov Amihud and Baruch Lev, "Risk Reduction as a Managerial Motive for Conglomerate Mergers," 12 *Bell Journal of Economics* 605 (1981).

24) この点については、次の論文を参照されたい。Fabrizio Barca, "On Corporate Governance in Italy: Issues, Facts, and Agenda" (Research Department, Bank of Italy, 1995).

25) 投資家の便益のために経営されている非営利企業という特徴を持っていると思われる唯一の企業は、非営利企業が完全保有している株式会社、または非営利企業が収入源の1つとして利用している株式会社である。そのような企業のうちもっとも有名な事例は、Mueller Macaroni社であり、ニューヨーク大学がおよそ35年間完全所有している会社である。このような企業は、他の株式会社と同様に法人税を支払っており、親会社である非営利企業が享受する法人税の免除の拡張適用はされていない。その結果、これらの企業にはとくに補助金の支出はなく、市場においては、非営利企業が持株会社であるということを除けば、競争企業との間に違いはない。

26) Cf. Harry DeAngelo, "Competition and Unanimity," 71 *American Economic Review* 18 (1981).

27) ある特定の事象が生じた時にある一群の証券保有者から別の一群の証券保有者に議決権が移動するように設計されている株式会社が存在する。例えば、優先株に対して約束した配当が払えなかった場合に自動的に議決権が普通株保有者から優先株保有者に移動し、優先株式に対して約定された配当が支払われたら、また議決権が普通株保有者に戻るというような議決権に関する設計がありうる。このような場合でも、投票に関しては、ただ1つのクラスの株主集団が行うことには変わりない。

28) USX社（1991）, Ralston Purina社（1993）, Pottston社（1993）などの会社が、事業連動配当株式を発行した。

29) *Proxy Statement*, USX Corporation, April 4, 1991; Aaron Pressman, "Targeted Stock: Still Wide of the Mark," *Investment Dealers'Digest*, June 29, 1992, at 16.

30) Pressman, supra; Stephanie Storm, "It's Called Targeted Stock; Shun It, Some Experts Say," *New York Time*, July 12, 1994, at D1 を参照。

31) Patrick Maio, "Executive Update," *Investor's Business Daily*, February 9, 1994 を参照。

32) 顕著なものとして、Michael Jensen, "The Eclipse of the Public Corporation," *Harvard Business Review* 61 (September-October 1989) が挙げられる。

33) Steven Kaplan, "The Staying Power of Leveraged Buyouts," 29 *Journal of Financial Economics* 217 (1991).

34) 第12章で検討されるよく似た状況として、1930年代に連邦政府が保証するようになる以前には、アメリカの市場に（7年を超えるような長い）長期的な住宅抵当がなかったというものがある。抵当保険は、銀行に対して試行的な貸し付けを行うことを促した。この思考は住宅抵当が十分によい投資であることを明らかにし、究極的には銀行は（政府にとって利益が上がることが明らかになっていた）保険の加入がされていなくても、喜んで長期の抵当貸し付けを提供するようになった。

35) もっとも、この点で目立った役割を演じた企業である、Drexel, Burnham, Lambert は最終的には倒産した。

【第5章】

1) 一般的なものとして次を参照。K. Berman, *Worker-Owned Plywood Companies* (1967); Edward S. Greenberg, "Producer Cooperatives and Democratic Theory: The Case of the Plywood Cooperatives," in R. Jackall and H. Levin, eds., *Worker Cooperatives in America* 175 (1984).
2) Greenberg, supra, at 175.
3) Jackall and Levin, "Historical Perspectives on Worker Cooperatives," in R. Jackall and H. Levin, eds., *Worker Cooperatives in America* 35 (1984); Derek C. Jones, "American Producer Cooperatives and Employee-Owned Firms: A Historical Perspectives," in *id.* at 37を参照。
4) 「タクシー協同組合は、地方当局がこのような企業形態での設立を許したアメリカのあらゆる大都市において、最近企業活動を行っている。これらの協同組合が存在しないのは、対抗する所有形態に地方政府が独占を許可したために、法律で設立が認められていない都市においてのみである。」R. Russel, *Sharing Ownership in the Workplace* 141 (1985).
5) *Id.*, ch.3.
6) この存続検証は、自由企業市場経済においてのみ説得的であると思われるので、以下の議論は、――(以前は) アジアや東ヨーロッパの共産主義国のような――国家が、企業形態という重要な選択を妨げていた国々の企業に対する従業員コントロールの経験をほとんど無視するものである。とりわけ、われわれはユーゴスラビアの従業員管理企業に関する広範な経験にほとんど注意を払っていない。にもかかわらずここでの分析は、ユーゴスラビアの経験に対して有益な視点が提供される。
7) R. Oakeshott, *The Case for Workers' Co-ops* 145–146 (1978).
8) Mark Holmstrom, *Industrial Democracy in Italy: Worker Co-ops and the Self-Management Debate* 6 (1989); Oakeshott, supra, at 123 を参照。
9) Holstrom, supra, at 21; Oakeshott, supra, at 146.
10) Holstrom, supra, at 21; Oakeshott, supra. at 129, 146 を参照。
11) Oakeshott, supra, at 124, 146; Alberto Zevi, "The Performance of Italian Producer Cooperatives," in D. Jones and J. Svejnar, eds., *Participatory and Self-managed Firms: Evaluative Economic Experience* 239, 241 (1982).
12) Oakeshott, supra at 129, 150, 157.

13）*Id.* At 130, 160 を参照。

14）Zevi, supra, at 243.

15）例えば、Oakeshott, supra, at 108-120 を参照。

16）W. Whyte and K. Whyte, *Making Mondragon: The Growth and Dynamics of the Worker Cooperative Complex* 3 (1988).

17）Commission on the Swedish Cooperative Movement and Its Role in Society, *The Co-operative Movement in Society* (1979).

18）スウェーデンにおいて、労働者協同組合の企業数が5%を超えるのは毛皮製品産業だけであるが、それでも全企業のうちの6.5%にすぎない。B. Lee, *Productivity and Employee Ownership: The Case of Sweden* 10 (1988).

19）このことは、1920年代以降イスラエル領となっている地域で事実であり続けている。様々な独立したバス輸送協同組合は、その後数十年をとおして徐々に合併を続けて独占体となった。Egged A. Daniel, *Labor Enterprises in Israel* 235-254 (1976).

20）*Id.* at 220.

21）*Id.* at 219-220.

22）Adam Bryant, "After Seven Years, Employee Win United Airlines," *New York Times*, July 13, 1994, at 1 を参照。もともとUnitedのパイロットは自分たちだけで同社を買収しようとしていた。例えば、次を参照。"United's Pilots Are Inching Closer to a Coup," *Business Week*, August 31, 1987, at 32; "Pilots Renew Bid to Buy Out Parent Company of United," *Aviation Week and Space Technology*, May 9, 1988, at 95.

23）Almen Alchian and Harold Demsetz, "Production, Information Costs, and Economic Organization," 62 *American Economic Review* 777 (1972). また以下の論文も参照されたい。Michael Jensen and William Meckling, "Rights and Production Functions: An Application to Labor-Managed Firms and Codetermination," 52 *Journal of Business* 469 (1979); Raymond Russel, "Employee Ownership and Employee Governance," 6 *Journal of Economic Behavior and Organization* 217 (1985).

24）Alchian and Demsetz (1972), supra, at 786.

25）*Id.* at 790.

26）Fred S. McChesney, "Team Production, Monitoring, and Profit Sharing in

Law Firms: An Alternative Hypothesis," 11 *Journal of Legal Studies* 379 (1982) は、アルチャンとデムゼッツのモニタリング理論に対して同様の議論を展開している。McChesney論文は、弁護士事務所の弁護士所有は上級弁護士が事務所に対して仕事を集めるのに必要な努力に対するインセンティブを提供するのだという代替的な理論を主張している。「弁護士事務所の利益のシェアリングは、セールスマンのコミッションによく似ているものであり、専門職企業における募集要素に報いるためのものであると説明できるはずである」。*Id.* At 390. しかしながら、本質的には、このことは、まさにコストに対する高度なモニタリング理論の特殊な事例なのである。従業員所有は、明らかに、営業促進の努力のためのインセンティブを改善する。しかし法律以外の種類の企業とは異なり、従業員所有が弁護士事務所において普及していることを説明するにはその要素だけでは不十分なように思われる。どの弁護士がどの顧客をクライアントにしたのかを確めることは難しくないので、集客の努力に対しては単に俸給によって報いることができるはずである。多くの弁護士事務所がパートナーの収入を決める生産性に関する計算式では、この点についてしばしば明示的に考慮している。なおこの計算式については、第6章で検討する。さらに、必ずしもすべてのパートナーが、集客の業務において重要な役割を果たしているわけでもない。最後に、新しい顧客を呼び寄せることが主要な仕事であるような他の多くの産業が存在するが、そのことに責任をもった従業員が所有者となっている産業はみられない。

27) 事例による証拠がいくつかみられる。例えば、ベニヤ板産業では従業員所有が生産性を改善している。このことについては、例えば、Greenberg, supra, at 175–176を参照。しかしながら、従業員所有が従業員の生産性に与える効果に関する明白な実証的な尺度を得ようとする努力については、今のところ、結論が得られていない。全体として利用できる結果としては、利益のシェアリングだけでは、生産性に対して強い正の関係を得ることはできないということである。Martin Weitzman and Douglas Kruse, "Profit Sharing and Productivity," in Alan Blinder, ed., *Paying for Productivity: A Look at the Evidence* 95 (1990). いくつかの研究は、従業員のコントロールは、利益シェアリングだけから得られるよりも生産性に対してより大きな正の関係をもつことを示唆している。ただしその結果は曖昧であり、また従業員コントロール企業と投資家コントロール企業のはっきりした比較がされていないためにいっそう曖昧なものとなっている。この点については、例えば、以下を参照。D. Jones and J. Svejnar, "Participation, Profit Sharing, Worker Ownership and Efficiency in Italian Producer Cooperatives," 52 *Economica* 449 (1985); D. Jones, "British Producer Cooperatives, 1948-1968: Productivity and Organizational Structure," in Jones and Svejnar, supra, at 175.

28) このことは従業員がより生産的になり、彼らに替えて他の人を充てるということが難しくなるということを必ずしも意味しているわけではない。もし従業員が長い間に一般的なスキルを失ったり、最初の頃にもっていた再訓練に対する柔軟性を失ったりしても、同様のことがいえるのである。もちろん、業務に特化した投資を従業員に行うような雇用者も時々見られる。例えば、従業員が新人よりもより企業に対して価値のあるようになるための訓練に対して雇用者が投資することなどがあげられる。このような場合、問題は逆転する。すなわち、従業員は企業に対して機会主義的に行動する立場になるのである。そこで雇用者と従業員がともに業務に特化した投資をなすとするならば、当事者たちが双務的な独占という立場に立つので、交渉のために要するコストは高くなる可能性がある。企業に特殊な人的資本に関して従業員の投資を守る必要を指摘しながら、Margaret Blair, *Ownership and Control* (1995) は、従業員持ち株の増大や取締役会への従業員の代表権などをとおして、会社に対する従業員の所有権を増大させるという政策を論じている。彼女の提案は、投資家である株主が主要な役割を果たすことを前提とした上で、従業員の部分的な所有について論じたものである。そのため、次の章で検討するような、投資家と従業員の間のガバナンスのシェアをどのように、またいかに上手に実際的に働かせるのかという問題を、彼女が直接的に扱っているわけではない。

29) しかしながら、タクシードライバーは、ある程度のロックインを経験している。多くの町において、タクシー会社は、大きな独占力を持っている。したがってタクシードライバーはもし別の会社に移りたかったならば、別の町に移ることを強いられるかもしれない。この移動は、彼および彼の家族がその地域の個人的な関係性に何らかの投資をしているとしたらそれを失うコストを生じさせるばかりでなく、彼が蓄積した地域の道路や交通状況に関する経験についてもそれを失ってしまうことでコストになる。

30) ギブソンとムヌーキン は、外部で十分な個人的評判を得ていないような弁護士は、彼らが所属する弁護士事務所が他の新しい雇用主と比べて彼らの生産性に関してはるかに良好な情報をもっているという事実によって、一定のロックインを経験しているかもしれないと述べている。Ronald Gibson and Robert Mnookin, “Coming of Age in a Corporate Law Firm: The Economics of Associate Career Patterns,” 41 *Stanford Law Reviews* 567, 576-578. しかしそうだとしても、大規模な産業企業における管理者と比べれば、弁護士が新しい雇用先に対して自分の能力を証明することは簡単であるものと思われる。

31) 理論モデルのサーベイと実証的なデータによる適合性に関しては、John Kennan and Robert Wilson, “Strategic Bargaining Models and Interpretation of Strike Data,” 4 *Journal of Applied Econometrics* (supplement) S87 (1989) を参照。

32) Gregory Dow, “Why Capital Hires Labor: A Bargaining Perspective,” 83 American Economic Review 118 (1993) が、広範な議論をせずに、従業員所有企業は、企業特殊的な資産を購入するための資本を調達することができないと想定しており、またこの仮説こそは、労働者所有企業がより大きな社会余剰を生み出したとしても、投資家所有企業が存続することが可能であるという彼の結論の鍵となっているが、これらの根拠となる理由は、第4章とここで述べられた理由によるものであることは明白である。

33) Terence Martin からの私信。1995年3月付。

34) 労働者所有に関する様々な指標の関連や資本集約度に対するコントロールなどの実証研究には、決定的なものはない。これらは、John Bonin, Derek Jones, and Louis Putterman, “Theoretical and Empirical Studies of Producer Cooperatives: Will Ever the Twain Meet,” 31 *Journal of Economic Literature* 1290 (1993) の中で慎重にサーベイされている。

35) もし企業の普通株すべてが、従業員によって保有されるならば、もはや証券市場によって評価されたり、値付けされたりすることがなくなることは確かである。その結果、その企業は、株式が公開された企業の場合と比べるとモニタリングに従う程度が小さくなり、また企業支配権市場は、その企業が公開された投資家所有企業であった場合と比べて、企業を規律する効果はより小さいものとなるだろう。

36) Greenberg, supra, at 175.

37) しかしながら、このことは、普遍的であるということではない。例えば、最近の数十年間に、パートナーシップから投資家所有に転換した、広告および投資銀行のいくつかの企業は、現在は公開会社である。

38) Berman, supra, at 33–18.

39)「レイオフによる調整は、比較的労働組合の弱い企業よりも、労働組合がしっかりしている企業の方が実質的に大きい」。James Medoff, “Layoffs and Alternatives under Trade Unions in U.S. Manufacturing,” 69 *American Economic Review* 380 (1979).

40) とりわけ集団交渉は、アメリカ産業における雇用保障の水準を低位に保つために大きく寄与している。ジョブ・テニュアについて普及している先任権制度は、企業の従業員の高年齢層に対して、低い雇用保障と引き換えに高い賃金を得るという交渉のスタンスをもった労働組合を支持するインセンティブを与える。そしてそれによって、企業の投資家所有者と一緒になって若年従業員に企業のリスクの多くを押し付けることになる。またその同じ労働組合は、ある産業のすべての企業の従業員を代表して交渉する場合においては、企業間の競争が、この種の非効率な契約による取り決めを消滅させることを妨げていた。Medoff, supra.

41) 低い生産性は、実質的な雇用保障を得ている従業員の努力に関するインセンティブが低下すること、あるいはおそらくもっと重要なこととして、企業内部において従業員の効率的な再配分を妨げることから生じるものである。

42) Eirik Furubotn, “The Long-Run Analysis of the Labor-Managed Firm: An Alternative Interpretation,” 66 *American Economic Review* 104 (1976); Jensen and Meckling (1979), supra.

43) そのシェアの保有者は、その企業に実際に雇用されている必要はない。しかし、そのシェアに対して配当が支払われることはほとんど稀なので、従業員ではない人にとってほとんど価値がない。Berman, supra, at 148, 150.

44) このことは従業員が生涯同じ企業にいることが普通であることを仮定している。もし最初の数年の試用期間（この期間においては、従業員所有企業の役員投票権が必要とならない）を除外するならば、（現在においては、状況が大いに変わってきているけれど）20世紀の大部分においては、多くの産業において見当違いでない仮定であるといえると思われる。

45) 際立った事例として、Vermont Asbestosグループがある。このグループは、1975年に事業を閉鎖して従業員に売却したGAFの脆弱化した子会社であったが、製品市場の劇的な改善によって著しく利益が上がる企業となった。1978年に従業員は、地方の実業家に対して、企業のコントロールを行うに十分な株式を売却した。M. Carnoy and D. Shearer, *Economic Democracy: The Challenge of the 1980s* 152-157 (1980).

46) 従業員所有を主張する文献の典型的なものは、J. Rothschild and J. Whitt, *The Cooperative Workplace* 179-181 (1986) である。この問題に関するもっとも一般的な分析的な議論としては、Avner Ben-Ner, "On the Stability of the Cooperative Type of Organization," 8 *Journal of Comparative Economics* 247 (1984); Hajime Miyazaki, "On Success and Dissolution of the Labor-Managed Firm in the Capitalist Economy," 92 *Journal of Political Economy* 909 (1984) 等の論文がある。

47) この議論は、Ben-Ner, supra および Miyazaki, supra で主張されている。

48) もし新しい従業員が、既存のメンバーと同等に将来の利益に対する分与を受ける所有者として加わったり、参加にあたって出資する必要がなかったりするならば、既存のメンバーから新しいメンバーに対して価値の再配分が生じるはずである（その企業が、少なくとも資本や無形資産というようなかたちで価値を蓄積しているとしたら、のことである）。それが、新しいメンバーが企業に加わる唯一の条件であるとしたら、たとえ従業員が単なる雇用よりも所有者として企業に参加する方が生産的であったとしても、新しい従業員を雇用者として採用するか、あるいは雇用しないという、強いインセンティブが働くに違いない。この解決策は、新しいメンバーに対して、以前から参加していた従業員よりも小さなシェアを与えるか、あるいは新しいメンバーに対して、既存のメンバーが企業に蓄積した価値に対する共有部分を事実上購入することに相当する出資金の提供を要求することである。前者の解決策は、企業内部で同一の役割をする従業員に対して異なった利益分与を導くものであり、第6章で検討したようなガバナンス問題が大きくなるので、そのかわり、新しいメンバーに対して出資金の提供を要求するのが、既存の従業員所有企業では一般的である。いくつかの事例では、この出資金は、別のかたちに偽装されることもある。例えば、法律事務所における古参のパートナーに与えられる利益の分与がきわめて大きいことや半分退職している状態の古参のパートナーに対して法律事務所の利益に対して大きなシェアを認めることなどは、若いパートナーが古参のパートナーが企業に蓄積した無形資産を実質的に支払うための1つの手段とも思われる。

49) K. Bradley and A. Gelb, *Worker Capitalism: The New Industrial Relations* 35–36 (1983) を参照。

50) Benjamin Ward, "The Firm in Illyria: Market Syndicalism," 48 *American Economic Review* 566 (1983).

51) ウォードのモデル、それに関して生み出された文献、および実証的な検証の努力等に関する簡潔で思慮深いサーベイは、次を参照。Bonin, Jones, and Putterman, supra.

52) American Bar Association, Model Rules of Professional Conduct Rule 5.4 は、T. Morgan and R. Rotunda, *1988 Selected Standards on Professional Responsibility* 82, 159–160 (1988) に再掲載されている。American Bar Association, Model Code of Professional Responsibility DR 3–102 (A), DR3–103 (A), DR5–107 (C) (1981) は、Morgan and Rotunda, supra, at 1, 29, 30, 42, 34, 35 (1981) に再掲載されている。またAmerican Bar Association, Canons of Professional Ethics Canons 33, 34, 35 (1908) は、Morgan and Rotunda, supra, at 379, 388–389 に再掲載されている。

53) このコードのような規則は、一般的には、各州によって、法的措置ではなく、司法的な命令で適用されている。C. Wolfram, *Modern Legal Ethics* 56–57, 62–63 (1986) を参照。多くの州は、モデル規則の一部を採用し、またほとんどの州は大きな変更なくRule 5.4 に従っている。ABA/BNA Lawyer's Manual on Professional Conduct Par. 01:3, 91:401 (1990).

54) モデル規則が、1983年に適用された時、原案は、この制約の削除を求めたものであった。しかしながら、最終的には、ABAは、その改革を拒否した。G. Hazard and W. Hodes, *The Law of Lawyering* 469 (1989).

55) 例えば、ウィスコンシンの協同組合法人に関する法律は、純利益はその法人の「パトロン」に支払われるべきであると規定しているが、従業員が「パトロン」と定義されている人になることを妨げるという制限を課していないようである。Wis. Stat. Ann. S185.45 (1989).

56) David Ellerman and Peter Pitegoff, "The Democratic Corporation: The New Employee Cooperative Corporation Statute in Massachusetts," 11 *New York University Review of Law and Social Change* 441 (1983). サービス部門の専門家の企業は、パートナーシップで設立されたり、専門職の不法行為による個人的な賠償責任から身を守るために特別な専門職法人に関する法の下で設立され

ることが一般的である。

57) 例えば、次の中に引用されている税務訴訟の対象となっている4つの協同組合のうち2社（1社はオレゴン州そして他の1社はワシントン州）は、協同組合法人法の下で設立され、他の2社（こちらも1社はオレゴン州で1社はワシントン州）は、株式会社法のもとで設立されたものであった。

58) *Olympia Veneer Co., Inc v. Commissioner.* 22 B.T.A. 892 (1931)（労働者協同組合は、メンバーが実質的受取る賃金が、もし配当を加えると同一の産業の平均賃金を超えるものになったとしても、それは雇用された労働者よりも協同組合のメンバーの方が生産性が高いために生じたものであるので、パトロンとしての配当は賃金として控除することが可能である。）

59) *Linnton Plywood Assoc. v. U.S.*, 410 F. Supp. 1100 (D. Ore. 1976); *Linnton Plywood Assoc. v. U. S.*, 236 F. Supp. 227 (D. Ore. 1964); *Puget Sound Plywood,* Inc. v. Commissioner, 44 T. C. 305 (1965). より正確にいえば、条項Tは、（雇用された従業員ではなく）労働者協同組合のメンバーによって行われた仕事に由来する純利益を、法人税を納めるにあたって、グロスの収入から控除することを許すものであり、メンバーへの配分は実際に配分されてもされていなくてもよいというものである。

60) 第6章を参照されたい。

61) 例えば、Carnoy and Shearer, supra, at 144, 188.

【第6章】

1) Robert Dahl, *A Preface to Economic Democracy* 94-98 (1985) を参照。労働者管理企業形態が押し付けられていた30年間の後、共産党支配が終了した時に、すぐさま意固地で好戦的な民族グループに分裂してしまったユーゴスラビアにおける悲しい経験は、企業の労働者コントロールが政治的民主主義を教育するものとして効果的ではなかったのではないかという疑問を投げかけている。

2) Mayer G. Freed, Daniel D. Polsby, and Matthew L. Spitzer, “Unions, Fairness, and the Conundrums of Collective Choice,” 56 *Southern California Law Review* 461 (1983) を参照。

3) Edward S. Greenberg, “Producer Cooperatives and Democratic Theory: The Case of the Plywood Cooperatives,” in R. Jackall and H. Levin, Ed’s., *Worker Cooperatives in America* 175, 206 (1984).

4) 本文の検討は、従業員所有者によって演じられる企業内の役割の均質性の重要性を強調している。しかし、従業員所有者間の文化的な価値や個人的な価値観が似ているということも、従業員が自身をガバナンスすることを容易にすることにおいて、明らかに重要なことである。このことについては、J. Rothschild and J. Whitt, *The Cooperative Workplace* 95–100（1986）を参照。また以下に見られるように、Mondragon 協同組合の成功を支えている重要なことは、バスク文化の共有であるかもしれない。

5) 例えば、内部的な意見の衝突が、Vermont Asbestos グループの従業員が最終的に企業のコントロール権を外部の投資家に売却した重要な理由であったようである。「口論や結末が見えない会議が、また「180名のボス」からなるシステムがうまく機能しないということを、多くの人々に確信させた」。M. Carnoy and D. Shearer, *Economic Democracy: The Challenge of the 1980s* 157（1980）. また John Simmons and William Mares, *Working Together* 119–123（1983）も参照。Raymond Russell, *Sharing Ownership in the Workplace*（1985）は、従業員所有者間で生じた、裏づけに乏しい大量の深刻なエピソードという証拠を提供してくれるが、とりわけ3つの異なるタイプの企業における利益の分配についての証拠を提供してくれている。3つの企業とは、清掃（廃棄物回収業）会社（id. at 81–83）; タクシー協同組合（id. at 107, 111–114）; および法律や医療の専門職グループ（id. at 156–157）である。ラッセルは、まさに次のように一般化している。「所得をシェアするという政策は、これらの3つの企業のいずれにとってももっとも問題の生じやすいものであるように思われる。あるケースにおいては、所得のシェアは均等に、そして別の場合には不均等であるが、いずれの場合でも、現行の報酬制度が公正であるということについて全員の合意がとれている必要がある。この合意が失われると、会員は怒って組織を脱退したり、企業の革命をそそのかしたりすることによって、不正であるということをすぐさま示すことになる」。*Id.* at 181. 投資銀行パートナーシップであった Lehman Brothers の投資家所有への転換については、以下で議論するが、もう1つの事例を提供するものである。

6) K. Berman, *Worker-Owned Plywood Companies* 151–156（1967）; Greenberg, supra, at 178.

7) R. Gilson and R. Mnookin, "Sharing among the Human Capitalists: An Economic Inquiry into the Corporate Law Firm and How Partners Split

Profit," 37 *Stanford Law Review* 313 (1985).

8) この結論は、特許弁護士事務所、労務関係弁護士事務所などのように、同じ専門分野や同じ顧客をもつ弁護士が一定の傾向にあるということからも補強される。弁護士がもし高度にリスク回避的であったとしたら、専門分野や顧客において分散するような弁護士事務所を作っているはずである。

9) ある種の従業員自治企業である大学の学部に属する教員は、同様の現象になじんでいるだろう。例えば、教員や研究者としての個々の相対的な生産性よりも、学部の教育負担を担当数とコースの特徴に関して均等化しようとする強い傾向をもっている。医学専門学校における臨床医学の部署などでは、授業上の必要から様々な教育責任を負ってテニュアを与えられている教員であるが、教授会での投票権を与えられていない教員が多い。Geoffrey Hazard, "Curriculum Structure and Faculty Structure," 35 *Journal of Legal Education* 326, 331–332 (1985) を参照。

10) いくつかの企業において、嘱託に対してパートタイムで働くことを許すことは、柔軟な雇用の在り方として進歩的であるとして認められていることも事実である。例えば、Testiony of Antonia Grumbach of New York's Patterson, Belknap, Webb & Tyler before the A.B.A. Commission on Women in the Profession (Feb. 6–7, 1988) を参照。

11) Laurel Sorenson, "Life beyond the Law Office," 70 *A.B.A.J.* 68 (July 1984).

12) 例えば、フルタイムのパートナーが受け取るべき金額の60%を稼ぐために必要とされる仕事は、どのくらいの量の仕事であり、またどんな種類の仕事であるのかを、企業がどのようにして決定するであろうか？　平均的なフルタイムパートナーの60%が顧客に提供する報酬該当時間に相当するという決定は、不十分であると考えられる。例えば、企業は、健康保険やオフィスの場所および設備費用のような固定コストを負担しており、これらはパートナーの報酬該当時間によって変動するものではない。またおそらく大抵のパートナーにとって、ある州の労働時間の最初の60%は、簡単に放棄することができるような仕事であり、残りの40%がしばしば午後や週末に個人の生活を調整してまでも必要となる仕事であり、難しくてしぶしぶ行う仕事であるので、高い限界賃金で補償して欲しい仕事である。そのため60%を受け取るということは、フルタイムパートナーの報酬該当時間の75%、あるいは65%や85%を受け取ることを意味している。その決定を行うべき客観的な尺度はなく、それゆえ、どんな選択をしたとしても争いとなるというおそれがある。

13) Robert Frank, “Are Workers Paid Their Marginal Products?” 74 *American Economic Review* 549, 549 (1984).

14) 共同労働者の賃金に関しても自ら賃金を判断するという同じような傾向が生じ、それによってそれぞれの労働者が他の労働者と比較してより高い賃金を求める結果、非効率な生存競争がもたらされることがありうる。その結果、企業内における彼らの相対的位置はかわらないのに、すべての人がより懸命に働くということになる。Robert Franck, *Choosing the Right Pond: Human Behavior and the Quest for Status* (1985) を参照。しかしながら、すべての労働者が同じ賃金である場合、そのような生存競争に駆り立てるインセンティブは存在しない。したがって、もし所有をシェアすることが、仲間の労働者のそれとの関係で、厚生を判断する傾向を増大するとすれば、均等な支払いというルールが、投資家所有企業よりも従業員所有企業においてより一般的なものであるはずである。

15) 以下を参照されたい。Peter Bart, “Advertising Debate Rages on ‘Going Public,’” *New York Times*, May 11, 1962, at 40 col. 2; Lawrence, “On Going Public,” *New York Times*, Oct 4, 1970, at 13, col.1; Lipman,” Young & Rubicam Operation in U.S. to Be Partnership,” *Wall Street Journal*, Nov. 22, 1988, at B6, col. 4; Rothenberg, “Public Shop or Private, What’s Best?” *New York Times*, May 9, 1989.

16) 例えば、1979年頃には、大規模投資銀行40社（資本金ベース）中12社がパートナーシップとして組織されていたにすぎなかった（数字は、Securities Industry Association, *Securities Industry Yearbook* (1980) より算出）。

17) 健康保険維持団体（HMO）は、初期においてはほとんどが非営利であったが、最近は営利の方向に強く傾いている。1988年5月にはHMOの47.6%が非営利ではなく営利であり、設立して2年未満の団体では82.6%が営利である。Interstudy, *The Interstudy Edge: Quarterly Report of HMO Growth and Enrollment as of March 31, 1988* 1 (1988). 医師所有の営利を除いた、投資家所有による営利HMOの比率については正確な数字は存在しないようである。しかしながら、投資家所有のHMOは珍しいものではなくなっている。例えば、Prudential Insurance社は、全米に100社を超えるチェーン加盟のHMOを作っており、その多くはPrudential保険会社によって直接所有されている。この記述はPrudential保健会社の企画担当のKathy Nelsonとの電話インタビューによる聴取（1989年5月22日）による。

18) K. Auletta, *Greed and Glory on Wall Street*（1986）を参照。

19) "Brains versus Brawn," *Institutional Investor* 156–158, 161–162（May 1988）を参照。

20) *Id.* at 162.

21) Gerald Kramer, "On a Class of Equilibrium Conditions for Majority Rule," 41 *Econometrica* 285（1973）を参照。

22) 安定した投票の均衡を生み出しうる手続きメカニズムの研究は、少なくとも Kenneth Shepsle "Institutional Arrangements and Equilibrium in Multidimensional Voting Models," 23 *American Journal of Political Science* 27–59（1979）以来、政治学（Political science）の理論研究における重要な論点となっている。

23) H. Thomas and C. Logan, *Mondragon: An Economic Analysis* 96–130（1982）.

24) R. Oakeshott, *The Case for Workers' Co-ops* 188（1978）; Thomas and Logan, supra, at 25–29; W. Whyte and K. Whyte, *Making Mondragon: The Growth and Dynamics of the Worker Corperative Complex* 35–38（1988）.

25) W. Whyte and K. Whyte, supra, at 40.

26) *Id.* at 71. 均等分与ルールを採用する従業員所有企業の傾向についての上記の観察に照らしていえば、Mondragon の協同組合は均等賃金を標準として採用していないけれど、近年まで賃金格差を最高と最低で3対1の範囲内にとどめるように努めてきた。最低水準賃金の企業の従業員は、大まかにいえば、企業が立地する地域の平均的な水準の賃金を受け取っているので、熟練した労働者やマネージャーは賃金を抑制されていることになる。マネージャーを確保するために、賃金水準の幅は、最近では4.5対1にまで拡大しているが、その結果どうなったのかの詳細については不明である。*Id.* at 45. しかしながら、賃金水準の幅の固定は、協同組合のメンバーである従業員のみに適用されるものである。企業は、メンバーでない雇われ従業員を10%まで自由に雇用してよいとされており、この権限は、メンバーよりも高い賃金を払わざるを得ない熟練した従業員を雇用する際に利用されている。*Id.* at 203.

27) この点は、スペインの法律がすべての協同組合に対して求めていることであり、Mondragon 独自のものというわけではない。*Id.* at 42.

28) *Id.* at 67–71; Thomas and Logan, supra, at 149–158.

29) Terence Martin との個人的な通信文書による（1995年4月）。

30) W. Whyte and K. Whyte, supra, at 69.

31) *Id.* at 75. 例えば1983年の間に、当該銀行は構成する協同組合の34件の事項について介入している。この過程の中で、2人の専務執行役、3つの取締役会の議長および6名の部門別執行役が更迭された。*Id.* at 172.

32) 例えば、このことは、Mondragon社の最大の協同組合であるUlgor社でおこった1974年のストライキをめぐる経験に現れている。ストライキを引き起こした企業の戦略の変更、ストライキを起こした人々に対する企業の（非常に厳しい）反応、およびストライキ後に行われた社会協議会の改革は、いずれも企業の現場の労働者の直接的な影響によって行われたのではなく、企業の経営陣自らによって行われたものであるように思われる。W. Whyte and K. Whyte, supra, at 91–107を参照。また*Id.* at 113–127（ここでは、経営陣がイニシアティブをとっている工場現場労働組織においてより参加的な形態が採用されていることが紹介されている）も参照。

33) *Id.* at 68–69. Mondragon システムの重要な試練は、リーダーシップが創業者から次の世代にうまく継承できるかということであろう。

34) Oakeshott, supra, at 205; Thomas and Logan, supra, at 35, 92.

35) Terence Martin との個人的な通信文書による（1995年4月）。

36) *Id.*

37) W. Whyte and K. Whyte, supra, at 9–12, 255–256 を参照。

38) しかしながら、バレンシア地方には、Mondragonを明らかにモデルとしたよく似た組織が存在する。この組織は、1988年に創立されて以来、1993年末までのあいだに、9社を傘下に従え、2500人の労働者をかかえている。Martin, supra.

39) Oakeshott, supra, at 205; Thomas and Logan, supra, at 35, 92.

40) *Id.* at 146, 154, 160, 162.

41) *Id.* at 124, 126, 150; Mark Holmstrom, *Industrial Democracy in Italy: Workers Co-ops and the Self-Management Debate* 25 (1989).

42) 概要については、Holmstrom, supra を参照されたい。

43) Oakeshott, supra, at 146.

44) *Id.* at 141, 154; Alberto Zevi, "The Performance of Italian Producer Cooperatives," in D. Jones and J. Svejnar, Ed's., *Participatory and Self-Managed Firms: Evaluative Economic Experience* 242 (1982).

45) Holmstrom, supra, at 28, 92, 138.

46) Oakeshott, supra, at 52–73.

47) *Id.* at 74–108.

48) *Id.* at 74.

49) 1980年代において、公開株式会社であった企業のマネジメント・バイアウトが多数行われた。これらの売買において、そうした企業は、企業上級経営者を含むグループによって企業の全株式が再購入され非公開所有に転換した。この結果生まれた企業は、従業員所有者がマネージャーだけで構成された従業員所有が再生産された事例であると考えるべきかもしれない。しかしながら、これまでのところ、これらの企業が、従業員所有の実現可能性に関する多くの証拠を提供しているわけではない。これらの企業の所有に参加するのは、普通、非常に限られたマネージャーだけであり、これらのマネージャーは、従業員ではあるがそのごく限られた一部にすぎない。その上、これらマネージャーの所有におけるシェアは慎ましいものであることが多い。例えば、58件のマネジメント・バイアウトの事例を例にとると、中位値にある企業の役員の所有は、マネジメント・バイアウト以前は11.5%であり、マネジメント・バイアウト後には16.7%に増大しただけであった。企業株式の大部分は、他の投資家が保有し続けていたのである。A. Smith, "Corporate Ownership Structure and Performance: The Case of Management Buyouts," 27 *Journal of Financial Economics* 143 (1990).

50) U. S. General Accounting Office, *Employee Stock Ownership Plans: Benefits and Costs of ESOP Tax Incentives for Broadening Stock Ownership* 18, 39 (1986).

51) "ESOPs: Are They Good for You?" *Business Week*, May 15, 1989, at 166, 118.

52) J. Blast, *Employee Ownership: Revolution or Ripoff?* 4 (1988) を参照（この著作によれば、全体で100万人の従業員を抱える1,000社から1,500社の企業が、少なくとも自社株の51%以上を保有しているものと推定されている)。

53) L. Kelso and M. Adler, *The Capitalist Manifesto* (1958); Granadas, "Employee Stock Ownership Plans: An Analysis of Current Reform Proposals," 14 *Journal of Law Reform* 15 (1980).

54) 1986年の税制改革法以前における従業員持ち株制度の税的および財務的優位性の検討については、次を参照されたい。Richard Doernberg and Jonathan Macey, *ESOPs and Economic Distortion*, 23 *Harvard Journal of Legislation*

103（Winter 1986）. 1986年以降は廃止することが予定されていた税的認定従業員持ち株制度Tax Credit ESOPsを除き、1986年法は、ESOPに対してすでに存在していた税的補助を再確認するとともに若干拡張した。（そのうちの最も重要なことは、ESOPによる貸付利子収入の50%が課税収入から控除されることであった。I.R.C. §133）また（ESOPおよび適格な労働者所有協同組合の株式売却の収益に対する財産税の50%控除をはじめとして）いくつかの新しい税的補助が加えられた。

55）例えば、*Stock Holdings, Inc., v. Polaroid, Fed. Sec. I., Rep.*（*CCH*）P 94,176（Del. Ch. Jan. 6, 1989, as amended Mar. 20, 1989）を参照。（買収防止のためにESOPの設立を許したのは特にこの状況のもとであった。）

56）当該文献のレビューについては、Blasi, supra, ch.8 and app. D を参照。

57）中位値の順位にある従業員持ち株制度は、その会社の10%の所有をしているというものであるが、議決権に関しては5%であった。U. S. General Accounting Office, supra, at 39–40.

58）より正確にいえば、このことは、取締役の選任やそれ以外のルーティンな事案への投票の場合に生じることである。税法は、閉鎖的所有の法人においてさえも、合併や解散のような重要な会社のリストラに関しては、従業員の投票権は巧みに回避されているような状態である。

59）I. R. C. §4975（e）（7）.

60）Blasi, supra, at 90–93, 103. 1987年の調査では、50%を超えているESOPが公開株式会社で1社あると報告されている。Employee Benefit Research Institute, Issue Brief 11（No. 74, Jan. 1988）. さらに公開株式会社のESOPは、同制度で保有している株式の多くが同制度による借入金によって購入されている、いわゆる「レバリッジを効かせたESOP」であるのが一般的である。このような従業員持ち株制度に対して、税法は、負債ファイナンスによって調達した部分の株式の投票券を従業員にではなく、受託者に認めており、このことが従業員の発言権を希薄化している。

61）U. S. General Accounting Office, supra, at 39 は、（非公開株式会社の制度で通常みられる）レバリッジを効かせていないESOPのうち25%のみが、同制度の加入者に対して議決権を与えるべきであると記述している。

62）*Id.* at 40. これらの数字は、従業員持ち株制度のもたらす従業員所有への効果を過小評価しているかもしれない。これについては、私は以下のような教示を私信を通じて受けた。従業員持ち株制度のある会社にあっては、「従業員が取締役を選任するという事例が数多く存在する」。しかし、そこで選任された従業員代表は、経営陣の中から選ばれた人であることは明らかである。Corey Rosen との通信文書（April 11, 1990）。

63) Weirton Steel 社は、1982年に従業員を代表して、従業員持ち株制度によって買収され、同制度は同社の株を100%所有することになった。しかしながら、従業員には、議決権が与えられなかった。取締役会を含むすべての議決権は、従業員持ち株制度の受託者に与えられ、受託者は、特別委員会によって選任されるものとされた。従業員は、法の要求する最低限の投票権、すなわち定款の変更や法人の解散などの可決に過半数を必要とするような投票権だけが与えられただけであった。

Weirton 社の取締役会はもともと13名であり、「独立」取締役（“independent” directors）7名、「内部」取締役（“inside” directors）3名、および「労組」取締役（“union” directors）3名で構成されていた。「独立」取締役は、株主によって選出され、「内部」取締役は、同社のCOEとCOEが選任する2名であり、「労組」取締役は組合委員長と組合役員から選ばれた2名であった。会社の従業員は退職者も現役も独立取締役に就任することができなかった。様々な投票上の制約によって、1991年までは、独立取締役は株主（従業員所有者）によって選出できないようになっており、したがってまたすべての取締役について直接選出することはできなかった。1992年から独立取締役については株主の選挙によって選出されるものとされた。

1989年と1994年にWeirton 社の株式が大量に公開販売され、会社に対する議決権の比率が1994年には約53%まで低下した。これらの取引によって従業員の権利が希薄化したという不満に答えて、1994年に従業員持ち株制度の代表が同社の14番目の取締役として参加することになった。

64) 従業員持ち株制度の採用は、従業員のコントロールへの公式的な参加の増大をもたらさないばかりか、従業員が企業の意思決定に公式的に参加する機会を増やすものではない。Employee Benefit Research Institute, supra. を参照。

65) 企業の株式を100%保有する従業員持ち株制度を除けば、従業員へのコントロール権の付与は、従業員ではない株主によって提供される資本の比率に比例してコストが増加するに違いない（例えば、従業員が非従業員株主を搾取するような機会主義的な行動の可能性というようなリスクが生まれることによって増加する）。このことは、すでに100%の保有を達成している従業員持ち株制度の場合においては問題とはならない。

66）1980年から1986年の間、繁盛していたPeople Express社という航空輸送会社では、従業員はある時点で株式全体の約3分の1を保有していた。株式の所有はあらゆる従業員に拡大されたが、パイロットだけは除外されていた。現業に近いレベルの意思決定への従業員参加が大きかったにもかかわらず、取締役会および企業の主要な意思決定に対するコントロールは依然としてトップマネジメントと外部投資家の手中にあった。取締役会には従業員選出のメンバーは含まれず、また従業員は取締役の選出に積極的に参加したようには到底思われない。People Express社の元役員であったMelrose Dawseyへの電話インタビューによる（June 21 and July 26, 1989）。

67）例えば、Dahl, supra, at 140–152; David Ellerman, "Workers' Cooperatives: The Question of Legal Structure," in R. Jackall and H. Levin, Ed's., *Worker Cooperatives in America* 270–273（1984）; Vanek, Introduction, in J. Vanes, ed., *Self-Management: Economic Liberation of Man* 24（1975）を参照。

68）共同決定の実際の機能の分析については、Alfred Thimm, *The False Promise of Codetermination*（1980）; Wolfgang Streeck, *Industrial Relations in West Germany*（1984）; James Furlong, *Labor in the Boardroom*（1977）などを参照。

69）ドイツの労働者の年金は、アメリカの労働者の年金と同じく、雇用者によって提供されるのが一般的である。しかしながら、アメリカとは異なり、ドイツ企業は、会社が支払うべき将来の年金債務に相当する準備金の積み立てをしていない。その結果、ドイツの労働者は、将来の福利に関してある程度株主のそれと同様の利害をもっていると考えられる。しかしながら、このことは、労働者が残余財産請求者となるということではなく、実質的な債権者となるということを意味している。

70）このような一般的な特徴をもった構造を採用する際の理論的な検討が、青木昌彦によって行われている。青木は、投資家と従業員の間で明示的に契約によって決められない変数に関する意思決定に対して、投資家か従業員のどちらかだけがコントロールするとすれば非効率に陥るので、従業員と投資家の間で意思決定を共有するようにそのメカニズムを変えれば、より大きな効率性が達成されるに違いないと推論した。M. Aoki, *The Cooperative Game Theory of the Firm*（1984）〔『現代の企業——ゲームの理論からみた法と経済』岩波書店、1984

年]; M. Aoki, "A Model of the Firm as a Stockholder-Employee Cooperative Game," 70 *American Economic Review* 600 (1980). しかしながら、この分析は、労働者が本質的に同じ利害関係をもっているという前提のもとで展開されたものである。共同決定に関するほとんどの理論的研究は、労働者が株主に対して明確な利害関係をもっているという均質な集団であると仮定するものである。例えば、H. Nutzinger and J. Backhaus, *Codetermination: A Discussion of Different Approaches* (1989) に収められている論文をみれば明らかである。Backhaus 自身もこの限界をよく認識しており、自分自身の分析も「労働と資本の代表のそれぞれが均質な集団で構成されているという、やや非現実的な仮定」に基づくものであることを述べている。Juergen Backhaus, "Workers' Participation Stimulated by the Economic Failure of Traditional Organization: An Analysis of Some Recent Institutional Developments," id. at 229, 250.

71) 1975年には労働者の29%が労働組合員であったが、1987年にはたった17%となっている。U. S. Department of Commerce, *Statistical Abstract of the United States* 415, 416 (1989) (table nos. 683, 684).

72) この意味において、青木昌彦が経営側においても「比較的均質な労働力の選好」がみられ、トヨタのような主要な日本企業がサプライヤーを十分に統合しようとしない理由のひとつであると述べていることは興味深い。M. Aoki, "Aspects of the Japanese Firm," in M. Aoki, ed., *The Economic Analysis of Japanese Firm* 28 (1984).

73) Section 8 (a) (5) of the National Labor Relations Act の下では、「賃金、労働時間、ならびにそれ以外の雇用契約および雇用条件」が雇用者と労働組合の間の交渉において必ず論題にするべきものであった。29 U. S. C. §158 (a) (5). この規定は、労働組合と雇用者の間で投資決定のようなその他の論題を取り扱うことを妨げるものではなかったが、それらの論題は強制的なものではなく、あくまでも随意的なもの (あるいは許容されるもの) としていた。Section 8 (a) (5) のもとでの交渉の義務の範囲に関する最近の解釈についての議論については、Katherine Van Wezel Stone, "Labor and the Corporate Structure: Changing Conceptions and Emerging Possibilities," 55 *University of Chicago Law Review* 73, 86–96 (1988) を参照。

74) Aoki, *The Cooperative Game Theory of the Firm* 151–171 (1984) を参照。

75) しかしながら、労働組合が企業の意思決定においてより広範な役割を演じることを喚起し始めたとするいくつかの証拠がある。Stone, supra.

76) 例えば、S. Lipset, M. Grow, and J. Coleman, *Union Democracy: The Internal Politics of the International Typographical Union* 3-13 (1956).

77) R. Michels, *Political Parties* (1962).

78) 例えば、P. Bernstein, *Workplace Democratization: Its Internal Dynamics* 91-107 (1976) ; Carnot and Shearer, supra, at 183; Rothschild and Whitt, supra, at 66.

79) Unitedの新しい12名から構成される取締役会は、次のように構成されていた。第一に、3名の「従業員取締役」のうち2名は「組合役員」であり、そのうちの1名はパイロット組合の支持によって選出され、そしてもう1名は整備工組合により選出された。残りの1名は会社のマネジメント関係の従業員からなる委員会によって選ばれることになっていた。第二に、4名の「独立取締役(independent directors)」であるが、会社と関連しない会社からの独立取締役、現職の従業員取締役からなる委員会によって任命された独立取締役、少なくとも独立取締役の過半数の同意による独立取締役、それに労働組合取締役としての独立取締役の4名である。第三に、5名の「一般取締役（public directors）」であるが、うち3名は会社の従業員の経験のない「外部一般取締役（outside public directors）」であり、残りの2名はCEOおよびCEOによって承認された他の上級経営者による「経営一般取締役（management public directors）」である。この5名の「一般取締役」は、会社の一般株主（非従業員株主）によって選出される。外部一般取締役は、現職の外部一般取締役によって指名され、経営一般取締役は、取締役会の過半数によって指名される。

【第7章】

1) U.S.Department of Agriculture, "Farmer Cooperative Statistics, 1991," ACS Report No.33, at 2-6 (1992).

2) Charles Kraenzle, "Co-Ops Increase Share of 1991 Farm Marketing's and Production Supplies," *Farmer Cooperatives* 14 (May 1993).

3) Richard Heflebower, *Cooperatives and Mutuals in the Market System* 32-36 (1980). 農業協同組合全体のマーケットシェアは、1982年の30％から1987年には24％に低下している。この減少は、全体の傾向における一時的な変動の影響にすぎない。1987年以降は、協同組合のシェアは再び増加し始め、1991年には

28％まで回復した。Roger Wissman and David Cummins, "Co-op Share of Supply Sales Up, Marketings Slip during 1980s," *Farmer Cooperatives* 4 (February 1989); Kraenzle, supra.

4) Heflebower, supra, at 40–49; John Hetherington, *Mutual and Cooperative Enterprises: An Analysis of Customer-Owned Firms in the United States* 141–142 (1991).〔『アメリカの協同組合と相互会社』石山卓磨監訳、成文堂、1996年〕

5) このことについて一般的には、Heflebower, supra, at 49–54を参照されたい。

6) "The Leading 50," *Prepared Foods* 38 (July 1992).

7) "The Fortune 500 Largest U.S. Industrial Corporations," *Fortune*, April 19, 1993, at 182.

8) 例えば、Ocean Spray社は、普及している「紙ボトル」を採用したアメリカで最初の企業である。「紙ボトル (paper bottle)」という名称は、もともとヨーロッパで発明された、1人用のしなやかな無菌容器に対して同社が命名したものである。Ryck Lent, "Ocean Spray Cranberries Inc.: A Study of a Brand-Name Marketing Cooperative" (manuscript, 1990).

9) "Directory if the 500 Largest Industrial Corporation," *Fortune*, July 1963, at 177.

10) "The Fortune 500 Largest U.S. Industrial Corporations," *Fortune*, April 19, at 182. この2つの年度の数字には、販売協同組合が含まれていないばかりでなく、供給に部分的あるいは全面的に従事している協同組合も含まれていない。後者の企業集団については、次章において詳しく検討する予定である。

11) Tracy Kennedy and Arvin Bunker, "Exports by Ag Cooperatives Exceed $3.39 Billion in 1985," 52 *Farmer Cooperatives* 4 (1987).

12) Maurice Konopnicki, "Agricultural Production and the State," 46 *Annals of Public and Co-Operative Economy* 167 (1975); M. J. Sargent, "Agricultural Marketing Co-operatives and 1992: Joint Ventures a Way Ahead?" in Elise Bailey, Edgar Parnel, and Nicky Cooley, eds., *Yearbook of Co-operative Enterprise: 1991* 20 (Oxford: Plunkett Foundation for Co-operative Studies, 1990); Gunther Aschhoff and Eckart Henningsen, *The German CooperativeSystem: Its History, Structure, and Strength* 76–78 (Frankfurt: Fritz Knapp Verlag, 1986).

13) 例えば、次を参照。Asian Productivity Organization, *Agricultural Coopera-*

tives in Asia and Pacific (1989); Pradit Machima, *Growth and Development of Agricultural Cooperatives in Thailand* (1976).

14) この点は、従来から知られているものである。例えば、次を参照。John Kenneth Galbraith, *American Capitalism: The Concept of Countervailing Power*, ch. 11 (1952).

15) Oscar Refsell, "The Farmers' Elevator Movement," 22 *Journal of Political Economy* 872-895, 969-991 (1914).

16) 1890年以前において、地方の昇降機事業者による市場力の可能性は、昇降機を所有せず、個別農業者から穀物を購入し、それを鉄道の賃貸車両で搬出する独立購入者の存在によって抑制されていた。この競争は、昇降機所有者が結合し、独立購入者をビジネスから追い落としたことによって終わりを告げた。これは、昇降機所有者が相互所有を行って、鉄道会社、シカゴの倉庫業者、シカゴの穀物ブローカーに独立購入者との取引をしないように圧力をかけたりすることによって達成された。

17) Refsell, supra, at 874-877.

18) Helflebower, supra, at 42, 46 を参照。19世紀の末に設立された、いくつかのアイルランドの酪農製品協同組合が、私的所有企業が自然的な買い手独占を利用して搾取したことに対抗して設立されたという事例がある。この事例については次を参照されたい。Louis P. F. Smith, *The Evolution of Agricultural Cooperation* 5-6 (1961).

19) Hetherington, supra, ch. 9.

20) このことは、協同組合が引き継いだそのビジネスが、その農産物を競争的な大きな市場に対して再販売するという、地域的な買い手独占権を持っている場合においてもっとも明確である。この場合には、買い手独占権を持つ者は、すべての作物を地域穀物価格に押し下げ、よってその地域の生産を効率的な水準以下に抑制してしまう。協同組合が私有の加工業者に置き換わることは、地域の農産物価格と生産高を高め、おそらく加工生産物の市場価格を低位に抑えることになるものと思われる。

21) *National Broiler Marketing Association v. United States*, 436 U. S. 816, 842 (1978) (White, J., 反対意見) を参照。

22) この問題があらわれた基本的な事例については、F. M. Schemer, *Industrial Market Structure and Economic Performance*, ch. 14 (3d ed., 1990) を参照。

23) 司法省と連邦取引委員会は、農業協同組合の合併に対してはっきりとした批判を行っていない。さらに政府が農業協同組合に対して独占禁止法違反の訴求を行うことは相対的に少なかった。これについては、"Antitrust Implications of Agricultural cooperatives," 73 *Kentucky Law Journal* 1033, 1037 n. 14 (1984) のコメントを参照。議会は、司法省が、農業者の協同組合についてその設立に関する行動、または生産物のマーケティングに関する行動に関して政府の訴求を行うことを1929年まできっぱりと禁じていた。例えば、Act of February 24, 1972, ch.189, 44 Stat. 1194.

24) *Fairdale Farms, Inc. v. Yankee Milk, Inc. v. Yankee Milk, Inc.*, 635 F.2d 1037 (1980).

25) Richard Ippolito and Robert Masson, "The Social Cost of Government Regulation of Milk," 21 *Journal of Law and Economics* 33, 50–54 (1978).

26) David Baumer, Robert Masson, and Robin Abrahamson Masson, "Curdling the Competition: An Economic and Legal Analysis of the Antitrust Exemption for Agriculture," 31 *Villanova Law and Economics* 183, 226 (1986).

27) Ippolito and Masson supra, at 40; Charles French, John Moore, Charles Kraenzle, and Kenneth Harling, *Survival Strategies for Agricultural Cooperatives* 165–173 (1980). 政府の価格規制政策はミルク以外の生産物の協同組合を促進する役割を果たしている。例えば、果実や野菜の協同組合の主要な機能は、連邦や州のマーケティング秩序を形成する際に参加することである。Heflebower, supra, at 61. またテンサイ糖市場に関する連邦規制は、生産者協同組合として組織されたテンサイ糖精製工場の発展を促進するのに重要な役割を演じた。Lee Schrader and Robert Goldberg, *Farmers' Cooperatives and Federal Income Taxes* 93 (1975).

28) これらの協同組合は、Aaron Shapiro のプロ・カルテル理論に強く影響されたものである。Heflebower, supra, at 63–64, 66.

29) Galbraith, supra を参照。

30) James Youde and Peter Helmberger, "Marketing Cooperatives in the U.S.: Membership Policies, Market Power, and Antitrust Policy," 48 *Journal of Farm Economics* 23 (1966). この論文の著者は、1964年において、もっとも大きな市場力を発揮したと判断した31の協同組合のデータを集めている。彼らは市場力の程度に応じてこれらの協同組合を4つのグループに区別し、これらの

協同組合が、市場シェア、市場集中度の大きさ、（広告費によって計測された）製品差別化、および参入障壁の程度を調査している。分類Ⅰは市場力がもっとも大きかった協同組合であり、分類Ⅳはもっとも小さかったものである。分類ⅠとⅡに属する協同組合のみが、閉鎖的会員規約であり、このことは市場力を発揮するためには閉鎖的な組合であることが重要なことを示している。さらに会員を制限している分類Ⅱに属する協同組合は、加入が生産の能力によるものなのか、あるいは連邦ミルク規制に反応したものかをはっきりと述べている組合である。分類Ⅰに属する閉鎖的な会員規約をもつ4つの協同組合のみが、市場力を生み出して利用するということができるものであることが明らかである。これらの結果は、著者たちが研究を150の地域の販売農協を含んだものに拡張した場合にも、補強された。（すでに対象とされた31の組合を含む）大規模な協同組合のうち、たった12%が会員を制限されたものであり、さらに4%だけが連邦ミルク規制に関連しないで市場力を開発しているものにすぎないようだ。

31) Hetherington, supra, at 145.

32) *Id.* at 271.

33) Youde and Helberger, supra. を参照

34) Hetherington, supra, at 145.

35) なぜ契約期間が短いのだろうか？　協同組合がいずれにせよ市場力を効果的に確立できないと仮定すれば、より長い契約を行うインセンティブが生まれないためであろうか。さらに農業者が、長い期間協同組合に運命を託するとすると、その期間のうちに非組合員が市場を席巻してしまう可能性があるということについて懸念するからであろうか。

36) Lent, supra, at 8–9.

37) 例えば、K. Oustapassidis, "Structural Characteristics of Agricultural Co-Operatives in Britain," 39 *Journal of Agricultural Economics* 231 (May 1988) を参照。

38) Refsell, supra, at 880–881.

39) 例えば、J. W. Ames, *Cooperative Sweden Today* 107 (1952) を参照。「協同組合は、スウェーデンの農民にとって、彼らが必要とする生産物販売、市場の動向、価格動向および交渉ごとや輸送問題に費やす時間や勉強の量を最小限に削減するということを意味する存在である。農民は、卵、ミルク、シリアル、ポテト、および食肉処理業者に対する動物を、農産物の品質を公平に評価したのちに

もっとも高い市場価格で支払うという知識を持っている、適正な組合の地方支部に送り出すことができる」。また、（トマトのバーゲニング協同組合の情報コスト節約について検討を加えているものとして）Hetherington, supra, at 143 を参照。

40）例えば、この理由は、*National Boiler Marketing Association v. U.S.*, 436 U.S. 816 (1978), at 846, 849における異議申し立ての中で、販売農協の独禁法除外を正当化する論拠として主張されている。

41）Heflebower, supra, at 63.

42）農業協同組合のおよそ3分の1が、非免除組合として活動している。U. S. Department of Agriculture, *Legal Phases of Farmer Cooperatives* 381–384 (1976). この数字には販売協同組合と購買協同組合の両方が含まれており、おそらく第521条の規定が煩わしいものであると感じている後者が多く含まれていることを考慮すべきである。Schrager and Goldberg, supra, at 101 を参照。にもかかわらず、いくつかの販売農協は非免除を選んでいる。例えば、American Crystal Sugar を検討している、次の記述を参照。Id. at 96.

43）Heflebower, supra. at 149–156; Martin Abrahamson, *Cooperative Business Enterprise* 321–332 (1976).

44）1976年には、協同組合向け銀行は、農業協同組合による負債の57%を提供していたが、商業銀行は10%を占め、その他の負債については、負債証券23%、その他が10%であった。French, et al., supra, at 199.

45）French, et al., supra, at 199–206; Schrader and Goldberg, supra, at 56.

46）例えば、Philip Porter and Gerald Scully, "Economic Efficiency in Cooperatives," 30 *Journal of Law and Economics* 489 (1987).

47）Porter and Scully, supra は、農業者協同組合として組織された事業体よりも民間私企業による牛乳加工工場の方が平均的にみて効率性が大きいということを示すデータを明らかにしている。彼らは、このことから協同組合形態は一般的にいって投資家所有よりも本質的に効率性が低いという結論を下し、課税免除は協同組合の事業が続けられるために重要なものであると論じている。しかしながら、彼らのデータは、民間企業と協同組合の両者ともに効率性の大きなバラツキをみせている。このために、効率性を示す指標に関する有意性はかなり低位となってしまっている。協同組合にしても民間企業にしても効率性を導く、他の要因が存在していることが示されており、またこれらの要因のいくつかが企業形態選択と相関関係をもっているという可能性が残されていることが示されている。（例えば、彼らがサンプルとした協同組合は、独占力に対する対応努力、あるいは独占力を確立するための努力によって生まれたものであり、同じくサンプルとなった投資家所有企業と比べて、より競争が少なく、かつ規模の経済性を開発する余地の小さい多様な市場状況を背景として経営されているものである）。その上、すでに述べたように、ミルク加工業は強い規制産業であり、規制の体系が協同組合形態に対して特別の市場機会を生み出している。したがって、ミルク加工業は、協同組合形態の基本的な効率性を検証するものとして相応しいものではないということは、議論の余地がない。Schrader and Goldberg, supra, at 55 は、他のタイプの農業加工およびマーケティング事業を含むサンプルを検証しているが、協同組合と投資家所有企業のパフォーマンスに明確な違いを見出すことはできなかった。

48) 論理的なシミュレーションも数値的なシミュレーションも、補則Tによって提供される税金の優遇の効果は次のような場合にもっとも小さくなるということを明らかにしている。すなわち、協同組合が拡張のために相当の収入を確保している場合、および所得税が法人税よりも高い組合員から構成されている場合など、補則Tと通常の法人税の対応が収斂するような場合である。Schrader and Goldberg, supra, at 50 を参照。

49) Heflebower, supra, at 51. 第一次世界大戦以前の酪農品農協の発展については、id. at 42–43 を参照。

50) *Id.* at 58.

51) Hetherington, supra, at 109–111.

52) カリフォルニアのバーゲニングおよび加工協同組合の特定の詳細な記述と同様に、一般的な検討については、*id.* at 109–111, 154–163, 170–179を参照。またLent, supra, at 10 も参照されたい。

53) Lent, supra, at 10.

54) Heflebower, supra, at 65, 72.

55) *Id.* at 44.

56) *Id.* at 52.

57) *Id.* at 64, 65. また *id.* at 73:「生産物の産出額の集中は、（…）狭い地理的エリアで生じ、（…）協同組合の設立を促した」という記述も参照。

58) Hetherington, supra, at 202.

59) *Id.* at 353.

60) *Id.* at 174–178 を参照。そうであったとしても、多数の産物を扱う協同組合においては、ある作物ではなく別の作物生産を促進する際に資本配分に関して会員間のコンフリクトが生じ、成長のための障害となりうる。このことは多角化をとおした成長についていえることである。French et al., supra, at 138.

61) French et al., supra, at 100.

62) Lont, supra, at 7, 12.

63) *Id.* at 19, 引用は、Robert St. Jacques, chairman of the board, Ocean Spray, May 1990 による。

64) Hetherington, supra, at 152, 205.

65) *Id.* at 195.

66) *Id.* at 196.

67) 野菜と家畜に関する協同組合が大きな役割を演じていないことについては、Heflebower, supra, at 58, 68–70 を参照されたい。

68) *Id.* at 65.

69) Peter Helmberger and Sidney Hoos, *Cooperative Bargaining in Agriculture* 185 (1965).

70) Helberger, supra, at 67–68, 73.

71) 基本財産についてのそれ以外の潜在的な源泉が存在する。例えば、いくつかの協同組合は、事業活動の一部を行うための子会社を置き、この子会社が株式公募をすることが可能である。“Why Farm Co-Ops Need Extra Seed Money,” *Business Week*, March 21, 1988, p.96. 他の手段として、投資家所有企業とジョイントベンチャーを設立することが考えられる。 Bruce W. Marion, *The Organization and Performance of the U. S. Ford System* 87–88 (1986) [協同組合によって設立された多くのジョイント・ベンチャーについて検討している]; “Pepsi and Ocean Spray Testing New Products,” *New York Times*, April 23, 1993, p. D4 [クランベリー・フレーバーのソフトドリンクの開発と販売のためのジョイント・ベンチャーに関する記事]。

72) 1976年の上位100の（購買農協と販売農協ともに含んだ）農業協同組合の資本の源泉は、基本資産が34％、借入金が40％、その他の負債が26％であった。French et all., supra, at 197. 販売農協が資本家所有企業と比べて、一貫して大きな負債によって経営されているのかどうかということについては明確ではない。1983年から84年において、23の販売農協を21の投資家所有の食品加工会社と比較すると、前者の長期負債の自己資本に対する比率は0.66であり、後者は0.41であった。Hetherington, supra, at 209. しかしながら、投資家所有企業の資本負債比率を1980年代のM&Aを経た後に算出したとすると、投資家所有企業の資本負債比率が引き続き、販売農協よりも低くなっているかについては疑わしい。例えば、最大級の酪農協同組合の負債資本比率は、この10年間で低下し、1989年には同産業における投資家所有企業と比べても低くなっている。Claudia Parliament, Joan Fulton, and Zvi Lerman, "Cooperatives and Investor Owned Firms: Do They March to the Same Drummer?"（Department of Agricultural and Applied Economics, University of Minnesota, Staff Paper 89-22, June 1989）.

73）National Grape Co-Operative Association, Inc., and Welch Foods, Inc., 1992 Annual Report; また次も参照。 Schrader and Goldberg, supra, at 90. National Grape Cooperative は閉鎖的な組合員制度によって組織されており、農業者は協同組合の組合員資格を自分のブドウ畑を購入した人に譲渡する権利をもっている。その結果、組合員資格の価値は、土地価格で資本化されている。1970年代初めに、同協同組合の1エーカーあたりの投資額は1,400ドルであり、協同組合の組合員資格と関連した場合には、ブドウ畑を1エーカーあたり1,000ドルのプレミアム込みで売却することができた。Schrader and Goldberg, supra, at 90. この資本化は、本文で後に論じる資本投資に関する利害関係の世代間コンフリクトを和らげるものである。

　他の多くの販売農協は、オープンな会員制度を採用しており、協同組合の正味価値を反映するような価格で、その資格を流通させることは簡単にはできないようになっている。ある者はこのことは他の協同組合が資本調達に関連して全国ブドウ協同組合と比べて大きなハンディキャップを負っているということを示すと考えるかもしれないが、たいていの協同組合は後に論じるような資本計算のための仕組みが潜在的な利害のコンフリクトを適切に扱えることを示すことを見出せるため、閉鎖的組合員関係だけが資本調達に関するこの状況に対処するために必要であるとは限らないのである。

74）Lent, supra, at 17.

75）Hetherington, supra, at 207.

76）French et all., supra, at 76, 89-90.

77) たいていの農業作物が季節性を回避することができないということは、規模の経済性の実現にとって致命的な要素である。年間のうちある期間に限っておこなう必要のある、春の植え付けや秋の収穫などといった特定の作業が存在する。その結果、分業を利用する機会は限られたものとなる。もしある労働者が植え付けに習熟し、別の労働者が収穫に習熟しているとしたら、両方のタイプの労働者を年間通じて使用することはできない。それゆえ農場の労働者は、生産のどんな局面でも働けるように相当程度ジェネラリストである必要がある。その帰結として、生産の全局面が同時に進行することを許すような継続的工程によって生産しうる製品と比べて、農業生産物は、生産規模を増大することによって分業を発展させる機会が制約されるのである。

78) Alva Benton, "Large Land Holdings in North Dakota," *Journal of Land and Public Utility Economics* 405 (October 1925); John Brewster, "The Machine Process in Agriculture and Industry," 32 *Journal of Farm Economics* 69 (1950).

79) Benjamin Klein, Robert Crawford, and Armen Alchian, "Vertical Integration, Appropriable Rents, and the Competitive Contracting Process," 21 *Journal of Law and Economics* 297, 310–311 (1978).

80) Steven Wiggins and Gary Libecap, "Oil Field Unitization: Contractual Failure in the Presence of Imperfect Information," 75 *American Economic Review* 368 (1985).

【第8章】

1) U.S. Department of Agriculture, Agricultural Cooperative Service, *Farmer Cooperative Statistics* 1983 10, 26 (1983); U.S. Department of Agriculture, Agricultural Cooperative Service, *Farmer Cooperative Statistics* 1990 4 (1990); Charles Kraenzle, "Co-ops Increase Share of 1991 Firm Marketings and Production Supplies," 60 *Farmer Cooperatives* 14 (1993).

2) この6つの企業は、Gold Kist社, Farmland Industries社, Agway社, CENEX社, CF Industries社, National Cooperative Refinery Association社であった。"Fortune 500 Largest U.S. Industrial Corporations," *Fortune*, April 19, 1993, at 182.

3) Richard Heflebower, *Cooperatives and Mutuals in the Market System* 81 (1980).

4) *Id.*, ch. 8.

5) *Id.* at 78–79, 81.

6) 1986年6月7日に行われたLand O'Lakeの情報担当取締役のTerry Nagleへの電話インタビューによる。

7) Heflebower, supra, ch. 7 (figures from 1969).

8) 組合員であることが資本を購入する条件だが、資本の持ち分については、組合員の権利とは明確に区分されている。協同組合が、ストックの購入を必要とせずに一定の価格で組合員権を販売することがあるかもしれないが、このような方法はほとんど使われていない。

9) 1970年に、購買農協も販売農協も含んだ農業協同組合上位100団体の自己資本のうち、留保収入と単位ごと留保は85%を占めている。Lee Schrader and Robert Goldberg, *Farmers' Cooperatives and Federal Income Taxes* 60 (1975). 販売農協は、購買農協ほど資本に依存していない。そのため85%という数字は、購買農協だけで考えた場合は、過小評価されたものであろう。John, Hetherington, *Mutual and Cooperative Enterprise: An Analysis of Customer-Owned Firms in the United States* 112 (1991).

少なくとも、ある缶詰協同組合は、本文で記述した3つの方法にもっぱら依存しており、組合員による自発的な有限パートナーシップを設立し、そのパートナーシップから設備を借用することによってファイナンスを行っている。この方法は、非組合員による投資にともなうエージェンシー問題を回避する一方で、組合員による格差を伴う投資を認めるものである。

10) 以下を参照。Comptroller General of the United States, "Family Farmers Need Cooperatives - But Some Issues Need to Be Resolved," U.S. General Accounting Office, Report to the Congress CED-79-106 (1979), at 39; U.S. Dept. of Agriculture, *Equity Redemption Issues and Alternatives for Farmer Cooperatives* 11 (Agricultural Cooperative Service Research Report No.23, 1982); Hetherington, supra, at 211–219.

11) 協同組合の組合員権がなぜ市場価格で償還されないのかということについては、原理的な理由があるわけではないが、厄介な市場価値評価の問題のためだけというわけではなさそうである。市場評価をしない結果、暖簾という形で協同組合の総価値が増大し、継続する組合員に引き渡されるため、組合員の世代間の富の移転を生み出す。この移転をコントロールする1つの方法は、農協が行っているように、負債資本比率を合理的に高く維持することである。

12) 一般的には、Phillip F. Brown and David Volkin, *Equity Redemption Practice of Agricultural Cooperatives* (U.S.D.A. Farmer Cooperative Service Research Report No.4, 1977) を参照されたい。

13) Hetherington, supra, at 215.

14) 1985年に農民は農業機械に95億ドル支出している。他の支出と比較すれば、同年における飼料と種苗は240億ドル、石油産品および機械保全費（個別の費目は利用不可）として136億ドル、肥料と石灰に89億ドルであるが、これらの供給品はすべて協同組合が大きな市場シェアを占めている。U.S. Department of Agriculture, *1986 Fact Book of U.S. Agriculture* 4 (1985).

15) さらに、Fordが市場の8%、Whiteが6%であり、これらを加えた上位4社をあわせると96%であった。Gale Research, *Market Share Reporter* (1st ed,, 1991).

16) W. G. Phillips, "The Farm Machinery Industry," in John R. Moore and Richard G. Walsh, eds., *Market Structure of the Agricultural Industries* 325, 328 (1966); Gale Research, supra.

17) 柑橘類の生産者による協同組合であるSunkistは、パッキングするための設備を開発し、リースする事業を始めた。*1992 Annual Report of Sunkist Growers, Inc.* 柑橘類のパッキング工場の多くはSunkistの生産者によって協同組合として所有されているものであり、また必要とされる装置は、たいていの柑橘類においてほとんど同一のものであったため、この種の機械は、協同組合の組合員の間に利害の不一致を生じる状況はきわめて稀であったようだ。

18) "Hardware Age Verified Directory of Hardlines Distributors," *Hardware Age* RU-15 (December 1990).

19) Progressive Grocer, *Progressive Grocer's Marketing Guidebook: 1989* 11 (1989).

20) Heflebower, supra, at 101, 111-112.

21) *Id.* at 114-115.

22) *Id.* at 118-121を参照。

23) 1992年に、True Valueは8,098の小売業会員、Aceは5,200の会員、Servistarは4,396の会員であった。全国的に認知されたブランド名の使用を許していなかったHardware Wholesalers は、3,066の会員であった。小売業会員の中のいくつかは、複数の金物雑貨店を持っていたので、金物雑貨店の数は上記の数字よりも若干大きいものであった。"Hammering Out New Strategies: Old-Style

Hardware Stores Mix Service. Buying Power," 9 *Business First-Columbus*, sec. 2. at 1 (November 2, 1992).

24) Heflebower, supra, at 114–115.

25) Gillin Hadfield, "Problematic Relations: Franchising and the Law of Incomplete Contracts," 42 *Stanford Law Review* 927, 952 (1990).

26) Id. at 972–978.

27) 例えば、Ace Hardware協同組合に参加するためには、小売業者は入会金として払戻しされない400ドルを支払わなくてはならず、もし入会を認められたならば、5,000ドル相当の価値のある協同組合の証券を購入する必要がある。Servistar協同組合に加入するためには、金物雑貨商は800ドル相当の証券（common stock）を購入し、1,300ドルの入会金を支払わねばならない。さらにこれらの協同組合は、組合員配当の一部を証券あるいは証書（in stock and notes）で支払っている。以上の記述は、Ace Hardwareの広報役員であるJohn Cameronへの1993年8月2日の電話インタビュー、およびServistarのsecurities and licensing agentであるDeborah Tisheyへの1993年8月11日の電話インタビューによる。Spartan Storesは、組合員が週に少なくとも50.000ドルの売上高を上げている中西部の食料品卸売協同組合であるが、組合員になるためには8,800ドルの入会費用と10,000ドルの証券購入、および店舗による毎週の購入高の1.5倍に等しい資本の貢献を、最高限度額である125,000ドルの範囲内で行うことを要求している。会員は証券の購入と初期諸本投資をなすのに5年間の期間を与えられている。以上の記述は、Spartan Storesの新規事業開発部、Francis Lingrenへの1993年8月12日の電話インタビューによる。

28) *Progressive Grocer's Marketing Guidebook: 1989* 11 (1988).

29) 前払いの初期医療の分野において、消費者協同組合は、いち早く将来有望な参入を果たした。この事実は、この分野において投資家所有企業の参入が法的に認められていなかったという条件によるものかもしれない。しかしながら、アメリカ医師会によるロビー活動の成功によって1939年から1949年の間に実質的に医療協同組合を阻むような立法が、最終的には26州で成立し、医療協同組合の普及が抑制されてしまった。1973年に連邦法が、前払い初期医療に関する投資家所有および協同組合に対する制約を撤廃したが、その頃から協同組合の重要な追加的参入はみられなかった。このことは消費者協同組合が、この分野で強力な効率的な優位性をもっていなかったということを示唆するものである。

約200,000人の会員を有していたGroup Health Cooperative of Puget Soundは、残存する医療協同組合のうち最大のものである。一般的なことに関しては、以下を参照。Paul Starr, *The Social Transformation of American Medicine* 306, 321, 439 (1892).

30) Heflebower, supra, at 124.

31) International Cooperative Alliance, *Cooperation in European Market Economies*, Statistical Annex, at 12 (1967). この日付の数字は、その後ドイツの2つの大手の協同組合が消滅したことを考慮すると、現在の市場シェアを過大評価するものである。Commission of the European Communities, *Panorama of EC Industry 93* 20–22 (1993) を参照。

32) Co-Operative Union Limited, *Co-Operative Statistics 1990–91* 6 (1991).

33) Commission on the Swedish Cooperative Movement and Its Role in Society, *The Co-operative Movement in Society* 8 (1979)(数字は1970年のもの)。

34) Commission of the European Communities, *Panorama of EC Industry 93* 100 (1993).

35) 例えば、アメリカでは、1980年から85年の間に40%の人々が住居を変えたが、フランスでは、1975年から1982年というより長い期間であるのに住居を変えたのは10%であった。ドイツとイタリアでは、アメリカの数字と正確に比較する尺度を利用できないが、フランスよりも移動率は低いと思われる。Charles Nam, William Serow, and David Sly, eds., *International Handbook on Internal Migration* 129, 147, 242, 394 (1990).

36) 簡便であるが古いスウェーデンの独占禁止法のサーベイについては、次を参照。Ulf Bernitz, *Swedish Anti-Trust Law and Resale Price Maintenance* (1964).

37) E. Ernest Goldstein, *American Enterprise and Scandinavian Antitrust Law* 222–226 (1963).

38) *Id.* at 196–200.

39) 例えば、Heflebower, supra, at 8.

40) 例えば、Heflebower, supraは、ここで記述されているような平均コスト理論を強調した経済理論の議論を同書のはじめに置いているが、その後の章においてその他の種類の協同組合を検討する際には、この理論を直接使っていない。

41) Schrader and Goldberg, supra. at 60.

【第9章】

1） Joseph Fuhr, Jr., "Should the U.S. Subsidize Rural Telephone Companies?" 12 *Journal of Policy Analysis and Management* 582 (1993).

2） Richard Heflebower, *Cooperatives and Mutuals in the Market System* 131 (1980).

3） Energy Information Administration, *Electric Power Annual 1989* 5 (1991); Southeast Area-Electric, Rural Electrification Administrationの取締役 Frank W. Bennett, に1987年2月19日に行った電話インタビューによる。

4） National Rural Electric Cooperative Association, *People—Their Power: The Rural Electric Fact Book* 152 (1980).

5） Paul Joskow and Richard Schmalensee, *Marketf for Power* 12, 19 (1983); Rural Electrification Administration, *A Brief History of the Rural Electric and Telephone Programs* 51 (1985).

6） National Rural Utilities Cooperative Finance Corporation の規制と料金設定の責任者 David J. Hedberg, に1987年3月24日に行った電話インタビューに依拠。

7） "Our Vital Statistics," *Rural Electrification* (November 1986).

8） Heflebower, supra, at 132.

9） *Id.* at 136.

10） Rural Electrification Administration, *REA Loans and Loan Guarantees for Rural Electric and Telephone Service* 8 (1983).

11） *Tri-State Generation and Transmission Association v. Shosbone River Power, Inc.*, 805 F.2d 351, 353 (10th Cir. 1986) を参照。

12） Rural Electrification Administration, supra, at 31.

13） National Rural Electric Cooperative Association, supra, at 26.

14） 政府が公益事業体の資本需要を100％提供した場合であっても、政府はリスクプレミアムを付加しないので、その利子率が実質的に補助的なものであることは議論の余地がない。しかし、すでに述べたことであるが、貸し付けに対する返済不能はほとんど無視できるほどの大きさであるので、この補助金の影響力は、事後的に計算するならば、限りなくゼロに近い。

15） National Rural Electric Cooperative Association, supra, at 26-27.

16） 例外は、1970年代中頃のアメリカ司法省の反トラスト部会の議論が、その10年後に経済学者の間で一定の注目をあびた「ジョイントベンチャーの競争的ルール」である。Dan Algar, Susan Braman, and Russ Porter, "Using Competitive Rules Joint Ventures to Regulate Natural Monopolies" (Desember 1989): Frederick Warren-Boulton and John Woodbury, "The Design and Evaluation of Competitive Rules Joint Ventures for Mergers and Natural Monopolies" (December 1989) などを参照。

17) 例えば、W. Kip Viscusi, John Vernon, and Joseph Harrington, *Economics of Regulation and Antitrust* chaps. 10–18 (1992) を参照。

18) 営業権の入札は、大きな固定コストが必要な電力や電話に関しては、従来の公益事業に対する料金規制よりも優れたものではないかもしれないという広範なコンセンサスが存在する。その理由は、最初に次の論文の中で展開された。Oliver Williamson, "Franchise Bidding for Natural Monopolies-In General and with Respect to CATV," 7 *Bell Journal of Economics* 73 (1976). 事実、営業権付与という方法は、産業が初めて形成された19世紀の初めに発電と配送に幅広く採用され、その後、近年の批判によって示されたのと同じ理由により放棄されてきた経緯がある。David Schap, *Municipal Ownership in the Electric Utility Industry* 21–22 (1986).

19) この観察は、ミシガン、テキサス、フロリダという3つの州の公益事業体の規制委員会のスタッフからのインタビューでも支持されている。Denise McMillan-Leftow, "Rural Electric Cooperatives: An Empirical Study" (1987).

20) 1986年の調査に回答した地方自治体の496事業のうち、80%が15,000人未満という少ない顧客を対象とするものであった。American Public Power Association, *Survey of Administrative and Policy-Making Organization of Publicly Owned Electric Utilities* (1987).

21) Scott Choate, American Public Power Association への1993年5月25日の電話インタビューによる。

22) *Id.*

23) 総数で1,500事業中、1986年の調査に回答した地方自治体の496事業のうち、46%が市の役員会によってコントロールされ、残りの54%が市とは独立した事業体の役員会によってコントロールされていた。独立した役員会のうち、役員が選挙で選ばれるのが32%であり、任命されるのが残りの68%であった。American Public Power Association, supra.

24) 例えば、独立した役員会をもつ地方自治体公益事業の3分の1が、長期債券を発行するために市議会の認可を必要としており、8%が市議会が設定する利率を直接決定することになっている。*Id.* at 5.

25) National Association of Regulatory Utility Commissioners, *Utility Regulatory Policy in the United States and Canada, Compilation 1991-1992* 52–57 (Karen Bauer, ed., 1992).

26) 思慮深いサーベイと文献批判が、William Hausman and John Neufeld, "Public versus Private: A Survey of the Empirical Literature on the Comparative Performance of U.S. Electric Utilities" (American Public Power Association, 1990) で行われている。

27) アメリカの地方自治体の公益事業の歴史的展開は、David Schap, *Municipal Ownership in the Electric Utility Industry* (1986) でサーベイされている。

28) Commission of the European Community, *Panorama of EC Industry* (1990).

29) C. Chullakesa, "Local Participation in Rural Electrification," in *Power System in Asia and the Pacific, with Emphasis on Rural Electrification* 397, 399 (1990).

30) Commission of the European Community, supra.

31) Z. A. Santos, "Managing Rural Electric Co-operatives in the Philippines," in *Power Systems in Asia and the Pacific, with Emphasis on Rural Electrification* 402, 403 (1990).

【第10章】

1) Benjamin Klein, Robert Crawford, and Armen Alchian, "Vertical Integration, Appropriable Rents, and the Competitive Contracting Process," 21 *Journal of Law and Economics* 297, 322–323 (1978).

2) National Golf Foundation, "Research Summary: The Growth of U.S. Golf" (May 1992).

3) 非公開ゴルフ・クラブの社会的排他性に関しては、同一著者による次の2つの関連文献を参照されたい。Maria Chambers in *Golf Digest*, "A Revolution in Private Clubs," May 1990, and "Knocking on the Clubhouse Door," June 1990.

4) Zecharia Chafee, "The Internal Affairs of Associations Not for Profit," 43 *Harvard Law Review* 993 (1930) を参照。

5) より公式的な数学的な展開については、Henry Hansmann, "A Theory of Status Organizations," 2 *Journal of Law, Economics, and Organization* 119

(1986) を参照。

6) *Id.* を参照されたい。

7) Henry Hansmann and Alvin Klevorick, "Competition and Coordination in Markets for Higher Education and Other Associative Goods" (November 1995) を参照。

【第11章】

1) U.S. Department of Commerce and U.S. Department of Housing and Urban Development, *American Housing Survey for the United States in 1991*, Part A, Table 1 (Current Housing Report series H-150-91, 1993).

2) しかしながら、以下において検討するように、協同組合では、理事会が販売に対する拒否権を持っていることがある。

3) *New York Times*, Jan. 27, 1929, sec. 12, at 1, col.8. 少なくとも第一次世界大戦以前にニューヨーク市において30超の協同組合による集合住宅が建設されていたようである。*Id.*; *New York Times*, Feb. 10, 1907, at 16, col. 5; *New York Times*, Apr. 25, 1909, sec. 7, at 2.

4) Twentieth Century Fund, *American Housing: Problems and Prospects* 233 (1944); *New York Times*, Jan. 25, 1929, sec. 12, at 1, col. 6. 1920年代頃には、低所得あるいは中間所得者向けの集合住宅が若干存在していた。そのうちの一部は、組合によって金銭的な支援を受けたものであった。Burr Henley, "Financing Housing Cooperatives," 71-84 (unpublished master's thesis, University of Washington, 1982). 低所得者の協同組合住宅も存在していた。しかしながら、協同組合の主要な役割は、住宅建設の補助金が賃貸人に渡されることを確認することであった。非居住者に対する補助金の事例はほとんどなかったものと思われる。

5) Otis H. Castle, "Legal Phases of Cooperative Buildings," 2 *Southern California Law Review* 1 (1928); Twentieth Century Fund, supra, at 233.

6) Chester C. McCullough, "Cooperative Apartments in Illinois," 26 *Chicago-Kent Law Review* 303, 305 (1948).

7) Foundation for Cooperative Housing, "Cooperative Development with Federal Assistance," in Jerome Liblit, ed., *Housing - The Cooperative Way* 226 (1964); International Labor Office (Genova), *Housing Cooperatives* 108 (1964). 1960年

には1380万世帯が多世帯集合住宅に住んでいた。U. S. Dept. of Commerce, *Statistical Abstract of the United States*, 1988, at 688, Table 1221 (1987).

8) U. S. Dept. of Housing and Urban Development, *The Conversion of Rental Housing to Condominiums and Cooperatives*, App. 1, Part III, at 7, Table IV-2 App. (1980).

9) Alberto Ferrer and Karl Stecher, *Law of Condominium* 129–133 (1967).

10) J. Lewis Gausch and Robert C. Marshall, "A Theoretical and Empirical Analysis of the Length of Residency Discount in the Rental Housing Market," 22 *Journal of Urban Economics* 291 (1987). Gausch and Marshall が批判している初期の研究は、賃貸人を更新する際のディスカウントの証拠を発見していた。Allen C. Goodman and Masahiro Kawa, "Length-of-Residence Discounts and Rental Housing Demand: Theory and Evidence," 61 *Land Economics* 93 (1985); William A. Clark and Allen D. Heskin, "The Impact of Rent Control on Tenure Discounts and Residential Mobility," 58 *Land Economics* 93 (1985). 居住期間に応じたディスカウントが実際に行われていたとしたら、それは新規の賃貸人をみつけるために家主からテナントに直接支払われるコストではなく、当該賃貸期間において優良な賃貸人であったことを示した賃貸人に対して家主から与えられる誘因であると解釈すべきであろう。

11) J. Henderson and Y. Ioannides, "A Model of Housing Tenure Choice," 73 *American Economic Review* 98 (1983) は、これに対抗する理論を主張し、他の条件が同一であるならば、個人の富の増加は、所有居住者となる可能性を減少させるだろうと論じている。この結論は、彼らが述べているように、一般に認められている不動産保有の選択と相反するものである。おそらく、その理由は、論文の著者による結論が、「富の増加」という彼らの定義に依存するものであることによる。この定義は、将来における外因性の所得の増加を割引現在価値にした価値を含むものであり、したがって、貯蓄の必要性の増加なしに消費需要を増加させるものである。しかしながら、このような形の富の増加は稀なことである。

12) 隣人となるテナントを選別する能力は、この時期の協同組合住宅に関する宣伝や記事によく言及されていた、例えば、以下を参照されたい。"Cooperative Homes Old to Manhattan," *New York Times*, Jan. 27, 1929, sec. 12, at 1, col. 8; *New York Times*, Jan. 3, 1926, sec. 10 at 4, col.7 (「[協同組合事業者が] コントロールする動

機として、望ましくない隣人環境から逃れたいという希望や保守的な環境や同一の階級の人々と交流したいという希望があることが、多くの事例にみられる」)。

13) 特にニューヨーク市において分譲マンション形態よりも協同組合住宅が選択された重要な理由のひとつは、新しい会員申請者に対するスクリーニングの際に、建物の居住者が申請者を判別することができる機会を与えられていたためであると広く理解されている。協同組合の通常の規則は、住居に関する公正な法律に従っているならば、取締役会はいかなる会員申請者の申請も理由を述べることなく拒絶することができ、これによって取締役が好む賃貸人がみつかるまで賃貸人に貸すことを保留することができる。分譲マンションにおいては、これとは対照的に、役員会は販売されようとするユニットを契約価格で購入するという方法によってのみ、販売を阻止する権限が与えられているだけであり、また役員会は、社会的な地位によって賃貸人をスクリーニングすることはめったにない。Michael de Courcy Hinds, “When a Co-op Board Rejects a Buyer,” *New York Times*, Nov. 2, 1986, sec. 8, at 1, col. 2. 分譲マンションの役員会に協同組合の役員会が行使しているのと同様の権限を与えることについては何の法的な障害もない。協同組合が個人の選別をしばしば行っている理由は、協同組合の会員が、建物に対する集団的な抵当を共有することを確実なものとするために、将来会員となるべき人々をスクリーニングしようとする強いインセンティブを持っているという事実に由来しているものと思われる。この点において分譲マンション形態は、集合的な部分に対する金融的コミットメントの度合いが小さいため、スクリーニングの必要性がより小さいかもしれない。この金銭的なスクリーニングは、簡便な方法であり、かつ金銭的以外のスクリーニングを補完するものである。

14) Henderson and Ioannides, supra は、リスク負担がないことについて、(論文執筆者の用語法によれば)「基本的な賃貸外部性」が、賃貸と比較して所有をより効率的なものと考えている。彼らは、リスク負担という考慮すべき要因は、人々を所有よりも賃貸に向かわせる主要な反対要素であるとしている。彼らはこの論文で、本書で分析の主要な焦点としている集団的所有の問題や税的補助の問題を取り扱っていない。

15) U. S. Bureau of the Census, *Annual Housing Survey: 1985*, Series H-150, Table 2-1.

16) Richard Lyons, "More Co-op Owners Battling Their Boards," *New York Times*, April 24, 1988（この記事は協同組合の役員会に専門家がいないという問題を強調している）を参照。他方において、とりわけ退職者のような建物の居住者は、ガバナンスへの参加は、消費財であり、結局のところコストというよりもむしろ便益の要素のようである。

17) 例えば、以下のものを参照されたい。Iver Peterson, "Budget Battles in Co-ops and Condos," *New York Times*, Jan. 15, 1989, sec. 10, p.1, col. 4; Ira Robbins, "Methods of Holding Residential Property," 190 *Annals of the American Academy of Political and Social Science* 109, 111 (1937); *Thiess v. Island House Assoc.*, 311 S.2d 142 (1975); *Kaye v. Mount La Jolla Homeowners Assoc.*, 252 Cal. Rptr. 67 (1988).

18) 例えば、Drayton Bryant, Hearings before the Committee on Banking and Currency, U.S. House of Representatives, 81st Cong., 2d Sess., on H.R. 6618 and H.R. 6742 (Superseded by H.R. 7402), January 30–February 14, 1950, p.119の次のような証言を参照。「もっとも成功していると断言できる協同組合は、組合や退役軍人グループ、あるいは協会団体のように社会的に均質的な団体であった」。

19) 1970–1986年の期間において、1986年のドル換算で計測した家計収入の中位値は、1973年に最高額（25,936ドル）に達しており、1982年に最低額（22,913ドル）であり、1979年は24,866ドルであった。U.S. Bureau of the Census, *Statistical Abstract of the United States: 1988*, Table 691 (1987).

20) P. Hendershott and J. D. Shilling, 'The Economics of Tenure Choice, 1955–79," in C. F. Sirmans, ed., *Research in Real Estate* 105 (1982) を参照。

21) しかしながら、特別な諸要因が、一般的な人口動向とは反対に、集合住宅の居住者の流動性の増加を導いた。例えば、1960年代末から1970年代にかけて、年金基金と社会保障の影響が結びつくことによって、高齢者の一般的な流動性が著しく増大し、またこのことが、そのような世代の人々の間における分譲マンションの需要を増加させたのである。1970年代は、非常に流動性の高い集合住宅居住者として新しい階層が登場したといわれているが、この階層は結婚や子育てを遅らせる傾向や社会進出する傾向があり、その結果生じた子供のいない豊かな若い世帯で構成されていた。このような論拠を十分に確証させるような集合住宅の居住者に関する人口的なデータを確保することは難しいけれど、そのような人口的なシフトは、1970年代の協同組合住宅や分譲マンションの急激な増大と十分に関係があるということを示していることは十分に考えられることである。

22) 集合住宅の居住者の流動性に影響を与える別の要因は、連邦抵当保険の登場である。連邦住宅行政局（FHA）抵当保険は、1930年代に単身者の住民に利用可能になったものであるが、1950年に協同組合住宅の建築や購入に拡張され、1961年には分譲マンションにまで拡張された。その結果、協同組合住宅と分譲マンションの負債金融の使い勝手が改善され、集合住宅の居住者の流動性が高まったものと考えられる。しかしながら、連邦抵当保険が、アメリカの住宅市場において、協同組合住宅と分譲マンションの拡大に対してほとんど貢献しなかったということを信じるにたる理由が存在する。連邦抵当保険は、政府にとって収益のある利率で提供されており、そのため賃貸する人に対する持ち家への補助金を提供するものではなかった。その上、付保された行動組合住宅及び分譲マンションのユニットの数は、建築されたり転換されたりした全体のユニットのうちのほんの一部であった。結局のところ、連邦抵当保険がよく知られるようになって、協同組合住宅と分譲マンションに頻繁に使われるようになるまでには相当長い期間が必要であった。Henry Hansmann, "Condominium and Cooperative Housing: Transactional Efficiency, Tax Subsidies, and Tenure Choice," 20 *Journal of Legal Studies* 25, 58-59 (1991).

23) Leyser, "Ownership of Flats - A Comparative Study of Flats," *International and Comparative Law Quarterly* 31, 32 (1958); Terence Burke et al., *Condominium: Housing for Tomorrow* 7 (1964).

24) U. S. Dept. of Housing and Urban Development, *The Conversion of Rental Housing to Condominiums and Cooperatives* ii (1980).

25) 例えば、家賃統制がなかったシカゴ（賃貸用住居の5.44%が転換）は、1970年から79年の間に、ニューヨーク（同0.58%が転換）と比べて断然高い転換率を示している。このパターンが生じた理由は、家賃統制が行われた法域では、賃貸からの転用に対して統制が行われていない法域よりも厳しい規制だったことによるものである。*Id.*, at App. 1. 10-11.

26) Charles Baird, *Rent Control: The Perennial Folly* (1980); National Multi Unit Housing Council, *The Spread of Rent Control* (1982).

27) I. R. C. secs. 163, 164 (1986). これらの控除は、1936年に制度化されたものであ

り、初期をカバーするデータについては、次を参照。I. R. C. sec. 23 (1936).

28) この補助金の性格をはっきりと理解するために、同一の住宅に居住している2通りの担税者を想定してみよう。ここで家屋の所有がどのように構成されるかに関して、2つの異なった方法がある。1人は自分自身の住宅を単に所有すること、もう一方は他人が居住する家を所有し、その家を市場による公正な賃料で他人に賃貸することである（この2つの家屋はまったく同一のものであるとする）。税金がなく、また取引コストと上述されたようなインセンティブ問題がないとすれば、この2つの異なった所有構造は金融的には同等であり、誰にとっても無差別である。彼らの投資資本と年間の純収入はそれぞれ同じである。しかしながら、税法のもとでは、第二の方法がより魅力が少ないものである。というのは、彼が居住するために支払う（同額の）家賃が控除できない一方で、彼に収入として入ってくる家賃額が課税対象となるからである。この区別の理由は、一般に税法が2人の異なった人々の間の取引にのみ課税されるのが一般的なためである。個人が自分自身の家主である場合には、このような取引とみなされることはないのである。

賃貸住宅と持ち家所有の課税における不均衡をなくそうとするいくつかの方法が存在している。1つは、持ち家所有者が賃貸した場合に帰属する収入に対して課税することである。別の方法として、賃貸のための支払いを控除することを賃貸人に認めることである。3つ目の方法として、賃貸人から受け取る賃貸料を収入から除外することを許すことである。すべての人が同一の限界税率の枠にいるとすれば、あるいは経費の控除が、家主や持ち家所有者に公平に許されているとすれば、（例えば、家主と同様に持ち家所有者にも減価償却が拡張されることによって公平となるとすれば）これらの3つの方法は以下のようなことを除いて全く同等なものであるといえる。2番目と3番目の方法は所得を生み出す他の資産への投資とは対照的に、（賃貸するか、持ち家にするかを問わず）住宅供給に対して補助金を与えることであるのに対して、最初の方法は、リースよりも所有を促すように税金にバイアスがかけられている、自動車や電気製品のような耐久消費財と比べて、住宅供給に対して、より条件の悪い税制となってしまうことになる。

29) 家主とは対照的に、持ち家所有者は、維持費や電気・水道などの利用設備のような支出を控除することが許されていない。しかしながら、減価償却の否定とは異なり、このことは賃貸を有利にさせるようなバイアスを生み出すことはない。その理由は、所有者は、家主に対して支払うはずのこれらの帰属費用をその収入から除外することが許されているからであり、またこの除外こそが、まさに利用設備のような支出を控除をできないことと相殺するものであった。あるいは、別の見方をすれば、家主は維持費と電気・水道などの利用設備にかかわる費用を賃貸人に負担させる金額を所得に含まなくてはならず、そのためこれらの支出に相当する金額を償却して、所有者に対する正味の税効果をゼロにするのである。

30) イギリス、フランス、ドイツ、イタリア、スウェーデン、スイスなどのいくつかのヨーロッパ諸国は、たびたび住宅の帰属賃貸収入に対する課税を行っている。だがこれらの努力の効果については疑わしいという説明が存在する。これについては、以下を参照。R. Goode, *The Individuals Income Tax* 121 (1964) (England); Harvard International Tax Program, *World Tax Series: Taxation in France* 532-537 (1966). 他の諸国については、このシリーズの各国の巻に記載されている。

31) I. R. C. sec. 216 (1986). 元々は Revenue Act of 1942 の sec. 128 として施行されていたもの。分譲マンション協会のような協同組合住宅法人は、それ自体では課税免除を受けることができない。*Commissioner v. Lake Forest*, Inc., 305 F.2d 814 (4th Cir. 162). しかしながら協同組合住宅法人が課税されることは稀であった。なぜならば、これらの法人は経費より大きな金額を組合員に課さないことが一般的であり、そのため課税収入となることがなかったからである。これについては、P. Rohan and M. Reskin, *Cooperative Housing: Law and Practice* sec. 15.01 (1986) を参照。

32) Rohan and Reskin, supra, at sec. 13.01 を参照。

33) このことは、次の (a) と (b) を比較することから容易に理解することができる。(a) 家主が抵当借り入れなしで即座に10万ドルの住宅を購入した場合と、(b) そのかわりに、所有者がその10万ドルを投資して、その投資収入を抵当貸し付けに対する利払いのために使う一方で、同一の住宅を借金で購入する場合の比較である。もし持ち家所有者にとって借入利子と貸出利子が同一だとしたら、この2つの取引は、抵当貸し付け利子が償却可能な支出であるとしたら、税制の目的にてらしていえば同一である。しかし、もし抵当貸し付け利子が償却可能でなければ、取引 (a) は、先の注に書かれているように税金による補助金という有利さをもつであろう。

34) Rev. Rul. 64-31, 1964-1 C. B. 300, 302.

35) D. Clurman and E. Hebard, *Condominiums and Cooperatives* 140（1970）を参照。

36) I. R. C. sec. 167（1986）. この前後の4年間、定額方式の減価償却（straight line depreciation）が、要請された方法として一般的なものであった。I. R. C. sec. 23（1）（1936），（1946）; I. R. C. sec. 167（1988）.

37) しかしながら、減価償却における超過的な償却価額は、しばらくの間は2つの方法で制限されていた。1つは、「再徴収」ルールであり、このルールの下では、超過的な減価償却によって計上されたキャピタルゲインの一部または全部に対して、建物が販売された時点に遡って、通常の所得税率で税金を支払わなければならないとされた。再徴収ルールは、最初に1963年に実施され、その後、1970年と1976年に補強された。もう1つの方法は、ある一定額を超える場合に特定の税制優遇項目に対して適用される「最低額」課税率である。累加的減価償却およびキャピタルゲインは、このような制約の対象となる税制優遇項目のひとつであった。最低課税額は1970年に10％で導入され、1976年には税率が15％に上昇し、税的な取り扱いは、他の要因を無視すれば、厳しくなってる。1983年には最低税率が20％にまで上昇した。

38) とりわけ担税者は、通常の稼得所得から不動産投資の「受動的な」損失を相殺することを禁止されている。これは、投資家がノンリコース負債〔二次的請求権の発生しない負債〕をリバレッジとして利用し、減価償却の価値を増大して投資効率を高めることを防止するために、リスク自分持ちルール（at risk rule）が適用されているものと考えることができる。

39) これらのコストは、平均的な個人が家を所有するまでに要する年月によって算出されている。持ち家所有者に適用される税法の性格のため、この計算は、多くの場合において、想定された年月に対して一様なものである。

40) 家主（landlord）という用語は、本文中では、集合的には、建物の所有者として使われているが、この概念には、有限パートナーとして活動しているような多数の投資家も含んでいる。彼らの税額枠は、投資家のそれに相当する。

41) 少なくともある一定規模以下の建物においては、家主は、居住人とそれほど大きく離れていない社会経済的地位にあるような場合がありうる。例えば、所有者がその建物に居住したり、近くに居住したりすることに経済的に意味がある場合には特にそのようなことが起こりうる。その結果、そのような建物の家主の限界的な税額枠が、大規模で豪華な建物の家主と比べると、低いものであるに違いない。

42) しかしながら、家主の限界的な課税枠は、最高枠よりも低いかもしれず、家計所得分布の99%百分位の家主であっても最高枠より低いかもしれない。例えば、地方債の税引後利子に対する税率は、一般的に最高額より下にある対応する課税対象債権の税率に等しいものであるが、このことはそのような債権の限界的な投資家が最高枠ではないということを明らかにしている。

43) 本文で示されている持ち家所有者の節税額の計算は合理的なものであり、頑健な結果である。利子率や期待インフレ率をはじめとする様々な変数に関する仮定を変更することによって得られる結果の感応度を計算すると、ある一定の期間における持ち家所有者の正味節税額は、住宅価格の上昇に対する期待をのぞけば、これらの仮定によって大きな変化を生じないということがわかる。住宅価格の上昇に対する期待については、次の注で言及する。

44) 本文に示した節税の計算式は、すでに言及したように、最近数十年においては、おそらく保守的に計算されたものであろう。とりわけ、計算は、住宅の潜在的な購入者が1970年代に生じたような住宅価格の異常な急激な増加について見通していないという仮定に基づいていた。住宅価格はむしろインフレ率と歩調をあわせて変化するという仮定に基づいたものであったのである。もし消費者が将来において住宅価格が大きく上昇すると適切に予想していたとしたと考えたとしたら、ここに示されている1970年代の持ち家所有者の節税期待額は、はるかに大きなものであっただろう。

45) このことは、限界的な家主が最も上位の税額枠にいないならばという条件でいえることである。しかし、このようなことは極めてありそうもない。表11.3は、家主が最上位の税額枠にある場合における、賃貸でなく所有することから生じる正味補助金が、すべての所得階層の居住者について示されているが、この税額枠の家主が支払うことになる税金の増額分が、所有に対する補助金を上回る結果になっている。したがって、最上位の税額枠にいる人々にとっては家主になるようなインセンティブはなく、表11.3の右側の列は、1936年については無視されうるものであった。

46) この制約は、協同組合集合住宅の株式の個々の賃貸人の持ち分を担保として、銀行が個人貸し付けを始めたために、近年大いに緩和されたものとなっている。

47) 例えば、フランスでは、分譲マンションは、中世から知られており、1804年のナポレオン法典以来、ある程度は法律で認識されていたが、区分所有者の権利や義務に関する詳細を定める法が制定されたのは、1938年になってからのことであった。近代的な分譲マンション関連の法律は、1924年ベルギーで初めて採用された。イタリアとスペインで同様の法律が採用されたのは、フランスと同じく1930年代のことであった。ドイツとオランダでは1950年代になって同様の法律が採用された。L. Neville Brown, "French Co-Property Apartments: A Model for English Law?" 110 *Solicitors Journal* 591 (1966); Leyser, supra, at 35; Ferrer and Stecher, supra, at 14–40.

48) 分譲マンションを可能にする法律は、早くも1901年にプエルトリコで採用され、1951年に改正されている。しかしながら、実際に法律として機能する立法が作られたのは、1958年になってからのことであった。P. R. Civ. Code sec.403 (1902); P. R. Laws Ann. tit. 31, sec. 1275 (1954); P. R. Laws Ann. tit. 31, sec. 1291 et seq. (1958). プエルトリコの諸法は、ラテンアメリカの様々な諸国で採用されたものを手本としているが、ひるがえっていえば、南米諸国の法律はヨーロッパ諸国、とりわけスペインの分譲マンション諸法から影響を受けている。Ferrer and Stecher, supra, at 51. (1958年法は、先行するキューバの法律をモデルにしたものである。W. Robert Folkes, "Legal and Practical Aspects of Condominiums," 19 *Business Lawyer* 233 (1963).) その後、プエルトリコですでに開発されている分譲マンション建築のためのファイナンスを改善することを希望していた、プエルトリコの銀行および不動産業界のロビー活動が、1961年に議会にFHA保険付きの抵当貸し付けを分譲マンションの持家所有者に許したことは明らかである。このことを補完するために、FHAは、本質的にプエルトリコの法に従う分譲マンションのモデル法を公表した。次の文献を参照。Hearings on the General Housing Legislation before the Subcommittee on the Housing of the House Committee on Banking and Currency, 86th Cong., 2d Sess. 246–274 (1960); Aaron Schreiber, "The Literal Housing Development: Condominium or Home Owners Association?" 117 *University of Pennsylvania Law Review* 1104, 1110 (1969). 数年のうちに、たいていのアメリカの州は、FHAモデルに基づいた分譲マンション法を採用した。おそらく抵当貸付保険を州内の居住者に啓蒙する連邦にとって、コストのかからない方法であり、またそれによって住宅問題に対して取り組んでいるということをみせかけるためだったようだが、数年のうちに、連邦抵当貸付保険は、補助金を含んでおらず、またその出現が分譲マンションを可能にする諸法律の施行を促進したことは明らかなことであるが、それは、分譲マンションの住宅供給を実効的なものとするにあたって重要な促進要因であるとはいえない。

49) Edwin Mansfield, *Industrial Research and Technological Innovation* (1968); L. Nasbeth and G. F. Ray, *The Diffusion of New Industrial Processes* (1979); Stephen Davies, *The Diffusion of Process Innovations* (1979) を参照。

50) 1986年には、ニューヨーク市に57,000の分譲マンション区画（28,000が従来の建物から転換，29,000が新築）があり、246,000の協同組合住宅区画（227,000が従来の建物から転換により、19,000が新築）が存在していた。後者の数字は、様々なプログラムの下で公的な補助金を受けた83,000区画を除いたものである。New York State Dept. of Public Service, Office of Energy Conservation and Environmental Planning, *New York City Housing Market* (April 1986).

51) 1987年において、9,479の分譲マンション区画（2,188が転換、7,291が新築）に対して、協同組合住宅区画（34,450が転換、1,169が新築）が全体で35,619戸存在していた。*Id.* ニューヨーク市には転換によって形成された不釣合いなほど多くの協同組合住宅形式ではなく、むしろ分譲マンションに対して賃貸を転換することを制限する特別な規制はなかった。Gary Glatter, associate general cousel, M. J. Rainse Company, May 15, 1989からの聴取による。

52) Rohan and Reskin, supra, at 3.

53) アメリカにおいて1981年に400～600の商業用分譲マンションが存在していたにすぎないと、推測されている。"Overlook for Commercial Industrial Condominiums," *Mortgage and Real Estate Executives Reporter*, April 1, 1981, at 5 cited in Note, "Commercial Condominiums: Statutory Roadblocks to Development," 34 *University of Florida Law Review* 432, 433 n.8 (1982)（後者の論文のタイトルにもかかわらず、たいていの州において分譲形式のオフィスを形成することに対する重大な立法的な障害はなかったように思われる）。

54) Housmen, "Office Condominiums and Cooperatives: Manhattan's Underground Success Story," 15 *Real Estate Review* 71 (Fall 1985).

55) 例えば、Rohan and Reskin, supra, at 3を参照。

56) 1920年代において、協同組合を含む同様の成功した発展がみられたが、そこでは、強力な経営を維持しかつ居住者の不和を回避するために、長く居座ることのできる信託役員会が、協同組合建築物のコントロールを行っていた。Twentieth Century Fund, supra, at 234–235.

【第12章】

1） Henry Hansmann, "The Changing Roles of Public, Private, and Non-profit Enterprise in Education, Health Care, and Other Human Service," in Victor Fuchs, ed., *Individual and Social Responsibility: Child Care, Education, Medical Care, and Long-Term Care in America* (1995).

2） Bureau of Economic Analysis, *National Income and Product Accounts of the United States, 1929-88*, vol.1 at 9, vol.2 at 8 (1993).

3） 1986年において、日本では公立大学は学生の24%であり、私立大学の学生は76%であった。*Japan Statistical Yearbook* 660, table 19-17 (1987). 日本におけるエリート教育は公立大学にあるため、外国人にとっては、私立大学の実態を把握しにくい。

4） 本文の論点が引用されているものとして、以下の文献を参照されたい。Henry Hansmann, "The Role of Nonprofit Enterprise," 89 *Yale Law Journal* 835 (1980).

5） Henry Hansmann, "Nonprofit Enterprise in the Performing Arts," 12 *Bell Journal of Economics* 341 (1981) を参照。

6） 1976年と1989年の間に、アメリカの高等教育における私立組織の学校の入学者は、非営利組織の学校のそれが2,314,000人から2,718,000人に17%増大したのに対して、44,000人から225,000人へと400%の伸びを見せた。出典は、National Center for Education Statistics, *Digest of Education Statistics 1991* 167 (Table 161) (1991) である。

7） Hansmann (1995), supra.

8） このことは、特定の病院にスタッフとしての特権を持っている医師が、病院選択や病院に関するモニタリングに関して利益相反を生じうるということを否定しているわけではない。、

9） Bradford Gray, *For-Profit Enterprise in Health Care* (1986).

10） この関連の文献については、次を参照されたい。Bradford Gray, *The Profit Motive and Patient Care: The Changing Accountability of Doctors and Hospitals*, ch.5 (1991), およびMark Pauly, "Nonprofit Firms in Medical Markets," 77 *American Economic Review* 257 (1987).

11） American Hospital Association, *Hospital Statistics* (1971, 1993-94).

12） Henry Hansmann, "The Effect of Tax Exemption and Other Factors on the

Market Share of Nonprofit versus For-Profit Firms," 15 *National Tax Journal* 71 (1987) および Bruce Steinwald and Duncan Neuhauser, " The Role of the Proprietary Hospital," 35 *Law and Contemporary Problems* 817 (1970) を参照。

13) National Center for Health Association, *Nursing Homes: A County and Metropolitan Area Data Book* (1974); National Center for Health Association, *The National Nursing Home Survey: 1985 Summery for the United States* (1989) を参照。さらにBurton Weisbrot, *The Nonprofit Economy* 142–159 (1988) は、(非営利介護ホームの方が高い傾向にある) 患者当たりの収入をコントールした後でさえも、営利企業は非営利企業と比べて質の低い供給しかできていないということを実証している。

14) しかしながら、実証研究は、営利企業に対する非営利企業の市場シェアに免税が明瞭な効果を持ったということを証明できていない。Hansmann (1987), supra、および Cyril Chang and Howard Tuckman, "Do Higher Property Tax Rates Increase the Market Share of Nonprofit Hospitals?" 43 *National Tax Journal* 175 (1990) を参照。

15) 財産税の免除は、初期にさかのぼることのできるただ1つの重要な特権である。

16) 歴史的なパターンの研究については、Henry Hansmann, "The Evolving Law of Nonprofit Organizations: Do Current Trends Make Good Policy?" *Case Western Reserve Law Review* 807 (1988–89).

【第13章】

1) ここでは、連邦政府によって創設され、1916年に始まった農業信用組織という実質的なシステムを除外して検討する。これらの組織は通常は名目的に協同組合ということになっているが、実際にはほとんどの時期を通して多かれ少なかれ連邦政府の直接的なコントロールのもとにあった。これらの銀行は、少なくとも1940年代末まで連邦政府による大きな農業信用補助金のための導管として機能した。これらの銀行は、全面的にとは言わないまでも、補助金に該当する農民のためになることを確保するために、名目的な協同組合として設立されたが、それは、借家人に対する政府および民間の補助金の経路として造られた名目的な「協同組合による」集合住宅計画と同様のものであった。農業信用組織の歴史と構造については、Richard Heflebower, *Cooperatives and Mutuals in the Market System* 149–157 (1989) に要約されている。

2）この章は、Henry Hansmann, "The Economic Roles of Commercial Nonprofits: The Evolution of the U.S. Savings Bank Industry," in Helmut Anheier and Wolfgang Seibel, eds., *The Third Sector: Comparative Studies of Nonprofit Organizations*（De Gruyter, 1989）に基づくものである。この私の論文がまだドラフトである時に、同じくドラフトであった、同様のテーマを取り扱っているEric Rasmussen, "Mutual Banks and Stock Banks," 31 *Journal of Law and Economics*（1988）を発見した。この章では、これら両論文に現れた研究ばかりでなく、Rasmussen論文によって示された証拠についても（以下に述べるように）言及している。

3）Alen Teck, *Mutual Savings Banks and Savings and Loan Associations: Aspects of Growth*, 13（1968）. さらに、相互貯蓄銀行の預金者は、その銀行が解散する時には、その額についてははっきりしないが銀行の累積剰余に対する分与を受ける権利を間違いなく与えられていた。Teck, 13–14; *In re Dissolution of Cleveland Saving Society*, Ohio Ct. Com. Pls（1961）; *Morristown Institute for Saving v. Roberts*, 42 N.J. Eq. 496, 8 A. 315（1887）を参照。

4）相互貯蓄銀行の初期の歴史については、Teck, supra; Weldon Welfling, *Mutual Savings Banks*（1968）を参照。

5）Murray E. Polakoff, *Financial Institutions and Markets* 68（1970）を参照。

6）Benton E. Gup, *Financial Intermediaries: An Introduction* 137（1980）を参照。

7）Polakaoff, supra, at 5.

8）Frank P. Bennett, *The Story of Mutual Savings Banks* 20–21（1924）.

9）William D. Scoggs, *A Century of Banking Progress*（1924）.

10）Paul B. Trescott, *Financing American Enterprise: The Story of Commercial Banking* 19（1963）.

11）Elvira and Vladimir Ckain-Steffanelli, *Chartered for Progress: Two Centuries of American Banking* 51（1975）.

12）Welfling, supra, at 31–32, 281–282.

13）Tuck, supra, at 13.

14）Welfling, supra, at 31–32, 281–282.

15）Teck, supra, at 18–28 を参照。

16）Teck, supra, at 28–42 を参照。

17）その上、1935–1980年の期間をつうじて、預金利子率は法律で固定されていた。

かようにしてMSLAは、純収入を解散という方法以外では、会員に分配できるメカニズムを奪われていたのである。この期間において、MSLAは形態としても実務的にも消費者所有企業ではなく非営利企業であり、実効的な支配権がないばかりか、残余財産に対して公式的な請求権すらもっていなかった。

18) M. Manfred Faburitius and William Borges, *Saving the Savings and Loan: The U.S. Thrift Industry and the Texas Experience, 1950-1988* 17, Table 2.2 (1989).

19) Lawrence J. White, *The S & L Debacle: Public Policy Lessons for Bank and Thrift Regulation* 21, 58 (1991).

20) Rasmussen, supra, at 416に報告されているように、John Lintner, *Mutual Savings Banks in the Savings and Mortgage Markets* 473 (1948).

21) 19世紀末から20世紀初めの銀行規制の研究については、Eugene Nelson White, *The Regulation and Reform of the American Banking System, 1900-1929* (1983), Robert Craig West, *Banking Reform and the Federal Reserve, 1863-1923* などを参照。

22) Jonathan Macey and Geoffrey Miller, "Double Liability of Bank Shareholders: History and implications," 27 *Wake Forest Law Review* 31 (1992).

23) これらの数字には、株式ベースで資本家所有として設立された貯蓄貸付組合(SLA)が含まれている。資本家所有のSLAは1920年代にいくつかの州で設立が認可されるようになった。

24) Rasmussen, supra, at 395, 414.

25) ここで報告された投資家所有銀行の破綻率は大きいが、投資家所有銀行の破綻は必ずしも預金者が預金の大半あるいは一部を失ったということを意味しているわけではない。事実、投資家所有銀行が破綻した際の預金者へのペイオフは、比較的高額であったが、それは、もっぱら銀行株主の株券の倍額責任によるものであり、また19世紀末から20世紀初めにかけて投資家所有銀行の預金者の期待損失コストが非常に低いためでもあった。

26) Benjamin Hermalin and Nancy Wallace, "The Determinants of Efficiency and Solvency in Savings and Loans," 25 *Rand Journal of Economics* 361 (1994). 相互銀行のマネージャーが、株式銀行のマネージャーと比べて、高額な俸給や会社から受ける俸給以外の収入をほしいままにしていたことを証明することによって、マネジメントの非効率性に関する直接的な証拠を得ようとする試みがなされているが、結局のところ曖昧な結果に終わっている。この点に関しては、

Loretta Mester, "Testing for Expense Performance Behavior: Mutual versus Stock Savings and Loans," 20 *Rand Journal of Economics* 483–498 (1989); Richard B. Carter and Roger D. Stover, "The Effects of Mutual to Stock Conversions of Thrift Institutions on Managerial Behavior," 4 *Journal of Financial Services Research* (1990) を参照。

27) Rasmussen, supra, at 409.

28) アメリカの信用組合およびその末裔の歴史については、Mark J. Flannery, *An Economic Evolution of Credit Unions in the United States* (1974); Roy F. Bergengren, *Credit Unionism: A Cooperative Banking Book* (1931); Roy F. Bergengren, *Credit Union North America* (1940) を参照。

29) Board of Governors of the Federal Reserve System, *Federal Reserve Bulletin* (1972, 1976); Surandra Kaushik and Raymond Lopez, "The Structure and Growth of the Credit Union Industry in the United States: Meeting Challenges of the Market," 53 *American Journal of Economics and Sociology* 219, 220–227 (1994).

30) Heflebower, supra, at 159; Flannery, supra, at 70–76 を参照。

31) 投資家所有銀行は、投資家所有銀行に利子率の上限を定めた連邦規制が1982年に撤廃された後にさえも、信用組合の持続的な成長は、不正な税金免除によるものであると非難し続けている。James Cook, "Level Playing Field?" *Forbes*, June 25, 1990, at 69–70 を参照。

32) Joseph H. Sommer, "The American Origin of the Separation of Banking Commerce" (Federal Reserve Bank of New York, 1993) を参照。

33) Clifford Geertz, "The Rotating Credit Association: A 'Middle Rung' in Development," 10 *Institutional Development and Social Change* 249–263 (1962) を参照。

34) James Brooke, "Informal Capitalism Grows in Cameroon," *New York Times*, November 30, 1987, at D8.

35) 無尽講（rotating credit associations）が対応した市場契約コストに関しては、Karla Hoff and Joseph Stiglitz, "Introduction: Imperfect Information and Rural Credit Markets - Puzzles and Policy Perspectives," 4 *World Bank Economic Review* 235–250 (1990) を参照。

36) David Fairlamb and Jenny Ireland, *Savings and Co-operative Banking* (*1981*); *Gino*

Cardinals, Appunti sulle Casse di Risparmio: Origine e Sviluppo, L'Ordinamento Amministrativo-countable（1953）を参照。これらの資料が示しているように、ヨーロッパの非営利貯蓄銀行は、18世紀終わり頃には早くもドイツ、イングランドおよびその他の地域に初期的な存在の起源を認めることができ、また非営利信用組織は早くも15世紀にはイタリアにみいだすことができる。

37）このようなことを認識して、イタリアは19世紀末に準国有化された非営利貯蓄銀行を二段階を経て投資家所有企業にすることを目的とした法律を1990年に導入した。第一段階では、個々の銀行の株式を従来経営していた非営利財団が所有する株式会社に転換させた。本書執筆中においては第二段階が進展することについてはまったく保証の限りではないが、その第二段階とは非営利財団に対して持ち株を資本市場で売却させるというものであった。Adamo Acciaro, "Le Casse di Risparmio nella Forma di Societa per Azioni," 48 *Bancaria* 99（January 1992）.

【第14章】

1）"The Fortune Directory of the Largest U.S. Industrial Corporation," *Fortune*, May 2, 1983, at 226, 228; *Fortune*, June 13, 1983, at 152, 166.

2）この章は、Henry Hansmann, "The Organization of Insurance Companies: Mutual versus Stock," 1 *Journal of Law, Economics, and Organization* 125（1985）に依拠している。

3）J. Owen Stalson, *Marketing Life Insurance: Its History in America* 83–99, 110, 227–228（1969［1942］）.

4）*Id.* at 103–125; Charles Knight, "The History of Life Insurance in the United States to 1870" 105（Ph.D dissertation, University of Pennsylvania, 1920）.

5）Stalson, Supra, at 750.

6）Stalson, Supra, at 83–99, 118; Knight, Supra, at 101, 118.

7）Stalson, supra, at 225–226; Knight, supra, at 102.

8）J. M. Belts, "Author's Reply," 36 *Journal of Risk and Insurance* 495–496（1969）; Randall Geehan, "Returns to Scale in the Life Insurance Industry," 8 *Bell Journal of Economics* 497（1977）.

9）Dan M. McGill, *Life Insurance* 61（1967）.

10）Stalson, supra, at 315–325.

11) Eugene Fama and Michael Jensen, "Agency Problems and Residual Claims," 26 *Journal of Law and Economics* 327, 336–341 (1983) は、顧客は簡単に金融相互会社のパトロンの立場を撤回することができると考え、このことがこのような企業の実現可能性を理解する上で重要であると結論づけた。彼らの議論は、相互会社が一般的なこれらの産業における企業が要求する組織特定的な資産の金額の小さいことが、資本貢献やパトロンという立場からの撤退を消費者／成員に相対的に容易にさせるというものである。そのような撤退にふくまれる部分的な清算は、Fama and Jensen論文が示唆するように、企業のマネージャーを懲罰する1つの手段であり、したがって投資家所有企業を特徴づけている企業支配権買売市場（the market for corporate control）によって提供される規律にこれらの企業が従わないという事実をある程度埋め合わせるものである。Fama and Jensen論文は、「相互会社の残余請求権の独特な特徴は、その生存価値を理解する上で重要なことであるが、残余請求権が要求次第で償還されることである」（p.338）と述べている。そして彼らは、このように仮定された特徴に基づいて金融相互会社に関するすべての議論に焦点を絞っているのである。しかしながら、保険金の完全な償還可能性は、金融相互会社の中で断然大きな役割を占めているはずの生命保険相互会社の特徴ではない。相互会社が歴史的にもっとも市場シェアが高かった生命保険産業の初期（すなわち1843–1859年の時期）においては、保険契約者は、生命保険証券について現金で償還する権利ばかりか、証券を担保にした貸し付けを受ける権利すら持っていなかった。すなわち、生命保険契約者は、約定された保険料を保険期間をとおして払いつづけるか（つまり、終身保険の場合には自分が死ぬまで払い続けるということ）、さもなくば彼の契約によって積み立てられた積立金全額を没収されるかというオプションだけを有していたのである。Stalson, supra, at 315–325. さらに、上記のように、今日でさえ生命保険証券は、一般的に解約払戻金額は払込保険料の累積額よりも少額である。McGill, supra, at 61.

12) David Mayers and Clifford Smith, "Contractual Provisions, Organizational Structure, and Conflict Control in Insurance Market," 54 *Journal of Business* 407, 425–428 (1981) は、相互会社の形成を最初に説明した論文である。しかしながら、彼らのこの問題に対する議論は、生命保険と損害保険を区別していなかった。しかしながら、Hansmann (1985), supraが示唆したように、また本書でも論じられるいるように、この説明は損害保険会社に対するよりも生命保険会社にはるかによく当てはまるものである。

マイヤーズとスミスは、その後1981年論文の議論をさらに次の一連の論文で追求した。“Ownership Structure and Control: The Mutualization of Stock Life Insurance Companies,” 16 *Journal of Financial Economics* 73 (1986); “Ownership Structures across Lines of Property-Liability Insurance,” 31 *Journal of Law and Economics* 351 (1988); “Executive Compensation in the Life Insurance Industry,” 65 *Journal of Business* 51 (1992). これらの論文のそれぞれにおいて、Mayers and Smith 論文は、相互保険会社は、株式会社が契約者の保険料を投機や過剰な配当にまわそうとするインセンティブを生み出し、その結果、会社が機会主義的に保険金を支払えなくするリスク回避することに優位性を持っているとし、反対に株式会社は、相互会社の契約者はマネージャーを監視する能力が不足しているために、マネージャーが過度な裁量を発揮した結果被るエージェンシーコストの一部を、企業支配権市場によって回避できることに優位性を持っていると主張している。たしかにこの問題についてのある程度の重要で妥当な議論である。しかしながら、Mayers and Smith論文は、この2つの対照的な考察点にだけ焦点を絞っており，コストのかかる他の契約要素（市場力、過剰なリスク創造、および貧弱なリスクシェアリングなど）や所有の要素（相互会社における保険契約者所有者間の利害のコンフリクトなど）のような重要な要素については、除外してしまっている。さらに彼らは、おそらく企業支配権市場が株式会社のマネージャーを規律づけるのに効果的であること、また保険契約者が様々なタイプの相互会社のマネージャーを監視することにおいて非効率であるということをあまりに性急に受け入れている。後の注にあるように彼らの更なる議論によって示されたデータの解釈と予測においてMayers and Smith論文とは相違するいくつかの理由が散見される。

13) Mayers and Smith (1988), supra, at 360 は、次にように述べる。「われわれの分析は、もし相互保険会社のマネジメントをコンロールするコストが株式会社よりも大きいならば、相互会社は経営者が料率を決める裁量がほとんどない保険種目（例えば、「十分な」保険数理的な統計表や保険金が相対的に安定的な法的環境の中で調整されうるような保険種目）でより普及するはずである」。しかしながら、本章やこれまでの章でも示した理由により、相互会社は保険数理統計表がほとんど信頼できないところでも株式会社よりも強力な競争優位をもっていたことが理解できるはずである。同様に以下で議論するように、相互会社は法的環境がもっとも不確実な場合にも株式会社に対して強い競争優位性を持っており、またこのことは特に賠償責任保険の分野ではっきりとしている。

14) Stalson, supra, at 323–324. 生命保険会社への投資家が分散できないリスクの大きさに対して敏感であることのもう1つの証拠は、1835年のニューヨーク大火の際に多くの火災保険会社に破綻が生じたことが、投資家に生命保険を含めたあらゆる保険業への投資を躊躇させたという証言にみいだすことができる。（Stalson at 109.）

15) 今日の生命保険会社は、実質的には異なった商品を販売している。例えば、保険料の支払い方法、解約返戻金、貸し付け、追加的な保険購入権利、他の保険への転換契約などにおいて、各会社はそれぞれ異なる保険契約をとり結んでいるのである。その結果、異なる会社の商品を比較することが困難であり、市場の競争性が損なわれることになっている。このような問題に直面したある消費者は、追加的な保険を購入する際に過大な価格を支払う恐れがないという理由で、株式会社よりも相互会社の成員となることを選ぶだろう。現代の市場を想定したこの理屈の妥当性がどうであれ、相互会社の歴史的登場を説明するのに説得的であるとは思われない。1840年代および1950年代に、相互会社が最初に誕生し、また市場を支配したのであるが、保険契約条項は、著しく統一化されていた。会社は、平準保険料で解約返戻金などのない終身保険契約を年齢別保険料で販売しており、保険料率表は広告などで公開していた。会社ごとの比較をすることは難しくなく、実際に会社間で商品が画一的であるために価格競争が引き起こされていたのである。Stalson, supra, at 126–155, 323–324.

16) Stalson, supra, at 292–315.

17) *Id.*, Table A. at 743.

18) 以下に検討されるオーストラリアの生命保険産業の研究において、19世紀末までに相互会社に互して成功した唯一の株式会社は、契約者配当付証券を販売する会社であった。Mark Blair, "Choice of Ownership Structure in the Australian Life Insurance Industry" (Ph.D. Dissertation, Department of Accounting, University of Sydney, 1991).

19) Stalson, supra, at 94–97.

20) Knight, supra, at 103, 106; また次も参照。Stalson, supra, at 110–112.

21) 相互会社の事業費がより高いということを主張する初期の研究はあるが、近年の研究および生命保険業のコスト構造に関する計量分析研究は、相互会社と株式会社の間に、平均コストに関して有意な差を見出していない。計量分析に関しては、次の研究がある。Mary Ann Bose, “Agency Theory and Alternative Predictions for Life Insurers: An Empirical Test,” 57 *Journal of Risk and Insurance* 449–518 (1990); Randall Geehan, “Returns to Scale in the Life Insurance Industry,” 8 *Bell Journal of Economics* 497–514 (1977); David Houston and Richard Simon, “Economies of Scale in Financial Institutions: A Study in Life Insurance,” 38 *Econometrica* 856–864 (1970).

22) Mayers and Smith (1992), supra は、企業規模をコントロールした上で、株式生命保険会社のマネージャーが相互会社のマネージャーよりも良い報酬を受けていることを明らかにした。その他の要素すべてを一定とすれば、所有者がマネージャーを監視する能力が低いために、相互会社のエージェンシーコストが高いという自分たちの予測と以上の結論は矛盾しないと解釈している。この解釈は正しいかもしれない。しかしその代わりに反対の解釈をすることも可能である。すなわち株式会社のマネージャーの高収入は、株式会社のマネージャーが相互会社のマネージャーよりも不当に高い俸給が自由に支払われていたことを示しているのかもしれないのである。

23) 相互会社が資本に接近することが制約されているという証拠は、1980年代の相互会社が大量の保険契約を共同保険契約を通じて株式会社に移転し始めていたこと（この現象は税金のインセンティブによるものとも考えられる）、また主として特殊な保険種目を扱うための株式会社子会社を設立し始めたことなどの事実に現れている。*Best's Insurance Reports, Life-Health* x (Oldwick, N.J.: A.M. Best Company, 1983). さらに、資本を獲得する必要性と分散の必要性は、多くの巨大な相互会社が投資家所有企業への転換を真剣に検討していた1980年代に、組織転換の主な理由としてたびたび引き合いに出されていた。Frederic Dannen, “Is Time Running Out for the Big Mutuals?” *Institutional Investor* 159 (June 1984).

24) Mayers and Smith (1986), supra は、1879年から1968年の間に株式会社から相互会社に転換した13の事例をとりあげ、相互会社となった後に保険料収入の平均成長率が増加していることを明らかにし、このことをもって保険契約者が相互会社化から不利益を被っていないと解釈できるとした。しかし本書で言及する理由により、相互会社の速い成長は、必ずしも既存の保険契約者に有利であるとは限らない。相互会社への転換後に会社の成長率が高くなることは、マネージャーが以前は契約者配当に回していた純収入を、効率につながるかどうかわからない急成長をもたらすための投資として見映えの良い本社ビルを建設することを容易にするということを意味しているだけかもしれない。

Mayers and Smith 論文は、いささか直感に反することであるが、これらの株式保険会社が相互会社化する前に株式保有を集中させていたものと推測している。さらに大部分の株式をマネジメントが支配している会社は、株式が広く分散している会社よりも効率的に経営されないと想定している。彼らの議論は、所有が集中している会社においては、経営者が合併に抵抗することが容易であるというものである。彼らは、相互会社化をした際に、実質的に保険料の成長率が大きくなったのは所有が集中していた株式会社であって、所有が分散していた株式会社についてはそうではなかったという事実から自分たちの推論を補強している。しかしこの点でもその反対の推論を合理的に導くことができる。すなわち、株式が分散した会社は、マネージャーによって実質的な管理が行われるが、彼らが自らの所得を過度に大きくするために成長率を高めるようなファイナンスに耽ることはないだろうか。このように考えると、株式が分散した企業が相互会社化に際して成長率をさらに大きくする余地はほとんどない。この解釈は、相互会社への転換に先立つ時期の成長率についていえば、マネージャー管理の会社よりも株式が分散した会社の方がより大きかったという事実によっても支持される。

Mayers and Smith (1992), supra は、生命保険株式会社のマネージャーに対する報酬は、相互会社のそれとは異なり、企業の保険料収入の成長率と相関していることを明らかにしたが、このことは、「相互会社はマネージャーの裁量範囲がより狭い場合に株式会社よりも優位である」Id at 51 と述べられている経営者裁量仮説（managerial discretion hypothesis）と矛盾なく解釈できる。この結論に関する1つの問題点は、保険料収入の成長が、株式会社の所有者が望んでいる1株当たりの純収入の成長に対する十分なインデックスと必ずしもいえないことである。実際に、保険料収入と1株当たりの純収入が逆相関しているかもしれない。しかしもっと大きな明白な問題は、本文でも指摘した通り、相互生命保険会社の既存の契約者所有者が、急成長によって通常の場合、損失を被ることであり、それゆえ超過的な報酬と成長率の間の関連は、相互会社のマネージャーに歪んだインセンティブを生み出すことである。

25) John A. C. Hetherington, “Fact v. Fiction: Who Owns Mutual Insurance

Companies?" 1969 *Wisconsin Law Review* 1068 (1969).

26) Hetherington, supra は、生命保険相互会社の契約者が、所有に関する通常の特質——つまり純収入やコントロールに対する効果的な参加——を事実上享受していないので、相互会社のマネージャーが株式会社に転換しようと希望する際に、たとえその結果、よくあるようにマネジメントが相互会社の累積してきた純剰余の大きな部分を取り込んでしまうとしても、その道筋を妨げることはないだろうと論じている。彼によると、保険契約者は彼らがかつて持っていなかったものを失うことによって損失を被ることはないはずである。

しかしながら、相互会社が、非営利企業においてパトロンに対して役立つのと同じように、保険契約者に対して信認上の役割を果たし続けるとしたら、また相互会社が投資家所有企業ではできなかった長期的な契約をめぐるリスクの回避に役立っているとしたら、この理由づけは正しいとはいえない。

27) Stalson, supra, at 430, 562.

28) *Id.* at 759.

29) R. Carlyle Buley, *The American Life Convention, 1905-1952* 199–205 (1953); H. Roger Grant, *Insurance Reform: Consumer Action in the Progressive Era* 37–46 (1979); Humbert Nelli and Robert Marshall, "The Private Insurance Business in the United States Economy," 27–32 (Research Paper No.48, Bureau of Business and Economic Research, School of Business Administration, Georgia State College, 1969); Stalson, supra, at 558–559.

30) Stalson, supra, at 558–559.

31) Grant, supra, at 36.

32) Halsey Josephson, *Life Insurance and the Public Interest* 99–100, 102 (1971).

33) Hetherington, supra.

34) Nelli and Marshall, supra, at 35 note 5; *Best's Insurance Reports, Life-Health.*

35) American Council of Life Insurers, *1992 Life Insurance Fact Book*, 109 (1992).

36) Robert C. Clark, "The Federal Income Taxation of Financial Intermediaries," 84 *Yale Law Journal* 1603, 1637–64 (1975).

37) John Bainbridge, *Biography of an Idea: The Story of Mutual Fire and Casualty Insurance* (1952); Manufacturers Mutual Fire Insurance Company, *Factory Mutuals, 1835-1935* (1935).

38) Joseph Stiglitz and Andrew Weiss, "Credit Rationing in Markets with

Incomplete Information," 71 *American Economic Review* 393 (1981) を参照。

39) Manufacturers Mutual Fire Insurance Co., supra, at 33.

40) その上、個別保険会社が、引き受けるすべての企業に対して同一料率を設定するところでは、顧客は保有するリスクの水準に応じて階層化して保険会社に対応する傾向がある。その結果、第10章で記述した社交クラブやその他の組織に対する市場力を生み出すことになる。保険会社の契約者の階層化が19世紀において実際に明確なものであったかどうかについては、利用できる史料からは明らかではない。

41) Bainbridge, supra, at 171.

42) S. S. Huebner and Kenneth Black, *Property Insurance* 507 (1957).

43) この点を例証する簡単なモデルは、Neil Doherty and Georges Dionne, "Insurance with Undiversifiable Risk: Contract Structure and Organizational Form of Insurance Firms," 6 *Journal of Risk and Uncertainty* 187 (1993) の中で提示されている。

44) Bainbridge, supra, at 162.

45) George Priest, "The Modern Expansion of Tort Liability: Its Sources, Its Effects, and Its Reform," 5 *Journal of Economic Perspectives* 31, 45 (1991).

46) Ralph A. Winter, "The Liability Insurance Market," 5 *Journal of Economic Perspectives* 115, 119 (1991).

47) *Id.* Ralph A. Winter, "Solvency Regulation and the Property-Liability 'Insurance Cycle,'" 29 *Economic Inquiry* 458 (1991).

Bruce Smith and Michael Stutzer, "Adverse Selection, Aggregate Uncertainty, and the Role for Mutual Insurance Contracts," 63 *Journal of Business* 493 (1990) は、相互会社が産業内部で分散できない集合リスクが存在する産業で役に立つという異なる説明を行なっている。彼らは、保険株式会社がリスク中立的であると考えたとしても、株式会社がハイリスクとローリスクの顧客を見分けることができないような環境においては、相互会社は契約者配当付保険を利用してローリスクの顧客が喜んで購入するものとして成立することができ、その場合にはハイリスクの顧客は株式会社に置き去りにされてしまうと主張している。相互会社形態は、保険契約者に分散することができないリスクだけを負担させるので、相互会社のこのようなシグナリング／スクリーニング機能は、分散不能なリスクが存在する場合のみに発揮される。

この理論は、相互会社が異常にたくさんの分散不能なリスクに直面する産業のために保険を供給することが特に多いことを予測させるが、同時に相互会社がその産業のローリスクの顧客に保険を提供し、ハイリスクの顧客は株式会社に残こしてしまうことも予感させる。しかしながら、次の注で示されているように、ここで検討する他の要因も同様な影響をもたらすに違いないことから、この理論を実証的に検証することは難しい。

48) Joan Lamm-Tennant and Laura Starks, "Stock versus Mutual Ownership Structures: The Risk Implications," 66 *Journal of Business* 29 (1993) は、大量の保険会社のデータを利用して株式会社と相互会社のロス・レシオ（保険料に対する損失額の比率）を比較している。彼らは、この尺度によれば、株式会社が相互会社よりも平均的にいって著しく大きなリスクを引き受けているということを見出した。また異常にリスクの大きな保険種目の市場において、株式会社がより大きな市場シェアを占めていることを明らかにした。彼らは、この結論は、Jensen and Meckling 論文のモニタリング理論およびSmith and Stutzer 論文の自己選択理論と合致するが、ここで提案しているものと似ているDoherty and Dionne 論文のリスク負担理論とは矛盾すると述べている。

しかし理論と実証結果の矛盾云々の程度については問題が多い。1つの問題点は、Joan Lamm-Tennant and Laura Starks論文が導いた結果は、他の重要な要因をコントロールして得たものであるとはいえないことである。とりわけ企業が購入する保険種目の均質性、あるいは各保険種目を引き受ける保険会社によって行使された過去と現在の市場力の大きさのように、各保険種目の相互保険会社と株式保険会社の間のバランスに影響を与える重要な要因をコントロールできていないのは問題である。さらにJoan Lamm-Tennant and Laura Starks論文は、標準保険会計で採用されている26の保険種目に従って結果を導くという制約をおいているが、このことは解釈の正確さを曇らせるものである。

ある特定の産業、例えば保健師・助産師やロードアイランドの織物製造業者の保険を相互に引き受けるということは、Jensen and Meckling論文やMayers and Smith論文によって提案されているマネジメントに関するエージェンシーコスト理論とは特に関連していない次の2つの理由から、その産業におけるローリスクのメンバーを保険契約者として集めるものと思われる。第一に、比較的均質なリスクをもった契約者は、ハイリスクの契約者を排除するというインセンティブを生み出すだろう。なぜなら保険の本質として、彼らはリスクによって異なる料率を要求するだろうし、また同時にリスクの大きさ以外の点でもハイリスクの契約者は特異な集団であると考えるからである。第二に、相互会社がモラルハザードと逆選択を軽減する機能を発揮する程度に応じて、株式会社よりも低いリスクの顧客が集まるだろうということである。

ここで提案されているような、相互会社が分散不能なリスクを扱う上で株式会社よりも優位であるという理論についてより詳細に検証するためには、特定の保険種目の長期的なロス・レシオが傾向的に増大している時に、株式会社の保有契約に対して相互会社の保有がどれだけ増加するのかを確認することが必要である。

49) *General Ins. Co of America v. Earle*, 65 P.2d 1414, 1416–17 (Oregon, 1937); Kimball and Denenberg, supra, at 226 note 38.

50) Richard Heflebower, *Cooperatives and Mutuals in the Market System* 167 (1980).

51) *Id.* at 165–171; Nathan Weber, "Introduction: Reversals and Continuities," in N. Weber, ed., *Insurance Deregulation: Issues and Perspectives* (1982).

52) Paul MacAvoy, *Federal-State Regulation of the Pricing and Marketing of Insurance* 8 (1977).

53) Robert Meir and Emerson Cammack, *Principles of Insurance* 90 (1976) は、この相違は歴史の産物であるとしている。すなわちより古い（したがってより大きい）生命保険会社は相互会社であり、他方において、より古い（したがって大きい）損害保険会社は株式会社であるという。しかしながら、このロジックは、はなはだ信用できない。これは、1世紀以上にわたって市場シェアを維持している会社の能力に過大な信頼をおくものである。さらにアメリカにおける最初期の生命保険会社がすべて私的所有会社であり、他方で最初期の損害保険会社がすべて相互会社であったという事実を無視している。この事実については、Bainbridge, supra, at 45; Manufacturers Mutual Fire Insurance Co., supra, at 15–25を参照されたい。

54) Mayers and Smith (1981), supra は次のように述べる。「もし大きな会社よりも小さな会社において投票／コントロール権を集中させるのに費用がかからないとしたら、株主が保険契約者の富を収奪する可能性は小さい会社の方が大きいであろう。このことは、ある特定の保険種目において、（例えば総資産を尺度として）最も小さい会社が相互会社でなければならないことを意味する」（脚注は省略)。同じ著者による(上記の注13で検討した)保険数理上のリスク計算に関して、この理由づけは、株式会社と相互会社のマネジメントによるエージェンシーコストの回避の相違という見解をあまりに強く考えすぎており、また単純化しすぎているように思われる。また本書のここかしこで検討を加えている相互会社と株式会社の相対的な規模を決定する他のはるかに重要な要因を無視しているように思われる。

55) Maycrs and Smith (1988), supra は、彼らの「経営者裁量仮説」について損保会社のデータを用いて検証しようと試みた。彼らの予測とは反対に、相互会社が平均的に株式会社よりも小規模であるか、あるいはより少ない保険種目に限定されているとかいったことを発見することができなかった。しかしながら、彼らのサンプルの中の相互会社が巨大でより地理的に分散している会社だけが含まれているというバイアスによって規模が結果に影響を与えている可能性がある。さらにカバーするリスクのタイプに基づいた保険種目のデータは、相互会社にとって重要な均質性に関するタイプをうまく捉ええていないことは間違いがない。その均質性は、契約者が保険に加入しようとするリスクの種類の数ではなく、むしろ保険契約者が所属する様々なタイプの産業の数を意味するものだと考えられる。マイヤーズとスミスによって採用された尺度(容易に手に入るデータにに限られた尺度)によるならば、ロードアイランドの織物工場のためだけに保険を引き受けていたある相互会社は、火災、盗難、地震、労働者災害補償、従業員の健康、製造物賠償責任を引き受けていたので、製造物責任保険だけを引き受けているが、実際には鉄鋼業からデイケア産業まで幅広く300もの異なる産業の企業に対してその保険商品を提供している保険会社に比べてより「分散化」しているということになってしまうのである。

55) Heflebower, supra, at 162–176; Bainbridge, supra.

56) Clark, supra, at 1650, 1664–75.

57) Mark Blair, "Choice of Ownership Structure in the Australian Life Insurance Industry" (Ph.D. dissertation, Department of Accounting, University of Sydney, 1991). Blairの研究は、オーストラリアの経験から、Mayers and Smith (1982,1986), supra およびHansmann (1985), supra をはっきりと検証しようと試みたものである。

出典

本書のアイディアのいくつかは、以下に掲載した過去の論稿のなかで展開されたものである。そのうち大部分については本書において大きな改訂が行われている。若干の文章については、出版社の許可を得て、本書の中で再掲載した。

"Condominium and Cooperative Housing: Transactional Efficiency, Tax Subsidies, and Tenure Choice," 20 *Journal of Legal Studies* 25–71 (1991)

"The Economic Rule of Commercial Nonprofits: The Evolution of the Savings Bank Industry," in H. Anheier and W. Seibel, eds., *The Nonprofit Sector: International and Comparative Perspectives* 65–77 (Berlin: Walter de Gruyter & Co., 1990)

"The Organization of Insurance Companies: Mutual versus Stock," 1 *Journal of Law, Economics, and Organization* 125–153 (1985)

"Ownership of the Firm," 4 *Journal of Law, Economics and Organization* 267–403 (1988), reprinted in Lucian Bebchuk, ed., *Corporate Law and Economic Analysis* (Cambridge: Cambridge University Prcss, 1990)

"The Role of Nonprofit Enterprise," 89 *Yale Law Journal* 835–901 (1980), reprinted in part in Susan Rose-Ackerman, ed., *The Economics of Nonprofit Institutions* (Oxford University Press, 1986)

"A Theory of Status Organizations," 2 *Journal of Law, Economics, and Organization* 119–130 (1986)

" When Does Worker Ownership Work? ESOPs, Law firms, Codeterminations, and Economic Democracy," 99 *Yale Law Journal* 1749–1816 (1990)

索引

【A-Z】

【ア行】

【カ行】

【サ行】

【タ行】

【ナ行】

【ハ行】

【マ行】

【ヤ行】

【ラ行】

著者紹介

ヘンリー・ハンズマン（Henry Hansmann）

1945年生まれ。イェールロースクール教授。イェール大学で法律学と経済学を学んだ後、経済学のPh.D.を取得。企業組織に関する法と経済学を専門とする。共著に『会社法の解剖学――比較法的＆機能的アプローチ』（布井千博監訳、レクシスネクシス・ジャパン）がある。

訳者紹介

米山高生（よねやま・たかう）

東京経済大学経営学部教授、一橋大学名誉教授。一橋大学経済学研究科後期博士課程修了。京都産業大学教授、一橋大学大学院教授を経て現職。専門は経営史、保険理論。著書に『リスクと保険の基礎理論』（同文館出版）『物語で読み解くリスクと保険入門』（日本経済新聞出版社）、共訳にハリントン＆ニーハウス『保険とリスクマネジメント』（東洋経済新報社）などがある。

企業所有論
――組織の所有アプローチ

2019年3月15日　初版第1刷発行

著　者――――ヘンリー・ハンズマン
訳　者――――米山高生
発行者――――依田俊之
発行所――――慶應義塾大学出版会株式会社
〒108-8346　東京都港区三田2-19-30
TEL〔編集部〕03-3451-0931
〔営業部〕03-3451-3584〈ご注文〉
〔　〃　〕03-3451-6926
FAX〔営業部〕03-3451-3122
振替　00190-8-155497
http://www.keio-up.co.jp/
装　丁――――Boogie Design
ＤＴＰ――――アイランド・コレクション
印刷・製本――中央精版印刷株式会社
カバー印刷――株式会社太平印刷社

Printed in Japan ISBN 978-4-7664-2585-7

慶應義塾大学出版会

企業 契約 金融構造

オリバー・ハート 著
鳥居昭夫 訳

新古典派的なミクロ経済学の企業理論をブレイクスルーし、不完備契約理論を確立した古典的名著。企業と市場の境界の問題、企業金融の重要な諸問題を取り上げ、理論的に彫琢した。現代の企業理論を学ぶ者にとって必読の書である。著者は本書のテーマに関する貢献で、2016年ノーベル経済学賞を受賞している。

A5判／上製／324頁
ISBN978-4-7664-1717-3
C3033
◎3,200円

◆主要目次◆

表示価格は刊行時の本体価格（税別）です。